清朝

一本书读懂

刘仲华 编著

中华书局
ZHONGHUA BOOK COMPANY

图书在版编目(CIP)数据

一本书读懂清朝/刘仲华编著. —北京:中华书局,
2011.5(2019.4 重印)

ISBN 978 - 7 - 101 - 07862 - 6

Ⅰ. 一… Ⅱ. 刘… Ⅲ. 中国 - 古代史 - 清代 -
通俗读物 Ⅳ. K249.09

中国版本图书馆 CIP 数据核字(2011)第 037043 号

书 名	一本书读懂清朝
编 著 者	刘仲华
责任编辑	李洪超 林玉萍
出版发行	中华书局
	(北京市丰台区太平桥西里 38 号 100073)
	http://www.zhbc.com.cn
	E-mail:zhbc@zhbc.com.cn
印 刷	北京市白帆印务有限公司
版 次	2011 年 5 月北京第 1 版
	2019 年 4 月北京第 11 次印刷
规 格	开本/700×1000 毫米 1/16
	印张 21¼ 插页 2 字数 300 千字
印 数	44001 - 48000 册
国际书号	ISBN 978 - 7 - 101 - 07862 - 6
定 价	48.00 元

如何使用本书

大事年表

历史故事

常识介绍

篇章概述

图片传真

知识链接

本书分为上下两编。上编"清朝历史大势"，按时间先后顺序，全景展示清王朝的历史发展进程。下编"清朝历史专题"，从不同方面，全面透视清代社会风貌。书中设置以下栏目：

篇章概述：介绍各个历史时期的发展概况；

历史故事：用故事的形式讲述重要史事中的人物和细节，注重可读性和趣味性；

大事年表：以编年的方式，简要展示历史演进线索，从中可以找到历史故事所处的地位；

知识链接：以名词形式阐释与历史故事相关的事件等；

常识介绍：介绍一些必要的背景知识，如典章制度，人物史实等；

图片传真：选取历史图片，直观展示讲述内容的相关场景。

目　录

下编:清朝历史专题

制度与国策

经济与科技

前　言

　　煌煌大清两百载,诉说了一段精彩的历史故事。从起初的艰难起步,到兴盛时期的成就荣耀,再到中衰后的落魄屈辱,她的每一步都充满着无尽的变数。她曾是我国封建社会的最顶峰,却也是这个王朝体制的终结。

　　有清一代 268 年的历史,让后人有着无穷尽的好奇与疑问。人口只有数万人的满族是如何逐步强盛起来的? 康乾盛世到底有着怎样程度的繁华富饶? 盛世之后清朝又是怎样一步步走向了衰落? 鸦片战争以后,面对西方列强的入侵,清朝统治者是如何应对的? 从洋务运动到戊戌维新,从太平天国到义和团,中国各社会阶层都提出了怎样的救亡策略? 中国又是怎样摆脱封建社会的泥沼,迎来崭新的辛亥革命的呢? 本书以"兴起与入关"、"恢复与发展"、"盛世与阴影"、"困局与自强"、"救亡与覆灭"为线索,梳理了清代历史兴、盛、衰、亡的过程,试图为这些问题给出答案。

　　清代有着让人瞩目的诸多成就。她在中国封建社会历史上最后一次完成了疆域的统一,而这次统一是在西方列强大肆入侵中国之前完成的,其意义不言而喻。我们今天 960 万平方公里的国土,就是清朝历史最大的遗产。中国今天的人口基础也是清代奠定的,新中国成立前后我们常讲四万万同胞,这一人口数字在清代中期就达到了。我们今天生活中熟悉的红薯、玉米和马铃薯,这些来自南美洲的高产作物在中国大范围推广也是在清代。同时,清朝的科学技术、学术思想、文学艺术、生活风俗等等,即使到今天仍旧影响深远。

　　清朝给我们留下了一段让人无穷回味与思考的历史,让后人得以在她的峥嵘岁月中探究历史的真相。本书从清承明制、满蒙联姻、满汉关系、重农轻商、闭关锁国等方面来深刻挖掘清朝历史演进的规律。清代所设立的制度和国策都是双刃剑,如皇权集中的专制制度,在相当程度上保证了政令的畅通,巩固了统一的局面,但也同样钳制了思想,增强了封建社会的顽固性。此外,清代闭关锁国,长期割断与外部世界的联系,以至于外敌当前时茫然不知,手足无措,甚至丧失变革的机遇。这些都是我们后世所要警示和规避的。

如今,这个王朝的背影已经渐行渐远,然而她的身影却并未逝去。在浩瀚的典籍记载中,在宏伟的红墙殿宇中,她仍在诉说着自己。这是一段神秘、丰满且让人着迷的历史。读懂清朝,读懂历史,读懂我们的过去,这就是本书的宗旨。

全书内容由历史故事、知识链接、大事记三个部分组成,在编写体例和内容剪裁上,李洪超先生和林玉萍女士提出了很多宝贵意见和建议,并对书稿进行了认真的审读,在此表示诚挚感谢。

上　编

清朝历史大势

兴起与入关

　　清朝是继元朝之后又一个由少数民族——满族建立的中央统一王朝,满族是如何逐步强盛起来并取得成功的呢? 这首先要从努尔哈赤说起。明万历十一年(1583)努尔哈赤以祖、父十三副遗甲起兵,先是统一了建州各部,接着又平定了海西女真辉发、乌拉、哈达、叶赫四部,从小到大,从弱到强,一个新兴的朝气蓬勃的民族在东北崛起。在统一女真各部的过程中,努尔哈赤创建八旗,整合力量。万历四十四年(1616),后金国建立,努尔哈赤迅速把战略重点从征服女真诸部转向与明朝对抗。在萨尔浒战役中,后金军大败明朝号称40万的大军。又经过多次战争,努尔哈赤进入辽沈地区。

　　皇太极继汗位后,采取一系列措施加强、巩固统治,为进军中原奠定了基础。崇祯九年(1636),皇太极顺应形势,去汗号称皇帝,定国号"清"。中国历史上最后一个封建王朝——清朝正式建立。此后,皇太极集中主要精力开始了与明朝的攻战,严重消耗了明朝的军事力量。

　　正当胜利指日可待之际,皇太极去世,不满6岁的福临继位,辅政的多尔衮并没有乱政,而是抓住时机,率领清军,兵锋直指山海关。经山海关战役后,李自成农民军溃败,清军进入北京。定都北京后,摄政王多尔衮大力收降明朝旧臣,依靠吴三桂等汉人势力,一方面集中精锐之师追击农民军,另一方面兵下江南,逐个消灭各地抗清武装和明朝残余势力。

《多铎得胜图》

　　纵 142.1 厘米，横 112 厘米。多铎是努尔哈赤第十五子。天命五年（1620）封贝勒，天命十一年为正白旗旗主，崇德元年（1636）封豫亲王。顺治元年（1644）随多尔衮进关，打败李自成农民起义军，随后率师南下，入南京，破扬州。画面表现的是清军南下平定南明政权，进入南京，南明福王逃跑的历史场景。正中骑马扬鞭者即多铎，旁书"豫亲王"，身后一幡，上书"三军司令"，侍卫骑马而立。右上江边停靠着一些船只，一红衣人策马急驰，旁书"明福王"。

十三副遗甲起兵

明万历十一年(1583)，建州女真一个小部落的酋长努尔哈赤以祖、父遗留的十三副遗甲，率领不足百人的部众起兵，经过30年艰苦卓绝的斗争，结束了女真族长期分裂混战的局面，为后来清朝的统一奠定了重要基础。然而，努尔哈赤起兵，最直接的原因则是要为祖、父之死报仇，最初并没有想到要统一女真各部，进而取代明朝。

明末，建州诸部中以王杲势力最强，他与明朝的冲突不断。万历二年(1574)，王杲以明绝贡市，部众坐困，遂大举进犯辽、沈，为明军所败。王杲投奔海西女真哈达部王台，结果被王台绑缚后献给明廷处死。王杲死后，其子阿台为报父仇，返回古勒寨(今辽宁新宾上夹河镇古楼村)。万历十一年二月，辽东总兵李成梁认为"阿台未擒，终为祸本"，督兵攻打古勒寨。

当时，建州女真苏克苏浒河部图伦城的城主尼堪外兰，受到明朝的扶植，辽东总兵李成梁也一直利用他，企图通过他加强对建州女真各部的统治。尼堪外兰也想借助明朝的力量，扩充自己的势力。于是，为讨好李成梁，尼堪外兰决定引明军至古勒寨，攻打阿台。

本来，这场战争与努尔哈赤的祖、父没有直接的关系，但由于阿台之妻，却被牵连其中。

原来，阿台之妻是觉昌安(努尔哈赤之祖)的孙女。觉昌安见古勒寨被围日久，想救出孙女，就同他的儿子塔克世(努尔哈赤之父)前往古勒寨。到了以后，觉昌安让塔克世留在外面等候，独自一人进入寨中。时间过了很久，觉昌安还是没有出来，塔克世感觉不妙，就进入寨中。这时明军攻破古勒寨，觉昌安和塔克世都被困在寨中。阿台部下尽遭屠戮；努尔哈赤的祖父觉昌安和父亲塔克世，也在尼堪外兰的唆使下被明军杀死。努尔哈赤听到噩耗后悲痛欲绝，责问明边官："祖、父无罪，何故杀之?"明边官辩称误杀，将其祖、父遗体归还，并下敕书二十道，令努尔哈赤承袭祖职，任努尔哈赤为建州左卫都指挥。

1583 年

努尔哈赤以"十三副遗甲"起兵。

同年，耶稣会利玛窦到广东。

1615 年

正月，科尔沁孔果尔台吉送女与努尔哈赤为妻。后金统治者与蒙古科尔沁等部封建主之间通过联姻，密切联系，为以后的"满蒙联盟"奠定了基础。

满族源流

满族是明代末年(17 世纪初)才形成的，但是，它有着悠久的渊源。先秦古籍中记载的肃慎，以及不同朝代史籍分别记载的挹娄(汉、三国)、勿吉(北朝)、靺鞨(隋、唐)、女真(辽、宋、金、元、明)，就是其历代先人。约自元末明初起，散布在黑龙江流域和松花江下游的一些女真部落逐渐向南迁徙，他们在与汉、蒙古、朝鲜等周边民族的交往中，自身也得到发展。17 世纪初，以建州女真、海西女真为主体，融合一部分东海女真和其他民族成分，形成新的民族共同体——满洲族(简称满族)。

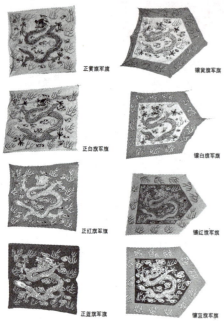

正黄旗军旗

镶黄旗军旗

正白旗军旗

镶白旗军旗

正红旗军旗

镶红旗军旗

正蓝旗军旗

镶蓝旗军旗

八旗军旗

毫无疑问,努尔哈赤祖、父死于明军之手。但由于当时努尔哈赤的力量弱小,根本不足以与明朝对抗。而明朝一面安抚努尔哈赤,一面又扶植尼堪外兰。努尔哈赤对明朝扶持尼堪外兰极为不满,便借祖、父被杀之愤,把矛头首先对准了尼堪外兰。努尔哈赤曾经向明军提出要求,说自己的祖、父是由于尼堪外兰的挑唆才遭遇劫难的,希望明军抓住尼堪外兰,交给他来处置,但遭到了明军的拒绝。悲愤之下,努尔哈赤决定起兵报仇。

为了对付尼堪外兰,努尔哈赤首先把那些对尼堪外兰不满的人拉拢到自己的身边。万历十一年五月,努尔哈赤以祖、父遗甲十三副,兵不满百,攻打图伦城的尼堪外兰。尼堪外兰预知消息后,携妻子逃离。努尔哈赤攻克图伦城,凯旋而归。是为征服女真诸部之始,努尔哈赤时年25岁。

努尔哈赤初起时,只是建州女真中一支弱小的力量。在建州内外,有许多强大的敌人。但他运用正确的策略,征剿并用,采取各个击破的方法,仅用短短几年的时间,就把周围各部统一起来,建立八旗,为后来清朝的兴起奠定了基础。

相关链接

努尔哈赤统一女真各部

努尔哈赤日益强大,导致与海西诸部的矛盾激化。万历二十一年(1593),叶赫部、哈达部、乌拉部、辉发部等九部联合发兵,偷袭努尔哈赤。结果,努尔哈赤集中优势兵力,重点出击,大败九部联军。

由于海西女真势力强大,难以迅速征服,努尔哈赤遂采取远交近攻、分化瓦解、各个击破的策略。他在向明廷表示臣服,与朝鲜、蒙古表示友善的同时,重点拉拢势力较强的叶赫、乌拉二部。努尔哈赤先是支持布占泰为乌拉首领,又娶其妹为妻;又与叶赫首领布扬古、锦台失联姻,椎牛刑马为盟。同时,把攻击矛头指向实力较弱的哈达部、辉发部。万历二十七年(1599),努尔哈赤以背盟为由,灭掉哈达部。万历三十五年(1607),又以同样理由,消灭辉发部。

海西女真的削弱,使努尔哈赤得以全力进攻东海部。东海女真分布地域广,距离遥远。努尔哈赤对东海女真的征服,由近而远,先易后难,采取了北进和西进的策略。从万历二十六年(1598)至四十三年(1615),他连续进兵东海,相继征服渥集等部。

随着东海各部的相继征服,努尔哈赤转兵征讨海西。辉发部被消灭后,海西仅剩叶赫、乌拉二部。万历四十一年(1613),努尔哈赤以布占泰背盟负约为由,消灭乌拉部。由于叶赫受到明朝的扶持,从万历四十六年(1618)开始,努尔哈赤转兵伐明。经过抚顺、萨尔浒以及开原、铁岭数次大战,使明朝在辽东的军事实力受到毁灭性打击,叶赫部由此势成孤立。万历四十七年,努尔哈赤亲率大军,一举消灭叶赫部。至此,努尔哈赤完成了对女真各部的统一。

萨尔浒之战

1616 年

后金国建立。

1619 年

三月，努尔哈赤率兵在萨尔浒击败明朝军队。此后，后金军由战略防御转入进攻，明军则由进攻转为防御。

荷兰人占据爪哇，建巴达维亚城。

努尔哈赤统一女真各部后，其矛头便直指明政权。万历四十七年即天命四年（1619）三月初一日至初六日，后金军仅仅用了 5 天时间，以 6 万人在萨尔浒（今辽宁抚顺市东大伙房水库东南岸）以少胜多，大败明军 11 万余人。这次战役史称萨尔浒之战，是后金与明军争夺辽东的关键性战役。

努尔哈赤攻陷抚顺、清河等地后，明廷震动。为巩固在辽东的统治，尽快把后金势力镇压下去，明廷决定发动一场大规模的反击战。于是，从全国调兵遣将，筹饷集粮，以杨镐为总指挥，坐镇沈阳，兵分四路，号称 40 万人马，进攻后金都城赫图阿拉。明四路大军原商定二月二十四日共同行动，但因"大雪迷途"，都比商定时间晚。杜松等率兵于二月二十八日由沈阳进军，"攻其西"；李如柏等于三月一日出清河鸦鹘关口，"攻其南"；马林等于二月二十八日出三岔口，"攻其北"；刘綎等于二月二十五日出宽甸口，"攻其东"。由于兵分四路，缺乏统一的灵活指挥，互不协同，加之山地交通阻塞、消息迟滞，暴露了明显的弱点。

三月初一日早，努尔哈赤接到探哨飞报，得知明军杜松部已经出抚顺关，便立即召集诸贝勒大臣共同商讨对策。那时候，后金八旗军兵力，合起来不过 6 万多。一些后金将士听说明军来势汹汹，不免有点害怕，要努尔哈赤拿主意。努尔哈赤沉着冷静，根据消息判断，他确信明军不会很快集中，就采取"凭尔几路来，我只一路去"的策略。

正如努尔哈赤所料，担任这次主攻任务的杜松出抚顺关后，就在萨尔浒山上安营扎寨。杜松乃陕西榆林大汉，出身将门，以骁勇著称，久经沙场，战功累累。他出发前脱去上衣，以满布刀瘢箭痕的躯体裸示众将士，说："某不识字武夫，惟不学读书人贪财害人耳！"众将士无不咨嗟挥涕。但是杜松性躁气盛、有勇少谋、酗酒贪功，并非帅才。从抚顺出发的时候，天正下着大雪，杜松想抢头功，不管气候恶劣，急急忙忙冒雪行军。他先攻占了萨尔浒山口；接着兵分两路，把一半兵力留在萨尔浒扎营，自己带了另一半精兵攻打后金的界藩城。杜松率明军赶到浑河岸边时，天色已黑，他仍驱军连夜渡河。

　　努尔哈赤一看杜松分散兵力,心里暗暗高兴,集中八旗的兵力,一口气攻下萨尔浒明军大营,截断了杜松后路。接着,又急行军援救界藩。努尔哈赤早已命人在上游壅沙阻水,乘明军渡河之际,上游便掘沙放水。河水猛涨,水深没肩,明军溺死千余人,辎重及大炮火器均被大水所阻而未渡。紧接着,驻守在界藩的后金军从山上居高临下地压下来,把明军杀得七零八落。努尔哈赤率领大军赶到,把明军团团围住。杜松左右冲杀想要突围,突然一箭飞来,正射中他的头部,杜松从马上栽下来死去。他所率明军被杀得尸横遍野,血流成河。这一路人马首先覆灭了。

　　此时北路的马林从开原(今辽宁开原)出兵,刚刚到离萨尔浒四十里的地方,得到杜松兵败的消息,吓得急忙转攻为守,摆出了"牛头阵"。他亲自率兵驻尚间崖,依山结成方阵,四面深挖三道壕沟,布置红衣大炮等火器。努尔哈赤消灭了西路明军后,便挥师北上,因天已昏黑,宿于巴尔达岗;大贝勒代善领兵宿于哈克山;其他诸贝勒大臣率军沿土木河警戒。三月初二日清晨,努尔哈赤先与四贝勒皇太极率一千人马进攻斡珲鄂漠,杀龚念遂、李希泌等人,全歼其部众。随后率亲军迅速进抵尚间崖,命八旗兵下马步战。大贝勒代善直入明军阵,二贝勒阿敏、三贝勒莽古尔泰与诸大臣等,亦率旗冲阵。两军激战,明兵大败。与此同时,未参战的八旗兵不待布列行阵,便纵马飞驰,直冲马林大营。顷刻之间,明军溃败,副将麻岩及大小将士皆阵亡,总兵马林仅以身免,逃回开原城。

　　坐镇沈阳的杨镐,正在等待各路明军的捷报,哪想到一连两天接到的竟是两路人马覆灭的坏消息,把他惊得目瞪口呆。他这才知道努尔哈赤的厉害,连忙派快马传令另外两路明军立刻停止进军。中路右翼的辽东总兵李如柏本来胆小,行动也特别迟缓,接到杨镐命令后,急忙撤退。山上巡逻的二十来名后金哨兵远远望见明军撤退,大声鼓噪,明军兵士以为后面有大批追兵,争先恐后地逃跑,自相践踏,死伤不少。

　　剩下的一路是南路军刘綎。杨镐发出停止进军命令的时候,刘綎军已经深入到后金军阵地,各路明军失败的情况,他一点也不知道。刘綎是明军中出名的猛将,能使用一把120斤重的大刀,运转如

红衣大炮

　　即红夷大炮,明代后期从西方传入中国,明朝官员往往在这些巨炮上盖以红布,所以讹为"红衣大炮"。明朝在对后金战争中大量使用红衣大炮。在萨尔浒战役中,明军红衣大炮、"佛郎机"诸火器大批落入后金军之手。这是后金军掌握西式火器的开始,对以后的战争进程产生了很大影响。1639—1642年,明清双方展开松锦大战,双方均使用了红衣大炮。清军仅松山一役,就调运了红衣大炮37门,炮弹上万颗,炸药上万斤。

飞，外号叫"刘大刀"。刘绖军军令严明，武器火药也多，进入后金阵地以后，连破几个营寨。

努尔哈赤知道刘绖骁勇，不能光靠拼硬仗。他选了一个投降过来的明兵，叫他冒充杜松部下，送信给刘绖，说杜松军已经到赫图阿拉城下，只等刘绖军去会师攻城。刘绖还没接到杨镐的命令，不知道杜松军已经覆灭，信以为真。他怕让杜松独得头功，便下令火速进军。这一带道路险狭，兵马不能够并列，只好改为单列进军。刘绖带兵走了一阵，忽然杀声四起，漫山遍谷都是后金伏兵，向明军杀来。刘绖正在着急，努尔哈赤又派一支后金兵穿着明军衣甲，打着明军旗帜，装扮成杜松军前来接应。刘绖毫不怀疑，人马被带进后金军的包围圈里。后金军里应外合，四面夹击，明军阵势大乱。刘绖虽然勇敢，挥舞大刀，杀退了一些后金兵，但是毕竟寡不敌众，他左右两臂都受了重伤，终于倒下。

杨镐在得知三路大军都已溃败的消息后，急忙撤兵。后来，杨镐回京后被劾革职，下狱处死。

萨尔浒之战，是明与后金争夺辽东的关键性一战。此战后，后金政权更加稳固，而且夺取了辽东地区攻防的主动权；明军则惨遭失败，完全陷入被动，辽东形势陷入危局。从此，后金军由战略防御转入进攻，明军则由进攻转为防御。

相关链接

七大恨

努尔哈赤起兵之初，尽管有杀父之仇，但他一开始并没有直接与明朝作对，反而是向明廷臣服，受封官职，甚至多次到北京入贡，争取明朝支持。在统一女真各部的过程中，他一步一步积蓄力量，羽翼渐丰。万历四十四年（1616），后金国建立后，努尔哈赤迅速把战略重点从征服女真诸部转向与明朝对抗。

万历四十六年即天命三年（1618），后金正式与明朝决裂。正月，努尔哈赤宣布"今岁必征明"。三月，命八旗将士治甲胄，修军器，做战前的准备，并决定誓师伐明，出兵进攻抚顺城。四月，努尔哈赤率步骑2万征明，临行前书写"七大恨"，祭告天地，宣布不承认与明朝的附属关系，起兵反明。

这"七大恨"是：

1. 明朝无故杀害努尔哈赤父、祖；

2. 明朝偏袒叶赫、哈达，欺压建州；

3. 明朝违反双方划定的范围，强令努尔哈赤抵偿所杀越境人命；

4. 明朝派兵保卫叶赫，抗拒建州；

5. 叶赫由于得明朝的支持，背弃盟誓，将其"老女"转嫁蒙古；

6. 明当局逼迫努尔哈赤退出已垦种之柴河、三岔、抚安之地，不许收获庄稼；

"七大恨"木刻揭榜

7. 明朝辽东当局派遣守备尚伯芝赴建州，作威作福。

努尔哈赤出师前宣布的这"七大恨"，既是对明廷的宣战书，也是对女真人民的动员令。不久，努尔哈赤攻陷抚顺、东州等地。七月，努尔哈赤统兵入鸦鹘关，攻清河堡。清河失陷，明廷震动。明王朝为巩固在辽东的统治，尽快把后金镇压下去，发动了大规模的反击战，结果在萨尔浒被后金军大败。

皇太极"南面独坐"

1626 年

八月十一日,天命汗努尔哈赤背疽发作,在距沈阳四十里的叆鸡堡离世,年68岁。

九月,四贝勒皇太极被诸王贝勒推为新汗,是为太宗天聪汗。

1627 年

皇太极攻宁远、锦州,被袁崇焕击退,时称"宁锦大捷"。

1630 年

皇太极幽禁阿敏,夺其所辖镶蓝旗给济尔哈朗。

七月,皇太极接受宁完我等人提出的"请设六部"等建议后,仿明建制设立六部,皇太极指示"凡事都照《大明会典》行"。

努尔哈赤统一女真各部,开创了强盛局面,而真正建立清政权、为入关做好准备的则是他的儿子——皇太极。

天启六年即天命十一年(1626),天命汗努尔哈赤死后,35岁的四贝勒皇太极被诸王贝勒推为新汗,是为天聪汗。崇祯三年即天聪四年(1630),皇太极幽禁二贝勒阿敏,次年又革去三贝勒莽古尔泰的爵位,后来又打击大贝勒代善的势力。以上这一系列事件,表面上看像是一场权力斗争,实际上却是顺应满族社会发展和向外扩张需要的重大政治变革。为什么这么讲呢?

原来,皇太极即位时,所谓的"金国大汗"并不是真正意义上的皇帝,皇太极需要和其他三大和硕贝勒(大贝勒为努尔哈赤次子代善,二贝勒为努尔哈赤之弟舒尔哈齐次子阿敏,三贝勒为努尔哈赤第五子莽古尔泰)共治国政,一起坐在上面接受大臣的朝拜。努尔哈赤生前虽以四大贝勒共同治理国政,但依靠个人威望,决策权实操于他一人之手。皇太极即位后,没有父亲那样的威望,而且他在四大贝勒中齿序居末,此时只得与三兄长共坐,一同接受年轻贝勒、大臣们的朝拜。更令皇太极难堪的是,他身为一国之汗,到年节时,还要按传统向三位兄长行三跪九叩头的大礼。这使皇太极相当郁闷。

为了增强自己的汗权,皇太极即位伊始,便把削弱诸大贝勒特权作为当务之急,接连处置了二贝勒阿敏、三贝勒莽古尔泰,扫清了独尊汗权道路上的重要障碍。

阿敏是努尔哈赤之弟舒尔哈齐次子。因权力之争,舒尔哈齐被努尔哈赤囚禁两年后死去。舒尔哈齐被囚时,次子阿敏23岁,他侥幸免于一死,从此随伯父努尔哈赤南征北战。阿敏作战勇猛,战功卓著,在四大和硕贝勒中位居第二。皇太极即位后,与阿敏的矛盾迅速激化。

由于父亲的死,阿敏内心深处始终对伯父努尔哈赤和堂弟皇太极抱有怨恨。努尔哈赤生前,他畏惧伯父威严,不敢流露异志,但皇太极继位后,他便无所顾忌。有一次,他居然对皇太极说:"我与众贝勒共议你为汗。你即位后,可让我出居外藩。"阿敏的非分要求令皇太极颇感震惊,在他和众贝勒的一致反对下,阿敏的谋划没有得逞。阿敏怨怒之余,在众贝勒中扬言:"我怕谁? 他(指皇太极)能把我怎么样?"这些桀骜不逊的话,矛头直指皇太极,其间还夹杂着对先汗的宿怨。

天聪元年(1627),阿敏奉命率师征朝鲜,与朝鲜议和后,阿敏并不急于退兵,而是打算据其地自立,遭到包括其弟济尔哈朗在内的其他随征王公的一致反对,阿敏慑于一旗势单力薄,难以深入,不得不改变初衷,同意退归。退兵前,他为了泄愤,纵兵大掠三日。

阿敏生性鲁莽,口无遮拦,常在大庭广众中散布怨言。他曾说:我何故生而为人? 我还不如山上一木或坡上一石,它们即使被人砍伐为柴,或被野兽浇上一泡尿,与我相比,也强于我的处境! 这些话不仅是牢骚,也是对皇太极的影射。阿敏的所作所为,为皇太极借机清除他埋下了种子。

天聪三年即崇祯二年(1629)十月,皇太极亲统大军征明,连克山海关内永平、滦州、迁安、遵化四城。次年三月,皇太极派阿敏率军前往驻守。阿敏刚到永平不久,明兵大举反击,城池危在旦夕,阿敏决定弃城而逃,而且滥杀无辜。出城之前,阿敏下令将城中降官降民全部屠杀,财产洗掠一空。皇太极乘此机会,公布其十六条罪状,将其囚禁。十年后阿敏死在狱中,终年 55 岁。他的命运与其父几乎如出一辙。

皇太极既将阿敏下狱,次年八月,又借"御前露刃"案除掉了莽古尔泰。此事起因于当年皇太极亲率八旗军进攻明军据守的大凌河城,在前线与莽古尔泰发生争执,皇太极指责莽古尔泰的正蓝旗不肯尽力攻城,莽古尔泰反过来抱怨皇太极随意征调正蓝旗,两人发生激烈争吵。情急之下,莽古尔泰

1636 年

四月十一日,皇太极称帝,改后金国号为"清"。

1640 年

明清松锦大战开始。英国资产阶级革命爆发,欧洲近代史拉开大幕。俄罗斯侵入中国黑龙江流域。

《清太宗实录》关于皇太极南面独尊的记载

拔刀相向。这场意外冲突,给皇太极提供了难得的机会。经大贝勒代善及诸贝勒等会议商定,将莽古尔泰革去大贝勒爵位,降为一般贝勒之列;夺五牛录属员;罚银一万两。莽古尔泰积郁成疾,一年后暴卒。他死后,皇太极又对莽古尔泰的亲信大开杀戒,正蓝旗最终也被皇太极、豪格父子吞并。

两大贝勒阿敏、莽古尔泰相继遭到整肃,三大贝勒只剩代善一人。皇太极见时机成熟,提出废除国人朝见时汗与三大贝勒并坐受拜的旧制。但诸贝勒会议时,仍有一半人主张维持旧制。最后,代善出面支持皇太极的建议,才决定此后由汗一人南面独坐。数年后,皇太极又打击了大贝勒代善的势力。

经过这番斗争,皇太极通过打击以其他三大贝勒为首的满洲贵族特权集团的势力,以阿敏、莽古尔泰事件为契机,成功地改变了努尔哈赤生前创立的"旗主共管"体制,加强了汗权,加速了金(清)政权向封建君主专制中央集权的转变过程。

 **相关链接**

皇太极改革

皇太极在位时进行了很多改革,他在独尊汗权的过程中,参考明制,对国家制度进行大刀阔斧的改造,以适应满洲国家急剧发展的需要。

天聪三年即崇祯二年(1629),设立翻译典籍、记注政史的文馆,命儒臣分值。崇德元年即崇祯九年(1636),改文馆为内三院。各院由大学士一人主管,下设学士、主事等官,分别由满、蒙古、汉人充任。内三院成为国家机构的重要组成部分。天聪五年(1631)七月,皇太极仿照明制,设立吏、户、礼、兵、刑、工六部。每部由一贝勒兼任主管,下设满承政2员、蒙古承政1员、汉承政1员,参政8员,启心郎1员。崇德元年(1636),又设都察院,掌管监察之权。

在官职改革之外,皇太极起用汉官、考选儒士;翻译汉籍、倡导文教;移风易俗、革除陋规。随着后金政治、军事实力的发展,天聪九年(1635),皇太极宣布废除"女真"称号,定族名为"满洲"。次年四月,诸贝勒、固山额真、六部大臣,及藩部蒙古恭请上尊号。皇太极去汗号称皇帝,定国号为"大清",改元"崇德"。中国历史上最后一个封建王朝——清朝,正式建立了。

决战山海关

顺治元年(1644)，多尔衮率领清军，联合明将吴三桂，在山海关与李自成农民军展开血战。最后，李自成战败，清军入关，从此清朝开始了对全中国的统治。

从努尔哈赤到皇太极，他们与明朝攻战了数十年。顺治即位后，摄政王多尔衮主持军国大事。次年，多尔衮便决定大举攻明。然而，在当时的情势下，能够有能力取代明朝、统一中国的势力却绝非清政权所独有，还有如火如荼的李自成农民军。这支农民军同样强大，而且抢在清军之前，于崇祯十七年(1644)三月十九日攻入北京，逼得崇祯皇帝吊死在煤山(在今景山公园内)。

尽管李自成的进度更快，但他没有笑到最后，这其中的关键因素就是驻守山海关的宁远总兵吴三桂。

就在李自成进攻北京、明朝廷摇摇欲坠的时候，崇祯皇帝急忙加封吴三桂为平西伯，并命令他勤王，急速回京救驾。吴三桂率领 5 万军队赶往北京，还没走多远就听说北京已经陷落，便退回山海关。转瞬之间，吴三桂便成了亡国之臣，由于音信断绝，留在北京的家人生死未卜。是投靠李自成还是清军，他自己也拿不定主意，但如果谁也不投靠，凭他这些军队也绝非长久之计。清朝方面，一直对吴三桂采取招抚政策，他的舅父祖大寿已经投降清朝，也曾写信劝他投清，可吴三桂都没有答应。投靠农民军吧，现在也无法断定未来是否能够站稳脚跟。正在左右为难之际，李自成的安抚信息便来了。

李自成进入北京后，为防止吴三桂倒向清军，决定招降吴军，在攻下居庸关之后，即派降将唐通前去招降。考虑到自己在京家人财产的安全，吴三桂接受了李自成的招抚。唐通接管山海关后，吴三桂便率部进京，准备朝见李自成。抵达玉田时，他得到了农民军在北京"将吴总兵父吴襄夹打要银"，以及刘宗敏夺其爱妾陈圆圆的消息。吴三桂大怒，"翻然复走山海关"，大败唐通守军，重新夺取了山海关。李自成得知吴三桂降而复叛的消息后，便率刘宗敏、李过等 6 万人马，前去攻打山海关。吴三桂降而复叛于农民军，重据山海关后，已处于腹背受敌的窘境，于是一方面派人出关向清军求援，一方面又派

1643 年

八月初九日，皇太极在沈阳清宁宫病卒，享年 52 岁。不满 6 岁的福临继位，是为顺治帝，多尔衮、济尔哈朗辅政。

1644 年

三月十九日，李自成攻入北京，崇祯帝吊死在煤山。

四月，多尔衮率领清军，联合明将吴三桂，在山海关击败李自成农民军。

五月初二日，清军自通州进入北京。

人西去向农民军诈降，以争取时间，等待清军来助。此时双方力量的对比，开始偏向清军了。

再说清军在决定进攻北京时，并没有直指山海关，而是准备西经蓟州、密云等地绕道扑向北京。四月十五日清晨，大军进至翁后（辽宁北镇附近），行军五里后突然停止前进，将士们都感到很奇怪，随军的朝鲜世子指使翻译官徐世贤探听消息，范文程神秘地对他说：山海关总兵吴三桂派来两名使者，请求清军前往山海关共同剿杀李自成！

多尔衮看到吴三桂来信后，大感意外。对吴三桂自己找上门来，先是一阵惊喜，接着细细推敲来信的用词后，又感觉他并不是投降，只是想借清军复仇。多尔衮开始怀疑吴三桂有诈，却又不便对吴三桂派来的使者明说。但面对送到眼前的天赐良机，又岂能轻易丧失！

百闻不如一见，多尔衮决定派人先弄清虚实再说。多尔衮一方面派学士詹霸、来衮赴锦州召汉军带红衣大炮向山海关进发，同时，又派其妻弟拜然随吴三桂的使者去山海关探听虚实。这时候，李自成的大队人马已经来到山海关下。吴三桂有点着急，再次派人来见多尔衮，递交了第二封信。在这封信里，吴三桂没有像前一封信中那样提条件，而是以恳切而焦急的心情请求清军入关。多尔衮见此书信后，心中狐疑稍解，立即昼夜兼程，奔向山海关。

在清军之前，李自成率军就已到达山海关，当时李自成还曾派一名使者通令吴三桂投降，试图以兵威逼迫其归顺，被断然拒绝。李自成不再对吴三桂抱有幻想，迅速部署兵力，展开围攻。战斗从早晨开始，一直激战到夜晚，吴军险些招架不住。如果李自成抢在清军参战之前攻下山海关，情形就会大为不同。可吴军拼命死守，击退了农民军的猛攻，从而为清军参战赢得了宝贵的时间。

就在战局紧迫之际，吴三桂又派人请求多尔衮尽速出

山海关关门旧影

兵,到这时,多尔衮完全相信了吴三桂。四月二十二日,多尔衮指挥清军从南水门、北水门破阵冲击,大顺军溃败如山倒,尸横无数,血流成河。清军成了山海关之战的最大受益者。以山海关之战为标志,农民军从此一蹶不振,走向下坡;而对清朝来说,这里是其逐步走向胜利的起点。

五月初二日,清军自通州进入北京城。一些投降过农民军的明官如王鳌永、沈惟炳、骆养性等也与各官一起在午门设立崇祯帝牌位,行礼哭临,准备恭迎吴三桂以及大清"义师",以为他们奉还了崇祯帝太子,中兴大明。最终,他们迎来了多尔衮率领的清军,只好请其乘明帝的辇车进城。多尔衮从长安门进宫,并在武英殿下辇升座,接受故明大小官员以及宦官七八千人的朝拜。从此,清朝开始了它对全中国的统治。

 **相关链接**

李自成之死

李自成,明末农民起义领袖,原名鸿基,世居陕西米脂李继迁寨。崇祯二年(1629)参加起义,曾经是闯王高迎祥部下的闯将,勇猛有识略,高迎祥牺牲后,他继称闯王,后来部队发展到百万之众,成为农民战争中的主力军。崇祯十七年(1644)正月,在西安建立大顺政权,不久攻克北京,推翻明王朝。山海关战役后,退出北京,率军转战陕西、河南。顺治二年(1645),在湖北通山九宫山考察地形时被山民杀害。

关于李自成之死,后来流传着很多说法。有的说他在兵败之后在湖南石门夹山寺剃发为僧,遁入空门;有的说他兵败后化装为和尚,投靠其在榆中青城的叔父李斌,晚年生活在附近的深山大沟里;有的说李自成不是死于湖北通山而是通城。以上都是传说,不可信。据史料明确记载,李自成于顺治二年五月死于湖广兴国州通山县(即今湖北省通山县)九宫山。

嘉定三屠

1645 年

四月,多铎率军攻陷扬
州,史可法不屈就义。
清军入扬州城,大肆屠
杀,史称"扬州十日"。
五月十五日,清军进
入南京,城内南明各
官迎降。
六月十五日,清廷下
剃发令。嘉定人民
起义抗清,最后被清
军残酷镇压,史称
"嘉定三屠"。

　　顺治二年(1645)五月,清军进入南京,南明弘光政权灭亡。不久,统帅清军南下的豫亲王多铎发布通告,要求江南各地军民士绅人等一律剃发,引起了江南各地民众的强烈反抗。剃发对当时的汉人而言,心理上是难以承受的。"身体发肤受之父母,不可损伤",这是千年以来的伦理观,也是一种根深蒂固的思维方式。剃发不仅有违传统,也是一种侮辱。因此,这项政策不仅遭到了传统知识分子的抵制,也激怒了下层民众。清军为镇压江南人民的反抗,制造了一系列的惨案,其中最惨烈的当属"嘉定三屠"。

　　本来清军攻占嘉定时,嘉定曾像南京等地一样"结彩于路,出城迎之"。但由于后来清朝开始下达剃发令,结果导致当地人民的不满。顺治二年闰六月二十四日开始,各地相继发生骚乱,地方官和民众纷纷揭竿而起。嘉定总兵官吴志葵响应,逐走清政府派来的县令,占据嘉定城。投降清朝的原明朝将领李成栋闻讯,开始进行镇压。七月初三日,李成栋集结能够动用的清军,向嘉定城发起攻击。起初以猛烈的炮火轰击城墙,后来蜂拥攻城,清军头顶木板或门窗,直冲城下,准备掘毁城墙。

　　战斗持续至傍晚时分,天空下起了大雨,倾泻如注,狂风骤起,雨水很快灌满了嘉定城下的护城河。这虽然阻碍了清军的攻势,但已经被炮火损坏的城墙也危在旦夕。果然,有一处城角在大雨的冲刷下坍塌,于是守城的嘉定人用巨木支撑,堵塞缺口。当时风雨大作,城上不能点灯照明,城下也是漆黑一片。清军利用这个机会,潜伏在城下,准备将城墙刨开几个洞,因为有暴雨和狂风的掩饰,城上根本听不到城下的动静,也看不到人影的晃动。结果,清军在城下顺利地刨开几个洞,将火炮安置在其中,准备炸城。

　　大雨下了一夜,到第二天拂晓时分依然没有停歇的迹象。天刚一亮,李成栋便命令将已经在城洞中埋好的炸药点燃,顿时发出惊天动地的轰鸣。随着巨响,城墙轰然倒塌,土石四处飞扬,出现了几个巨大的豁口。李成栋迅速发令,命令早已准备好的骑兵发起冲锋。几股骑兵顶着大雨,如离弦之箭冲入城内。嘉定城中守民已经失去了最后的防线。

清军以骑兵开路，步兵跟进。在激战之后，全城指挥侯峒曾投水自尽，举人张锡眉等抗清守城的组织者也都自杀身亡。李成栋不解恨，将侯峒曾尸体找到后，又斩其首。另两位守城的指挥黄淳耀、黄渊耀也死得从容而悲壮。城破时，黄淳耀正在城内一个寺庙中，黄渊耀赶到寺中告知其兄清军已经入城，两人平静地整理了袍服和儒冠，一同自缢于寺中。死前，黄淳耀还在墙壁上题写了一段文字：“呜呼！进不能宣力王朝，退不能洁身自隐；读书寡益，学道无成！耿耿不昧，此心而已。异日虏气复靖，中华士庶再见天日，论其世者，尚知予心。”

南门守将张锡眉得知城破后，偕妾投水而死。临死前写绝命诗一首：“我生不辰，侨居兹里。路远宗亲，邈隔同气。与城存亡，死亦为义。后之君子，不我遐弃。”守城将领龚用圆、龚用广兄弟则拥抱恸哭：“我祖父清白自矢，已历三世。今日苟且图存，何面目见祖宗于地下？”说罢双双自溺而死。还有一些仁人志士不肯投降，或一人自杀，或全家就义。

李成栋撤出嘉定后，四散逃亡的民众又再度聚集，一位名叫朱瑛的反清义士率50人进城，纠集民众，又一次控制了嘉定。李成栋又遣部将徐元吉镇压。清军到处搜寻，不问缘由，见人就杀。三天后，自西关至葛隆镇，浮尸满河，惨不忍睹。

后来，嘉定绿营把总吴之藩反清，不久被镇压，结果嘉定再遭浩劫。

自闰六月初至八月，嘉定人民自发起义抗清，先后有10余万人，而被杀害的人约有2万，史称“嘉定三屠”。

清军在扬州屠杀

相关链接

清初各地武装抗清斗争

清军入关后便立即南下，一方面同南明政权进行激烈的争夺，另一方面又镇压各地的反清势力。在江南的抗清斗争主要都是因反对剃发而起。起初，为避免激怒广大汉族士民，清统治者所采取的措施还是比较谨慎的。比如剃发易服，在入关之初，并没有立即推行。但随着清军战事的一帆风顺，清廷重新严厉推行剃发令，结果激起了江南广大士民的激烈反抗。在嘉定人民抗清的同时，顺治二年六月，江阴士人也爆发了反抗剃发的武装斗争，清军攻陷江阴后，屠城三日。

在北方地区，则主要是残存的大顺军余部、已经降清的部分原明朝将吏，以及穷苦的农民，纷纷组织武装力量反清。清军进入北京后，由于强行"薙发"、"圈地"，掠人为奴仆，立即引起了京畿一带人民群起反抗。山东各地人民的抗清斗争更是如火如荼。例如，顺治元年山东爆发了满家洞和榆园抗清起义，到顺治十二年（1655），清廷才将榆园起义军镇压下去。顺治五年（1648），山西大同则出现了曾经降清的总兵姜瓖起兵反清。顺治六年，全省各支义军互相配合，攻城略地，直逼太原省城。清摄政王多尔衮亲自指挥镇压。经过几年的战斗，起义军渐次失败。顺治五年三月甘肃爆发了米喇印、丁国栋等人领导的回民起义，连续攻下凉州、巩昌、岷州、兰州、临洮、渭沅等地。第二年十一月，起义被镇压。

清初各地人民的抗清斗争虽然先后失败，但给清军以沉重的打击。

弹劾冯铨案

　　清军入关后，迅速统一南中国，在这个过程中，收纳和重用原明官僚和将官为清廷服务是其成功的一个重要因素。但也正因为此，明末士人党争的问题也被带到了清初政局中。顺治二年（1645）七月，朝廷众多汉人官僚纷纷弹劾曾经是明末阉党的冯铨。虽然时过境迁，但这时明末遗留下来的南北党争的幽灵再次出现在清廷之上，而且给多尔衮如何对待汉人问题出了个难题。冯铨何许人？多尔衮又是如何处理这起案件的呢？

　　冯铨（1595—1672），顺天府涿州（今属河北）人，明万历四十七年（1619）进士。因依附魏忠贤，官至东阁大学士。崇祯初，魏忠贤伏诛，冯铨论杖徒，赎为民。顺治元年（1644），清定都北京后，摄政王多尔衮以书征召冯铨，恢复其大学士职衔，令其入清廷内院协理机务。冯铨不仅为多尔衮稳定国内局面出了不少力，而且在他援引下，原来很多依附阉党的人都得到了重用，同时不失时机地打击了陈名夏等南方士人。在投清的旧明官僚中，除了像冯铨这样曾经依附阉党的人之外，还有很多原来东林党的人。结果，旧怨未了，又添新仇，双方的斗争又摆上了桌面。

　　顺治二年七月，浙江道御史吴达上疏说，如今所用之人，都是明末官员，其中有不少逆党党羽、贪墨败类，应该罢黜不用，矛头直指冯铨。多尔衮的答复模棱两可，一方面说重用忠诚贤良之人是国家要务，另一方面又说不能因无罪而罢黜，而且告诫说，弹劾必须要有证据。不料，吴达再次上疏，列举冯铨五大罪状，说他结党营私，贪婪索贿。紧接着，给事中杜立德、御史李森先等十余人也纷纷上疏弹劾冯铨，要求将冯铨父子斩首。

　　这种局面，一下子让主政的多尔衮处于两难的境地——如果不处理冯铨，不足以服人心，因为朝中汉官反对冯铨的占大多数；如果处理冯铨，则会打击那些死心塌地为满洲贵族效劳的汉人，从而失去很多人的支持。再进一步，如果打击了冯铨一派，南方汉人就会得势，朝中就会为他们所左右。在江南还没有平定之际，如果南方汉人得势，是否会危害清廷的统治？会不会出现里应外合的情况？

1645 年
七月，浙江道御史吴达上疏弹劾冯铨。

面对这种情势，多尔衮不得不左右思量。十天过去了，还是没有表态。户科给事中杜立德以为多尔衮没有了主意，便再次上疏，请求尽快将冯铨治罪。其实，此时多尔衮不是没有主意，而是已经决定支持冯铨了。因为，不处理冯铨，不过是驳回了几个科道官的上奏而已；而处理冯铨，则意味着牵一发而动全身，可能会导致难以预料的后果。

于是，多尔衮召集内院大学士、刑部、科道等官，批评他们的做法是沿袭明末党争恶习，陷害无辜。当时，龚鼎孳听了心里不服气，说："冯铨在明朝时依附魏忠贤，是个作恶的人。"冯铨则辩解说："魏忠贤作恶，我也曾上疏反对。如果我是魏党，怎么没有杀我？"接着又反击说："你龚鼎孳也不正，不仅投降了李自成，而且做了他的北城御史。"多尔衮明知故问："这是真的吗？"龚鼎孳被冯铨抓住了把柄，只得硬着头皮回答："是真的。但当时不止我一人如此。魏徵还归顺唐太宗呢。"多尔衮听了，笑着说："如果自己出处端正，才能要求别人，己身不正，怎能苛求他人？"接着又训斥龚鼎孳："你自比魏徵，把李自成比作唐太宗，真是大胆！"当然，多尔衮如此指责龚鼎孳并没有想真治他的罪，而是为了彻底堵上他的嘴。

多尔衮虽然支持冯铨等人，但他也没有将那些上疏弹劾的南方汉官治罪，龚鼎孳虽然当众挨了一顿羞辱，但不久却升职为太常寺少卿。只有后来的李森先再次上奏，言辞过激，被革职罢官。冯铨等人经过这次教训后，也大大收敛了自己的行为。

在整个多尔衮摄政时期，他既宠信冯铨、李若琳、党崇雅等北方汉人，同时又重用陈名夏、金之俊等南方汉官，使双方势力保持了很好的平衡。党争虽然存在，但始终未酿成大祸。

 相关链接

清初降臣

明清鼎革之际有大量明朝官僚降清。入关之前，就有明将李永芳、生员范文程等人，其后诸如张存仁、祖大寿、祖泽清、孔有德、耿仲明、尚可喜、马光远、洪承畴、吴三桂等，都是明将吏降清的代表人物。清军入关后，定鼎北京，原明朝中央地方各级人物，如钱谦益、龚鼎孳、吴梅村等人纷纷投入清政权。对于这些降清人物，清廷的态度是不管什么原因，

它都欢迎，一律接纳，还制定优厚的政策，以资鼓励，甚至引诱他们来降，统称他们为"汉官"。

到乾隆朝时，对这些降臣的评价发生了重大变化。乾隆帝倡导儒家道德，教化各级官吏忠君不贰。于是，重翻一百多年前的旧案，将清入关前后降清的原明将吏，统统定名为"贰臣"，为其作"贰臣传"；如吴三桂等，降清后又叛清，则打入了"逆臣"之列，以为当世及后世者戒！至辛亥革命前后，那些降清的人，死心塌地效忠清朝的汉人官吏，更被指为"汉奸"、"叛徒"。

对于降清者，我们应具体问题具体分析，不可笼统地一概肯定或一概否定。一方面，不可站在一个王朝的立场上，去否定或反对另一个王朝，而应站在国家"大一统"的立场来评定是非；另一方面，不可站在汉族或满族的立场，去排斥另一个与之暂时对立的民族，而应站在中华民族大家庭的立场，平等对待。

降清后的洪承畴像

豪格之死

1646 年

正月，多尔衮任豪格为靖远大将军，前往四川征讨张献忠领导的大西军。

1648 年

多尔衮囚禁豪格，同为辅政王的济尔哈朗被定以死罪，后从轻处置，降为郡王。

1649 年

英国国王查理一世被送上断头台。

1651 年

正月，顺治帝宣布亲政。二月，宣布多尔衮二十余条罪状。

多尔衮像

顺治五年（1648），正当战事进行得如火如荼之际，皇太极的嫡长子，英勇善战、曾经立下赫赫战功的和硕肃亲王豪格却冤死狱中。是谁把他投入牢中，落得如此悲惨的命运呢？这一切都要从他当年与多尔衮争夺帝位说起。

豪格是皇太极长子，生于明万历三十七年（1609），系继妃乌拉那拉氏所生。他浓眉大眼，性豪爽，有勇力，为人正直，如果说有缺点，就是不善计谋，生性鲁莽。崇德八年即崇祯十六年（1643）皇太极暴死后，豪格作为皇太极的嫡长子，按照汉人立嫡立长的传统，本来是最有希望继承帝位的。这一年他 34 岁，统领正蓝旗，军功卓著，深受皇太极的喜爱，而且有两黄旗和镶蓝旗的支持。

然而，当时的清朝皇室并没有"立嫡立长"的皇位继承制度，嗣君的继承并不遵循嫡长原则，也非由皇帝生前指定，而是由贵族诸王议立，挑选最有能力者继任。豪格英勇善战，继承帝位不存在能力的问题，然而"既生瑜，何生亮"，除了豪格，当时有能力挑战皇位的绝不仅仅他一人。这其中最主要的竞争对手是其叔父——努尔哈赤第十四子、睿亲王多尔衮。多尔衮领正白旗，掌吏部，时年 31 岁，背后有两白旗的支持。在能力上，他春秋鼎盛，资兼文武，足智多谋，绝不逊色于豪格。

两方可谓势均力敌，但谁都难以取胜，立豪格或多尔衮都必鱼死网破，导致发展势头强劲的清朝走向分裂。这是各派势力都不愿看到的。

看到自己很难夺取皇位的多尔衮，虽然不甘心，但也不想失去主动权，于是提出拥立皇太极年仅 6 岁的第九子福临。如此一来，既能堵住豪格，又能让自己控制未来的局势。豪格虽然极不情愿，但也只好默认。福临即位，避免了皇族内部两大势力的火并。

争夺帝位的较量虽然结束，但两人之间的怨恨和敌意却与日俱增。顺治元年（1644）四月，原来支持豪格的正蓝旗固山额真何洛会检举豪格"图谋不轨",说他百般诋毁多尔衮。多尔衮乘机对豪格加以打击。他召集诸王大臣会审,豪格的心腹固山额真俄莫克图、议政大臣杨善、伊成格、罗硕等人均被处死,豪格本人也差点送命。当时,诸贝勒大臣请杀豪格,年幼的福临听说后终日啼哭,连饭都不吃,这才使豪格免于一死,但削其爵位,废为庶人。

后来,多尔衮率兵入关时,豪格也在军中效力,曾前往山东,稳定漕路。顺治元年福临在北京的登基大典中,念及豪格的军功,摄政王多尔衮恢复了其肃亲王的称号。顺治三年(1646)正月,多尔衮任豪格为靖远大将军,前往四川征讨张献忠领导的大西军。豪格明知是多尔衮在整他,但也不敢违背军令,在四川他连败张献忠领导的大西军。这样的重大胜利理应重赏,但捷报传到北京时,多尔衮只是略加赞赏。

顺治五年(1648),豪格率大军凯旋,不但没有得到多尔衮的重赏,迎接他的反而是更可怕的阴谋。当年三月,郑亲王济尔哈朗遭到吞齐等人诬告,其中一个重要罪名就是说他曾经同情和庇护豪格。结果,济尔哈朗被定以死罪,后从轻处置,降为郡王。郑亲王一直是豪格的支持者,唇亡齿寒,他的失势说明豪格失去了最后一个保护伞。

处理济尔哈朗次日,多尔衮便召集诸王大臣会议,专门讨论豪格的问题,指责他征服四川已有两年,地方却未全部平定,又指责他提拔罪人之弟。这时的摄政王多尔衮,大权独揽,惟我独尊,诸王大臣更是仰其鼻息,唯唯诺诺,于是拟订豪格死罪。多尔衮假意仁慈,免豪格一死,削去爵位,囚禁狱中。

对此莫须有的罪名,豪格异常愤怒,曾对人说:"要把我放了就没事,如不放,别以为我会眷恋几个孩子,我拿石头把他们全砸死!"不久,他便因激愤卒于狱中,年仅40岁。

豪格究竟是怎么死的?有人说是多尔衮谋杀的,也有人说多尔衮让看牢的人不断侮辱豪格,致其忧愤绝食而死。不管哪种说法,豪格被多尔衮迫害致死是毫无疑问的。

孝庄太后下嫁之谜

太后下嫁的故事,最早是张苍水的《建夷宫词》记载下来的。张苍水是抗清名将,诗文在清代被严厉禁止,流传不广;第一次正式印行,是晚清章太炎根据甬上张氏的抄本排印的。这时,反清情绪日益高涨,凡属清廷秽事丑闻,往往不胫而走。太后下嫁,自然成了最佳谈资。学术界最早讨论"太后是否下嫁"的,是孟森和胡适间的通信。胡适虽不同意孟森对"皇父"的解读,但他在信中明确把"太后下嫁"定性为"传说"。

有一种观点认为,多尔衮由"皇叔父"改称"皇父",就是"太后下嫁"的明证。孟森先生认为:"'皇父'之称实由报功而来,非由渎伦而来,实符古人尚父、仲父之意。"因此,多尔衮称"皇父摄政王"虽是史实,但不能作为太后下嫁的证据。

另外,孝庄太后死后,不是到沈阳北陵和皇太极合葬,而是葬到清东陵。这被后人认为是她不自安于太宗陵墓,成为她地下嫁多尔衮的证据之一。其实,这是康熙帝尊重祖母遗命,与祖母是否下嫁无关。

总之,后人可以揣测多尔衮与孝庄太后的恋情,但太后下嫁一事难有确证。

顺治继位与多尔衮摄政

多尔衮摄政日记

皇太极死后，清廷最高权力出现真空。当时最有实力的代善、多尔衮、多铎、豪格都因各方掣肘，未能入承帝位。鹬蚌相争，渔翁得利，最终在多尔衮等人的拥护下，皇太极年方6岁的幼子福临继承帝位，由两叔父济尔哈朗和多尔衮辅政。尽管多尔衮名次居位都在济尔哈朗之下，但由于其才识谋略均远胜于济尔哈朗，因此，多尔衮才是当时真正的摄政王。小皇帝登上宝座，作为摄政王的多尔衮虽然也有遗憾，但他头脑非常清醒，立即统一号令，大举进攻明朝。通过山海关一役，打败了当时的竞争对手李自成农民军，定都北京。

清军入关后，多尔衮进一步巩固了自己的地位，但他却没有沉迷其中，立即展开了对农民军的追击和对付南明残余势力的行动。顺治元年（1644）十月，多尔衮任命自己的亲哥哥英王阿济格为靖远大将军，统兵攻打农民军。同时，又任自己的亲弟弟豫亲王多铎为定国大将军，率军征讨江南。

在顺治最初的7年间，多尔衮实际就是太上皇，把持朝政，为所欲为，顺治帝则是一个傀儡。顺治八年（1651）正月，顺治帝宣布亲政，首先将阿济格治罪，接着是扶植长久以来备受多尔衮压制的势力，恢复了博洛、尼堪的亲王爵位。二月，又借苏克萨哈等人告发多尔衮僭越一案，正式宣布多尔衮二十余条罪状，甚至毁其坟墓。后来，顺治帝又将曾经依附多尔衮的刚林、巴纳哈、谭泰、拜尹图、冷僧极等人一一治罪，彻底将多尔衮变成了万恶不赦的罪人。直到乾隆三十四年（1778），乾隆帝才为其恢复名誉。

吴兆骞远戍宁古塔

清初满族统治者笼络汉官为其稳固政权服务,但与此同时并未放松对汉族士人的打击。因科场案而被流亡东北的吴兆骞就是清廷这一举措的受害者。

吴兆骞是江苏吴江县人,字汉槎,号季子。明末崇祯四年(1631)出生在世代官宦、书香之家。吴兆骞自幼聪明,少年时就才华过人,写过《胆赋》等诗赋,大受时人赞赏。青年时参加江南著名学术团体"慎交社",因才干过人受到文坛领袖吴伟业、陈之遴、陈名夏等人青睐。吴伟业称赞他与后来成为杰出诗人的陈维崧、彭师度为"江左三凤凰"。吴兆骞从小随父游历,傲岸自负。及长,更是锋芒毕露。如他曾对友人、另一位才子汪琬说:"江东无我,卿当独步。"言下之意即有他吴兆骞在,汪琬就不可能独领风骚。

顺治十四年(1657),吴兆骞参加江南科考。就在他以为仕途即将开始的时候,一场意想不到的灾难迎面而来。

这年十一月,南闱科场案爆发。江南主考官方猷等取中的举人方章钺,系少詹事方拱乾第五子。此事令顺治帝非常气愤。因为不久前在顺天举行的乡试中,刚刚发生了主考官收取贿赂的事情。方章钺的父亲方拱乾时任詹事府少詹事,尽管他再三向顺治帝声明与方猷不是同宗,更不可能乘机作弊,但盛怒之下的顺治帝并不相信。第二年三月,顺治帝亲自命题复试这些江南举人,并且每名举子身后都设有两名武士持刀而立,戒备森严。吴兆骞交了白卷,被革除举人名。顺治帝亲自定案,吴兆骞家产籍没入官,父母兄弟等一并流放宁古塔(今黑龙江省海林市长汀镇古城村)。

顺治十六年(1659)春,他与方拱乾父子等难友离京出关。经过长达半载的艰苦跋涉,于初秋抵达宁古塔,开始了长达23年之久的流放生活。

得知吴兆骞的厄运,其师友吴伟业写下撼人心魄的《悲歌赠吴季子》:"人生千里与万里,黯然销魂别而已。君独何为至于此?山非山兮水非水,生非生兮死非死。……生男聪明慎莫喜,仓颉夜哭良有以。受患只从读书始,君不见,吴季子!"

1657 年

十月,顺天科场案爆发。主考官李振邺、张我朴等人公开受贿,结果与蔡元禧、陆贻吉、项绍芳、田耜、邬作霖等七人立斩,家产籍没,有108 人流徙东北宁古塔。

十一月,南闱科场案爆发。主考官方猷、钱开宗和18 名考官全部处死。受此牵连,吴兆骞、方拱乾等文人被流放到宁古塔,处境凄苦。

顾贞观（1637—1714）

原名华文，字华峰，号梁汾，无锡人。自幼聪慧好学，少年时就与江南名士陈维崧、吴伟业、严绳孙等人交往，并加入了他们的"慎交社"。康熙三年（1664），被授予秘书院中书舍人。后任国史院典籍。因为人正直遭到同僚排挤而落职。清廷编修《明史》时曾有人推荐顾贞观参与，顾贞观力辞作罢。

纳兰性德

明珠之子，原名成德，字容若，号楞伽山人，是清代著人的词人。康熙十五年（1676）进士，授三等侍卫，不久晋升为一等侍卫。纳兰性德与朱彝尊、陈维崧、顾贞观、姜宸英、严绳孙等汉族名士交游甚密，这在一定程度上起到了为清廷笼络住汉族知识分子的作用。

宁古塔气候严寒，人烟稀少，号称"荒徼"。吴兆骞在书信中说："宁古寒苦天下所无，自春初到四月中旬，大风如雷鸣电激咫尺皆迷，五月至七月阴雨接连，八月中旬即下大雪，九月初河水尽冻。雪才到地即成坚冰，虽白日熠灼竟不消化，一望千里皆茫茫白雪。"

吴兆骞虽有文才，但不会耕作，又无生存之道，初到之时意气消沉。康熙二年（1663），吴兆骞的妻子葛采真和妹妹吴文柔从苏州千里迢迢来到关外，"携来二三婢仆，并小有资斧"，吴兆骞的生活才有了明显的改善。后来，他的文采被官方和同去的流人所看重，吴兆骞就利用自己的长处开馆授徒。最先教的是宁古塔第一个流人陈嘉猷的长子陈光召，他也是吴兆骞最钟爱的弟子。

吴兆骞是流人，但在宁古塔受到了将军巴海、副都统安珠瑚、萨布素等人的优待。康熙十三年（1674）秋，巴海聘请吴兆骞为书记兼家庭教师，教其两子读书。巴海"待师之礼甚隆，馆金三十两"，而且"每赠裘御寒"。

尽管如此，吴兆骞仍然看不到归还的希望。后来由于好友顾贞观的援救，才得以重生。

顾贞观与吴兆骞私交甚厚，情同手足。吴兆骞被遣送到黑龙江戍边时，顾贞观为好友蒙受不白之冤感到怨痛，立下"必归季子"的誓言。有一年，顾贞观接到吴兆骞从戍边寄来的信，读后凄伤流泪，深知身居绝塞的好友再经不起风霜雨雪的摧残，救友生还已到刻不容缓之时。

康熙十五年（1676）冬，顾贞观在康熙帝红人明珠家课馆，两人成为交契笃深的挚友。一次，明珠大宴宾客，席间，明珠端起一大杯酒，笑着对顾贞观说："你能把这杯酒一饮而尽，我就为你设法营救吴兆骞。"顾贞观本不胜酒力，听此话后，端起酒杯，一饮而尽。明珠哈哈大笑，说："我只不过同你开个玩笑而已。你是重义的人，即使不饮此酒，我也会为你营救吴兆骞的。"顾贞观听了，忙向明珠跪谢。

功夫不负有心人，经好友顾贞观的鼎力营救，又有明珠及其子纳兰性德，徐乾学等人在朝中斡旋，机会终于来了。康熙十七年（1678），康熙皇帝两次派人到宁古塔封祀其皇祖发祥之地长白山。吴兆骞不失时机地献上了1800字的《长白山赋》和律诗《封祀长白山

《二十韵》,受到康熙帝的赞赏。康熙二十年(1681)秋,吴兆骞终获赦免,离开宁古塔。

　　吴兆骞获释后,特地到明珠府第拜谢。拜谢后,纳兰性德领他到那一次明珠要顾贞观饮酒的地方,让他看壁间一行文字——"顾梁汾为松陵才子吴汉槎屈膝处"。他这才知道,顾贞观为他的生还费尽了心力。三年后,吴兆骞在北京病逝。

 **相关链接**

清初江南三大案

　　江南奏销案:顺治十八年(1661),清廷将上年奏销有未完钱粮的江南苏州、松江、常州、镇江四府并溧阳一县的官绅士子全部黜革,史称奏销案。清入关后,在江南地区实行了比明代更为严厉的催科。但江南缙绅豪强依然凭借昔日的权势交通官府,贿买书吏,隐瞒和拖欠钱粮。清政府为了裁抑缙绅特权和打压江南地主,便借口抗粮,制造了奏销案。根据江宁巡抚朱国治的奏报,清廷将欠粮者,不问是否大僚,亦不分欠数多寡,在籍绅衿按名黜革;秀才、举人、进士,凡钱粮未完者,皆革去功名出身;现任官概行降两级调用,共黜降1.3万余人。

　　哭庙案:顺治十八年,顺治帝驾崩,哀诏于二月初一日下达吴县,府衙设灵举哀,哭临三日。而就在头一年,新任吴县县令任维初私取公粮三千余石,又逮捕交不出补仓粮的老百姓。以金圣叹为首的几个秀才,因同情农民的遭遇,借此机会写了"揭帖",到哭临场所控告县官,矛头直指巡抚朱国治。朱国治将此事上奏皇帝,结果金圣叹、倪用宾等18人被判死罪,史称"哭庙案"。

　　通海案:顺治十六年(1659)六月,郑成功在东南沿海一带组织抗清斗争,明遗民暗中接应,准备恢复明室。金坛县令任体坤谎称金坛士民造反纳降,抚臣信以为真。七月二十四日,郑成功兵败镇江、瓜州,乘船远去台湾。后清廷以"通海"论处,下令追查。顺治十八年七月,拟定"通海"的罪犯有冯征元、王明试、李铭常等65人,后与"哭庙案"等囚犯121人,在江宁执行死刑。

想 出 家 的 皇 帝

1656 年

九月，顺治帝册封内大臣鄂硕之女、贤妃董鄂氏为皇贵妃。

1660 年

八月十九日，董鄂妃卒。

作为清朝入关后的第一个皇帝，顺治帝本来应该大有作为，但他却一度想出家为僧。皇帝当得好好的，为何想要出家？结局又如何呢？这事还得从董鄂妃说起。

董鄂氏，内大臣鄂硕之女。董鄂氏是如何被顺治帝选中的？她又是怎样入宫的？这些清朝官方史书都秘而不书。其实，董鄂氏在入宫之前，已经是襄亲王博穆博果尔的妻子。襄亲王是清太宗皇太极第十一子，顺治帝排行第九，两人是同父异母兄弟。按说，哥哥娶了弟弟的妻子，这在清入关前，依据满洲旧俗，并不是什么问题。但由于到了顺治朝，随着满俗汉化，此举已经不合礼俗，为君者讳，因此实录中不载一字。

据耶稣会教士汤若望记载，顺治十三年（1656）二月，按照惯例，董鄂妃作为襄亲王博穆博果尔的命妇入侍宫中。顺治帝见到她后，被其亭亭玉立的身材、高雅的气质所震慑，激起了狂热的爱慕之情。此后，顺治帝以各种理由不断召董鄂氏入宫，借机与她见面。后来此事被博穆博果尔得知，他一脸愤怒地冲进宫中，质问顺治帝。顺治帝不能忍受弟弟的"犯上"，竟狠狠地打了他一记耳光。

孝庄太后知道此事后，感觉事要闹大，就立即准备为儿子册立东西宫嫔妃。由于顺治帝执意要娶董鄂氏，皇太后为此烦恼不已，但也无可奈何。她认为是命妇例行的"入侍"给了他们相识相恋的机会，于是，命令此后永远停止命妇"入侍"之例。再说博穆博果尔，因自己的妻子被皇帝夺走，又被打了一耳光，实在咽不下这口气，不久便怨愤而死，年仅 16 岁。

博穆博果尔死后，顺治帝便迫不及待地将董鄂氏纳入宫

顺治帝与汤若望

中,册为贤妃。按照惯例,后妃的等级也是逐步提升的,董鄂妃则直接越过"嫔"位而册立为"妃",不仅如此,仅过了一个月,又册封为皇贵妃,这是仅次于皇后的地位。由此可见顺治帝对董鄂氏的爱恋之情。

顺治虽然贵为皇帝,其个人感情却不顺利。他的第一个皇后姓博尔济吉特氏,蒙古人,是科尔沁部亲王吴克善之女、孝庄皇太后的亲侄女、福临的亲表妹。由于这个"亲上加亲"是多尔衮所定,多尔衮死后,顺治十年(1653)八月,顺治帝以感情不和、皇后失德等借口将其皇后身份废除。之后,礼部官员立即着手为顺治帝物色新的皇后。经过严格复杂的选妃过程,于次年四月,选定科尔沁部镇国公绰尔济之女。论辈分,此女是孝庄皇太后的侄孙女,同样也是亲上加亲。然而,这个皇后也不幸。她册立为后时,就遇到了刚刚得到宠幸的贵妃董鄂氏。

与董鄂氏成婚后,顺治帝便把他的爱全部给了董鄂妃。他不仅疏远第二任皇后,而且故意挑茬,处分皇后。由于孝庄皇太后的阻挠,顺治帝准备再次废后、立董鄂妃为后的想法始终没有实现。

顺治帝与董鄂妃的感情很快有了果实,他们的儿子于顺治十四年(1657)十月初七日诞生。对于此子的降生,顺治帝如获至宝,无比高兴。但天有不测风云,当他们还沉浸在欢乐之中时,不幸的事情发生了。顺治十五年(1658)正月二十四日,这个排行皇四子的儿子,还不到4个月就夭折了。突如其来的不幸,使他们陷入了极度的痛苦之中。不久,顺治帝以超越常规的做法,追封这个儿子为和硕荣亲王,还为其大办丧事。

丧子虽然痛苦,但他们还年轻,顺治帝不过20岁,董鄂妃还不足20岁,以后再诞育皇子也不是没有可能。然而,好景不长,董鄂妃突然病倒,顺治帝虽然为其指定最好的御医医治,但无力回天。顺治十七年(1660)八月十九日,董鄂妃香消玉殒。顺治帝传谕亲王以下、满汉四品官以上,并公主、王妃以下命妇,都到景运门内外集体哭临,还决定辍朝五天。接着,又追封董鄂妃为皇后。

在短短两年的时间里,顺治帝连遭打击,而失去董鄂妃的痛苦远甚于失子之痛。自董鄂妃死后,顺治帝情绪低落,似乎看破红尘,万

1661 年
正月初二日,顺治帝出痘。初七日夜,病逝于养心殿,遗命第三子玄烨为皇太子,继皇帝位,是为康熙帝,以内大臣索尼、苏克萨哈、遏必隆、鳌拜辅政。

念俱灰，还产生了一个不可思议的想法——放弃皇位，出家当和尚。据说，由于顺治帝敬重的高僧玉林琇的极力劝解，他才放弃了出家的念头。然而，这时顺治帝的生命也即将走到尽头，就在董鄂妃死去4个月后，顺治十八年（1661）正月初七日，未满23岁的顺治皇帝因染天花，死于养心殿。

 **相关链接**

康熙继位

顺治帝病势垂危时，召麻勒吉、王熙至养心殿，命撰遗诏，立皇三子（名玄烨，年仅8岁）为皇太子，遗命内大臣索尼、苏克萨哈、遏必隆、鳌拜为辅政大臣。初八日，王以下文武官齐集举哀，宣遗诏，遣官颁行天下。初九日，玄烨即皇帝位，改明年为康熙元年（1662）。

8岁的玄烨最终能够在福临诸皇子中得以嗣位，是经过一番周折的，直到顺治帝弥留之际才最后确立下来。董鄂妃于顺治十七年（1660）生一子，顺治帝本来是一心要宠妃董鄂氏之子继承皇位的，不幸的是，这个小皇子生下来不到4个月就夭折了。顺治帝皈依佛门未成，其健康状况一天天恶化。皇太后对此十分担心，催促他早立太子。这时他想到立一位从兄弟，但是皇太后和亲王们的意见都是主张在皇子中选择一位继承者。由于母后的坚持，顺治帝同意在年幼的皇子中选择嗣君。皇长子钮钮2岁时夭折，皇五子常宁、皇七子隆禧俱年幼，只有皇次子福全与皇三子玄烨是择立皇太子的人选。顺治帝慎重考虑之后，决定立皇三子为太子。其中一个重要的原因是玄烨已经出过天花，不会再受到这种病症的伤害了，而皇次子福全尚未出过天花，难以保证国祚长久。正是在这种情形下，玄烨才得以继承帝位。

恢复与发展

　　康熙帝亲政之初，各地抗清斗争虽然已经基本结束，但国家的完全统一远未完成。当时，在南方，有业已坐大的三藩；在东南海上，有台湾郑氏力量；在东北，沙皇俄国的侵略日益扩张；在西北，还有强大的准噶尔割据势力。康熙帝亲政伊始，就将三藩、河务、漕运列为三件大事。他首先着手解决的是严重影响稳定的三藩问题。之后，进行了统一台湾的跨海作战。南中国稳定后，立即把注意力转移到北方，抗击沙俄侵略，经过两次雅克萨之战，击败沙俄，双方签订了《尼布楚条约》，划定了东北边界。条约签订后不久，准噶尔部又在沙俄的支持下，血洗喀尔喀部蒙古，清政府又立即进行了平准战争。康熙帝三次亲政，经过乌兰布通等战役，直到雍正时期，清军基本与准噶尔打成平手。康熙帝晚期，又进行了"驱准保藏"之役，之后对西藏政体进行了改革，加强了对青藏地区的统治。

　　在统一全国的同时，康熙时期的政治、经济、文化政策也日趋成型。在政治上，继续发展了入关前就已经确定的"满蒙联姻"，并在打击汉人反清意识的同时，积极建立"满汉一体"。为巩固皇权，继续削弱议政王会议的势力，设立南书房，开创秘密奏折制度。在经济上，恢复和发展生产，鼓励垦荒，大力治理黄河，确定"滋生人丁，永不加赋"。这些都为雍正、乾隆时期的繁荣奠定了基础。在文化上，确立"尊孔崇道"的基本政策，开博学鸿词科，招揽士人，纂修《明史》。同时，兴起文字狱，钳制士人思想。

　　雍正朝只有13年，却是清代历史上颇为重要的一个时期。在统一战争上，继续对准噶尔作战，互有胜负。其主要精力集中在内政上，打击朋党，建立军机处，确立奏折制度。针对康熙后期的吏治问题，严厉惩治贪官，成立会考府。实行摊丁入亩，耗羡归公，设养廉银，豁除部分贱民户籍等。这一系列的政治改革措施，为清朝的盛世奠定了基础。

《康熙帝南巡图》之"拜谒大禹陵"

　　《康熙南巡图》为官廷绘画作品，绢本设色，由王翚和其他画家共同完成，共12卷，再现了康熙帝第二次南巡的盛况。此图描绘康熙帝到绍兴祭拜大禹陵，祈求大禹保佑治理黄河水患成功的场景。图中，河的右岸一些官民跪迎皇帝驾临，左岸长长的队伍是康熙帝的随从人员，河中停泊着他们乘坐的船只。康熙帝站立于华盖之下，周围侍卫戒备森严。

历法之争

在中国历史上，每到朝代更替，都要改正朔，颁布新的历书。在顺、康之际，却因编制历法引发了一场汉族士大夫与西洋传教士的争斗。

清朝编制新的历法，早在入关之初就开始了。明朝使用的是《大统历》，但这个历法在预测天象时多有出入，与此同时，来自欧洲的传教士汤若望极力宣扬西洋新法。顺治元年（1644）八月初一日丙辰发生日食，为清统治者判断哪种历法更加准确提供了机会。关于这次日食，钦天监的官员也采用《大统历》和回回历分别作了预报。到了日食这一天，多尔衮派大学士冯铨和一大批官员到北京古观象台作现场验证。结果，对于日食的初亏、食甚和复圆的时刻分秒，按回回历的预报相差了一小时，按《大统历》预报所食面差了一半，只有汤若望依西洋新法推算出的结果一点不差。孰优孰劣，一验便知。于是多尔衮决定由汤若望来制订顺治二年（1645）的历书。汤若望将历书上呈后不久，清廷正式颁布，定名为《时宪历》。

此后，汤若望备受朝廷器重，特别是顺治帝亲政后，他被封为通议大夫，接着又受封为太仆寺卿和太常寺卿，授三品衔。顺治十五年（1658）又封他为光禄大夫。顺治帝与汤若望的关系也很好，经常到汤若望的住所，或喝茶聊天，或登门求教，无所不谈，还尊称他为"玛法"（满语，对长者的尊称）。然而汤若望在春风得意之时，也为自己埋下了祸根，由于他极力主张依西法制历，受到了钦天监和社会上保守势力的猛烈抨击，代表人物就是杨光先。

顺治十八年（1661），顺治帝死后，8岁的玄烨继位，是为康熙帝。此时，掌握朝政的是辅政大臣鳌拜、苏克萨哈等人。由于鳌拜等人一尊旧制，杨光先看到机会来了，便于康熙三年（1664）七月，向礼部呈上《请诛邪教状》，控告汤若望传造妖书，说他以修订历法之名，四处传播邪教，企图谋反。第二年四月，汤若望被定死罪，革去其所有职位衔号；利类思、安文思和南怀仁被判充军；钦天监的官员李祖白等七人也被定死罪。碰巧的是，判决刚刚宣布，北京地区连日发生强烈地震，屋毁人亡，人们纷纷认为这是上天在示警。在孝庄太后的干预

1664 年

七月，杨光先控告传教士汤若望传播邪教，企图谋反。

1665 年

四月，革去汤若望的所有职位衔号，利类思、安文思和南怀仁被判充军。

1668 年

十一月，康熙帝召集传教士南怀仁、利类思、安文思和钦天监监正杨光先等人，到东华门就历书进行辩论。

1669 年

二月，杨光先被免职。

五月，康熙帝逮捕鳌拜，结束了四大臣辅政时期。

下，汤若望得免死罪，获释回天主教堂，但钦天监的官员李祖白等七人未能幸免，仍被斩首。这就是历史上有名的"康熙历狱"。汤若望获赦后，身患重病，一年多后，在寓所病故。

这起事件后，杨光先被任命为钦天监监正。他就职后的第一件事就是废除汤若望的《时宪历》，恢复《大统历》，但由于旧的历法沿用既久，常常推算错误。杨光先只得于康熙七年（1668）与他的副手吴明烜编制了康熙八年（1669）的历书，取名《七政民历》，颁行天下。

康熙帝不但勤奋好学，而且对西方天文学很感兴趣，他并不信任杨光先等人所编制的历书。于是，就让人把《七政民历》带到传教士的寓所，让南怀仁等人过目。南怀仁发现其中有很多错误，例如当年不该有闰月，历书中却安排了闰十二月，康熙八年这一年中竟出现了两个春分和两个秋分，等等。

为了听取各方意见，辨明优劣，康熙帝决定举行一场辩论，让南怀仁等传教士与杨光先等人就历书进行论辩。

这年十一月，康熙帝下令召集传教士南怀仁、利类思、安文思和钦天监监正杨光先、监副吴明烜及钦天监官员马佑等一起到东华门就康熙八年历书进行辩论。双方各执己见，互不相让。这时，南怀仁提议：双方用各自的方法来检测正午时刻日影的长度，就可以知道哪一种历法准确了。康熙帝同意南怀仁的倡议，命令他们先各自划出日影的界限，从第二天开始，连续三天进行验证，双方共赴北京古观象台预测正午日影。三天之后结果出来了，南怀仁所划的界线完全符合，而杨光先三天所测均有误差。

为了进一步验证南怀仁的方法是否正确，谨慎的康熙帝让和硕康亲王以及众位大臣再来一次检测。于是，康熙八年（1669）正月十七日，内院大学士图海、李尉等20多名重要阁臣又

钦天监

我国封建社会时期的国家天文台，承担观察天象、颁布历法的重任。由于历法关系农时，加上古人相信天象改变和人事变更直接对应，钦天监正的地位十分重要。自汤若望以后，直到道光年间，钦天监官员大都由西方传教士担任。

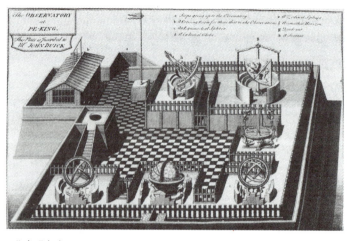

北京观象台图

一起赴古观象台观看南怀仁、吴明烜等人进行"立春"、"雨水"两个节气和月亮、火星、木星躔度（日月星辰运行的度数）的测算。结果，南怀仁的方法屡试不爽，而吴明烜几乎无一正确。杨光先等人虽然极力辩白，但事实胜于雄辩。

康熙八年二月，议政王会议认为杨光先所编制历书错误太多，应革职议罪。康熙帝同意将杨光先革职，遣返还乡，只将吴明烜交刑部论处。同时，任命南怀仁为钦天监监副。

清初这场杨光先与汤若望、南怀仁的历法之争，已不仅仅是单纯的历法优劣的争斗，它反映了清初中西方文化碰撞后所产生的矛盾冲突以及当时中国人的不同反应。

相关链接

鳌拜擅权

顺治帝死后，8岁的玄烨即位，根据遗诏，由索尼、遏必隆、苏克萨哈、鳌拜四大臣辅政。当时鳌拜在四辅政大臣中地位最低，但因索尼年老多病，遏必隆生性庸懦，苏克萨哈曾是摄政王多尔衮旧属，为其他辅政大臣所恶，因此鳌拜才得以擅权。鳌拜，姓瓜尔佳氏，满洲镶黄旗人。自顺治帝死后，直到康熙八年（1669）五月的八年又四个月，即后人所谓"鳌拜辅政"时期。

鳌拜为了独揽朝政，先后杀死户部尚书苏纳海、直隶总督朱昌祚、巡抚王登联与辅政大臣苏克萨哈等政敌。大权在握的鳌拜日益骄横，竟发展到不顾康熙帝意旨的地步。有一次，康熙帝将自己的朱批下发，鳌拜却将其取回重批。给事中冯溥知道后奏报康熙帝。鳌拜得知后，欲将冯溥治罪。康熙帝不仅没有将冯溥治罪，反而给予嘉奖。但为了制服鳌拜，康熙帝表面上并不着急，而是秘密组建了自己更为信任的善捕营。负责善捕营事务的首领是四大辅臣之一索尼的次子索额图。行动之前，康熙帝先将鳌拜的党羽以各种名义派出。安排就绪后，康熙八年五月十六日，他亲自到善捕营做动员，以迅雷不及掩耳之势逮捕了鳌拜。随后宣布鳌拜三十条罪状，廷议当斩，但康熙帝念其历事三朝，效力有年，不忍加诛，仅命革职，籍没拘禁，其党羽或死或革。不久鳌拜死于禁所。

明珠获宠

康熙帝清除鳌拜集团，索额图是首功之人，因此得以重用，成为保和殿大学士，加太子太保衔，位至首辅，权倾一时。但由于他的政治见识不高，在撤藩问题上与康熙帝意见不一致，结果失去皇帝信任。代之而起的是力主撤藩的明珠。

明珠，叶赫那拉氏，满洲正黄旗人。顺治中，选充侍卫。康熙初，因其才干过人升内务府郎中，康熙三年（1664）升总管。后改内院侍读学士，从此进入朝政中枢机构。康熙七年（1668），迁刑部尚书。康熙十年（1671），任兵部尚书。

康熙十二年（1673）三月，平南王尚可喜因年老上疏，请求归老辽东，得到康熙帝允许。七月，平西王吴三桂、靖南王耿精忠担心这是朝廷撤藩之始，为试探朝廷旨意，也分别上疏请求撤藩。康熙帝将此事下发给议政王大臣会议。当时索额图说，如果突然撤藩，恐怕会引起吴三桂、耿精忠等人的激烈反抗。只有明珠和户部尚书米思翰、刑部尚书莫洛主张应将计就计，乘机撤去吴三桂、耿精忠藩王的权力。

康熙帝亲政以后，一直将解决三藩问题视为头等大事，曾经书而悬之宫中柱上。索额图在撤藩问题上违背康熙帝的想法，致使皇帝对其大失所望。而明珠力主撤藩，为康熙帝所欣赏。康熙十三年（1674），平定三藩战争开始后，明珠协助康熙帝运筹帷幄，指挥平叛，发挥了重要作用。康熙十六年（1677），明珠擢为武英殿大学士，跻身辅臣之列。索额图此时仍然居首辅之位，两人开始各结党羽，互相倾轧。由于康熙帝开始器重明珠，因此两人争斗的结果也就不难想

康熙帝戎装像

象了。康熙十九年(1680),索额图被解除大学士职任,明珠得以正式总揽朝政。

为避免明珠重蹈权臣结党营私的覆辙,康熙帝在罢黜索额图的时候,曾经告诫明珠要小心谨慎,但显然他并未吸取前车之鉴。明珠官居内阁十余年,"掌仪天下之政",在议撤三藩、统一台湾、抗御外敌等重大事件中,都扮演了相当关键的角色。同时,作为权臣,他也利用皇帝的宠信,独揽朝政,贪财纳贿,卖官鬻爵,结党营私,打击异己。

例如,康熙二十五年(1686)九月,礼部议题原任广西巡抚郝浴病逝应给予祭葬费用,至于是否赐谥号,应请皇帝裁决。但明珠把持的内阁公然违背帝意,令康熙帝大为恼火。又有一次,灵台郎董汉臣越职言事,大学士、九卿等官纷纷表示董汉臣身份低微,越职条奏,应加议处,明珠的言辞更加激烈。而大学士觉罗勒德洪原本想肯定董汉臣条奏的建议,因碍于明珠的意见,竟然改口,模棱两可。

除了把持内阁,明珠还滥用皇帝的宠信,甚至排斥异己。康熙二十五年,直隶巡抚于成龙向朝廷推荐阜成县知县王焞,明珠没有奏请皇帝便加以否定。第二年,一向反对明珠的德格勒利用康熙帝求雨之机,奏陈明珠之奸。明珠得知后,便立即命令其党人库勒纳参劾德格勒,欲借机置之于死地。后因康熙帝反对才作罢。

康熙二十七年(1688)二月,江南道御史郭琇参劾明珠,列举明珠八大罪状。但在处理明珠问题上,康熙帝采取了宽容的处理方式,仅革去其大学士职务。明珠同党余国柱、科尔坤、佛伦等同时被革职。

明珠之贪渎和跋扈,在某种程度上是康熙帝放任的结果,是康熙帝出于牵制索额图党的需要。也正因为此,在弹劾明珠的过程中,掺杂着复杂的门户之争,因此康熙帝虽然将明珠踢出内阁,却没有治他的罪,不久又授予内大臣之职,不过终其一生未再重用。

1688 年
二月,江南道御史郭琇参劾明珠,明珠被革去大学士职务。

 **相关链接**

平定三藩

　　三藩的建立及其势力的养成,是清廷利用明朝降将平定及镇守南方的结果。清廷入关之后,因为八旗兵力不足,为了对付起义军及南明残余势力的反抗,不得不依靠明朝的降官降将,使之充当前驱,从事招抚工作及武力镇压。在明朝降将中,以孔有德、耿仲明、尚可喜、吴三桂四人出力最大，均受封为王。吴三桂驻云南，尚可喜驻广东，耿精忠（耿仲明之孙）驻福建，形成了三藩。孔有德在同农民军李定国作战时失败自杀，其子也被杀，所以无人袭封，仅有一女孔四贞嫁给孙延龄，清廷即以孙延龄为将军代领其众，驻守桂林。

三藩之中，吴三桂势力最大，其总兵力不下十余万。吴三桂在云贵掌管一切文武官员兵民事务，总督、巡抚均"听王节制"。他可以随意题补官吏，称为"西选"，一时出现了"西选之官几满天下"的情况。要是朝廷所选文武官到云南，吴三桂立即加以收买，为己所用。

三藩各据一方，形成独立王国，其势力已尾大不掉，严重威胁着中央政权。因此，清廷不能不考虑撤藩的问题。康熙十二年（1673）三月，撤藩的机会来了。尚可喜请求告老归辽东，以其子尚之信承袭爵位继续坐镇广东。康熙帝抓住这个时机，同意他告老，但不允许其子袭爵，命令其尽撤藩兵回籍。这道命令触动了吴、耿二藩，他们也奏请撤藩，目的在于试探朝廷的态度。康熙帝将计就计，同意吴三桂和耿精忠所请，毅然下令撤藩。撤藩令一下，吴三桂于这年十一月杀云南巡抚朱国治，首先发动叛乱。随后，福建耿精忠、广东尚之信、广西孙延龄等人也响应叛乱。

康熙帝坚持以攻打首犯吴三桂为主，辅以诱导劝降和赦免罪行的方法，对其他各叛军进行瓦解，避免三方主力互助。康熙二十年（1681）十月，清军攻占昆明城。历时八年的三藩之乱，终被平定。

终 获 重 用 的 施 琅

康熙帝平定三藩后，为稳固东南海疆，便着手解决台湾问题。康熙二十二年(1683)，施琅率清兵平定台湾，终成此业。然而，施琅这个人一生曾经两次降清，先随郑芝龙降清，又随郑成功起兵反清，归而复降，可谓逆将。清廷自入关前后就善用降将，重用洪承畴、吴三桂等人成就了定鼎中原的大业，重用施琅则造就了台湾的最终统一。

施琅，祖籍河南固始县，出生于福建晋江。早年，他是郑芝龙的部将，顺治三年(1646)随郑芝龙降清，仍任总兵，表面上颇受重用，但这不过是清政府对归降将士采取的羁縻手段。后来由于郑成功的招揽，他又叛清加入郑成功的抗清队伍，成为郑成功部下的得力猛将。

施琅归顺郑成功之后，被授予左先锋之职，颇受重用。他胸怀韬略，智勇兼备，作战多能获胜，在郑军中以"知兵"著称，为郑军抗击清军、壮大队伍立下了卓著功勋，尤其是为郑成功袭取厦门献计，考虑甚为周密，协助郑成功兵不血刃占据了厦门。此举不仅使郑军建立了抗清基地，而且大大增强了军事力量。然而，随着军事上不断取得胜利，施琅与郑成功之间的裂痕也日渐明显，而且由于两人都颇为自负、性格倔强，导致裂痕愈来愈大，冲突愈演愈烈。

顺治八年(1651)正月，郑成功决定援救南明永历帝政权，施琅却不想勤王，郑成功于是夺其左先锋印信。三月初，清军攻占厦门。施琅带领数十人拼死奋战，夺回厦门。郑成功回师后，并没有大赏施琅，仅赏赐200两纹银了事，也不归还其兵权。施琅颇为不平。恰在此时，施琅的一位亲兵曾德犯了死罪逃匿到了郑成功处，并被提拔为亲随。施琅抓回曾德，准备治罪。郑成功闻讯急派人传达命令，不许施琅杀曾德。施琅说："法令，我是不敢违背的，犯法的人怎能逃脱责任?"接着就下令杀了曾德。由此施、郑矛盾升级，被激怒的郑成功下令逮捕施琅父子三人及其家属。施琅在苏茂等人的保护下得以脱险。

郑成功得知施琅逃跑后，非常懊悔，他知道这样一位干将如果被

1630 年
荷兰人在台湾安平构筑城堡。

1650 年
荷兰人在台南建赤嵌城，企图长期盘踞台湾。

1661 年
郑成功率兵，经澎湖，向台湾进军，与荷兰侵略者激战。十二月，荷兰殖民者向郑成功屈服，退出台湾。

1683 年
施琅率军平台。

清廷所用，其后果可想而知。在施琅逃脱一个多月后，郑成功搜捕、暗杀施琅均没有结果，于是先后杀了其弟施显、其父施大宣。父、弟被杀的噩耗传来，施琅肝肠寸断，悲愤难抑。为报仇雪恨，施琅别无选择，毅然踏上西去之路——第二次降清，并将姓名由"施郎"改为"施琅"。

施琅降清后，并未得到重视。顺治十年（1653），施琅随清军入粤，征剿西南各地的抗清武装。顺治十二年（1655）二月，施琅被解职，闲居于泉州。

康熙元年（1662），施琅出任福建水师提督，造船练兵，凭着他对郑成功的了解，多次击败郑军，而且收降了不少部将。郑成功退出厦门沿海一带，固守台湾。为乘胜追击，施琅建议"进攻澎湖，直捣台湾"，使"四海归一，边民无患"。这一主张提出后，康熙帝马上召施琅到北京，让他面陈收复台湾大计。建议虽然很好，但当时鳌拜专权，朝臣又认为八旗精锐不善海战，海峡"风涛莫测，必难制胜"，不主张武力平台。更重要的是，他们对施琅还不信任，施琅本人前后两次降清，此时还有子侄在台湾，多年攻战又不利，这些都加深了他们对施琅的疑忌。不久，清廷裁撤水师提督，任施琅为内大臣。但施琅并不泄气，在京期间，他一面继续上书征台，争取康熙帝的支持；一面广交朝中大臣，争取他们对统一台湾事业的理解和支持。在内大臣任上，施琅一等就是13年。

成功往往需要天时、地利、人和。康熙十九年（1680），施琅留在台湾的儿子施齐、施亥因被怀疑是清廷"内应"，全家70余口被杀。施琅得知，发誓报仇，朝廷也因此消除了对他的疑虑。康熙二十年

施琅石雕像

(1681),长期主政台湾的郑经去世。郑经死后诸子争位,郑氏家族内部矛盾激化。清政府也在这一年最后平定了"三藩之乱",能够腾出手来考虑平台的问题。这成为施琅复出的契机,也是清军征台的大好时机。在福建总督姚启圣和施琅的同乡、大学士李光地的极力举荐下,康熙帝再次任命他为福建水师提督。起初两次出海,均遇台风,无功而返,朝内怀疑之声再起,但康熙帝力排众议,仍然对施琅委以军政全权。康熙二十二年(1683),施琅率军取得海战大捷,台湾收归清朝版图。

康熙三十五年(1696)二月,施琅病逝。康熙帝颁发谕旨,赐施琅谥号为"襄壮",加封为"太子少傅、光禄大夫",并御书"襄壮公"三字。

 **相关链接**

清代台湾开发

清朝统一台湾以后,在台湾设立了台湾府和台湾、凤山、诸罗三县,归福建省管辖。起初,清政府禁止汉人移民台湾。但由于耕地少,战乱频繁,饥荒连年,福建闽南和广东嘉应州一带的大陆居民,照样大批地向台湾迁移。清政府没办法,只好逐渐放宽限制,直到最后取消禁令,允许大陆人携家带口迁居台湾。据统计,清政府刚收回台湾时,台湾的汉人只有 10 多万,但到了清中期,汉人已增加到 300 多万。移民的增加和清政府前期推行的免租税政策,促进了台湾土地的开垦和农业的发展,到了 18 世纪中期,台湾已成为"糖谷之利甲天下"的祖国宝岛了。

道光二十年(1840)以后,西方列强不断入侵我国,台湾因其地理位置,也不断遭受列强的侵略。光绪十一年(1885)清政府在台湾建省,并任命在抗法战争中有功的福建巡抚刘铭传为台湾首任巡抚。刘铭传在台湾积极推行近代化政策,使台湾的面貌焕然一新。台湾第一条铁路和许多近代化的设施就是在他的领导下建成的。

索要逃人根特木尔

收复台湾后,清朝在江南的统治便基本稳定,开始走向恢复和发展。此后,康熙帝的目光便转向危机日益严重的北部边疆。抵御沙俄入侵,尽快划定边界,已迫在眉睫。而所有这些问题的解决都始终围绕着一个焦点,即索要逃人根特木尔。

早在顺治时期,沙俄就开始了对中国东北边境的侵扰。进入康熙朝,这种侵略日益加剧。康熙六年(1667),在俄国人的策动下,索伦部四品佐领根特木尔率众叛逃俄方,对清朝边疆安全产生了极大的影响。此后二十余年时间里,清朝不断与俄国交涉,要求遣返逃人。直至雅克萨之战后,中俄双方签订《尼布楚条约》,东北边境才逐步得以稳定。

根特木尔到底是什么人呢? 他原是达呼尔族的一个酋长,游牧地在尼布楚一带。当俄国人进入贝加尔湖和额尔古纳河上游地区时,根特木尔不堪忍受俄国人的侵掠,曾于顺治十年(1653)率族人越过额尔古纳河向南,进入清廷控制下的索伦部居住下来。清廷对根特木尔的来归非常重视,并将其所属部众编制为三个佐领。而这时沙俄入侵黑龙江流域的步伐日甚一日,康熙四年(1665),在俄国国内犯下大罪的切尔尼戈夫斯基匪帮,逃窜到我国的黑龙江流域,占领了雅克萨。该匪帮以雅克萨为据点,依靠四处劫掠当地居民为生。康熙六年,在其策反下,索伦部首领根特木尔叛逃沙俄。

根特木尔叛逃加剧了清朝东北边疆的严重危机。这与当时的情势有关。因为,当时生活在黑龙江流域的一些部族,如索伦、赫哲、费牙喀等已经归附清廷,成为稳定清朝东北疆域的重要组成部分。而在沙俄加速入侵的局势下,原来经常在这一区域自由迁徙的部族受到挤压。而根特木尔逃向沙俄,并不是一个人的问题,他的出逃不仅意味着他下辖的三个佐领的部众都会追随他而去;尤为严重的是,其游牧之地也将成为沙俄侵占我国领土的突破口。因此清廷对此事件极为重视,而俄国方面拒不遣回根特木尔,并格外予以优待,其用意也昭然若揭。双方为此展开了近二十年的交涉。

康熙八年(1669)冬,清政府派沙拉岱到尼布楚与俄国谈判。次年,再次派沙拉岱等到尼布楚,邀请俄国政府就边界问题派员到北京举行谈判。宁古塔将军巴海派人前往尼布楚投书俄方,再次要求引渡根特木尔等逃人,仍遭拒绝。俄国尼布楚总管派米洛瓦诺夫随同沙拉岱到北京。康熙帝在复信中又要求俄国遣返根特木尔,并停止对中国领土的侵略挑衅。康熙十年(1671),清政府又派孟格德到尼布楚,催促俄方遣返根特木尔和停止边界挑衅。康熙十四年(1675)二月,以尼古拉为首的沙皇俄国使团离开莫斯科,前往中国。该团150余人,在康熙十五年(1676)初到达齐齐哈尔。途中,尼古拉获悉吴三桂等叛乱,即向沙皇报告:如有正规军2000名,不仅达斡尔地区,甚至中国长城以外的所有土地都能轻易征服。尼古拉在此还特别接见了根特木尔,保证决不将他交与清政府。

康熙十五年五月,尼古拉到京,傲慢无礼,就如何递交国书仪式,同清廷多次争执。其国书中说:因俄国与中国相距遥远,故未能彼此派使往来。至于清政府提出交还根特木尔、不再挑衅边境等要求,俄方未做任何答复。理藩院尚书阿穆瑚琅又就此事询问,尼古拉则谎称沙皇不知根特木尔事。五月十五日,康熙帝在太和殿接受尼古拉一行,以茶款待。次月,理藩院题奏:尼古拉自称奉沙皇旨意,提出12条要求,内有通商贸易、给还被清军逮捕的俄国人、等价交换银4万两和价值数万两的生丝、熟丝、准来使销售随带货物等等,而且蛮横地要求"若按我请求而行,则两国可永相和好"。六月二十日,议政王大臣奉旨议覆,拒绝其无理要求。七月初一日,康熙帝令理藩院传谕俄国使者,要求俄国应首先尽快将根特木尔遣还,只有这一问题解决后,才能建立正常的关系,进行正常贸易。七月二十四日,沙俄尼古拉使团离京回国,索要根特木尔一事,再次没有结果。康熙二十二年(1683)九月,康熙帝谕令理藩院再次行文俄国外交机构,要求俄方遣返根特木尔等逃人。

经过数次与俄方交涉后,索要逃人根特木尔一事没有任何解决的迹象,而康熙帝也逐渐意识到此时俄国侵略步伐逐步加快,要从根本上遏制逃人并稳定边疆,关键之举就是要尽快划定两国的边界。因为逃人与划界是密切相关的,如果边界不能予以划定,则逃人及越界问题就根本无从定性,两国的外交纠纷自然而起。

1689 年

七月二十四日,中俄缔结了《尼布楚条约》,规定以外兴安岭至海,格尔必齐河和额尔古纳河为中俄两国东段边界。黑龙江以北、外兴安岭以南和乌苏里江以东地区均为清朝领土。

这一年,英国通过《权利法案》;俄国彼得一世开始亲政。

理藩院

清代管理蒙、回、藏等少数民族事务的中央机构。清以前历代封建王朝对于少数民族事务的管理,只设官员兼管,不设专署。清于崇德元年(1636)设置蒙古衙门,崇德三年六月改称理藩院,属礼部。顺治元年(1644),改置尚书、侍郎,下设录勋、宾客、柔远、理刑四司。雍正时定以王、公、大学士兼理院事。乾隆时改设旗籍、王会、典属、柔远、徕远、理刑六司。咸丰十年十二月(1861年1月)成立总理各国事务衙门以前,兼办对俄外交事务。光绪三十二年(1906),改为理藩部,清亡遂废。

随着三藩之乱的平定和统一台湾的完成，康熙帝立即将注意力转向东北，着手彻底解决这一问题。康熙二十四年（1685），清政府为表示和平解决争端的诚意，释放俄国俘虏12名。次年，康熙帝致信沙皇，再次要求俄方遣返逃人，撤出中国，不再侵犯边境。在外交谈判手段不能解决问题之后，康熙帝决定用武力收复雅克萨。自康熙二十四年（1685）至二十七年（1688），清军经过两次围歼战，收复雅克萨领土。康熙二十八年（1689），中俄双方签订了《尼布楚条约》。

 相关链接

沙俄对中国领土的侵略

起初，沙皇俄国与我国并不接壤。在清入关前后，沙俄已经入侵至黑龙江流域，而此时清对东北地区的统一和入关战争在客观上为抵御沙俄提供了条件。直到雅克萨之战后，中俄双方签订《尼布楚条约》，划定了中俄东段的边界，此后大约170年的时间里，东北边疆基本稳定。

鸦片战争以后，沙俄趁清朝衰微，再次武力侵略黑龙江流域。先后强迫清王朝签订了中俄《瑷珲条约》、《北京条约》，抢占了黑龙江流域的100多万平方公里中国领土，包括黑龙江以北、外兴安岭以南、乌苏里江以东至库页岛的大片领土。同治三年（1864），双方签订中俄《勘分西北界约记》，俄国据此割占中国巴尔喀什湖以东、以南地区44万多平方公里的领土。光绪七年（1881）签订的中俄《伊犁条约》以及以后的五个勘界议定书，又使俄国割占了中国西北部7万多平方公里的土地。沙俄是侵占中国领土最多的国家，共割占了中国东北和西北领土150多万平方公里。

乌兰布通之战

抵御住沙俄对东北边疆的入侵以后，康熙帝便开始着手处理西北的准噶尔部问题，然而一开始便遭遇了败仗。

康熙二十九年（1690）八月初一日，10 万清军围堵孤军深入的噶尔丹准噶尔军，在今内蒙古克什克腾旗南部的乌兰布通发生激战。这是准噶尔和清廷关系史上的一个著名事件。后世几乎一致地认为这次战役，是清廷击败准噶尔部的重要胜利。然而，当清军班师回京的时候，福全被勒令不许进城，在朝阳门外听候审查。结果，议政王大臣会议拟议：革去裕亲王福全、恭亲王常宁、简亲王雅布的王爵，革去内大臣佟国维、索额图、明珠、阿密达以及散秩大臣查努喀的职务，解除都统彭春、前锋统领班达尔沙、护军统领杨岱、苗齐的任职，不给都统宗室苏努、喇克达、都统阿席坦、诺迈叙功，并将内大臣苏尔达、费扬古、都统希福、副都统塞赫罗满色罚俸一年。康熙帝为何如此严惩？乌兰布通之战到底是取胜还是战败了呢？

康熙二十八年（1689）末，准噶尔部首领噶尔丹率兵 2 万余人东征喀尔喀。准噶尔军于康熙二十九年（1690）六月中旬南下内蒙古，试图搜捕夙敌喀尔喀蒙古土谢图汗和哲布尊丹巴。六月二十一日，在乌尔会河大胜清军，并乘胜追击。据清军情报显示，七月初二日，噶尔丹驻地在距离旧战地五日之程的厄勒冷地方，不久便进入到乌珠穆沁旗境内的齐尔萨布喇克之地，然后继续南下，经乌兰滚到了乌兰布通，距京师仅 700 里，局势骤然紧张，京师进入戒严状态。

七月初二日，康熙帝命皇兄和硕裕亲王福全为抚远大将军，率一路大军出古北口；命皇弟和硕恭亲王常宁为安北大将军，和硕简亲王雅布、多罗信郡王鄂札副之，率另一路大军出喜峰口；内大臣佟国维、索额图、明珠、阿密达等参赞军务。两路 10 万大军陆续出发。十四日，康熙帝也启程北上，亲征噶尔丹。由于当时噶尔丹孤军深入，即便清军初战不利，但清军人数众多，几乎倾巢出动，所以这的确是聚歼噶尔丹的最佳时机。二十四日，康熙帝生病，便从波罗河屯（今河北隆化）半路返回；但各路大军照常行进，准备围歼噶尔丹。

1689 年

准噶尔部首领噶尔丹率兵 2 万余人东征喀尔喀。土谢图汗等猝不及防，拒战失利。沙俄趁喀尔喀战败，向其上层人物威逼利诱，要他们投降俄国以寻求保护。经哲布尊丹巴呼图克图倡议，喀尔喀蒙古举旗投清。

哲布尊丹巴

系藏语，全称哲布尊丹巴呼图克图，意为"尊胜"。蒙古语称"温都尔格根"，意为"高位光明者"。是外蒙古藏传佛教最大的活佛世系，属格鲁派，于 17 世纪初形成，与内蒙古的章嘉呼图克图并称为蒙古两大活佛。

此时，清廷最担心噶尔丹闻风而逃，从而避开清军围歼。为了麻痹和稳住噶尔丹，乌尔会河战事一结束，康熙帝便遣使致歉："阿尔尼不请旨而击汝，非本朝意也。"并表示喀尔喀是清廷和准噶尔的共同敌人，皇上遣重臣前来就是为了共商解决问题之办法。为进一步消除噶尔丹的疑虑，还特意说明清使臣带兵前来并不是为了打仗，"汝不闻前者，我朝出兵俄罗斯，以礼和好，不战而归乎"。

噶尔丹早已看出清廷假谈真打之用意，于是将计就计，故意遣使清廷再次申明入边之原因，特别强调并不是要与清廷对抗。康熙帝复函噶尔丹，说明双方应先议定，再说执送土谢图汗、哲布尊丹巴一事，并重申派少量军队前去和谈。七月末，当清军接近噶尔丹时，康熙帝命福全立即遣人给噶尔丹送去100只羊和20头牛，并致函希望共同约定地点进行和谈，彻底解决喀尔喀问题。然而，此举并没有奏效，噶尔丹接受其礼品，却不透露半点口风，弄得清军不知所措。尽管准噶尔和清廷之间使者往来频繁，相互多次表示友好，但双方已经箭在弦上。

八月初一日，准噶尔军和清军终于在乌兰布通展开决战。战后第三天清廷收到福全从前线发回的战报，战况如下：八月初一日黎明清军列队前进，至中午时分看到了零星的准噶尔军，便设鹿角枪炮，列兵缓进。下午，遇到主力，用枪炮射击。交战一直持续到傍晚掌灯时分，左路军由山腰杀入敌营。右翼则因为河水和沼泽地的阻碍，返回原地。战报还说，清军本想一举围歼，但由于天昏地暗，地势险要，便收兵退回。至于噶尔丹是否死于乱兵之中，待查明后再上奏。

康熙帝收到战报后，极为兴奋。但是没过几天，康熙帝又收到另一份奏报，得知噶尔丹不仅没有死，而且率军逃脱清军围堵。康熙帝非常生气。事实上，福全的战报夸大了噶尔丹的损失，掩饰了清军的重创。战报显示，清军用一下午的时间，从山下正面进攻山上敌军阵地，无果，转而从两翼进攻。但右翼完全为天然屏障所阻，退回原处；而左翼虽一度冲入敌阵，却很快就退出了战斗。上述过程根本没有反映清军"大败贼众，斩杀甚多"，留下少量"余贼"，甚至噶尔丹有可能死于战乱等情况。

1690 年

七月，康熙帝亲征，中途因生病返回。

八月，准噶尔军和清军在乌兰布通展开决战，结果噶尔丹逃脱。

1691 年

康熙帝与内外蒙古各部在多伦诺尔会盟，宣布保留喀尔喀三部首领的汗号，仿内蒙古各旗，实行札萨克盟旗制。

乌兰布通古战场

　　噶尔丹在八月初一日下午的激战中虽然获胜,但他毕竟孤军深入,不可能坚持长期作战。而清军虽遭重创,但兵力仍很雄厚,所增调之各路军队陆续挺进乌兰布通,即将对噶尔丹军形成包围之势。在这种形势下,噶尔丹迅速脱离战斗,退回漠北,才是唯一的出路,否则后果将不堪设想。为了安全撤退,噶尔丹采取了与清军讲和的策略,并精心设计了一套谈判程序。而福全也有自己的考虑,认为只要噶尔丹"据险坚拒",清军就难以强取。所以,制胜的办法就是欲擒故纵。另外,福全的意图还在于借和谈之名,尽力延缓噶尔丹的撤军,以便给盛京、乌喇、科尔沁诸军的到来争取宝贵的时间。

　　噶尔丹似乎对福全的用意有所察觉,在八月初四日谈判当天夜里,便率部迅速撤离乌兰布通,成功地甩开清军,奔向边外。福全的失误在于,过于把延缓噶尔丹撤退的希望寄托于和谈,而没有做好防范噶尔丹突围的军事部署。当噶尔丹撤离时,他没有及时有效地组织追击,没有严令各军沿途拦截准噶尔军,从而使噶尔丹得以逃脱。当福全等人醒悟后,为时已晚。

　　乌兰布通之战后,噶尔丹军队继续向科布多撤退,但由于染上瘟疫,导致队伍大量减员,2万余人仅剩数千。

　　总之,乌兰布通之战,清军本想一举围歼噶尔丹,结果损失惨重,而且让噶尔丹全身而退。只是后来由于噶尔丹自身的原因,其势力才逐步衰败。

相关链接

康熙时期对准噶尔部的经营

准噶尔部是我国西北地区的厄鲁特蒙古诸部之一。从清朝定鼎北京到康熙中期的近50年间,清廷先是集中全力经略中原,对付南明王朝等反清势力,后是平定三藩之乱,以及用兵黑龙江流域以阻遏沙俄入侵,在很长时间里无暇西顾,对准噶尔部在西北的活动采取了不干预的态度。随着实力的增长,噶尔丹多次兴兵攻扰青海、西藏及漠北喀尔喀蒙古,甚至扬言"欲举兵内入"。

乌兰布通之战揭开了清朝统一西北的序幕。康熙三十五年(1696),清军在漠北昭莫多再次迎击噶尔丹军,几乎全歼其有生力量。不久,噶尔丹本人亦死于青海,清廷取得了对准部作战的初步胜利。康熙末,清军的前哨阵地推进至科布多—巴里坤—哈密—吐鲁番一线。噶尔丹败亡后,他的侄子策妄阿拉布坦继任准噶尔部台吉,准噶尔部又逐渐强大起来,数次扰乱边疆地区安宁。康熙五十五年(1716),策妄阿拉布坦派大策零敦多布率兵六千进犯西藏。两年后,清军由青海出兵入藏,但全军覆没。康熙五十九年(1720),清朝第二次出兵才赶走准噶尔军。

真假达赖喇嘛

西藏在元代就已归中央政府管辖。清入关前后,就与西藏建立了直接的联系。顺治十年(1653),五世达赖应清帝之邀来到北京接受册封。可是,康熙二十一年(1682)五世达赖喇嘛阿旺罗桑嘉措圆寂后,却发生了真假达赖喇嘛之争,而且先后出现了三位六世达赖喇嘛。这到底是怎么回事呢?

原来,五世达赖去世后,西藏地方政府首领第巴桑结嘉措秘不发丧,而选择与五世达赖相貌类似的帕崩喀寺的喇嘛江阳扎巴,让他穿起达赖服装,坐在布达拉宫的宝座上,佯装五世达赖,但不与外人接触;宣布达赖要长期静坐,修炼秘法,一切事务由第巴桑结嘉措代达代行,他事实上成了西藏的政教首领。就这样,五世达赖喇嘛去世的消息被第巴桑结嘉错隐瞒了 15 年,一直到康熙三十五年(1696),康熙帝第二次亲征噶尔丹时,才从降人的口中知道达赖身故已久的事。康熙帝对第巴桑结嘉措冒用五世达赖之名行事很不满,致书斥责。

无奈之下,第巴桑结嘉措在康熙三十六年(1697)宣布了五世达赖去世的消息,同时私自宣布转世灵童仓央嘉措已经找到。同年,正式迎仓央嘉措到布达拉宫坐床,是为六世达赖喇嘛。康熙帝虽然对桑结嘉措的做法不满,但当时清朝的主要精力集中在解决准噶尔问题上,仍对桑结嘉措所宣布的六世达赖喇嘛仓央嘉措授予印信、册文,加以承认,并派章嘉呼图克图进藏参加坐床典礼。

然而,这位已经 15 岁的六世达赖却是一位多情种,更不怎么遵守清规戒律,整日在拉萨城中寻芳猎艳,后来竟然在布达拉宫中身穿绸缎便装,手戴戒指,头蓄长发,醉心于歌舞娱乐。这种放荡不羁的行为自然遭到猛烈批评。对此,他也毫不退让。有一次桑结嘉措前来规劝,他竟然拿出刀和绳子,以死相抗,弄得桑结嘉措也毫无办法,只好听之任之。仓央嘉措非常喜欢作情诗,他曾这样坦白:"住在布达拉宫里,是活佛仓央嘉措;进入拉萨民间时,是荡子宕桑旺波。"他这种我行我素的行为不免酿成很多风流韵事,这便为桑结嘉措的政敌提供了口实。

第巴桑结嘉措的政敌、当时控制西藏实权的蒙古和硕特部拉藏

1682 年

五世达赖喇嘛阿旺罗桑嘉措圆寂,西藏地方政府隐匿不报长达 15 年。

1697 年

西藏地方政府宣布五世达赖去世的消息,同时私自宣布仓央嘉措为六世达赖喇嘛,控制西藏实权的拉藏汗表示反对。

汗首先表示反对，不承认仓央嘉措为真达赖喇嘛，并准备宣布新的达赖喇嘛。康熙四十四年（1705），双方矛盾达到白热化，第巴桑结嘉措买通了拉藏汗府中的侍卫，向拉藏汗饮食中下毒，但没有成功。事情泄露后，桑结嘉措集合卫藏军队，准备进行武装叛乱。拉藏汗则秘密调集藏北和青海的蒙古骑兵，于当年七月击溃藏军，逮捕第巴桑结嘉措，并将其处死。

其间，拉藏汗召开三大寺会议，准备废除仓央嘉措六世达赖喇嘛的封号，但会上的很多人为仓央嘉措辩解，大多数的喇嘛仍相信他是真的达赖喇嘛转世，仓央嘉措的放荡行为只是"迷失菩提"。拉藏汗试图宣布新达赖喇嘛的努力没有成功。但他并不甘心，还是借口仓央嘉措举止放荡，沉溺于声色，不遵佛门教义，宣布仓央嘉措是假的达赖喇嘛，应予废黜，并奏请康熙皇帝主持废立。

难题摆到了康熙帝面前。康熙帝本来就对第巴专政、私立达赖的行为不满，于是顺水推舟，下令废除仓央嘉措六世达赖的封号。同时，为慎重起见，避免再有人以六世达赖作为政治筹码，下令将仓央嘉措押解进京。

当仓央嘉措被押解出行时，很多民众为他送行，泪流满面。途经哲蚌寺时，甘丹寺、色拉寺与哲蚌寺等三大寺的僧众奋力把仓央嘉措从押解他的蒙古军队中抢出，迎至甘丹颇章，但又被闻讯赶来的拉藏汗部下围攻，三大寺僧众不敌，仓央嘉措仍旧被解送北上。行至青海湖附近时，仓央嘉措最终被拉藏汗派人杀害，时年24岁。

就在仓央嘉措被解送途中，拉藏汗就立即准备寻找真达赖喇嘛。康熙四十六年（1707），拉藏汗与新上任的第巴隆素，选立伊喜嘉措为六世达赖喇嘛。为依靠拉藏汗维持西藏稳定，康熙帝正式承认伊喜嘉措为六世达赖喇嘛，并于康熙四十九年（1710）三月给予金册、金印。

但真假六世达赖的争斗并没有就此结束。伊喜嘉措在布达拉宫坐床11年之久，始终不被西藏多数僧侣以及青海诸蒙古承认，反而指其为假达赖。不仅如此，康熙五十三年（1714），青海众蒙古台吉又另奉里塘的格桑嘉措为六世达赖喇嘛，在青海坐床，并向清廷奏请册封。面对难题的清廷并未表态。

1707 年
拉藏汗与新上任的第巴隆素，选立伊喜嘉措为六世达赖喇嘛。

1714 年
青海众蒙古台吉又另选格桑嘉措为六世达赖喇嘛。

1717 年
准噶尔部策零敦多布率军进入西藏，拉藏汗被杀，他所立达赖喇嘛伊喜嘉措被囚。清廷出兵，正式承认格桑嘉措为六世达赖喇嘛，并护送入藏。

　　康熙五十六年(1717)，反对拉藏汗的西藏喇嘛向准噶尔部的策妄阿拉布坦求援，于是策零敦多布率军进入西藏，拉藏汗在变乱中被杀。他所立达赖喇嘛伊喜嘉措，也被囚于拉萨药王山。

　　得知准噶尔部进犯西藏的清廷，此时决定出兵，同时正式承认里塘转世的格桑嘉措为六世达赖喇嘛，并护送入藏。为稳定西藏局势，作为傀儡的伊喜嘉措被送往京师，不久死去。至此，真假达赖喇嘛之争宣告结束。

 相关链接

清代对西藏的治理

　　清入关之前，影响已及蒙藏大部地区的藏传佛教格鲁派，在西藏受到噶玛噶举派和第悉藏巴政权的压抑和排挤，格鲁派首领向天山南路的蒙古和硕特部求援。和硕特部领袖固始汗率部入据青海，随后固始汗率兵进入西藏，置西藏地方于蒙古和硕特部的军事控制之下。顺治元年(1644)清定都北京，顺治帝邀请五世达赖进京，优礼接待，敕封五世达赖喇嘛，从此正式确定了达赖喇嘛的封号。至此，在清中央政府的支持下，西藏地方开始了以第巴地方政权为形式的蒙藏僧俗封建主的联合统治。

　　顺治十一年(1654)固始汗卒，格鲁派集团逐渐集中权力。康熙十八年(1679)，五世达赖喇嘛直接委托桑结嘉措为第五任第巴，管理西藏政务。此举限制和削弱了蒙古和硕特汗王在西藏的权力，蒙藏统治集团之间的矛盾日趋尖锐。康熙二十一年(1682)五世达赖圆寂后，发生真假六世达赖之争。康熙五十二年(1713)，清中央政府遣使册封五世班禅罗桑益喜为"班禅额尔德尼"，确定了班禅在西藏的政教地位。康熙六十年(1721)，废除了由蒙古汗王任命总揽地方大权的西藏第巴职位，制定了噶伦制度。清政府直接任命康济鼐、阿尔布巴、隆布鼐等人为噶伦，共同管理西藏地方事务。

　　乾隆五十三年(1788)和五十六年(1791)，廓尔喀(今尼泊尔)军队两次入侵西藏。乾隆帝命福康安率大军入藏，保卫了祖国疆土的完整和西藏人民的安全。随后，颁布《钦定藏内善后章程》，规定驻藏大臣代表中央政府督办藏内事务。从雍正五年(1727)始设驻藏大臣，到清王朝覆灭的宣统三年(1911)，清中央政府先后派遣驻藏大臣达百余人。

垂泪废太子

康熙帝一生雄图大略，指挥大军东征西讨，甚至御驾亲征，可谓文治武功，为清朝走向盛世奠定了基础。他一生儿子众多，而且多数长大成人后才干出众，按说从中挑选一位皇位继承人应不成问题。可就是这样一位皇帝竟然在晚年两次废立皇太子，为择立继承人苦恼不已，甚至到死也没有解决这个问题。

康熙十三年（1674），皇后赫舍里氏诞育一子（胤礽），康熙帝非常高兴，不料胤礽出生当天下午，皇后便因难产而死。赫舍里氏自康熙四年（1665）册立为后，少年夫妻非常恩爱。皇后遽逝，康熙帝自然把对结发妻子的爱移情于胤礽身上。

鉴于祖、父时期因皇位继承而发生的问题，为稳定政局，杜绝身后争位之祸，康熙帝很早便确立了皇太子。康熙十四年（1675）十二月，这个还不到一岁半的婴儿便被册封为皇太子。此后，康熙帝于康熙十六年（1677）、康熙二十八年（1689）又先后册立两位皇后，但都没有生育儿子，而且过早去世。因此，终康熙之世，在排序的皇子中，嫡子仅有胤礽一人而已，其他二十几个儿子都是庶出。

康熙帝为维护胤礽嫡子的地位可谓煞费苦心，而且对他的培养更是不遗余力，先后为他选择了张英、李光地、熊赐履、汤斌为师。胤礽在名师的辅导下，进步也很快，年方 10 岁便熟练掌握了满、汉、蒙三种语言，粗通儒家经典，而且马上骑射娴熟，能左右开弓。康熙二十三年（1684）十一月，康熙帝首次南巡，驻跸南京时，仍十分惦记千里之外的太子。一天凌晨接到皇太子的亲笔问安信，康熙帝喜出望外，立即赋诗一首，其中有"龆年识进修，兹意良足喜"句，可见这时他对太子十分满意。

希望越大，失望越大。由于皇太子十分受宠，且具有特殊的权力，随着他逐渐长大成人，养成了骄纵和暴戾的性情。胤礽的行为开始背离了康熙帝的期望。

康熙二十九年（1690），康熙帝在亲征噶尔丹的归途中生了病，十分想念皇太子胤礽，特召他至行宫。病中的康熙帝，心情烦闷，本来是想让亲人前来温情宽慰，不料胤礽在行宫侍疾时竟然漠不关心；康熙帝看出皇太子无忠君爱父之念,实属不孝,一怒之下,将胤礽打发回京。胤礽这种表现还不止一次。康熙四十七年(1708)八月,康熙帝出塞行围,忽然得知皇十八子胤祄病重,君臣均面有忧色,康熙帝亲自回銮探视。九月,皇十八子死去,年仅8岁。对于兄弟之死,胤礽同样没有丝毫悲伤之情。康熙帝看在眼里,伤在心里。胤礽受到康熙帝的斥责之后,不但没有悔过自省,反而嫉恨在心。

不仅如此,胤礽平时还胡作非为,肆意淫荡,甚至插手购买江南女子。康熙四十年(1701),王鸿绪受康熙帝委托,查访买卖江南女子的黑幕。经王鸿绪调查,这插手购买江南女子的黑手是"御前第一等人"。康熙帝接到王鸿绪的密折后,心头一震,在这份密折上加了一句朱批:"此第一等人是谁?"王鸿绪接着调查,并如实回奏:"这人岂是平等,我万万不敢说的。"康熙帝看到这句话后,思索了很久,作了如下批示:"第一等人却不知从哪里说起。"其实,康熙帝心如明镜,他此时已经确定这"第一等人"是皇太子胤礽无疑,但他似乎还想包容下去,于是此案便就此不了了之。

康熙帝对胤礽这些行为似乎还能容忍,但后来胤礽及其"太子党"对他个人皇权的威胁便逐渐超出了其容忍程度。太子的外叔祖父、大学士、领侍卫内大臣索额图也成为太子党的中坚力量,为太子出谋划策。康熙四十二年(1703)五月,康熙帝借机断然决定,以"议论国事,结党妄行"的罪名,将索额图拘禁在宗人府,不久将其处死,以借此打击太子的党羽,削弱太子党的势力。

此时,康熙帝对自幼册立并精心培养的太子仍然没有完全丧失信心,还寄希望于太子的翻然悔悟。然而,遗憾的是,太子并没有就此有所收敛,他对父亲的不满反而与日俱增。有一次在行军途中,胤礽每天晚上偷偷靠近父亲居住的地方,扒开一条缝隙,鬼鬼祟祟地往里窥视,康熙帝大为警觉,感觉皇太子威胁到了自己的人身安全。

康熙帝对胤礽的行径无比气愤。康熙四十七年(1708)九月,特令随行文武官员齐集塞外行宫,勒令皇太子胤礽跪下,历数其罪状,索性将这个不争气的逆子,包括"生而克母"的种种罪恶一股脑抖露出来。言及伤心处,康熙帝边哭边说,竟至气倒在地,被大臣急忙扶起。康熙帝下令,首先惩办了怂恿皇太子的官员,继而又废了皇太

清代诸王封爵

与明以前封建王朝分封诸王到全国各地领藩地的情形不同,清代虽然封诸王爵位,但绝不建藩领地,而且规定都在京师。顺治六年(1649),清宗室爵位已定为十四等,分别是和硕亲王、世子、多罗郡王、长子、多罗贝勒、固山贝子、奉恩镇国公、奉恩辅国公、不入八分镇国公、不入八分辅国公、镇国将军、辅国将军、奉国将军、奉恩将军。受封爵位后,由内务府在皇家土地上拨给领地,不得私自占用老百姓的耕地。清代这种做法避免了诸王叛乱的可能。

子,令直郡王胤禔监视胤礽。

这次废皇太子,对康熙帝精神上刺激很大,在后来的六天六夜中彻夜失眠,时时涕泣不已。

然而,废除太子,并没有给康熙帝带来安宁,恰恰相反,储位空虚,却使其他皇子起了野心。不久,胤禩阴谋暴露。而此时,皇三子胤祉向父皇告发胤禔用巫术镇魇废皇太子之事。康熙帝闻听此事,当即派人前往胤礽住处搜查,果然搜出"魇胜"之物,确信胤礽为魔术致狂。康熙帝气愤万分,将胤禔夺爵。

康熙帝认为胤礽是被魇至狂之后,立即召见胤礽,问及以前所作所为,胤礽竟全然不知,是魔术真灵验还是现在装傻,只有他自己明白。康熙帝确信胤礽被害,群臣又纷纷建议复立皇太子。康熙帝经过反复的思想斗争,于康熙四十八年(1709)三月,复立胤礽为皇太子。

不久,胤礽又故态复萌。康熙五十一年(1712)十月,伤心失望透顶的康熙帝再次废太子。然而直到康熙帝死后,这场储位之争也没有结束。

 **相关链接**

清代皇位继承制度

在康熙帝之前,努尔哈赤之后的皇太极,是通过八王共制的推选制度继承汗位的;皇太极的儿子福临,基本上也是采用推选制继位的;康熙帝则是孝庄皇太后决策并取得顺治帝福临的同意继承皇位的。在他们继位的前前后后,都存在着激烈的皇位斗争,影响着清朝统治的稳固和行政效率。康熙帝是一位深受儒家文化影响的帝王,他为了改变这种状况,便很早按照汉族传统确定了皇太子。但这一做法却导致了由储君形成的太子党和其他皇子组成的反太子党的激烈斗争,牵扯了康熙帝晚年的大量精力。

雍正帝即位后,从中吸取教训,建立了"秘密立储"制度,不再公开立皇太子,而将立皇太子的秘密谕旨放在乾清宫"正大光明"匾后,待皇帝驾崩时由御前大臣共同拆启,确定新君。这种制度既让天下知道国家有了储君,但又不知道究竟是谁,使臣民安心,又不会引发争斗。清代用这种方法确定了乾隆帝、道光帝、咸丰帝等。

雍正帝赐死年羹尧

　　康熙帝死后，雍正帝继位，他所重用的年羹尧屡立战功、威镇西陲。但是不久，风云骤变，弹劾奏章连篇累牍，各种打击接踵而至，年羹尧被削官夺爵，列大罪 92 条，赐自尽。一个曾经叱咤风云的大将军最终落此下场，实在令人扼腕叹息。那么，历史上的年大将军究竟是一个什么样的人？又是什么原因导致雍正帝要下决心除掉这个自己曾经倚为心腹的宠臣？

　　年羹尧，字亮工，号双峰，汉军镶黄旗人。其父年遐龄官至工部侍郎、湖北巡抚，其兄年希尧亦曾任工部侍郎。他的妹妹是胤禛的侧福晋，雍正帝即位后封为贵妃。可以说，年家地位显贵，而且年羹尧在雍正帝继位以前便与这位未来的皇帝关系非浅。

　　康熙末年，年羹尧升任四川巡抚，成为封疆大吏。皇十四子允禵任抚远大将军西征时，年羹尧又升任四川总督，为其办理军需。雍正帝继位时，京城有九门提督隆科多掌控京师武装，外有年羹尧牵制允禵，两人成为雍正帝的左膀右臂。雍正元年（1723）十月，青海发生罗卜藏丹津叛乱。青海局势顿时大乱，西陲再起战火。此时，允禵已经成为对皇权有威胁的极不可靠之人，作为抚远大将军已不合适，于是雍正帝命年羹尧接任抚远大将军。他率大军纵横千里，以迅雷不及掩耳之势横扫敌营，犁庭扫穴，大获全胜。

　　平定青海战事的成功，令雍正帝喜出望外，遂予以年羹尧破格恩赏。年羹尧不仅在涉及西部的一切问题上大权独揽，而且还一直奉命直接参与朝政。他有权向皇帝打小报告，把诸如内外官员的优劣、有关国家吏治民生的利弊兴革等事，随时上奏。在有关重要官员的任免和人事安排上，雍正帝则更是频频与年羹尧交换意见。有一次河南开归道一职出缺，雍正帝一时"再想不起个人来"可以任用，就与年羹尧商量其人选。还有一次，雍正帝听到对京口将军何天培的为人有不同意见，就问年羹尧是否也有所耳闻，并希望他据实上奏，以决定其去留。年羹尧密参署直隶巡抚赵之垣庸劣纨绔，不能担当巡抚重任，雍正帝遂将赵革职。江西南赣总兵出缺，朝廷拟用宋可进，年羹尧奏称他不能胜任，请以黄起宪补授，雍正帝也依从了年羹尧的意见。

1723 年
十月，青海发生罗卜藏丹津叛乱，雍正帝命年羹尧为抚远大将军，前往平叛。

1724 年
十月，年羹尧进京陛见，其骄横跋扈惹怒了雍正帝。

1725 年
四月，解除年羹尧川陕总督职，命他交出抚远大将军印，调任杭州将军。九月，捕拿年羹尧，押送北京会审。十二月，开列年羹尧 92 条大罪，赐其狱中自尽。

青海平定之后，雍正帝在给年羹尧奏折的朱批中写道："尔之真情朕实鉴之，朕亦甚想你，亦有些朝事和你商量。"平定青海的叛乱后，雍正帝极为兴奋，把年视为自己的"恩人"。为了把年羹尧的评价传之久远，他还要求世世代代都要牢记年羹尧的丰功伟绩，否则便不是他的子孙臣民了。这简直就是以对年羹尧的态度来判断人们的行为正确与否。

这时，雍正帝对年羹尧的恩遇、宠信，年羹尧的地位、权势，都达到了顶点。雍正帝对年羹尧宠信优渥，并希望他们彼此做个千古君臣知遇的榜样。他对年说：朕不为出色的皇帝，不能酬赏尔之待朕；尔不为超群之大臣，不能答应朕之知遇。……在念做千古榜样人物也。此时的年羹尧，志得意满，完全处于一种被奉承被恩宠的自我陶醉中，根本没有理会雍正帝的这番告诫。

本来，对于年羹尧的所作所为，雍正帝已有耳闻，他也曾希望年能有所收敛，更顾虑到"狡兔死，走狗烹"的议论，迟迟下不了决心。雍正二年（1724）十月年羹尧进京陛见。在赴京途中，他令都统范时捷、直隶总督李维钧等跪道迎送。到京时，黄缰紫骝，郊迎的王公以下官员全部跪接，年羹尧安然坐在马上行过，看都不看一眼。王公大臣下马向他问候，他也只是点点头而已。更有甚者，他在皇帝面前，态度竟也十分骄横，"无人臣礼"。年羹尧进京不久，雍正帝奖赏军功，京中传言这是接受了他的请求。又说整治阿灵阿（胤禩集团的成员）等人，也是听了他的话。又如，他曾向雍正帝进呈其出资刻印的《陆宣公奏议》，雍正帝打算亲自撰写序言，尚未写出，年羹尧自己竟拟出一篇，并要雍正帝认可。以上这些都大大刺伤了雍正帝的自尊心，此后年羹尧的处境便急转直下。不久被革去川陕总督，改任杭州将军，在赴任的途中，年羹尧幻想皇帝会改变决定，因而逗留在江苏仪征，观望不前。这反而使雍正帝非常恼怒，不久便赐死年羹尧。

年羹尧之死，可谓咎由自取，罪有应得，其命运是皇权专制下的必然结果。对此，雍正帝也并非没有"宠之太过"的责任。年从功臣到罪人，确系"恃功骄纵"所致，但他身兼抚远大将军、川陕总督二要职，集西北军政大权于一身，权势太重，必致尾大不掉，迟早会成为皇帝的眼中钉。至于雍正帝处死年羹尧是出于杀人灭口、担心泄露"夺位"机密的说法,则没有确凿的根据。

雍正帝继位之谜

　　关于雍正帝是如何当上皇帝的话题,历来争论不已。

　　首先,雍正帝是"继位"吗?这很值得怀疑。如果说是继位,就意味着康熙帝有传位遗诏。在中国第一历史档案馆保存的清代档案内阁卷宗中,有一件康熙帝的立储"遗诏",上面用满汉合璧两种文字书写:"今朕年届七旬,在位六十一年。朕身后,尔等若能协心保全,朕亦欣然安逝。雍亲王皇四子胤禛,人品贵重,深肖朕躬,必能克承大统,著继朕登基,即皇帝位。"由于这件"遗诏"并非康熙帝手迹,且又是在康熙帝死后才公布,加之后人对雍正帝取得皇位合法性的怀疑,尤其至今尚未见到康熙帝有关立储事宜的亲笔手迹或其他有力证据,因而,人们普遍怀疑这件康熙帝立储"遗诏"的真实性。

　　事实上,康熙帝仅在康熙五十六年(1717)十一月二十一日立有遗诏,但没有立储内容,直至去世,未写"立储遗诏"。胤禛在康熙帝死后,擅自在上述遗诏中加入一段由自己继位的内容,便是保存至今的所谓康熙六十一年(1722)十一月十三日康熙帝"立储遗诏"。假如康熙帝真有立储遗诏,雍正帝怎么会不拿出原件,又何必后来写一部《大义觉迷录》来辩驳呢?

　　那么,雍正帝是"夺嫡"吗?也不准确。康熙帝在位时,先是指定允礽为皇太子,继而废,废而立,又再废。直到康熙帝死去,都没有再立皇太子,雍正帝何嫡之可夺?所以不能说雍正帝是"夺嫡"。

　　再者,雍正帝是"夺位"吗?所谓夺位就是夺了同胞皇十四弟允禵之位。这是最有可能的。允禵的确是康熙帝比较中意的皇子,派他做抚远大将军,就是让他立军功、掌军权、树威信,以备将来继位。反对者说:如果康熙帝让允禵继位,为何没有传位于他的遗诏呢?又为何让允禵远在青海而没有在身边呢?这一观点同样站不住脚。一是,康熙帝病得突然;二是,即使有这样的遗诏,雍正帝又怎么能够让它存世呢?反对者还认为,雍正帝改写遗诏之说是不成立的。因清朝的书写格式,允禵写作"皇十四子",胤禛写作"皇四子",第一个"皇"字不可省略,改诏是不可能的。但否定这一民间传言,并不排斥雍正帝矫诏的可能。

　　总而言之,雍正帝当上皇帝的疑点多多,由于历史被改写,档案被销毁,现在难于找到更确凿的证据,斧声烛影,可能将是千古难解的疑案。但即便雍正帝夺位属实,也丝毫不能抹煞其历史功绩。

曹寅、李煦两家的败落

1692 年
曹寅从苏州织造调江宁织造，李煦接替曹寅任苏州织造。

1711 年
曹雪芹出生在江宁织造府内。

1723 年
李煦家产被抄。

1727 年
曹頫以"行为不端"、"骚扰驿站"和"亏空"罪名被革职，家产抄没。

雍正初年，不仅有宠信之臣的身败名裂，更有清廷世家奴仆曹寅、李煦两家的败落。

曹家自清入关后就是内务府包衣，成为皇帝的家奴。曹雪芹的曾祖父曹玺也由王府护卫升任内廷二等侍卫。曹玺的夫人孙氏，被选为康熙帝的保姆。曹玺的儿子，也就是曹雪芹的祖父曹寅，17 岁时就当上康熙帝的侍卫，深得康熙帝赏识。康熙二十九年（1690），曹寅出任苏州织造，两年后又调任江宁织造。从此，曹寅和他的儿子曹颙、继子曹頫连任江宁织造近 40 年。

李煦与康熙帝也有特殊的关系。康熙帝的密妃王嫔娘娘之父王国栋，是李煦父亲李士桢原配夫人王氏的亲哥哥，按传统家族辈分，康熙帝应该叫李士桢姑父。此外，李煦之母、李士桢的继配文氏也曾是康熙帝的保姆，这一点与曹寅的身份一样。

不难看出，曹、李两家与康熙帝都有着特殊的关系，也正是以上关系，致使李煦、曹寅少年得志，飞黄腾达。康熙帝一直把李煦、曹寅二人当作亲信和耳目，以洞察江南臣民之动向。特别是李煦一直以奏密折的方式向康熙帝汇报江南各地的官府事务及经济民情。

李煦比曹寅晚几年到地方任职。康熙三十一年（1692），曹寅从苏州织造调江宁织造，李煦接替曹寅的职务，他还不习惯奏报职务以外的事务，所以在奏折中说："臣无地方之责，不应渎陈。"康熙帝则勉励他说："秋收之后，还写奏帖来。"最值得关注的是，康熙帝还说："凡有奏帖，万不可与人知道。"一个七品芝麻官的奏折需要经过多个层次的筛选才能有幸到达皇帝面前，而李煦的奏折不需主管官员的转达，而且是"万不可与人知道"。

康熙四十八年（1709）七月初六日，李煦在请安折子之中，附奏了江南提督张云翼病故的信息。向皇帝请安，是"恭祝万岁爷万福金安"，该当大吉大利才是，死亡的消息必须另折奏报，决不可混在一起，否则有诅咒皇帝死亡的含义。李煦这个奏折犯了基本的忌讳，十分糊涂。奏折中说："恭请万岁万安。窃闻提督江南全省军务臣张云翼，于康熙四十八年六月十八日，病患腰痛，医治不痊，于七月初三日巳时身故，年五十八岁，理合奏闻。苏州六月晴雨册进呈，伏乞圣鉴。"康熙帝见了这大不吉利的奏折，自然很不高兴，但申斥的语气中还是带了几分幽默，朱批："请安折子，不该与此事一起混写，甚属不敬。尔之识几个臭字，不知哪去了？"李煦见到御批，自然吓得魂飞魄散，急忙上奏谢罪，痛加忏悔。康熙帝批："知道了。"

康熙五十一年（1712）七月，江宁织造曹寅奉命到扬州办理刻印《佩文韵府》事宜，染上疟疾，病势甚重。李煦前往探病，曹寅请他上奏，向康熙帝讨药。

康熙帝得奏之后，立即朱批："尔奏得好，今欲赐治疟疾的药，恐迟延，所以赐驿马星夜赶去。但疟疾若未转泻痢，还无妨。若转了病，此药用不得。南方庸医，每每用补济（剂），而伤人者不计其数，须要小心。曹寅元肯吃人参，今得此病，亦是人参中来的。金鸡拿（即奎宁）专治疟疾。用二钱末酒调服。若轻了些，再吃一服，必要住的。住后或一钱，或八分。连吃二服，可以出根。若不是疟疾，此药用不得，须要认真。万嘱，万嘱，万嘱，万嘱！"康熙帝连写四个"万嘱"，又差驿马赶急将药送去扬州，限九日赶到，可见对曹寅的爱护、关心。奎宁原是治疟疾的对症药物，但曹寅可能有其他并发症，终于不治逝世。

自李煦出任苏州织造后，康熙帝四次南巡，为报答皇恩，李煦、曹寅精心筹备、隆重恭迎，沿途设建康熙帝喜欢的形象工程。康熙帝深感李、曹二人对他的忠心与虔诚，于康熙四十五年（1706）加授李煦大理寺卿衔、加授曹寅通政司通政使衔。但筹备康熙帝南巡花费大量库银，致使苏州、江宁两地织造亏空很大，再加上曹、李两家的日用排场、应酬送礼，特别是康熙帝四次南巡的接驾等等，在经济上给曹、李造成了巨额的亏空，从而为后来雍正帝对他们抄家留下了把柄。

雍正帝朱批曹頫奏折

更被雍帝正所厌恶的是,李、曹两家与自己的死敌、康熙帝第八子胤禩有姻亲关系,两家与八王府来往一直很密切,而且把未来的筹码押在了胤禩身上,以求在胤禩如愿登位后,能继续得到皇室的关照。两家不管在财力上还是在官场上,都给予了胤禩极大的支持。

康熙帝去世后,曹、李两家失去了政治庇护。雍正元年(1723)正月初十日,雍正帝借口亏空一案,查抄李煦家产。雍正五年(1727),山东巡抚塞楞额奏曹頫等运送缎匹沿途"骚扰驿站",曹頫又被查出织造款亏空,曹家被抄。在查抄曹家的同年,又查出李煦曾为胤禩买过五个侍女,为此,李煦再次入狱,后来被流放到乌拉(今黑龙江省境内),两年后李煦死去,时年75岁。

至此,两个发迹于康熙初年的显赫望族,双双宣告败落。曹、李被抄家,表面上看是亏欠国帑的罪名所至,实质上则是雍正帝打击政敌、扫除朋党的结果。

相关链接

江宁织造

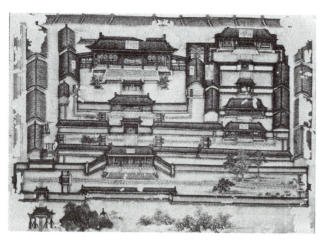

江宁织造府图

明、清都在南京设局织造宫廷所需丝织品。明由提督织造太监主管。清初一仍其旧。顺治时曾由户部差人管理,旋仍归宦官之十三衙门。康熙二年(1663),改由内务府派员久任。曹玺为首任江宁织造,其子寅,孙颙、頫亦任此职,至雍正五年(1727)曹頫被罢官止,前后60余年,大多由曹氏担任。因江宁织造多由皇帝亲信的内务府官员担任,受到皇帝的信任,能直接向清廷提供江南地区的各种情报,并以密折报告,实为康熙帝的耳目,权势显赫。

李绂、田文镜互讼案

雍正帝在打击权臣、打击世家的同时，还大胆任用新人，李绂、田文镜就是雍正帝的两个宠信之臣。他们一个是出身科甲的进士，一个是没有任何功名的汉军旗人，本来可以和衷共济，但两人互为不齿，互相参劾，导致了一场大案。

先说田文镜。他是汉军正蓝旗人，康熙二十二年（1683）出仕县丞，升知县、知州，历20余年。后改官员外郎、郎中。康熙五十六年（1717），官内阁侍读学士。雍正元年（1723），署山西布政使，次年调任河南布政使，擢升巡抚。

由于田文镜不是科甲出身，敢作敢为，深得雍正帝信任。田文镜没有参加过科举，既没有师生的关系，也没有同年的援引，一心感激雍正帝的提拔，忠心耿耿。他对读书人的态度非常苛刻，一到河南巡抚任，便下令约束科甲师生，不准朋比为党。雍正二年十二月（1725年1月），他特地发了一份告示，严禁官员依靠科甲师门夤缘攀附，说"师生一道，平日痛恶于心"，而且自称为官40年，从未搞过裙带关系。田文镜对众多科甲出身的官员要求极为严格，稍有不满意的，便弹劾罢免，在两年中被他弹劾罢官的官员就有22位之多，当时社会上甚至传言田文镜"不容读书人在豫省做官"。

再说李绂。李绂，字巨来，号穆堂，江西临川人。他少年孤贫，好学，读书过目成诵。康熙四十八年（1709）中进士。雍正二年（1724）四月，任广西巡抚。雍正三年（1725），升任直隶总督。雍正帝非常看重李绂的正直清廉品格，曾当面表扬他："你之所以与众不同，就在于不结党营私。"

雍正帝非常欣赏的这两位人物，却水火不容。就在李绂调任直隶总督时，路过河南，田文镜按照惯例要迎接款待。曾经耳闻田文镜整治科甲官员的李绂，立即当面责问："你为什么肆意践踏读书人？科举功名难道有什么过错吗？"随后，李绂连上奏折参劾田文镜，说他任用市井无赖之徒张球，颠倒是非，还说田文镜为了杀人灭口曾把一位叫黄振国的官员害死在狱中。

面对自己信任的李绂参劾另一位同样信任的田文镜，雍正帝极

1724 年

七月，雍正帝颁示《御制朋党论》，驳斥欧阳修《朋党论》"君子以同道为朋"的说法，认为"君子无朋，惟小人则有之"。

1725 年

河南巡抚田文镜发告示，严禁官员依靠科甲师门夤缘攀附。刚上任直隶总督的李绂连上奏折参劾田文镜，斥责他"身任封疆，有意践踏读书人"。

为重视，但他的处理措施却非常新鲜。雍正帝先将李绂的奏折隐去姓名，掐头去尾后，寄发给田文镜，要他审查张球一事。在谕旨中，雍正帝说："有人上了这个奏折，现在发给你查办，我是相信你不会辜负朕意的。"田文镜在答复中说张球实际上是一个贤能官员，并反戈一击，说有人如此上奏，肯定是科甲朋党所为，而且肯定是一位进士干的。田文镜这一招果然奏效，雍正帝本来就非常讨厌朝臣结党，田文镜如此提醒，还真得查一查到底怎么回事。

不料雍正帝还没有动作，田文镜又上一道密折，说他在巡抚任内弹劾贪劣官员时，根本就没有考虑过对方是什么出身、什么籍贯。雍正帝立即批复，安慰田文镜，并且出人意料地帮他出主意，让田文镜赶快再上一奏折，说自己并不在乎外界怎么议论自己，只是请求皇上彻查明白，以免混淆邪正。

在雍正帝的一手导演下，李绂和田文镜开始了各自的辩解。李绂说张球的确劣迹斑斑，而且根据自己的耳闻，坚持认为黄振国为田文镜所害。田文镜原来并不知道张球的实际情况，因李绂参奏后，才逐渐发现张球的确有问题，并在后来的密折中陆续吐露了实情，故意装作一副公道的样子。后来，雍正帝派人核实此事，非但没有怪罪田文镜，反而嘉奖他坦诚直率。至于黄振国，李绂一直是根据传闻坚持自己的意见，实际上此人并没有死。但雍正帝也并不想借此惩罚李绂。于是，雍正帝在密折中说：有过错的是你，不在田文镜，就别再辩解了。

一波未平，一波又起。这件事本来就这样过去了，没料想，这年十二月又发生了监察御史谢济世参奏田文镜的事件。

谢济世列举了田文镜十条罪状。雍正帝看后很不高兴，将其奏章扔在地上，不许他参劾田文镜。但谢济世不肯罢休，坚持上奏，结果雍正帝大怒。由于谢济世的很多理由与李绂的说法极其相似，于是雍正帝怀疑谢济世是受了李绂的指使，两人早有勾结。后来，谢济世被发往阿尔泰充军，李绂也被从宽免死。

据载，李绂身系狱中时，也是每天读书饱啖熟睡，丝毫不觉得是在监狱里。同狱的甘肃巡抚称他是"真铁汉"。有两次在菜市口处决犯人，雍正帝命人也将李绂绑缚至刑场，以刀置颈，问他："此时知田

1726 年

浙江道监察御史谢济世参劾河南巡抚田文镜，是年被发往阿尔泰军前效力。

1727 年

李绂被议罪 21 款，革职交刑部审讯，雍正帝从宽处置。

文镜好否?"李绂竟然还是回答说:"臣虽死,不知田文镜好处。"刑部查抄他的家产,发现室内简陋,别无长物,甚至夫人的首饰都是铜制品,根本不像达官显宦的家属。雍正帝这才相信他的清廉,将其赦免。

雍正帝曾经说:"正途出身人员,往往结党营私,扰乱国政,反不若授职富人,藉以牵制科甲,庶合于先圣人立贤无方之意。"因此,直隶总督李绂与河南巡抚田文镜之间的互参,表面上是科甲出身与非科甲出身的督抚之间的矛盾,实质则是雍正帝为打击科甲朋党势力而一手导演的剧作。

 **相关链接**

雍正初年朋党案

康熙末年,随着康熙皇帝逐渐年老体衰,加上后期又奉行所谓"宽仁和平"的统治方针,政务废弛、吏治腐败,朋比党援风气日益严重。雍正元年(1723),刚刚继位的胤禛就在对满汉大臣的上谕中指责:"朋党最为恶习。"在第二年七月,又出台了《御制朋党论》。雍正初年先后发生了三次大规模打击朋党的运动。

首先,打击允禩集团。允禩集团是康熙朝争夺储位比较有实力的一个皇子集团。其势力在新朝之初并未受到损伤,同时又对雍正帝不甚臣服,因而成为首先打击的目标。雍正四年(1726)八月,随着允禟、允禩先后死于禁所,这个集团彻底瓦解。在打击允禩集团的过程中,雍正帝解决了皇权同满洲宗室贵族的矛盾,从议政王大臣会议和八旗旗主手中收回了被其侵夺的部分皇权,为以后彻底解决同他们的矛盾打下了基础。

其次,打击年羹尧、隆科多。因年羹尧、隆科多二人在雍正帝继立的过程有拥立之功,雍正帝登基后对二人不断地晋爵示宠。年、隆却恃功而骄,恃宠而骄,逐渐为专制皇权所难容忍。后来,雍正帝定年羹尧大逆罪等92款罪,赐令自尽。年案结束后,雍正帝又制造了两个附案,即汪景祺《西征随笔》案、钱名世讪诗案。隆科多在雍正初年也是权倾一时的勋臣。因其家人借势索贿而牵扯出隆科多受贿等事,最后以私藏玉牒罪被夺爵。雍正帝铲除日益坐大的年羹尧、隆科多集团,也就解除了新朝勋贵对皇权的威胁。

第三,打击科甲朋党。康、雍时期科甲积习在官场蔓延,雍正帝认为这种习气正是科甲朋党的来源之一,因而由督抚互参案始,雍正帝发起了一场旨在打击以李绂、谢济世为代表的科甲朋党案。在雍正帝的刻意打击下,士气受到了严重摧残,此后文人渐失气节。

经过这几次打击朋党,雍正帝进一步强化了皇权,使专制皇权在雍正朝达到了极致。

兵败和通泊

康、雍、乾时期,是清朝奠定和巩固边疆领土的关键时期,然而没有哪个地方像西北地区的准噶尔部那样,曾经让三代皇帝苦心经营。前面已经提到,康熙帝时反击噶尔丹入侵,曾经想一举解决这个问题,但由于主帅谋略不足,最终兵败而归。到了雍正朝,随着财力的富足,也试图毕其功于一役,但历史再次重演,同样没有成功。

雍正七年(1729)六月,雍正帝在太和殿举行了隆重盛大的出兵仪式。各大将军、参赞大臣更是信誓旦旦,决心不辜负皇帝的重托,完成圣祖先帝的未竟之志。主帅岳钟琪甚至在上疏中说此次出征有"十胜"的把握,断言必能指日荡平,凯旋而归。然而,从君主到主帅的十足信心并没有带来最后的胜利。

大军兵分两路,西路为用兵主力,由宁远大将军岳钟琪统帅;北路进军策应,由靖边大将军傅尔丹统帅。正当大军进军准噶尔之际,突然有准噶尔部使者特磊来到岳钟琪军前,诡称当年青海蒙古罗布藏丹津叛乱失败后,隐匿在准噶尔噶尔丹策零帐下,因他企图杀害噶尔丹策零被捕,现准备把他送往清廷;走到半路,得知清军进攻准噶尔部的消息,就又将罗布藏丹津送回伊犁。听了这个使者的一番陈述后,岳钟琪觉得可疑,当即奏报雍正帝。雍正帝却是半信半疑,命令将使者特磊送至北京,暂缓进军西北,并召傅尔丹、岳钟琪回京商议对策。

岳钟琪走后,大军临时由四川提督纪成斌负责。纪成斌派满洲人副参领查廪放牧军马,没想到查廪更不中用,生性怯懦,而且每天大摆酒席,与娼妓为乐。结果准噶尔兵 2 万人乘机抢走牲畜十几万头。纪成斌得知后,嘲笑查廪,并将其绑缚起来,准备斩首示众。恰好岳钟琪从北京赶回军营,见此情景大惊。他和纪成斌都是汉人,怎么敢将满官处死,于是岳钟琪慌忙走到查廪面前,亲自将绳索解开。岳钟琪甚至以大捷奏报朝廷。雍正帝非常高兴,给予奖励。但纸包不住火,雍正帝后来知道了实情,怒斥岳钟琪。

事实证明,准噶尔派使者完全是计策,以延缓清军进攻步伐,结果清廷果然中计。经过充分的准备,噶尔丹策零于雍正九年(1731)

派大策零敦多布领兵 3 万, 袭击清北路军, 又派间谍到傅尔丹处谎报说有一小股敌人前来。傅尔丹有勇无谋, 信以为真, 率领 1 万人轻装前进。副都统定寿等人纷纷劝说主帅, 说这是敌人的奸计, 不能轻易出动。但傅尔丹刚愎自用, 不听劝谏, 执意前往。

六月, 傅尔丹率领的 1 万人在和通泊 (今蒙古国布彦图西南) 与准部军队 2 万人遭遇, 结果傅尔丹大败, 副将军巴赛、查弼纳等人阵亡, 只有 2000 余人逃回科布多。雍正帝得知后又是气愤又是着急, 但又装作一副没事的样子, 反而掩饰失败, 只说兵马稍有损失, 傅尔丹勇猛出击, 值得表扬。嘴上虽然这么说, 但气还是咽不下, 于是处罚傅尔丹, 斩杀了临阵脱逃的参赞大臣陈泰; 同时命锡保为靖边大将军、马尔塞为抚远大将军。

雍正十年 (1732) 正月, 噶尔丹策零率领 6000 余人袭击西路清军主力。岳钟琪一方面派曹勷迎击, 另一方面派副将军石云倬断其后路。曹勷败敌, 但石云倬由于动作缓慢, 致使噶尔丹策零顺利撤退。结果报到朝廷后, 大学士鄂尔泰弹劾岳钟琪手握重兵数万, 却让自投罗网的敌人逃脱, 既不能料敌于前, 又不能歼敌于后。雍正帝命令处斩纪成斌、曹勷于军前, 囚禁岳钟琪。后来, 雍正帝念及岳钟琪以前的功劳, 免死释放。

就这样, 雍正帝一举歼灭准噶尔部的大征伐以失败告终。后来, 雍正帝起用额驸、赛因诺颜部将军策凌才在光显寺 (又称额尔德尼昭, 在今蒙古国巴彦温都尔西北) 重创准部军。但此后雍正帝再也无力解决准部问题, 把这一重任留给了乾隆帝。

噶尔丹策零 (1695—1745)

策妄阿拉布坦之子, 雍正五年 (1727) 继承汗位。他统治准噶尔前后 18 年, 准噶尔部的畜牧业、农业、手工业获得了进一步的发展。雍正十年七月, 他率军袭击驻扎于塔米尔河的清军。八月初, 清军以精骑 3 万夜袭其营, 准噶尔军溃逃, 清军乘胜追击, 将其大部歼灭于光显寺, 噶尔丹策零被迫降服。乾隆十年 (1745), 噶尔丹策零死, 此后准噶尔部内乱, 清廷终于获得了统一西北的良机。

🔶 **相关链接**

光显寺战役

噶尔丹策零在和通泊大败清军后, 遣部将大、小策零敦多布率兵 2.6 万东攻喀尔喀蒙古。清廷遣喀尔喀亲王丹津多尔济偕额驸策凌率兵 1.8 万将其击败。随即下令于拜达里克河、翁金河一带筑城屯兵, 与察罕廋尔 (今蒙古国乌里雅苏台南) 大营互为犄角, 加强喀尔喀西部的防守。

雍正十年 (1732) 七月, 噶尔丹策零率兵 3 万, 自额尔齐斯河上游, 取道阿尔泰山南麓, 绕过察罕廋尔清军大营, 潜至杭爱山厄得勒河地区, 攻掠喀尔喀首领哲布尊丹巴领地。策

光显寺

凌等奉命率兵疾驰本博图山（乌里雅苏台东南）阻击。八月初，准噶尔军侦知策凌西出，即突袭其塔米尔城牧地。策凌途中闻警，回师驰救，率所部2万人乘夜绕道出山背向塔米尔逼近，黎明时督兵从山上突下，突袭准噶尔军营地。准噶尔军人不及甲，马不就鞍，仓皇向东南溃逃。清军追至杭爱山南麓，该地右阻山，左逼水，道路狭窄，光显寺横亘于中，大军不易通行。清军趁准噶尔军慌乱之际，设伏兵万余于山侧，又遣一部背水列阵，诱其往攻。旋佯败，弃甲沿河而走，待准噶尔军进入谷地，伏兵突起冲杀。准噶尔军顿时大乱，被击杀万余人，欲渡河逃生者又被对岸清军击于半渡，溺死者甚众。噶尔丹策零率残部乘夜拼死突围，尽弃辎重牲畜，塞满山谷，迟滞清军前进，自鄂尔浑河逃遁。

光显寺战役后，准噶尔部元气大伤，遣使与清廷议和，直至乾隆时战事再起。

盛世与阴影

    乾隆朝是清朝的鼎盛时期。在军事上,首先乾隆帝继承祖、父未竟之业,抓住机遇,通过两次对准战争,完成了对准噶尔部的统一。接着平定大、小和卓木叛乱,在伊犁设将军,在喀什等地设参赞大臣、领队大臣等,终于巩固了在西北的统治。乾隆后期,两次派兵反击廓尔喀入侵西藏,保卫了祖国领土。事后,制订《钦定藏内善后章程》,规定驻藏大臣与达赖喇嘛地位平等,并制定"金瓶掣签"制度来认定达赖、班禅的转世灵童,加强了清政府对西藏的管理。在乾隆朝,清代最终奠定了大一统的版图。在政治制度上,完善军机处和密折制度,进一步解决了朋党问题,使清代中央集权达到鼎盛。在经济上,鼓励开荒,扩大种植面积,大力推广新作物,多次减免赋税,繁荣经济。这一时期,中国人口达到了3亿多。在文化上,大力发展学术,编纂大型图书《四库全书》。

    乾隆帝自诩为"十全老人",但他的文治武功也悄悄地削弱了盛世的基础。在军事上,对缅甸、安南之役损兵折将;二征金川虽然有较大意义,但损失巨大,得不偿失;此外,还有镇压林爽文起义这样的行动。在文化上,尽管这一时期朴学大兴,学术鼎盛,但文字狱迭兴,士人锐气备受打击,学术思想虽有个别闪光点,但整体面貌死寂一片。

    ·盛世之下埋藏着阴影。乾隆后期社会矛盾加剧,官吏贪污腐败,和珅专权,白莲教起义爆发。进入嘉庆、道光朝,衰败气象蔓延。更重要的是,这时西方列强开始试探中国,面对马嘎尔尼和阿美士德的来访,无论是最高统治者还是普通士人,都没有意识到危机的来临,他们甚至不了解对手,更不愿意改变现状。嘉庆、道光皇帝虽然勤政求治,但无奈只是守成,不了解世界;臣子也只是多磕头,少说话,完全没有应对的策略。当鸦片烟毒泛滥时,当英国军队开始寻机挑衅时,清王朝的危局就真的到来了。

《平定伊犁回部战图》册（局部）

　　由传教士郎世宁、王致诚等绘制。图册描绘了清军平定准噶尔部达瓦齐、阿睦尔撒纳和回部大、小和卓木三次叛乱的主要经过。本图为《格登鄂拉斫营图》，描绘乾隆二十年（1755）五月平定达瓦齐叛乱时阿玉锡等勇士偷袭达瓦齐格登山（在今新疆昭苏县西特克斯河北）大营的场面。此图右部画阿玉锡等人全副戎装，策骑于崎岖山路上，转出山口，向敌营冲击，敌军乱作一团。远处策应的清军大队人马正在绕过山后。

乾隆帝羞辱张廷玉

　　万里江山万里尘，一朝天子一朝臣。封建王朝的皇帝最害怕朝臣结为朋党，势力坐大。乾隆帝上台以后，勤政休养了十年，其间依靠了很多雍正朝时期的旧臣，然而这种情形不会长久。乾隆十三年（1748）年初，康、雍、乾三朝元老、居官 50 年、已经 77 岁的张廷玉，在一次召对政事的空闲，向乾隆帝乞求退休回乡，并请求乾隆帝保证兑现当年雍正帝曾经许诺给他死后配享太庙的待遇。没想到，一生谨小慎微、官运顺遂的张廷玉却因此惹怒龙颜，招来了乾隆帝对他的百般羞辱和惩罚。

　　张廷玉，字衡臣，号研斋，安徽桐城人，康熙朝大学士张英之子。康熙三十九年（1700）中进士后官运顺遂，但真正受到重视是在雍正朝。张廷玉为雍正帝干的一件重要事情就是编修《圣祖实录》，这件事可不简单，因为康熙帝晚年的历史涉及雍正帝继位这件大事，如何编写，事关雍正帝的威信和名誉。而张廷玉也深知雍正帝的心意，把大量敏感的史实都删了去。康熙一朝 61 年，而现在我们看到的《圣祖实录》只有 300 卷，乾隆朝是 60 年，《高宗实录》却有 1500 卷，相去甚远，可见《圣祖实录》已被大量删改。也正因此，雍正帝称他是"第一宣力之大臣"，许诺张廷玉死后可配享太庙。雍正帝临终，命张廷玉与鄂尔泰同为顾命大臣。乾隆帝继位以后，对张廷玉这个顾命大臣虽说是恩礼隆重，但像雍正帝时那样宠信有加的日子已经一去不复返，想必乾隆帝对张廷玉在纂修《圣祖实录》中的角色是心知肚明的。

　　此外，乾隆帝逐渐离弃张廷玉的另一个原因是要削除其日益膨胀的势力。由于张廷玉数十年受重用，其姻亲子侄、门生故吏，布列朝廷内外，这在封建专制时代是极其危险的。乾隆帝非常讨厌朋党，便不时加以裁抑。乾隆六年（1741），刘统勋上疏称张廷玉家族姻亲遍布朝堂，权势太盛，乾隆帝肯定了刘统勋的意见。当时，张廷玉就感觉不妙，此后乾隆帝又一再警告朝臣不要结为朋党。乾隆七年（1742），与张廷玉同为顾命大臣的鄂尔泰一派就遭到了皇帝的打击。当年，鄂尔泰的门生、左副都御史仲永檀因依附师门，死在狱中。老

1742 年
乾隆帝借仲永檀案打击了鄂尔泰势力。

1748 年
77 岁的张廷玉向乾隆帝乞求退休回乡，惹恼乾隆帝。

1755 年
胡中藻诗狱案爆发，胡中藻被杀，鄂尔泰的侄子鄂昌赐自尽，已经死去的鄂尔泰被撤出贤良祠。

配享太庙

太庙是中国古代皇帝的宗庙，起初只是供奉皇帝的先祖，后来皇亲和功臣的神位也可以被供奉在太庙。一般的皇亲还不行，必须是近亲或有功于江山社稷的皇亲。还有极个别军功卓著的大臣，经皇帝允许，也可以在死后配享太庙。

清朝太庙配享殿分东西两殿，东供奉宗室、外藩亲王，西供奉有功大臣。在清代，张廷玉是唯一一位配享太庙的汉人，可见其荣誉之重。

张廷玉在任期间的主要工作是担任皇帝的秘书，没有任何军功，雍正帝为何答应他配享太庙呢？其实，这与张廷玉奉命编纂《圣祖实录》的关系极大。在编纂康熙朝实录的过程中，张廷玉仰承圣意，销毁了大量不利于雍正帝的材料，而同时尽可能诋毁雍正当年的对手。今天我们看到的《圣祖实录》只有区区300卷，这与康熙帝在位61年的时间是不相称的。后来乾隆帝即位，对张廷玉获得配享的资格就不以为然，多次对其进行折辱，这也从侧面反映了这一点。

谋深算的张廷玉见此情形，肯定明白兔死狗烹的道理，意识到乾隆帝的下一个惩治目标就是自己。但张廷玉素来行事谨慎，平生信奉"万言万当，不如一默"的座右铭，从不多说一句话。因此，乾隆帝要想揪他的小辫子还真不容易。

踏破铁鞋无觅处，得来全不费工夫，这次乞求退休，竟然成了乾隆帝整治张廷玉的开始。当天，张廷玉一表达出退休之意，乾隆帝便不高兴地说："你两朝受恩，皇考遗命又答应你配享太庙，怎么能想退休就退休？"张廷玉一头雾水，不知乾隆帝到底要干什么，便引经据典，说以前朝代也有配享诸臣退休的先例。乾隆帝说："诸葛亮还鞠躬尽瘁，死而后已呢！"张廷玉又说："诸葛亮受命于危难之时，和今天天下太平的情形不可同日而语。"张廷玉原本是想让皇上高兴，结果乾隆帝勃然大怒，说："既然身受重任，更不应该因天下太平而独自安逸，否则都像你，谁还肯为朝廷办事？"张廷玉只好闭上了嘴。第二天，乾隆帝不仅将这次谈话整理成纪要，下发廷臣，而且解除了张廷玉的吏部职位。一时间，张廷玉狼狈不堪，不敢再提退休一事。

过了一年，张廷玉经过左思右想，觉得如果自己再不提出退休，恐怕又会成为乾隆帝责备自己贪恋官位的借口，于是又再次委婉地提出乞归，以便后年乾隆帝南巡时，赴南京迎驾。这次，乾隆帝似乎心情好了一些，答应了他的请求。可是，张廷玉还有一件事情放心不下，就是雍正帝曾经答应自己死后配享太庙一事，乾隆帝一直没有提。于是，他专门前往宫中觐见，跪在地上苦求皇上做出承诺。乾隆帝虽然觉得张廷玉有点过分，但还是答应了他。

过了几天，心情舒畅的张廷玉竟然没有亲自去谢恩，结果又得罪了乾隆帝。乾隆帝命人拟旨让张廷玉明白回奏：你到底是愿意归老，还是愿意死后配享太庙？但这道旨意还没有下发，第二天一大早，张廷玉就踉踉跄跄地来到内廷，匍匐谢恩。

乾隆帝顿时起了疑心，显然有人向张廷玉提前报告了消息。于是，他借此开始打击张廷玉及其党羽。他先是痛斥张廷玉为何昨天不来谢恩，今天跑来干什么？接着革去了张廷玉的门生汪由敦军机处的职位。张廷玉覆奏称并未得到汪由敦的私下通信，乾隆帝接着又令张廷玉回奏到底是谁报的信。无奈之下，张廷玉只好请求皇帝将自己治罪。

乾隆帝并不想绝情到底，于是仅革去其爵位，仍准予死后配享太庙。过了年后，松了一口气的张廷玉以为这件事就这样过去了，准备奏请回乡。没想到乾隆帝的恶气还没有出完。当时皇子永璜刚死，乾隆帝认为张廷玉曾做过永璜的师傅，竟然一点儿也不悲伤，于是，再次命他回奏有没有资格配享太庙。这时，张廷玉终于明白了，他立即回奏，乞求停止自己配享太庙的资格，并将自己治罪。乾隆帝盛怒，革去张廷玉所有职位，仅保留了大学士职衔。不久，发生了四川学政朱荃匿丧赶考、贿买生员案，这个朱荃是张廷玉的姻亲，再次为乾隆帝打击他提供了借口。最后，张廷玉被勒令交出历年皇帝所赐之物，家产也被一并查抄。可怜张廷玉本想荣归故里，没想到备受皇帝折磨，一无所有地回到桐城老家。乾隆二十年(1755)，张廷玉卒。乾隆帝终不敢违背其父的遗愿，命仍遵世宗遗诏，张廷玉配享太庙。

俗话说，伴君如伴虎。乾隆帝为维护帝王威权的手段可谓登峰造极，运用娴熟，一生行事谨慎的张廷玉也最终未能免受打击。

 相关链接

胡中藻诗狱案

乾隆帝对鄂尔泰、张廷玉两人在朝中结党营私、权势过大极为忌恨。乾隆七年(1742)仲永檀案后，鄂尔泰受到震动，虽说有惊无险，但从此屏声敛气，小心翼翼。乾隆十年(1745)，鄂尔泰病死，总算保全了个人。乾隆十五年(1750)，张廷玉备受打击后回乡。鄂、张两人一死一去，按说可以告一段落，但乾隆帝打击朋党的行动才刚刚开始，更大的风暴在乾隆二十年(1755)终于爆发，这就是胡中藻诗狱案。

胡中藻，号坚磨生，江西新建人，是鄂尔泰的门生，又与鄂尔泰的侄子、甘肃巡抚鄂昌关系密切。他曾经出过一本《坚磨生诗钞》，就是在这个诗集中，乾隆帝找到了下手的由头。这个诗集中有"一把心肠论浊清"句，乾隆帝认为这是有意诽谤朝廷。又有"记出西林第一门"句，鄂尔泰姓西林觉罗，胡中藻平日以鄂尔泰的高足自居，乾隆帝认为他攀缘门户，恬不知耻。结果胡中藻被杀，鄂尔泰被撤出贤良祠。鄂尔泰的侄子鄂昌因和胡中藻交往密切，以比昵标榜问罪。后来，又因为他的《塞上吟》一诗称蒙古为"胡儿"，说他"忘本自诋"，令其自杀。因此案被打击的还有鄂容安(鄂尔泰长子)以及史贻直等人。

处死讷亲、张广泗

乾隆帝号称"十全天子"，一生总结有"十全武功"，这第一个武功便是征讨金川。然而，也就是在第一次征讨金川战役中，乾隆帝一次杀掉了两位亲信大臣：讷亲和张广泗。

金川地区位于四川金沙江流域，乾隆帝用兵的起因是大金川土司莎罗奔助女欺凌其女婿小金川土司泽旺，而且不怎么听从四川总督和巡抚的约束。这样一件小事，而且发生在偏僻的蛮荒之地，乾隆帝为何要大动干戈呢？一个重要原因就是希望彻底结束各土司互相劫掠争斗的混乱局面，以使清朝江山长治久安。

起初，统军进攻金川的是川陕总督张广泗，此人是以平定贵州苗变而步步升迁至一品总督的。乾隆帝对张广泗长期在西南地区负责用兵的经验非常看重，称赞他在督抚中最为熟悉军旅，于是委以重任。

张广泗受命以后，也想大显身手，再建奇功，一再向皇上保证定会在九、十两月之内进取贼巢。乾隆帝屡次要求这次用兵速战速决，尽快剿灭大金川，擒获其首领莎罗奔。为此张广泗上奏提出增兵的请求，立即得到了同意。正当乾隆帝盼望速战速决之际，前线却传来了失利的消息。原来张广泗于乾隆十二年（1747）六月率领 3 万人出击，而大金川土兵只有七八千人，清军开始还比较顺利，但莎罗奔及其属下毫不畏惧，于当年十二月开始反击，向驻守马邦山梁的副将张兴进攻，发射石炮，清兵抵挡不住，开始后退。这时，金川藏民又截断了清军运粮水道，张广泗派参将王世泰前往营救，未果，这一支清军全部被杀。乾隆十三年（1748）正月初，金川人又乘胜攻击，斩杀游击孟臣。总兵马良柱因大雪多日，粮食耗尽，害怕被敌军包围，率兵 5000 人后撤。结果，清军丢盔弃甲，损失惨重。为

《皇清职贡图》之"小金川人"

了对付金川的碉堡，张广泗先后采用火烧、用火药炸等各种办法，但都收效甚微，清军士气低落。

乾隆帝认为金川战事不能速战速决的根本原因是将帅领导不力，于是谕令办理粮饷的班第留在军营，协助张广泗，实际上暗含着监督的意思。接着，又谕令班第和张广泗商议，看能否起用岳钟琪。张广泗以前在对准战争中曾被时任宁远大将军的岳钟琪处分过，因此衔恨在心，就向乾隆帝上奏，说岳钟琪的坏话。

乾隆帝对本来寄予厚望的张广泗非常失望，为挽救战局，决定更换主帅，派遣地位更高的宠臣讷亲为经略，重新组织对金川的军事进攻。

讷亲是开国元勋额亦都的曾孙，康熙初年四大辅臣之一遏必隆的孙子，他的姑姑是康熙帝的孝昭仁皇后。此时的讷亲任首席大学士和领班军机大臣，其地位之高、权势之大，所受之宠信，可想而知。乾隆帝本人也多次提到他对讷亲的宠爱，曾说："朕向来所倚任的人，没有超过讷亲的。"乾隆帝把这样一位最为倚重的军国重臣调到金川负责指挥，可见他是想要尽快结束战事。不料，他的赌博式布局又落空了。

讷亲是一位精明能干、颇有见识的大臣，并且不贪财，不交结权贵，确实是一位治理国政的能臣，但是他从未有过用兵经验。乾隆帝将这样一位"素未莅师"的怯懦之臣重用为统帅，弃其所长，用其所短，不仅贻误军机，也最终害了讷亲本人。

当年五月，讷亲到了金川以后，仓促命令清军发起猛攻，结果总兵任举、参将买国良战死，不得不无功而退。讷亲、张广泗在五月底发起进攻时，官兵有4万多，经过几次战役，已经损失近半。更为糟糕的是，乾隆帝派讷亲前往，本意是要借助讷亲的声望慑服张广泗，但事实上张广泗统帅的职位虽然被夺，可他根本瞧不上讷亲，不与讷亲合作，甚至千方百计拆讷亲的台。

而经过几次战役后，这位位高权重的宠臣也被吓破了胆，每次临战，都躲避于帐房之中，被下属耻笑。刚来时，他还蔑视张广泗，到后来又不得不依靠张广泗。如此情形，且不说金川地区作战本来就十分艰难，就连乾隆帝统一号令的愿望也落空了。

1787 年

台湾林爽文起义，福康安率兵入台镇压。

1789 年

安南阮文惠起义，安南国王逃到广西，请求清政府干涉。乾隆帝遂派两广总督孙士毅率兵进入安南。阮文惠改名阮光平，清廷册封其为安南国王。

十全武功

乾隆五十六年(1791)，廓尔喀再次侵入西藏，乾隆帝命福康安等率兵入藏，击退廓尔喀兵。当清兵凯旋之际，乾隆帝作《十全记》以总结自己在位期间的战事，即两次平准噶尔，平定大、小和卓之乱，两次金川之役，平台湾林爽文起义，缅甸之役，安南之役及两次抗击廓尔喀之役。乾隆帝因此自称"十全老人"。

乾隆的"十全武功"，情况不同，性质各异，决非真的十全十美，它反映了乾隆帝当时浮华虚荣的心理。

由于讷、张失和，不久讷亲上疏弹劾张广泗"糜饷劳师"。岳钟琪升为四川提督后，也密奏张广泗玩兵养寇，贻误战机。九月，乾隆帝将张广泗革职，交刑部治罪；十二月将其逮捕入京处死，抄没其家。讷亲也被召回北京，以贻误军机革职治罪；次年正月，将遏必隆的宝刀送于其前，令讷亲用其祖父之刀自刎了结。可以说，乾隆帝错用张广泗、讷亲，是造成进征金川失败的主要因素，而讷亲、张广泗最终也成了皇帝决策失误的牺牲品。

之后，乾隆帝任命经略大学士傅恒为新统帅，岳钟琪成功招降莎罗奔，战事虽略有起色，但沉重的负担已经让乾隆帝感觉到金川用兵是小题大做。乾隆十四年（1749）正月，乾隆帝谕令傅恒班师，第一次金川战争结束。

相关链接

再征金川

第一次金川战争后，金川各地的土司又开始争权夺利，冲突不断。乾隆三十六年（1771），莎罗奔之孙索诺木诱杀革布什扎土司，小金川僧格桑也攻打鄂克什和明正土司，并公然与清朝援军开战。乾隆帝认为这是对中央政府宣战，是叛乱，于是命大学士温福为定边将军，丰昇额为副将军，进兵征讨，战事遂起。

第二次金川战争历经乾隆三十六年至四十一年（1771—1776），其间的木果木战役，清军大败，统帅温福战死。之后任阿桂为征西将军，继任统帅，采取步步为营、防护后路、逐渐推进、不求速胜的方针，经过一年零八个月的战斗，大金川土司索诺木出降，被献俘北京，后被凌迟处死。

可以说，金川战争是18世纪时间最长、耗费最大、动用兵力最多的一次战争，它直接损伤了康乾盛世的元气。

阿睦尔撒纳归而复叛

到了乾隆朝,随着准噶尔内部混乱的出现,解决准噶尔问题的时机终于到来。促使乾隆帝着手解决的契机是准部阿睦尔撒纳的来归,然而阿睦尔撒纳归而复叛,最终让他下定决心放弃"以准治准"的旧策而实行更加直接的军府制。

乾隆十年(1745),准噶尔首领噶尔丹策零病死,其内部为争夺汗权出现内讧,准噶尔名将大策零敦多布之孙达瓦齐取得了准噶尔的最高权力,其最重要的同盟者是辉特部台吉阿睦尔撒纳。阿睦尔撒纳是策妄阿拉布坦之女博托洛克之子,在汗位争夺中,他支持达瓦齐,打败了其他对手。但他支持达瓦齐,只是为借鸡生蛋,壮大自己的势力。乾隆十八年(1753)十月,他派人至达瓦齐处,要求分治,遭到达瓦齐的拒绝,他们的联盟至此宣告破裂,开始互相征伐。结果,阿睦尔撒纳惨败。

乾隆十九年(1754)七月初,阿睦尔撒纳率 4000 户 2 万余口,向清廷投诚。得到这个消息后,很多大臣都鉴于以往的教训,怀疑其中有诈。乾隆帝则力排众议,对阿睦尔撒纳率众归附十分重视,认为这是解决准噶尔问题的绝佳机会。不久,乾隆帝晋封阿睦尔撒纳为亲王,并让他尽快赶到热河觐见。为了能早日见到阿睦尔撒纳并多谈几次,乾隆帝甚至不惜打破惯例,星夜兼程,来到热河。在热河避暑山庄觐见乾隆帝时,阿睦尔撒纳力陈准噶尔内乱情形,恳求清廷立即出兵讨伐达瓦齐。

乾隆二十年(1755)二月,乾隆帝决定以投诚的准部兵为主力,由阿睦尔撒纳等人率领,迅速出兵。果然,战事进行得异常顺利,达瓦齐节节败退,其势力很快被消灭。然而,成也萧何,败也萧何。乾隆帝万万没有想到,他的这种做法也为阿睦尔撒纳以后的叛乱提供了条件。

清廷消灭达瓦齐势力后,决定将准部分封四汗,封车凌为杜尔伯特汗,阿睦尔撒纳为辉特汗,班珠尔为和硕特汗,噶勒藏多尔济为绰罗斯汗。但这并不是阿睦尔撒纳所想要的。他归附清朝,原本只是一个策略,取代达瓦齐,统治整个准噶尔才是他的最终目标。

1745 年

准噶尔首领噶尔丹策零病死,内部为争夺汗权出现内讧。

1754 年

七月,阿睦尔撒纳率众投靠清朝。

1757 年

二月,清军再次征伐准噶尔部。八月,阿睦尔撒纳染上天花病死在俄罗斯。

1759 年

六月,清军分两路出击天山南路,平定大、小和卓叛乱。

1762 年

设置伊犁将军,统辖全疆军政事务。

五月,阿睦尔撒纳秘密会见清军统帅定北将军班第,希望设立准噶尔汗,而且列举了三个条件,言下之意,只有他最合适。班第洞悉他的真实意图,于是告诉他说:四部各封一汗是皇帝的旨意,如果另外选人,不仅违背旨意,恐怕也难以服众。阿睦尔撒纳又说,准部与喀尔喀不同,不能分为四汗,各行其是,必须要有"总统之人",否则人心就会纷乱,没有力量抵御外敌,相互之间还会发生争斗。

随后,班第将这次与阿睦尔撒纳的谈话内容缮写密折,紧急递送北京。本来乾隆帝是非常信任阿睦尔撒纳的,看到班第的密折后,他也开始警觉起来,并明确表示不能让阿睦尔撒纳为总汗,但乾隆帝此时还不认为阿睦尔撒纳会叛乱。过了几天,班第又有密折送到北京,对阿睦尔撒纳的不轨行为做了更详细的奏报。乾隆帝对阿睦尔撒纳的看法完全变了,于是令他迅速到热河觐见,以便将其逮捕。如果不来,则令班第在伊犁动手,拿获解京。

但乾隆帝万万没有想到,阿睦尔撒纳竟然从清军布下的埋伏圈中安然无恙地溜走了。当乾隆帝催促他尽快到热河时,阿睦尔撒纳就意识到皇帝识破了他的企图。但时机不成熟时,还不能决裂,于是他一方面假意赶赴热河,另一方面暗中寻找机会逃脱。八月十九日,行至乌隆古河时,他便率众成功潜逃。

阿睦尔撒纳反叛后,驻守伊犁的班第、鄂容安立即被叛军重重包围,班第拔剑自刎,鄂容安也想自杀,但由于自己手腕力气小,便命仆人用刀将自己刺死。乾隆帝得知后,痛心不已。事后,班第、鄂容安都获得了图形紫光阁的荣誉。

面对突变的形势,乾隆帝及时采取措施。乾隆二十年(1755)九月,重封准部汗王,稳定准部贵族之心。随后令策楞为定西将军、达尔党阿为定边左副将军、扎拉丰阿为定边右副将军,组织第二次远征伊犁。

阿睦尔撒纳反叛后,并没有出现如他所预期的纷起响应反清的局面。许多首领反叛不久就倒戈相向,与他为敌。准噶尔部再次陷入混战之中。面对清廷大军压境,阿睦尔撒纳无法组织有效抵抗。乾隆二十二年(1757)二月,清廷调整统帅,决心全歼阿睦尔撒纳,命成衮扎布为定边将军、兆惠为定边右副将军、车布登扎布为定边左副将军,调集满洲、索伦、蒙古、察哈尔、吉林等地兵马,兵分两路,再次征伐准噶尔。六月,阿睦尔撒纳逃入哈萨克阿布赉汗处。当时,阿布赉汗慑于清廷的威力,恐招致清军的攻击,就遣使向清廷表示愿将阿睦尔撒纳擒献清廷。此举被阿睦尔撒纳觉察,他乘夜带妻子、亲随8人,沿额尔齐斯河投奔俄国。清政府多次要求俄国擒献,未果。九月,阿睦尔撒纳染上天花病死。

相关链接

统一天山南路与对新疆的治理

乾隆二十年(1755)清军打败达瓦齐,占领伊犁,当时被准噶尔部控制的大、小和卓波罗尼都、霍集占兄弟同时获释。阿睦尔撒纳在伊犁发动叛乱时,霍集占参与了叛乱。清廷迅速平定阿睦尔撒纳叛乱后,霍集占逃亡南疆,投奔其兄波罗尼都。

在霍集占的蛊惑之下,波罗尼都杀害了清廷派往南疆库车执行招抚使命的副都统阿敏道,于乾隆二十二年(1757)兴兵作乱,欲图独据回疆。

乾隆二十三年(1758)五月,以都统雅尔哈善为靖逆将军,率领清军以及维吾尔族阿奇木伯克鄂对所统领的维族士兵1万余人,由吐鲁番出发前往征讨。至乾隆二十四年(1759)六月,清军分两路出击,兆惠率军由乌什取喀什噶尔,富德率军由和阗取叶尔羌。在清军的强大攻势之下,霍集占兄弟弃城夺路西窜,部属纷纷归降。霍集占弟兄逃入巴达克山部,为其首领擒杀,后献尸清廷。大、小和卓叛乱被彻底平定。

清廷在平定天山北路准噶尔部和天山南路的回部之后,随即采取措施,加强对新疆的管理。乾隆二十七年(1762)设置"总统新疆南北两路事务"的伊犁将军,驻扎伊犁,统辖全疆军政事务。然后在新疆北路设置乌鲁木齐都统和塔尔巴哈台参赞大臣,管辖乌鲁木齐、巴里坤、吐鲁番、塔城诸处军政;又在新疆南路设置喀什噶尔参赞大臣,下辖叶尔羌、和阗、英吉沙尔、乌什、阿克苏、辟展、哈密等处的办事大臣,以及吐鲁番的领队大臣。对于天山南路的回部维吾尔族聚居区,仍承袭原有的伯克制,但均由参赞大臣奏请皇帝简放,品级自三品至七品不等,管理当地的民政事务。

1755 年

高恒的父亲高斌卒
于江南河道总督任
上,乾隆帝念其治河
功劳,追谥"文定",
入祀京师河神祠。

1768 年

六月,两淮预提盐引
案爆发。前任盐政
高恒被处死。

包衣

"包衣"为满语,即
"包衣阿哈"的简称,又
作"阿哈",意即家奴。
入关之前,包衣为满族
上层贵族所占有,被迫
从事各种家务劳动及
繁重的生产劳动,没有
人身自由。其来源主
要是战争俘虏、罪犯、
负债破产者以及包衣
自己所生的子女等。
到清朝在全国范围内
建立统治后,包衣有因
战功而显贵的,但对其
主子仍然保留其奴才
身份。曹雪芹、高恒就
是汉人包衣出身。

高恒被杀

乾隆一朝 60 年,除了长期的边疆战事,另一件突出的事就是对
贪污的惩治从来没有间断过,而且被惩治的高官也是空前的。这其
中就有一位因贪污而被杀头的皇亲国戚——两淮盐政高恒。

高氏出身内务府包衣世家,是清皇室的忠实奴才。雍正初,高恒
的父亲高斌授内务府主事,升郎中兼护军参领,外任两淮盐政兼署江
宁织造,升江南河道总督。其间,致力治河,显露出超群的才干。乾
隆初,调直隶总督,兼河道总督。因治理河道有方,高家户口被抬升
至满洲镶黄旗,高斌被授文渊阁大学士,乾隆二十年(1755)卒于江南
河道总督任上。高斌死后,乾隆帝念其治河的功劳,追谥"文定",入
祀京师河神祠。

这高家还是乾隆帝弘历的姻亲。弘历在藩邸时,高斌的女儿、高
恒的姐姐是侧福晋;弘历即帝位后,她被册封为贵妃,深受宠爱;乾隆
十年(1745)正月病逝,追谥为"慧贤皇贵妃"。不仅如此,高恒的从兄
高晋,历任布政使、巡抚、江南河道总督、两江总督等职务。

可以说,高恒虽然是包衣出身,但此时已是膏粱世族、豪门子弟,
在乾隆帝的关爱下,长期担任管理关税和盐政的官员。乾隆初,他以
荫生授户部主事,外放管理山海关、淮安、张家口榷税,署长芦盐政。
自乾隆二十二年(1757)起任两淮盐政,乾隆二十九年(1764)授上驷
院卿,仍领两淮盐政,直到乾隆三十年(1765)因从兄高晋为两江总
督,例当回避,才被召还北京,署户部侍郎,又授内务府总管大臣。高
恒一生所担任的官职大都是肥缺美差,也就是在这样一个环境中,高
恒逐渐养成了非同寻常的敛财能力。

当时任盐运使的卢见曾和他截然不同,卢氏爱好学术,以文坛盟
主自任,曾主持虹桥修禊,为士林所推崇。有一回,高恒笑着对卢见
曾说:"先生努力聚书画,而我只知道敛财。将来有一天先生归田,假
如开个书店或者骨董摊,我一定会带着金银到你的铺子里转转,为我
的儿孙们买点玩具,如此这般,先生你将来也不会缺钱花的。"

高恒贪污案是在离任后爆发的。乾隆三十三年(1768)六月,新
任两淮盐政尤拔世奏称,他发现两淮盐政有自己的小金库,而且现存

有银 19 万两。乾隆帝得知后，相当吃惊，因为他以前从来没有听说过，而且剩余的钱竟然还有这么多，于是，下令彻查。不久，江苏巡抚彰宝回奏说，两淮盐政确实有通过额外征收而积累的小金库，近几年各种开支的银子有 467 万余两，还有盐商没有缴纳的 600 多万两银子。这一数字比尤拔世所言更令人震惊，因为这两项合计起来几乎相当于当时清政府每年国库收入的三分之一。这么多钱都是怎么花掉的？这其中到底有多少侵吞和贿赂？这么多年来为何没有一个官员奏报此事？这些问题都是乾隆帝想弄明白的。

高恒在扬州任盐政的九年时间里，先后三次接待乾隆帝南巡，每次需花费的大量金银从何而出，颇费踌躇。高恒要弄小聪明，想出歪点子，瞒天过海，从每引盐中额外抽取 3 两银子，拿来充盈地方小金库。于是，接待的高额花费有了来路，巴结皇帝时花钱跟淌水似的，同时，高恒本人也中饱私囊，捞得盆满钵盈。

可无论是尤拔世还是彰宝的上奏，都没有提及前任两淮盐政高恒，只是闪烁其词地说以往盐政官员可能会有问题，因为他们不敢冒犯两江总督高晋，不敢得罪皇帝的宠臣高恒。但乾隆帝从一开始就非常重视盐政的贪污问题，并将矛头指向高恒。六月二十五日，乾隆帝便将高恒革职。不久，将其处死。

据说处死高恒之前，大学士傅恒曾奏请皇帝看在已经去世的慧贤皇贵妃的面子上，免其一死。乾隆帝听后非常不高兴，正色道："如

1778 年

高恒的儿子高朴在办理新疆贡玉中贪污，也被杀头。

1780 年

经和珅倡导，推行"议罪银"，即犯罪的官员可以通过缴纳银两来免除一定的刑罚。议罪银的实施，加速了清王朝的腐败。

高恒为迎接乾隆帝南巡而修建的五亭桥

皇后兄弟犯法,当奈何?"傅恒是孝贤皇后的兄弟,听了这句话不禁不寒而栗,不敢再多说一句话。后来,高恒的儿子高朴奉命办理新疆贡玉,非法获利7万两白银,也被乾隆帝砍了头。

相关链接

乾隆帝惩贪

有清一代至乾隆朝,官吏贪墨之风尤盛,不仅案件多发,婪赃巨大,而且上至部院督抚,下至胥吏衙役,几乎无官不贪。直到乾隆帝晚年,他自己也承认:"各省督抚中,廉洁自爱者谅不过十之二三,而防闲不悛者,亦恐不一而足。"乾隆帝非常重视惩贪,决心也很大,在位期间惩治一直没有间断过,因贪被惩处的高级官员数目之多超过了以往任何朝代。仅二品以上大员因贪赃被处死者,就有30人之多。平均两年即有一名省级军政大员因贪污或索贿受贿而被正法,这是前代所罕见的,也是有清一代所仅见的。

乾隆朝是整个清代惩贪最严厉的一段时期,然而结果却是愈惩愈贪。尽管乾隆帝严刑峻法,却无法阻止世风之日下,特别是督抚大吏的贪黩,至乾隆中后期更是屡禁不止。其势态正如清人薛福成所说:"督抚如国泰、王亶望、陈辉祖、福崧、伍拉纳、浦霖之伦,赃款累累,屡兴大狱,侵亏公帑,抄没资产,动辄数十百万,为他代所罕睹。……然诛殛愈众,而贪风愈盛。或且惴惴焉,惧罹法网,惟益图攘夺刻剥,多行贿赂,隐为自全之计。"究其原因,有立法、司法上的失误,有社会风气的奢靡颓废,有官场风气的败坏以至清官无法为也不能为,有官吏道德自律堤防的普遍溃决,也有官员的养廉银不足以养廉的实际问题等等,但最主要的是皇权专制不可克服的痼疾,具体表现是皇权过度膨胀和与此相关的地方军政首长权力太大。

乾隆帝南巡

　　乾隆帝可谓马上皇帝，一生六下江南，然而也就是从第一次南巡开始，无论是朝中大臣，还是民间百姓，无不因此遭殃，反对的声音也从来不断。

　　乾隆帝即位头十年还算比较勤政，巡幸游历的活动基本没有。但到了乾隆十年(1745)以后，他去江南巡游的想法越来越强烈。为了准备第一次巡游，他曾派大学士讷亲去江南查看道路。讷亲从心里就不赞成皇上南巡，所以他在给乾隆帝的回奏中说：苏州城外的所谓"虎丘"实际上像一个大坟堆。苏州城里河道狭窄，粪便船只拥挤在一起，过了中午就臭不可闻，根本不算什么风景。乾隆帝听了讷亲的回奏，暂时打消了南巡的念头。

　　即便是在巡游中，也有人不失时机地委婉提出反对意见。乾隆帝第一次南巡时，内大臣博尔奔察随侍，在苏州灵岩山看见一棵梅树，枝干挺拔，花朵鲜艳。博尔奔察见乾隆帝观赏许久，便拔出佩刀准备将树砍倒。乾隆帝问他这是为哪般，博尔奔察回答说："我恨它为什么不生长在圆明园中，以至于皇上风尘仆仆，经历那么多江湖风险，到这里才看上。"乾隆帝知道博尔奔察在讽喻自己，心里非常不高兴，但也不好说什么。

　　还有一次，江苏无锡顾栋高接受乾隆帝召见。乾隆帝对他说："朕看你年龄大了，身体又不好，所以准许你回乡养亲。将来朕巡幸江南时，我们还可以再见面。"顾栋高听到乾隆帝这句话后，立即回奏说："难道皇上您还要南巡吗？"乾隆帝见他如此反问，心中颇为不快。

　　正如一些朝臣所担忧的那样，乾隆帝每次南巡都给当地带来了极大的困扰，各地方官员为讨好皇帝，不惜铺张浪费，百般逢迎，结果百姓遭殃，弊案丛生。

　　乾隆帝南巡时，从北京出发，陆路经直隶、山东到江苏的清口渡黄河，乘船沿运河南下，经扬州、镇江、丹阳、常州进入浙江境内。陆路的御道非常讲究，中间正路宽 1 丈 6 尺，两旁马路各 7 尺。路面要求坚实、平整。此外，凡是石桥、石板，都要用黄土铺垫。经过的地方一律用清水泼洒，避免尘土飞扬。有一次，一个官员捐修苏州御道，

1746 年

九月，乾隆帝奉皇太后谒泰陵，后巡幸五台山。

1748 年

二月，乾隆帝奉皇太后率妃嫔东巡山东，驻曲阜，诣阙里，谒孔林，祭少昊、周公。三月，皇后富察氏卒于山东德州舟次，乾隆帝哀痛至极，兼程还京师，殡皇后于长春宫。

顾栋高赤裸读经

　　顾栋高（1679—1759），字复初，一字震沧，江苏无锡人。康熙年间曾任内阁中书，性情倨傲，不合时宜，因坐奏对越次而罢官。归田后，每天以穷经著书为乐。有一年夏天，整日闭门不出，有位客人来，从门缝看到他全身赤裸，寸丝不挂，手执一卷，高读不辍。乾隆南巡时，在行宫召见他，加祭酒衔，赐御书"传经耆硕"四字。

1751 年

正月，乾隆帝奉皇太后第一次南巡江浙。

1784 年

正月，乾隆帝第六次南巡江浙。

当年，第一艘美国商船——"中国皇后"号抵广州。

花了 30 万两银子，奢侈的程度可见一斑。御舟名安福舻、翔凤艇，共有 5 艘，由仓场衙门制造，提前送往江南，仅御舟拉纤的河兵就需 3600 人。其余人员需用船只由江南备办，达千余艘。这样豪华庞大的船队行进在运河上，首尾相接，旌旗蔽空，蔚为壮观。

乾隆帝南巡时，沿途的地方官一般都要搭盖凉棚，用以遮阳。起初，只是在皇帝停留或者天气热的时候搭建，到后来由于互相攀比，就不论什么地方和什么季节了。结果，漫漫御道，彩棚连绵，形成了一道独特的风景。

尽管乾隆帝也曾三令五申严戒奢华，但地方官员为博取皇帝的欢心，无不使出浑身解数投其所好。乾隆帝喜欢看戏，船队在运河行走时，乾隆帝经常坐在船头观赏风景，地方官有时就安排两舟行走于御舟前，于两船之间搭板，作为戏台，演戏供乾隆帝欣赏。第五次南巡时，御舟将至镇江，前方岸边有一硕大无比的仙桃，红翠可爱，正当乾隆帝惊诧莫名时，忽见烟火大发，鞭炮齐鸣，仙桃从中轰然分开，中间现出一个巨大的戏台，正在上演迎驾的喜庆戏文。

"六度南巡止，他年梦寐游。"这是乾隆帝第六次南巡时写下的诗句，他连做梦都在回味下江南时的情景，充满了无限眷恋。但是，这六次南巡，排场一次比一次大，耗费一次比一次多，甚至造成国库的枯竭，给百姓带来了深重的灾难。

到了晚年，乾隆帝才完全认识到南巡的错误，自称当皇帝 60 年，没犯什么大错，唯有六次南巡，劳民伤财，把好事办成了坏事，而且告诫以后的子孙不得南巡。

乾隆帝南巡耗资巨大，以后的皇帝也确实再没人仿效过，不过这倒不是说他们不想，而是因为后来的国库已经承担不起了。六次南巡，留给人们的只是一个"康乾盛世"的奢华美景，大清王

《乾隆南巡图》中巡视黄河的场面

朝已经开始一步步地走向了衰落。

 相关链接

清代皇帝巡幸

　　巡幸，古称巡守，是始自三代的一项重要礼仪，与狩猎并称为巡狩。当时的巡守，是指天子离京视察各诸侯所守之国，以后各代皇帝均奉为重要礼制。清代大规模的巡幸活动很多，但影响最大的还是康熙、乾隆二帝的巡幸。康熙帝继位之初，将三藩、河务、漕运视为治国三大事。康熙二十一年（1682），历时八年的三藩之乱被平定，次年又收复了台湾，河务与漕运即上升为关乎清王朝治乱安危的头等大事。当时朝臣纷纷上疏，请皇帝"仿古帝之巡守，以勤民事"。康熙帝顺应臣意，决定乘巡幸之机，南行视河。康熙二十三年（1684）九月，康熙帝首次南巡，到康熙四十六年（1707）最后一次南巡止，前后共六次南巡江浙。康熙帝南巡的主要目的是巡视河工、治理黄河，顺便还有了解江南民情、笼络江南士人的目的。

　　此外，康熙帝还进行了三次东巡。所谓东巡是指出巡东北地区的盛京、吉林等地，这里是清王朝的发祥地和祖宗陵寝所在。康熙帝分别于康熙十年（1671）、康熙二十一年（1682）、康熙三十七年（1698）进行东巡。康熙帝东巡活动的主要内容首先是拜祭先帝陵寝，慰问、赏赐当地官员及驻防官兵，体察当地民情并加恩百姓，召见沿途的蒙古王公，指授东北边疆防卫方略等。

　　乾隆帝即位后，仿效其祖，也有六次南巡之举，分别在乾隆十六年（1751）、二十二年（1757）、二十七年（1762）、三十年（1765）、四十五年（1780）、四十九年（1784）。乾隆帝南巡虽然也极其重视河工海防，把它视为六巡江南的一个主要任务，但实际上每次南巡，都是劳民伤财。

　　嘉庆帝由于国势衰退，除了"木兰秋狝"之外，其他巡幸活动大为减少，道光以后的皇帝巡幸就基本停止了。

王锡侯《字贯》案

1751 年

伪孙嘉淦奏稿案发生。乾隆帝在即位最初的十年间，为政还算宽大，伪奏稿案发生后，乾隆帝开始重视思想统治，大兴文字狱，到了乾隆中期更加严重。

1774 年

清廷开始查办违禁书籍。

1777 年

王锡侯《字贯》案爆发。

乾隆朝文字狱迭兴，曾经有位举人编了一本字典，结果却让他人头落地，一家二十几口深受其累。这一起典型的文字狱，就是王锡侯《字贯》案。

王锡侯，江西新昌人，年轻时为追求功名，日夜苦读，一日三餐都由家人从地槛下的洞口送进去。他24岁补了博士弟子，38岁中了举人，曾经九次赴北京参加会试，结果都名落孙山。别无生计的他只有通过编写一些书籍挣点银子。乾隆三十四年（1769），他认为《康熙字典》收字太多，"学者查此遗彼，举一漏十，每每苦于终篇，掩卷而仍茫然"，而且字与字之间没有联系，整个一部书就像一堆散钱，他便想出"以义贯字"的方法，把音义相同的字，荟萃一处，编写出了一部名叫《字贯》的新书。全书分天文、地理、人事、物类四大类，共40卷。

由于《字贯》通俗易懂，便于查找，如以"风"为目，后则列风貌、暴风、大风、小风、热风、和风、低风、风声之类，因而在它未正式脱稿时，就得到不少人的赞赏。王锡侯本人也对这部书寄予厚望，满以为可以通过这本书为自己换来些银子，以度过困窘的晚年。

然而，令王锡侯没有想到的是，这部《字贯》不仅没有为他带来名利，反而招来了杀头之祸。

乾隆四十二年（1777），王锡侯的同族人王泷南向县衙门告发王锡侯所编纂的《字贯》"狂妄悖逆"。一本字典中到底有何"悖逆"之处？同是族人，为何要告发呢？原来两人在多年前就结下了怨恨。王泷南并不是王锡侯那样的读书人，平时游手好闲，喜欢招惹是非，好几年前曾因一件官司被发配，后来又逃回原籍。那时候王锡侯血气方刚，好打抱不平，就将此事告知官府，王泷南又被捉拿归案。事隔多年，王泷南遇赦还乡，但对王锡侯的怨恨一直没有消去，伺机报复。

乾隆三十九年（1774），朝廷开始查办违禁书籍，王泷南就感觉机会到了。因为王锡侯是个失意的读书人，又有很多著述，要想报复他，莫过于从他的书中挑错。当他看到《字贯》一书时，刚翻了几页，便已计上心头，立即动手写了一封揭发信，状告王锡侯狂妄自大，贬损《康熙字典》，竟然认为康熙皇帝御制的字典不好读。新昌县知县接到告发后，因涉及逆书，不敢自作主张，也不敢耽搁，就立即禀报江西巡抚海成。这位巡抚同样将详细情况连同《字贯》原书一并呈送乾隆帝御览。

不料，乾隆帝看后勃然大怒，当他翻到该书第十页时，见"凡例"中将圣祖、世宗庙号名讳，甚至是乾隆帝本人的名讳都一一开列在前面，于是断定王锡侯确实大逆不道，理当问斩。不过，令乾隆帝更愤怒的是，承办此案的海成竟然没有发现这样的悖逆之处，于是命军机大臣传谕海成，骂他有眼无珠，丧尽天良；又命将逆犯王锡侯押送至京，听候发落。

问题真的有这么严重吗？乾隆帝所指出的悖逆之处，就是王锡侯将康熙、雍正、乾隆三帝的名字玄烨、胤禛、弘历写在了凡例文字中，王锡侯不是不知道避讳的原则，只是出于好心，为提醒他人，特意在凡例中加以交待而已。况且，触犯避讳的治罪有很大弹性，乾隆帝也多次强调说：避讳之说，不过是文字末节，朕向来不以为然。

既然如此，王锡侯即便是犯了避讳罪，也不至于大动干戈，那么乾隆帝为何将其演变成一桩特大逆案呢？

原来，乾隆帝为消除民众对清统治的反抗，借助纂修《四库全书》之机，开始了在全国范围内查缴违禁书籍的行动。然而，这一举措在各地进展并不顺利，尤其在江浙等地进展极为缓慢，各省督抚根本不全力查办。于是，乾隆帝一直想找个机会杀鸡儆猴。而对于《字贯》案，作为一省巡抚的海成竟然没有看出触犯庙讳和名讳的地方，正好拿来做典型。按说，这位海成对查办禁书工作还算是比较认真的，而乾隆帝严厉惩处他更具有示范意义，这无异于告知各省督抚，像海成这样工作认真的人尚且因疏漏被严惩，更何况其他那些不认真

乾隆帝写字像

的人呢？

不久，海成因查办禁书不力被处决，随后，作为海成上司的两江总督高晋也被追究失察之责，受到降级处分。而王锡侯本人被处决，其子孙、弟侄等二十余人也都照例连坐，从锅碗瓢盆到小猪母鸡在内的全部家产也被抄没入官。

清代文字狱是统治者加强思想统治的重要工具，在严酷的文网之下，士人"避席畏闻文字狱，著书都为稻粱谋"，像王锡侯这样的小人物都会遭此不测，还怎么会出现忧国忧民、直陈时弊的思想者呢？也难怪，当嘉道之际国家面临"千古未有之变局"时，无论是皇帝还是士大夫都束手无策，根本拿不出应付时局的对策，归根结底，康、雍、乾以来长期的思想钳制已经让士人失去了思想的活力。

 **相关链接**

康、雍、乾三朝文字狱

清代文字狱频发，以康、雍、乾三朝最为典型。康熙时期，文字狱较少，其中影响较大的是庄廷鑨《明史》案和戴名世《南山集》案。康熙时期对知识分子采取怀柔和宽容政策，统治者还没有把文字狱当作镇压反清知识分子或者汉族士大夫思想的一种有意识的政策。与后来的雍正、乾隆两朝相比，康熙朝的文字狱还不算非常严重。

雍正帝在位时间虽短，但有案可查的文字狱近20起。雍正帝即位之初，借"朋党"的罪名屡兴大狱，整治那些曾争夺皇位的凤敌——如皇八子、皇九子等，跋扈的权臣——如年羹尧、隆科多，以及结成科甲朋党的汉族官员。雍正六年（1728）发生了曾静、吕留良案。此后的文字狱出现了两个新的动向：一是文字狱被有意识地用作压制汉族知识分子民族意识和民族气节的重要手段；二是告讦蜂起，多数文字狱都是自下而上的举发。一些地方官吏甚至以查出犯忌文字为邀功之路。

乾隆朝文字狱多达130余起，尤其集中于乾隆中期，是三朝中文网最密、文祸最多的时期。乾隆帝大兴文字狱的目的是借此彻底消除汉人的反清民族意识。而实际上，大多数文字狱的受害人并没有传播反清思想，一部分人只是一时性起抒发对剃发易服的一些不满，对明朝的一些眷恋，对自身境遇的悲叹；更多的文字狱纯粹是统治者望文生义、牵强附会、捕风捉影的结果。可以说，乾隆朝的文字狱达到了疯狂、残酷与荒唐的地步。

和珅擅权

按说中国封建社会的中央集权在清朝已经达到顶峰,乾隆帝更是一个乾纲独断的皇帝,基本没有出现过像明代那样权宦乱政的现象。但老虎也有打盹的时候,乾隆后期就出现了和珅擅权,这也是乾隆朝政治上的一大败笔。

和珅,钮钴禄氏,满洲正红旗人。他出身世职官宦之家,生于乾隆十五年(1750),十多岁便进入西华门内的咸安宫官学读书。乾隆三十四年(1769),和珅承袭了高祖尼雅哈纳的三等轻车都尉世职,三年后,授三等侍卫,不久补粘杆处侍卫。

粘杆处侍卫好比皇帝的贴身警卫,虽然官阶不高,但可以经常随侍皇帝出巡,能接近皇帝,就有了与皇帝交流的机会。有一次乾隆帝去山东,他喜欢乘坐一种小而轻的御辇,由骡子牵引,每走十里更换一个骡子,速度非常快。一天,和珅在旁边侍奉,乾隆帝问其出身,和珅回答说:"生员。"乾隆帝又问:"参加过考试吗?"和珅答:"考过。"乾隆帝又问考的什么题目。和珅不仅如实回答,而且边走边背诵。乾隆帝听后非常高兴。总之,和珅长得一表人才,说话声音清亮,虽然没有多大的学问,但很善于揣摩人主的心思,便逐渐博得了乾隆帝的欢心。

乾隆四十年(1775)十月,和珅升任乾清门侍卫,十一月又任御前侍卫,授正蓝旗满洲副都统。四十一年(1776)正月,授户部侍郎,三月为军机大臣,四月授内务府总管大臣,十二月总管内务府三旗官兵事务,赐紫禁城骑马。四十三年(1778)又兼步军统领,监督崇文门税务。可见,和珅没用多久便飞黄腾达、位极人臣。

和珅虽然不懂得治国统军,也没有什么功业,但却非常善于揣摩帝意,在乾隆帝以太上皇训政时期,他更是摸透了乾隆帝晚年志满意得、好大喜功的心理,处处按照旨意办事,玩弄权术。

1769 年
和珅任三等轻车都尉。这一年,英国人瓦特完成蒸汽机的发明,英国产业革命开始。

1775 年
十月,和珅升任乾清门侍卫,十一月又任御前侍卫,授正蓝旗满洲副都统。这一年,美国独立战争开始。

和珅像

有一次，云贵总督李侍尧因贪污被议罪，如果按律量刑，肯定是死罪无疑，但乾隆帝从心里喜欢这个李侍尧，赏识其才干，并不想杀掉他。因此，当大学士、九卿会议拟"斩立决"后，乾隆帝特意将此案件谕令各省总督、巡抚各抒己见，发表看法。绝大多数督抚没有参透乾隆帝的心思是希望有人提出反对意见，纷纷同意大学士、九卿的建议。唯独和珅明白乾隆帝的心思，于是上奏要求赦免李侍尧。最后，乾隆帝果然力排众议，采纳了和珅的建议。而且没过几个月，李侍尧便被任命为陕甘总督，后来移任闽浙总督，又因镇压林爽文起义，复其伯爵，图形于紫光阁。可见，在善体帝意方面，没人能比得上和珅。

有了乾隆帝的宠信和庇护，和珅便开始肆无忌惮地揽权索贿。像昏庸无能的苏凌阿，因与和珅之弟和琳联姻，虽然当时已经老迈不堪，但在和珅的一手干预下，竟然从一个小小的吏部员外郎升迁为兵部、工部、户部侍郎。当他出任两江总督时，每次接见官员时都说："皇恩浩荡，我是奉命来寻觅棺材本钱的。"当面向属下索要钱财。

在乾隆帝以太上皇训政时期，和珅专权达到极致。他对朱珪回京任职一事百般阻挠，结果作为嘉庆帝师傅的朱珪只好一直在外做官。嘉庆二年（1797），首辅军机大臣阿桂死后，和珅升为军机首辅，更是没有人能与他对抗，权势熏天。

嘉庆帝当然不喜欢和珅，但也从不表露，甚至遇事要请示太上皇时也让和珅代言，他这么做就是为了避免遭到和珅的暗算。但和珅的所作所为，嘉庆帝都一一牢记在心，只是等待最后时机。

嘉庆四年（1799）正月，乾隆帝寿终于养心殿，嘉庆帝亲政，第一件事便是铲除和珅。正月初四日，革去和珅军机大臣、九门提督之职，命他与福长安昼夜守护太上皇殡殿，不得任意出入。次日，下诏求言。很快给事中王念孙、御史广兴等人就弹劾和珅。初八日，革去和珅大学士和福长安户部尚书职，将二人下狱治罪，查抄家产。最后，和珅被赐自尽。

和珅专权近 20 年，按说和珅案所涉及的人会很多，但嘉庆帝并没有准备一举端掉的意思，而是快速处理，尽量缩小打击范围，与和珅同案处理的只有福长安一人，本来福长安是要斩决，后改为斩监候，在牢里关了半年后又加恩释放。嘉庆帝如此处理和珅案，对于稳定政局显然是有好处的,但同样的不利后果是,打击不彻底,过于宽仁。和珅虽然死了,但由他带来的那些蝇营狗苟、吏治腐败的问题依然存在,朝政尤其是吏治的气象并没有多大改善。这也在相当程度上削弱了嘉庆帝新政措施的作用。

 **相关链接**

乾隆帝禅位

乾隆六十年(1795)九月初三日,在圆明园勤政殿,85岁高龄的乾隆帝特别召见皇子皇孙和王公大臣,让他们共同阅看自己在22年前写的立储密诏,宣布传位于颙琰,明年为嘉庆元年。

嘉庆元年(1796)正月初一日,传位大典在紫禁城太和殿举行,乾隆帝正式将皇位传给第十五子颙琰,他就是嘉庆皇帝,是清入关后第五个皇帝。但是嘉庆皇帝的时代还远没有到来,他的父亲乾隆帝仍然以太上皇的身份实行训政,而且重用和珅。在太上皇训政期间,嘉庆帝基本上没有什么大事可干,每天除去向太上皇请安之外,就是侍奉左右、洗耳恭听而已。直到三年后,乾隆帝死去,嘉庆帝铲除和珅,嘉庆帝的时代才真正到来。

在乾隆帝传位给嘉庆帝的头几年里,乾隆盛世的很多内在矛盾已经暴露无遗。当时,湘黔苗民起义还没有结束,而波及五省、历时九年的白莲教起义又开始了。本来乾隆盛世时期所酝酿的各种政治弊端和社会矛盾已经像脓疮一样越长越大,再经过这三年的训政,等于时间又耽搁了三年,又让这些脓疮继续长大。

陈德行刺嘉庆帝

1796—1804 年
在湖北、四川、陕西三省,爆发了以白莲教为组织形式的农民起义,沉重打击了清统治者。

1803 年
陈德潜入宫中刺杀嘉庆帝。

1806 年
林清加入荣华会,受到教民拥护,很快成为教首,并把荣华会改为天理教。

1811 年
林清南下河南,结识了九官教的教首李文成及其表弟冯克善。后约定在嘉庆十八年(1813)九月十五日午时起义。

1813 年
林清率众攻打紫禁城,被捕后处死。

处理掉和珅之后的嘉庆帝一心求治,也算勤政,但当时清王朝所面临的问题已经远远超出他的能力和视野所及,社会矛盾不断加深,内外危机接踵而来。尤其令嘉庆帝没有想到的是,一个身单力薄的人竟敢刺杀他。

嘉庆八年(1803)京城发生一起宫中行刺案,目标直指嘉庆帝。嘉庆帝虽然没有受伤,但也受到不小的惊吓,这起刺杀案如同一场政治强震,惊动朝野,闹得人心惶惶。这个以卵击石的人到底是谁? 他为何不顾生命去冒险呢?

这起刺杀案的主角陈德既不是哪个秘密教会的教徒,也不是哪个反清组织派来的刺客,行刺嘉庆帝只是他个人一时的义愤之举。陈德,原隶镶黄旗汉军,是山东青州府海防同知松年的家奴,从 7 岁到 30 岁期间,一直随父母在山东青州一带给人家做家奴,或者到官衙服役。乾隆五十二年(1787),31 岁的陈德因父母先后病故,在山东谋生也没了依靠,便携带岳母、妻子来到北京,投奔于他的外甥、内务府正白旗护军姜六格。姜六格是内务府的包衣,也就是皇家奴仆,陈德于是有机会到内务府造办处服役,并渐渐地成了嘉庆帝的诚贵妃刘佳氏身边的人,为她配送锅碗瓢盆,办理日常生活物件。陈德因为给诚贵妃跑腿,得以经常出入紫禁城、圆明园等皇家禁地,对宫廷的门禁、宫内的行走路线以及皇帝的护卫情况比较熟悉。

后来,陈德的妻子死去,岳母病重,儿子幼小,他也被内务府解雇,生活又没了着落。没了生活来源的陈德日子更加艰难,整日饮酒,时而歌唱,时而哭泣不已,深深感觉到生不如死。由于他曾接触过皇家权贵,亲眼看到过皇室的奢靡生活,这使他深深感到人间的不公,心里越来越仇视权贵,于是打起了行刺的主意。他发誓说:"我将来总要找一硬对儿,哪怕官员们? 拿刀扎死一个我与他抵偿,扎死两个我抵偿了还便宜一个,如果扎死四五个,我就便宜好几个。"在生活走投无路的情况下,陈德决定铤而走险。就这样,到了嘉庆八年(1803)闰二月十六日,他看到街道上正在铺垫黄土,判断皇帝即将回宫,于是便带着儿子事先从东华门潜入紫禁城。

　　二月二十日这天，嘉庆帝从圆明园返回皇宫。当嘉庆帝的坐轿进入神武门，刚要转向顺贞门时，陈德突然蹿出，手持尖刀，直扑坐轿。这突如其来的袭击，吓坏了守卫神武门、顺贞门之间的上百名侍卫，他们一个个呆若木鸡，不知所措，危急时刻竟没有人上前抓捕。只有嘉庆帝的侄子、御前大臣、定亲王绵恩，嘉庆帝的姐夫、乾清门侍卫、喀尔喀亲王拉旺多尔济，乾清门侍卫、喀喇沁公丹巴多尔济和御前侍卫扎克塔尔等几人还算镇定，紧急关头挺身而出，一边护卫嘉庆帝的轿子，一边奋力捉拿刺客。嘉庆帝坐着轿子，很快躲入顺贞门内。经过一番搏斗，绵恩的衣服被刺破，丹巴多尔济的身上被刺伤三

处。陈德奋力搏斗，但最终寡不敌众，很快便被制伏捉拿。陈德的儿子陈禄儿，竟然乘乱溜出皇宫，跑回家里，当然很快也被捉拿。

神武门

　　嘉庆帝虽然没有看到凶手，但却惊出了一身冷汗，他意识到不仅有人要杀他，而且刺客就近在眼前，甚至差点得手。在惊恐之余，嘉庆帝下令彻查此事，刺客到底受谁的指使？有没有同伙？在后来的刑讯中，陈德交待他只是因生

活没有出路，情急之下才出此下策，并没有幕后指使，也没有什么同伙。审讯的人不相信，嘉庆帝也严令要求审出结果。经过三四天的刑讯折磨，陈德最终也没有新的招供，只求一死。四天后，陈德被凌迟处死，其子禄儿按说年龄不足，按律应当监禁，等成丁后再发往伊犁戍边，结果还是在当日被处以绞刑。

　　陈德刺杀嘉庆帝无异于以卵击石，尽管他不是哪个秘密会社的成员，也没有接受哪个反清组织的指使，但这件事本身反映了当时被统治阶级反抗求生的愿望。

白莲教起义

嘉庆初年规模最大的民众反抗斗争是白莲教起义。

乾隆后期，土地高度集中，大批流民陆续聚集于川、楚、陕交界的南山和巴山老林地区谋生，人数达到数百万。乾隆四十年（1775），河南白莲教支派混元教首领刘松起义失败，他的弟子刘之协、宋之清等继续在川、楚、陕等地传教。乾隆五十八年（1793），刘之协于河南被捕后逃脱，清廷通令州县大索，激起民怨。白莲教以"官逼民反"相号召，得到了广大农民的支持，教众迅速发展。

嘉庆元年（1796）正月，湖北枝江、宜都白莲教首领张正谟、聂杰人率众起义，长乐（今五峰）、长阳等地教徒纷纷响应，攻占当阳、保康县城。三月，姚之富等奉已故襄阳地区白莲教首领齐林的妻子王聪儿为总教师，聚众数千在襄阳地区起义，于四月破樊城，转攻襄阳。楚西各地白莲教徒纷纷响应。清廷急令湖广总督毕沅、湖北巡抚惠龄、西安将军恒瑞等率兵镇压。九月，四川达县白莲教首领徐天德率领万余人举旗反清，东乡等地教徒也相继起义，屡败清军和团练乡勇。面对清军的围剿，王聪儿、姚之富义军以数百为群，忽分忽合，避开平原，专走山区，于嘉庆二年初突破重围，由豫经陕入川东，与四川义军会师。随即在川东击败多路清军，致使惠龄、恒瑞等被革职。年底，王聪儿等率兵2万余分道入陕，谋取西安受挫。嘉庆三年（1798）春，他们折师湖北，在郧西卸花坡遭清军围攻，终因弹尽粮绝，王聪儿、姚之富跳崖而死，余部在张汉潮等率领下继续战斗。

嘉庆四年（1799），清廷以勒保为经略大臣，明亮、额勒登保为参赞大臣，节制川、陕、楚、豫、甘五省官军进击，并晓谕州县办团练，依山隘寨堡，扼守要路，坚壁清野，攻抚并施。义军处境艰难，张汉潮等相继牺牲。年底，义军首领冉天元率部由陕返川，大败额勒登保部。嘉庆五年（1800）正月，又联合各路义军抢渡嘉陵江，于蓬溪再败清军，斩总兵朱射斗。不久，集兵江油，成功伏击清军，后因地主团练增援，冉天元被俘杀，余部万余人南下川西腹地，成都戒严。三月，清廷将四川总督魁伦革职逮京，令其自尽，任勒保为四川总督，授德楞泰为成都将军，集主力于川西阻截义军。是年夏，陕西义军在西乡县大败清军，杀提督王文雄。经数次激战，义军失利，退入南山和巴山老林。至嘉庆九年九月，义军残部被清军陆续击破，起义失败。

此次起义长达九年，抗击清廷从十六省征调的兵力，严重削弱了清朝的统治力量。

禁 止 旗 人 看 戏

嘉道时期，朝廷多次下令严禁京城旗人官员看戏，但收效甚微。自清初以来，内城就禁止开办茶园、酒楼、戏馆，但后来禁令难以执行，内城也有不少地方办起了戏园。为了扭转旗人沉迷于奢华娱乐的生活，嘉庆帝严禁内城开戏园。

就在嘉庆帝亲政当年的四月，他发现城内私开的戏馆越来越多，八旗子弟征逐歌场，沉迷其中，消耗靡费，不仅习俗日渐浮荡，而且生计日见拮据，于是下令城内戏园全部禁止。当时负责京城警卫的步军统领、定亲王绵恩认为唱戏作为一种粉饰太平之事，不宜完全禁止。嘉庆帝驳斥说："夫太平景象，岂在区区歌舞为之粉饰？"而且，嘉庆帝认为，在管理戏园的过程中，每个地段的人员还借机勒索，其中也不乏步军统领衙门中的官员。因此，嘉庆帝坚决关闭了内城戏园。

即便是自己的生日万寿节，嘉庆帝也绝不允许唱戏。嘉庆十六年（1811）九月，御史景德上疏，称京城内由于限制歌舞唱戏而冷冷清清，希望在皇帝万寿节期间允许京城内演戏一日，以后每岁照例如此。结果，嘉庆帝大怒，在景德的折子上朱批："一片犬吠之声！"而景德也因此被人讥讽为"犬吠御史"。

嘉庆帝屡次下令禁止八旗官员偷偷跑到茶园、戏馆看戏。对于旗人唱戏，嘉庆帝也是严厉禁止。嘉庆十一年（1806）十一月，御史和顺奏称，有旗人加入戏班唱戏。嘉庆帝认为，旗人唱戏简直就是甘为下贱，要求和顺具名指证到底是哪些旗人登台唱戏，姓甚名谁，以便查办。和顺回奏说有图桑阿等六个旗人参与唱戏，是他一次骑马路过戏园时远远看见的，后又说是他的家人在戏园看戏时所见。和顺所言前后矛盾，皇帝怀疑其中必有猫腻。因此，嘉庆帝在查办图桑阿等人唱戏的同时，又挖根究底，追查和顺为何前后所言矛盾。

嘉庆帝首先命禄康将和顺所举报的唱戏旗人捉拿到案，经审讯，说是在广成茶园看座的王大以前经常看到和御史到院内听戏。于是又将王大传来，让和顺与其他官员站在一起，让王大辨认，结果王大一眼就认出了和顺，而且供称和顺曾经在戏馆与他人争抢座位，发生

1790 年
为庆祝乾隆帝八旬寿辰，以"三庆班"为代表的徽班进京。

1796—1820 年
嘉庆朝严禁九门内开戏园，严禁旗人唱戏。

1821 年
四月，御史马步蟾奏请禁止外城开设戏园、戏庄。

口角甚至动手。于是，军机大臣又询问和顺，和顺辩称他是在嘉庆十一年（1806）夏天去衙门的路上，路过西单牌楼戏园时，曾入内看了一下，而且未戴顶帽，目的只是为了秘密查访里面到底有没有旗人唱戏，并不是自己看戏去了。嘉庆帝终于明白了，原来和顺不但违禁看戏，而且与他人争抢座位，之后为了公报私仇，才上奏举报有旗人唱戏。于是，将和顺革职，发往吉林当差。

至于和顺举报的参与演戏的旗人图桑阿、乌云珠、德泰、全魁、李惠等人，都是八旗官兵，嘉庆帝斥责他们甘与优伶为伍，玷辱旗人颜面，于是销去他们的户籍，发往伊犁充当苦差。

京城的戏楼

进入道光朝，道光帝依然严禁旗人官员看戏、唱戏，甚至采取的措施比嘉庆朝还要激进。比如，道光元年（1821）四月，御史马步蟾甚至奏请禁止外城开设戏园、戏庄。其实，京城前三门外，原来并不禁止开办茶园、戏馆。道光帝也明知这种做法并不可行，但仍然谕令步军统领衙门、五城兵马司衙门操办此事，结果可想而知。

无论是嘉庆帝还是道光帝，禁止开戏园、禁止八旗官员看戏，其目的都是为了巩固满洲国本，"杜奢靡而端习尚"。所采取的措施不可谓不多，惩罚也算严厉，但最后都没能达到目的，也没有真正让旗人回到纯朴、尚武的过去，八旗腐败、世风日下的问题依然存在。为什么呢？问题在于看戏这种文化娱乐活动本身并不代表社会风气的败坏。看戏、唱戏是一种文化娱乐活动，一味禁止，并不符合社会发展规律，禁止它，也不能消除整个社会矛盾。八旗战斗力的消失、八旗生计的困难、八旗官场的腐败，关键在于"首崇满洲"的体制，而不在于旗人看戏、唱戏。这也是嘉庆、道光朝很多措施并不起作用的根本所在。

相关链接

徽班进京

由于清廷最高统治者喜爱戏曲，凡皇帝、太后祝寿，皇室喜庆，都要举行庆典演出。乾隆五十五年（1790），为庆祝乾隆帝八旬寿辰，扬州盐商江鹤亭（安徽人）在安庆组织了一个名为"三庆班"的徽戏戏班，由艺人高朗亭率领进京参加祝寿演出。这个徽班以唱二黄调为主，兼唱昆曲、吹腔、梆子等，是个诸腔并奏的戏班。北京的祝寿演出规模盛大，自西华门到西直门外高梁桥，每隔数十步设一戏台，南腔北调，四方之乐，荟萃争妍。或弦歌高唱，或抖扇舞衫，前面还没有结束，后面又已开场，使人左顾右盼，目不暇接。

三庆班进京，原本只为进宫祝寿演出而来。由于徽戏曲调优美，剧本通俗易懂，舞台演出新颖并具有浓郁的生活气息，故而受到北京观众的热烈欢迎。这样，三庆班演完祝寿戏欲罢不能，就留在北京继续为民间演出。三庆班的班主高朗亭是安徽安庆人，入京时才30岁，演旦角，擅长二黄腔，技艺精湛。徽班在进京演出的过程中又吸收了昆曲、弋阳腔、梆子腔等剧种的表演技艺，使自己更加丰富，不久成了当时最受欢迎的剧种。

三庆班入京是徽班进京的开始。此后又有四喜、启秀、霓翠、和春、春台等徽班相继进京。在演出过程中，六班逐步合并成为著名的三庆、四喜、春台、和春四大徽班。当时正是地方戏曲勃兴、花雅争胜的时期，一些新兴的地方剧种，如高腔（时称京腔）、秦腔等已先行流入北京。徽班在原来兼唱多种声腔戏的基础上，又合京、秦二腔，特别是吸收秦腔在剧目、声腔、表演各方面的精华，以充实自己，同时适应北京观众多方面的需要和发挥各班演员的特长，逐渐形成了四大徽班各自不同的艺术风格。嘉庆、道光年间，汉调（又称楚调）艺人进京，参加徽班演出。徽班又兼习楚调之长，为汇合二黄、西皮、昆、秦诸腔向京剧衍变奠定了基础。因此，"四大徽班"进京被视为京剧诞生的前奏，在京剧发展史上具有重要意义。

京城烟毒

如果说旗人看戏、唱戏还只是清代统治者眼中的杯弓蛇影，那么烟毒泛滥则确确实实成为清朝走向衰弱的标志。

鸦片原产于西亚、南欧一带，本属药材，很早就已经传入中国，明代李时珍在《本草纲目》中称其为阿芙蓉，说"京师售一粒金丹，云通治百病"，但当时还比较稀有。到了清代中期以后，葡萄牙和东印度公司开始把鸦片大量输入中国，京城鸦片烟毒从这时起日趋泛滥。而清政府从一开始便严禁吸食鸦片。

嘉庆、道光时期，大量鸦片烟被私贩到京城。嘉庆十五年（1810）三月，巡役在广宁门巡查时查获杨某私自携带鸦片烟6盒。贩卖鸦片者除了京城流动人口、客店老板、伙计、贩夫走卒之外，甚至有些官员也开始经营此道。嘉庆十九年（1814）九月，广州驻防正红旗骁骑校兴亮乘年班进京时，在广州购买鸦片烟14罐，共11斤，准备进京后销售。由于担心同伴知道，他便私自藏在箱底。十二月初十日，他住在长辛店一个叫段大的人开的客店里。为躲避关口盘查，他将鸦片与其他物品混合在一起，托段大偷偷带入京城，并答应给他18两银子的报酬。而段大也不敢自己携带，又花了1000文钱雇了一个叫郭住儿的人将包裹着鸦片的一大包行李带进城里。这个郭住儿不问是非，也不知道段大委托他捎带的包裹里有鸦片，当即答应。当他坐车经过卢沟桥时，被兵役盘查，结果案发。嘉庆帝得知此案后，大为光火，以往贩卖鸦片的大多是无业流民，这次竟然是个八旗驻防将领，于是立即严办，将兴亮革职充军。

京城鸦片来源除了广州走私鸦片之外，另一个主要来源是天津洋面上的洋船。道光十年（1830）三月，天津人邓八供称，他曾于道光九年

吸食鸦片者

(1829)七月在天津洋船上买了3包鸦片烟土,每包用钱60吊,共重140余两,放在家里。当月,邓八到北京卖字画,住在正阳门外杨梅竹斜街。道光十年三月,邓八烟瘾犯了,想吸食鸦片,就寄信给他哥哥邓三。邓三于是托一个叫张大的人顺便送往北京,结果在朝阳门外被盘查时发现。

可以说,进入道光朝以后,京城烟毒日趋严重。从前吸食鸦片者多是那些市井无赖,到这时,从普通百姓到旗丁、太监、侍卫官、顺天府地方官,甚至王公、宗室人员也开始吸食。京城烟毒几乎无处不有。道光十一年(1831)十月,巡城兵丁在宣武门外棉花头条抓获卖鸦片的王二,又在魏染胡同富顺客店内抓获卖鸦片的焦四、潘大、何得等人,又在正阳门外打磨厂粤东会馆内抓获卖鸦片的萧升、张宾等人。以上各案,共缴获烟袋、铜锅、熬土、食烟器具数十件。当年十月,又查获内务府太监张进福、刘成、王贵玉、郭志等八人吸食鸦片,而且太监张进福供称他吸食鸦片已经有30余年的历史了。十一月,步军统领衙门官兵又在宣武门外门楼胡同抓获光禄寺署正温灼桥等人吸食鸦片。道光十八年(1838)九月,又查处庄襄亲王奕赍、辅国公溥喜等长期到灵官庙吸食鸦片。

京城烟毒如此严重,不仅严重侵害了吸食者的身体,而且败坏社会风气,侵蚀政治,导致白银外流,加深了清朝统治的危机。虽然朝廷严令查处,但屡禁不止,其最根本原因是没有堵住西方入侵者的鸦片贸易。自嘉庆朝开始,皇帝已经认识到鸦片的合法进口才是造成鸦片泛滥的症结所在。所以,嘉庆帝一继位便下令停止征收鸦片税,禁止鸦片进口。嘉庆帝虽然意识到了问题的关键,但所采取的措施并没有完全落实,甚至流为官样文章。道光朝以后,禁烟矛头再次指向源头,即广州鸦片走私。道光十八年(1838)十月,林则徐奉诏进京,觐见道光帝,八次入宫面议禁烟事宜。十一月十五日(12月31日),道光帝特命林则徐为钦差大臣,赴粤查办禁烟,成就了虎门销烟的历史壮举。

1831年
黄爵滋先后上《纹银洋银并禁出洋疏》、《综核名实疏》、《六事疏》,多次提出禁银出海、严禁鸦片的主张。

1838年
黄爵滋上《严塞漏卮以培国本疏》,再次力主严禁鸦片;林则徐亦上《筹议严禁鸦片章程折》和《钱票无甚关碍宜重禁吃烟以杜弊源片》两疏,加强了道光帝禁烟的决心。

1839年
四月二十二日至五月十五日,林则徐在虎门销毁大量鸦片。

 **相关链接**

虎门销烟

道光十九年(1839)正月二十五日,钦差大臣林则徐到达广州后,立即下令要求所有烟商三日内交出全部鸦片，并签订保证书，以后不再贩卖鸦片。起初，只有少数的烟商交出了鸦片，大部分的烟商无动于衷。林则徐便宣告："若鸦片一日未绝，本大臣一日不回，誓与此事相始终，断无中止之理。"外国烟商认为交少量鸦片给林则徐交差便了事，于是采取拖延手法。林则徐非常气愤，限令烟商届时交出全部鸦片，否则查封十三行。三天后，烟商象征性交出 1037 箱鸦片。于是两广总督邓廷桢下令封锁广州海岸，围困十三行。二月十四日，义律向林则徐呈送了《义律遵谕呈单缴烟二万零二百八十三箱禀》。从林则徐到达广州，到义律被迫同意缴出全部鸦片，总共 18 天。

二月十六日，林则徐、邓廷桢及广东海关监督豫坤乘船到达虎门，会同广东水师提督关天培验收鸦片。林则徐本想将鸦片运回京师销毁，不过御史邓瀛认为为防鸦片被偷偷换掉，就地销毁更好，道光帝批准。林则徐遂决定在虎门公开销烟，从四月二十二日至五月十五日，共销毁 2376254 斤鸦片。这一壮举史称虎门销烟。

"少说话、多磕头"的曹振镛

嘉道之际,不仅皇帝无能,就连朝中大臣也没有任何解决危机的办法。更可笑的是,没有任何主意的人却能深得皇帝宠信。其中典型的代表当数曹振镛。

曹振镛(1755—1835),字俪笙,号怿嘉,安徽歙县人。乾隆四十一年(1776)中进士。曹振镛这个人政绩平平,并没有多少建树,却仕途通达,升得很快。道光皇帝即位后,曹振镛很快就进入军机处,并在首席军机大臣的位置上一干就是15年。

道光三年(1823)万寿节,道光帝在万寿山玉澜堂赐宴15位老臣,曹振镛在这班老臣中年龄最小,但也分享了与宴、绘像之荣。第二年,他荣任上书房总师傅,成为皇子包括未来皇帝的师傅头领。道光六年(1826),他入值南书房,担起"拟御纂笔札"之任,成为须臾不离的股肱大臣。削平张格尔叛乱、再定回疆之际,他荣晋太子太师。第二年,张格尔被擒的消息传来,道光帝封赏群臣,将曹振镛晋为太傅,赐予紫缰,获得在紫光阁陈列画像的殊荣,进入显赫功臣之列。清代沿袭历代制度,以太师、太傅、太保为"三公",曹振镛位列"三公",可谓宠荣备至。道光十一年(1831)万寿庆典,赐予曹振镛双眼花翎。

道光十五年(1835),80周岁的曹振镛死去,留下生前自缮的一份遗疏上陈述了十余件事。道光帝为之震悼,颁诏对曹振镛盖棺定论:

1826 年
曹振镛入值南书房,成为道光帝倚重的重臣。

1828 年
穆彰阿入军机处,任军机大臣达 20 余年。

道光帝御笔"清正良臣"

"大学士曹振镛，人品端方。自授军机大臣以来，靖恭正直，历久不渝。凡所陈奏，务得大体。前大学士刘统勋、朱珪，于乾隆、嘉庆中蒙皇祖、皇考鉴其品节，赐谥'文正'。曹振镛实心任事，外貌讷然，而献替不避嫌怨，朕深倚赖而人不知。揆诸谥法，足以当'正'字而无愧，其予谥'文正'。"

既然曹振镛平平庸庸，无所建树，为何能在政治上平步青云，长盛不衰？其中肯定大有"奥秘"。

曾有个门生向曹振镛讨教为官的"诀窍"，他回答道："无他，但多磕头、少说话耳。"多磕头，是唯上，"上所是必皆是之，所非必皆非之"；少说话，不轻易表态，即使非说不可，也要说得模棱两可，让人摸不着头脑，抓不住把柄。

其实，道光帝也想治理好国家，但他个人能力有限，力不从心，又缺乏革除积弊的勇气和措施，往往头痛医头，脚痛医脚，不能从根本上解决问题，经常是"雷声大、雨点小"。到最后，连道光帝自己也对朝政失去信心，心灰意冷。道光帝虽有心求治，但他好求全责备，又对当时复杂的局面缺乏判断，根本没有应对世变的胆识。曹振镛看出了道光帝的心思，向道光帝禀报："现在国家无事，天下太平，可偏偏有一些大臣无事生非，尽在奏折中讲一些危言耸听的故事，无非是为了换取直谏的虚名。对这些人又不好降旨怪罪，否则人家会说皇上拒绝纳谏。依我看，只要皇上能挑出奏折中的错误，严加斥责，大臣们就会明白您不是随便就能糊弄的，以后他们再上奏的时候，自然就会小心谨慎得多了。"道光帝听信了曹振镛的话，于是在看奏折时专门找毛病，许多人因此而受斥责或贬官，弄得给皇上上书的大臣人人自危，有了事情也不敢向上汇报，即使上报，也往往粉饰太平，使国家的许多弊端得不到及时纠正，日积月累，民怨沸腾。

在此情形下，曹振镛这样宁可不说话，也不愿因发表建议而获罪的现象自然再正常不过了。也难怪有人作《一剪梅》来讽刺曹振镛："仕途钻刺要精工，京信常通，炭敬常丰。莫谈时事逞英雄，一味圆融，一味谦恭。大臣经济在从容，莫显奇功，莫说精忠。万般人事要朦胧，驳也无庸，议也无庸。　八方无事岁岁丰，国运方隆，官运方通。大家襄赞要和衷，好也弥缝，歹也弥缝。无灾无难到三公，妻受

清代谥号"文正"的大臣

古代帝王、士大夫等死后，朝廷根据他们的生平行为给予一种称号以褒贬善恶，称为谥或谥号。另外也有私谥。清代大臣的谥号，以"文正"最为难得，只能出自皇帝特旨，其次是"文忠"、"文襄"、"文恭"、"文成"等；得"文正"谥号者，先后有汤斌、刘统勋、朱珪、曹振镛、杜受田、曾国藩、李鸿藻、孙家鼐八人。其中，后世非议曹振镛者最多。

荣封,子荫郎中,流芳后世更无穷,不谥文忠,便谥文恭。"像这样的人掌握军机处十余年,政治怎么能够振作呢?

要说这也怪不得曹振镛,他还根本算不上是个十恶不赦的人,最多只能算个庸官。再看看当时清王朝的一把手道光皇帝,虽然也试图勤政,可所有措施都是守成不变,在旧有的圈圈里打转转。算上他前面的嘉庆皇帝,前后50余年的时间里,中国仍沉浸在"康乾盛世"的良好感觉之中,而当时的欧洲大国已经完成了工业化,忙着在世界各地推进殖民政策。即便是鸦片战争后,道光皇帝还有近十年的时间来思考,做一些应有变革还是可以的,但最终这些改变未能出现。如此情形,后人又怎么能够苛求曹振镛一个人呢?

 **相关链接**

穆彰阿当国

曹振镛死后,道光帝重用的另一位军机大臣是穆彰阿。穆彰阿(1782—1856),字子朴,号鹤舫,别号云浆山人,郭佳氏,满洲镶蓝旗人。出身于官僚家庭,父亲广泰官至内阁学士、右翼总兵。嘉庆十年(1805)中进士,历任军机大臣、翰林院掌院学士、兵部尚书、户部尚书、协办大学士、太子太保等职,道光八年(1828)入军机处,任军机大臣达20余年。他善于揣摩道光皇帝的心理,终道光朝恩眷不衰。

穆彰阿长期当国,专擅大权,对上奉承迎合,固宠权位;对下结党营私,排斥异己。他利用各种考试机会,招收门生,拉帮结派,形成一个极大的政治势力集团,其门生遍布朝野,号称"穆党"。穆彰阿更善于欺罔蒙蔽,对于很多大事,他都以事关机密为托词,对朝廷内外官员秘而不宣;对于很多问题,他借口妨碍皇帝圣德与朝廷尊严而进行百般粉饰。当鸦片战争爆发之际,道光帝希望朝廷上下商讨对策,穆彰阿却将其视为秘密政务。道光帝执政的第二十个年头,鸦片战争爆发,清政府被迫签订了赔款割地的《南京条约》。

终道光一朝,很少有人谈及朝政利弊。整个道光一朝朝政死气沉沉,缺乏人才,不能不说与曹振镛、穆彰阿这样的人有很大关系。

林则徐遣戍新疆

道光朝末期,血与火的危机终于到来。然而由于清政府的无知,将战争的罪责加在抵抗者的身上,林则徐因禁烟而被流放新疆,真是黑白颠倒!

林则徐(1785—1850),字元抚,又字少穆、石麟,福建侯官(今福州市)人。在鸦片战争中,林则徐领导了禁烟抗英运动,成为中国人民反抗西方殖民主义侵略的一面旗帜。由于清政府的腐败无能,屈服于英国侵略者的军事压力,将林则徐革职并遣戍流放伊犁,这不仅是林则徐个人的悲剧,更是整个中华民族的悲剧。

道光二十年(1840)九月初三日,清廷以林则徐在广东抗英禁烟"治理不善"的罪名交刑部"严加议处";二十一年(1841)三月二十五日,命林则徐以四品卿衔赴浙江镇海"听候谕旨";五月初十日林则徐以"治理殊未迁就,深负委任"和"败坏营务"的罪名,被"革去四品卿衔,从重发往伊犁效力赎罪"。

五月二十六日,林则徐从镇海正式踏上遣戍新疆的征程,并于七月途经京口(镇江)。在这里他访问了魏源。俩人同宿一室,对榻倾谈。林则徐倾诉了"患无已时,且他国效尤"的远虑,并把在广州时搜集、翻译、出版的一部分外国资料及《四洲志》的手稿交给了魏源,嘱托他进一步搜集外国的状况和资料,编撰更详细反映世界形势的书籍。两年后,魏源编成《海国图志》50卷。

中途他又奉命到河南祥符(今开封)工地协助大学士王鼎治理黄河决口。河工完竣之际,清廷下旨令林则徐"仍发往伊犁效力赎罪"。由于长途奔波,林则徐走到西安就生病了。在西安养病四个月后,大病初愈的林则徐携三子聪彝、四子拱枢继续登上戍途,并作《赴戍登程口占示家人》律诗二首同郑夫人作别,感慨"苟利国家生死以,岂因祸福避趋之",抒发了他忧国忧民、以国家民族利益为重的崇高情怀,也是他一生的真实写照。

道光二十二年(1842)十一月初九日,经过长途跋涉,林则徐终于到达戍所惠远城。他首先向伊犁将军布彦泰报到,然后来到坐落在南街鼓楼前被称为宽巷的住处,把行李安顿好。这所房子是先期流

1840 年

鸦片战争爆发。此时,英国已完成工业革命。

1841 年

五月,林则徐与邓廷桢被发往伊犁效力。

放伊犁的邓廷桢帮忙寻觅的，略微布置后，他便出门拜会了领队大臣。布彦泰派给林则徐的差事是管理粮饷事务。当时林则徐身体虚弱，再加上初来乍到，不适应当地的气候，很快就病倒了，开始感冒咳嗽，夜晚也多不能寐。养病期间，林则徐密切关注国事，他经常向布彦泰借阅邸抄，和关内的故友、家人保持通信联系，并在书信中畅述自己对时局的看法。

从道光二十三年（1843）秋天开始，林则徐又承担布彦泰提出的开垦荒地的任务，以衰老的病躯，不辞劳苦，当起了"愚公"，负责开垦惠远城东边的阿齐乌苏荒地。这是一项极为艰巨繁重的工程，要将不毛之地变成可以耕种的良田，必须开挖渠道，引水灌溉。林则徐带领民工，挑挖沙石，建坝筑堤，足足耗时一年零四个月，用工10万余人，最终修成一条6里长的主干大水渠。水渠修成以后，为当地垦地创造了极为有利的条件，屯田收到显著效果。到道光二十四年（1844）十一月，林则徐已开垦了阿齐乌苏地区3.3万余亩荒地、阿勒卜斯地区16万余亩荒地。

林则徐垦荒成功后，布彦泰向道光帝上奏，称林则徐到伊犁后劳绩可嘉，是一位好官，平生所见之人，再也没有比林则徐更好的了，如此有用之才，废置边塞，实在可惜，要求对他既往不咎，重新起用。但由于有人从中作梗，道光帝没有采纳布彦泰的这一建议，命令林则徐到南疆继续开垦荒地。

无奈之下，布彦泰只得向林则徐传达谕旨。林则徐明白此时道光帝还不会让他归还，于是前往南疆开荒。他先后到达库车、乌什、阿克苏、和阗等地，行程3万余里，足迹遍及天山南北的广袤地域，丈量和查勘垦地。大约用了两年的时间，林则徐在新疆百姓的大力支持和密切配合下，开垦荒地数十万亩，使新疆的大漠广野变成肥沃良田，农户炊烟相望，田野耕作皆满，合兵农为一体，每年为国家节省经费无数，新疆百姓的生计亦由此而充裕。

林则徐在开垦荒地时，十分重视兴修水利，改善农田灌溉。在吐鲁番，他看到水在土中穿穴而流，惊叹不已；后经询问当地群众，才知道这是一种因地制宜、可长期采用、效果良好的地下水利工程。他很快就把这一灌溉方法加以改进：增挖穿井渠，每隔丈余挖一口井，连

1842 年
英国强迫清政府签订中英《南京条约》，中国开始逐渐沦为半殖民地半封建社会。

环导引水田,使井水通流。新疆百姓就把这种"坎儿井"称为"林公井",把水渠称为"林公渠",以表示对林则徐造福地方的深切怀念和感激。

道光二十五年(1845),随着鸦片战争的尘埃落定,道光帝对林则徐的看法开始发生变化。当年十月二十八日,道光帝以布彦泰奏陈林则徐在新疆的垦荒功绩为由下诏,命林则徐回京以四品京堂候补。至此,经过5年的苦熬,已经61岁的林则徐终于结束了戍边的日子。后来,他先后被任命为署理陕甘总督、陕西巡抚、云贵总督。道光三十年(1850)十一月病逝于广东潮州普宁县行馆,终年66岁。

 **相关链接**

鸦片战争

鸦片战争前,中国是一个独立自主的封建国家。由于中国自然经济占统治地位,在中英正当贸易中,中国处于出超地位。为了改变贸易入超的状况,英国向中国偷运鸦片。鸦片的输入给中华民族带来了深重的灾难。林则徐领导的禁烟运动,给英国侵略者以沉重的打击。道光二十年(1840),英国发动了侵略中国的鸦片战争。战争中,广大爱国官兵和三元里人民与英军进行了英勇战斗。道光二十二年(1842),英国强迫清政府签订中英《南京条约》,中国的独立和领土完整开始遭到破坏,从封建社会开始沦为半殖民地半封建社会。

战争中,少数知识分子警醒了,一股"向西方学习"的新思潮萌发。然而众多的绅士和官员仍然认为,鸦片战争之败,一是因为忠勇爱国的林则徐被革;二是英军取胜只是靠了船坚炮利之力在沿海城市获胜。魏源就说:"英夷所长在海,待诸内河,待诸陆岸,则失其所长。"咸丰末年的户科给事中薛书堂也同样认为:"夷人所恃者炮,而炮所恃者船。若陆地相角,万不能挡我东省劲骑。"言下之意,如果有一位像林则徐那样的统帅诱敌于内陆,英军难免会遭到八旗精兵的毁灭性打击。

可是不久,这一厢情愿的假设便被无情的事实击碎了。第二次鸦片战争中被咸丰帝视为清帝国最精锐之师的僧格林沁所率领的八旗军队,在保卫北京的一系列战役中,再次惨败给洋人的近代火器,血与火的教训还在继续。

困局与自强

　　道光二十年(1840)鸦片战争爆发,这是近代西方列强第一次用炮火冲击中国,然而这似乎并没有给清统治者以足够的震动,在战争结束后的八年时间里,道光皇帝并没有因此而采取有针对性的措施,以挽救颓势。当然,道光皇帝不着急是不可能的,但问题是他的那些措施还停留在祖宗成法里,仍旧在陈旧守成的观念里打转转。不光是皇帝这样,朝野的人士也是如此。最早提出学习西方的魏源著有《海国图志》,这本书在鸦片战争结束后不久就出版问世了,可少有人关注,反而是墙里开花墙外香,此书后来在日本大受欢迎。

　　由于封建中国的传统惯性和超稳定性,要冲决桎梏,开创新局面,注定要经历更多血与火的洗礼。不久,刺痛从国内就开始了,咸丰元年(1851),太平天国起义爆发,此后十余年间,这场斗争让清廷疲于应付。在这个过程中,清廷既有的政治、军事、财政、用人等体制都遭受到前所未有的冲击,而且迫使清廷做出了改变。祸不单行,咸丰六年(1856)第二次鸦片战争爆发,英法联军冲进北京,火烧京西皇家园林。咸丰帝不仅狼狈逃跑,而且最终郁闷地死在热河,再也没能回到北京。经过这一波内忧外患的冲击,又交了近20年的学费,清统治者开始有点回过神来,意识到不做点变革是不行了。咸丰十一年(1861)清廷设立总理各国事务衙门,专门办理对外交涉和洋务事宜,开始面对西方列强。而这时影响晚清最后50年政局的重要人物也出场了,她就是慈禧太后。

《圆明园铜版画·海晏堂》

纵64厘米，横110厘米。海晏堂是圆明园中最大的西洋楼，建于乾隆二十五年(1760)，十二生肖喷水池为此组建筑的精华。十二生肖铜像皆兽首人身，身着袍服。每到一时辰，代表这一时辰的铜像口中便向外喷水；正午时分，十二铜像同时喷水，蔚为壮观。英法联军入侵北京，火烧圆明园，海晏堂被焚毁，十二兽首流失海外，现仅有少量得以收回。

黄河铜瓦厢决口

屋漏偏逢连夜雨,船迟又遇打头风。咸丰五年(1855)黄河铜瓦厢决口,黄河在下游脱离了原来的河道,由山东夺大清河入海。为治理这次决口,到底是让黄河回归故道,还是顺势走新道,清政府竟然为此争论了30年。

这年七月初,黄河发生了大洪水,七月头三天,大雨倾盆,河水猛涨。当时,河南境内下北厅水位骤然升高4米,两岸多处漫滩,一望无际。四日,兰阳县铜瓦厢三堡以下的河段出现坍塌。五日,河堤终于溃决,次日冲刷成七八十丈宽的决口,导致正河断流;漫流之水改向折往东北,分三股横穿运河,汇入山东大清河,在利津县附近入渤海。

这次黄河大改道,造成河水泛滥,成千上万的良田、农舍、村镇被淹,河南、山东、直隶三省40余州县一片汪洋,无数居民流离失所。其中山东省受灾最重,"水由曹、濮归大清河入海,经历五府二十余州县。漫口一日不堵,则民田庐舍一日不能复涸"。菏泽县首当其冲,"平地陡涨水四五尺,势其汹涌,郡城四面一片汪洋,庐舍田禾尽被淹没"。下游的濮州、范县、寿张等州县也未能幸免。

铜瓦厢决口之前,黄河由河南兰阳、仪封(今兰考)、归德(今商丘)、虞城及山东曹县、单县,经江苏砀山、丰县、沛县、萧县、徐州、宿迁、桃园,在清口与淮河交汇,历云梯关入海。这是自金、元至明、清700年间黄河的主河道。尽管历朝屡堵屡决,但黄河主河道没有大的变化。特别是明代以后,为确保运河漕运,统治者在治河策略上重北轻南,在北岸修筑大堤,尽量使黄河南流。

到了清朝咸丰年间,黄河下游河床淤积已相当严重,黄河河滩地面一般高出背河地面七八米。洪水期间,河中水位高出堤外平地10多米,很容易发生决溢。加上两岸堤防的间距愈向下游愈窄,排泄洪水的能力愈低,因而常常是"下游固守则溃于上,上游固守则溃于下"。黄河成了地上悬河,一到汛期,洪水猛涨,顾得了上游,顾不了下游;顾得了左岸,顾不了右岸。

铜瓦厢决口之初,清政府并没有放弃堵口,也没有料到黄河会由此改道。但实际情况比清政府的估计要严重得多。八月十九日,东

1855 年

黄河铜瓦厢决口,黄河自苏北改道,从山东夺大清河入海。

河河道总督李钧派人在决口处做了一次实地勘查，测得决口东西坝相距实有一百七八十丈之宽。这么大的决口要想筑堵成功，实在是一项巨大的工程，需用工几万至十几万，用银几百万至上千万两。而这时对清政府来说是一个生死攸关的年份，太平天国不仅在南京建立了政权，控制了长江流域的大片地区，而且北伐军一度打到北京附近，清政府面临被推翻的危险。在这种严峻的形势下，清政府自然会把农民起义当作心腹大患，必欲除之而后快，对黄河的泛滥则只能"深堪悯恻"而已。

在黄河改道后的30余年中，清廷在堵复黄河决口，使之回复故道，还是顺应决口后的形势，改道从山东入海的问题上，一直争论不休，长期拿不定治理方案，使灾情更为严重。

咸丰十一年（1861），侍郎沈兆霖建议让黄河改道，由大清河入海，"宜乘此时顺水之性，听其由大清河入海"，如此则"河庆顺轨，民乐力田，缺额之地丁可复，历年之赈济可停，就此裁去南河总督及厅员，可省岁帑数十万，而归德、徐、淮一带地几千里，均可变为沃壤，逐渐播种升科，似亦一举而兼数善者矣"。清廷就此令直隶总督恒福、山东巡抚文煜、河南巡抚庆廉、东河总督黄赞汤勘议。但终咸丰一朝，清政府对黄河的治理并没有明确的方案，决口后的黄河处于一种"无防无治"的状况。

清人绘《黄河筑堤图》(局部)

同治以后，随着国内农民起义的平息和中外"和好"局面的出现，治黄才被提上日程。清廷令直隶总督曾国藩、湖广总督李瀚章、两江总督马新贻、漕运总督张之万、东河总督苏廷魁，及江苏、河南、山东、安徽各巡抚妥议具体方案。随后，以上九人联合上奏，以费用过多、兴工太难、数万民工难以驾驭为由反对黄河复归故道，"惟有赶堵荥工，为保全豫、皖、淮扬下游之计"。清廷采纳了这一建议,荥泽决口合龙后,黄河仍由铜瓦厢决口流向山东。

同治十年(1871),黄河又从山东郓城侯家林溃决,黄水直趋东南。两年后,李鸿章上了一个很长的奏折,就堵决口、浚故道的难度,黄河北行对漕运的影响等诸方面,阐明了自己的观点,极力反对黄河复归故道。李鸿章的这份奏折,基本上确立了清政府的治河方案。光绪十三年(1887),黄河在郑州大溃决,夺溜由贾鲁河入淮,直注洪泽湖。于是主张复归故道的建议又重新提起。钦派督办郑州河工的礼部尚书李鸿藻、河道总督李鹤年也持这种主张。但户部尚书翁同龢、工部尚书潘祖荫、两江总督曾国荃则极力反对。翁、潘在奏折中罗列了黄河南流有二大患五可虑,表示"现在水势断不能入黄河故道"。光绪十四年(1888),清廷在权衡轻重后确定黄河改道。至此,从咸丰五年铜瓦厢决口起,延续30多年的复道与改道之争才告平息。

晚清黄河的不治,既是嘉道以来国运衰落的表现,又反过来进一步加速了国运的衰落,国运与河运之间陷入了恶性循环,最终导致清政府在河难与民怨中一步步走向覆灭。

 **相关链接**

清代黄河治理

清初黄河治理遵循明末潘季驯"束水攻沙"的思想,其中以靳辅的成绩最为突出。靳辅自康熙十六年(1677)至二十六年(1687)连续十年担任河道总督,主持黄、淮、运的规划和治理。他继承潘季驯的"束水攻沙"思想,大力修筑黄河堤防,进而把堤防延伸至云梯关以外接近海口处。

但黄河含沙量高,自身挟沙能力不足以将全部泥沙输送入海,必须尽量引进含沙量低的清水,以加大输沙能力。其措施除继承潘季驯加筑高家堰逼淮注黄之外,还在徐州以上增建六座减水石闸和四座睢宁峰山闸,从南岸分泄黄河洪水,以助淮刷黄。

然而,从康熙三十六年(1697)至乾隆二十一年(1756)的60年里,黄河入海口又向外延伸了80里。入海口的外延导致河流下游相应变缓,河床必然淤积。由于下游河道普遍淤高,除重点修防的徐州至淮安段决口有所缓解外,其余河段决口频率还在增加。据《清史稿·河渠志》统计,从乾隆三十一年(1766)到咸丰三年(1853)的88年中,有堵口工

《康熙帝南巡图》中的治河场景

程的年份为 37 年，平均 2.4 年一次。有的年份一年之中堵口几次。按堵口次数计，88 年中共堵口 65 次，平均 1.35 年一次。由此可见，清后期治河的一个主要任务就是应付堵口。

加大修防力度自然会延续旧黄河的寿命，但困难越来越大，投入也越来越大，下游改道已成定局。咸丰五年（1855）铜瓦厢决口反而成了解决这一问题的契机。此后，维持了 700 多年的夺淮河入黄海的老黄河历史宣告结束。黄河改道对当时社会经济产生了巨大影响。河南、河北、山东水灾严重；黄河切断运河，漕运梗阻；同时原来南流河道干涸，沿岸的经济和生态平衡被打破。然而，黄河却也由此掀开了新的历史篇章。

饿死异国的叶名琛

鸦片战争之后，以英国为首的西方列强不满足于已经获得的侵略利益，在咸丰年间，又提出了开放通商口岸、鸦片走私合法化、外国公使进驻北京等要求。遭到拒绝后，英法联军于咸丰六年（1856）悍然发动了第二次鸦片战争。英法联军攻陷广州，当时的两广总督叶名琛被俘，转送至印度加尔各答囚禁起来，后绝食而死。叶名琛被俘之初，清政府对他大加斥责并将其立即革职，晚清名士薛福成讥评叶名琛为"不战不和不守，不死不降不走，相臣度量，疆臣抱负，古之所无，今亦罕有"。从此，叶名琛在民间留下了"六不总督"的恶名。

其实，叶名琛还是一个非常有才干的人，他26岁中进士，38岁做巡抚，43岁任总督，46岁时便已经官居极品。叶名琛在广东期间，由于治理有方，广东财政宽裕，源源不断地向朝廷输送了数以千万两白银的军饷，因此深得咸丰帝宠信。

咸丰六年（1856）九月初十日，"亚罗"号事件爆发。当月初，中国商船"亚罗"号自厦门开往广州，停泊黄埔。船上水手全是中国人，船主苏亚成也是香港华人。为了方便走私，该船曾在香港英国政府领过登记证。初十日，广东水师逮捕了窝藏在船上的2名中国海盗和10名有嫌疑的中国水手。英国领事巴夏礼得知后硬说"亚罗"号是英国船，诬称中国水师侮辱英国国旗，要求叶名琛在48小时内释放被捕之人，而且要向英国道歉。叶名琛为避免衅端，被迫于次日交还人犯，但巴夏礼却拒绝接受，连叶名琛送去的信件也拒绝拆阅。二十五日，英国海军悍然向广州发动进攻，第二次鸦片战争爆发。

从咸丰六年英军轰击广州城到咸丰七年（1857），叶名琛依靠士绅训练的乡勇积极抗击，没有让英国人占到任何便宜。除了发布告示悬赏杀敌外，他还组织团练2万余人。他们或用装满火药的沙船袭击岸边的英军军营，虽然没有炸死他们，也着实吓唬了这300名士兵。他们又沿用赤壁之战的火攻之法，用四只筏子，点燃后漂到英舰旁，骚扰英军，当时就有英军的一艘小船，曾经碰触到民团抛掷的火药瓶后被烧毁。但是，随着时间的推移和形势的变化，叶名琛逐渐陷入不利的境地。叶名琛将胜利的消息上报朝廷后，非但没得到皇帝

1856 年
英国以"亚罗"号事件为借口，悍然向广州发动进攻。法国借口法籍天主教神甫马赖在广西西林被杀，亦出兵入侵。

1857 年
十一月，广州失陷，叶名琛被俘。

1858 年
正月初九日，叶名琛被转至印度加尔各答，囚禁于河边威廉炮台，后又转至托里贡的住宅。

1859 年
三月，叶名琛在印度加尔各答绝食而死。

的嘉奖，朝廷反而申斥他不应轻启战端，要他与英国人谈判。更重要的是，当时叶名琛陷入了无兵可用、没钱可花的窘境。

咸丰七年（1857）十月，英国额尔金爵士率领援军进驻香港，十月二十七日，额尔金和葛罗照会叶名琛，提出进入广州城、占领沿江炮台等侵略要求，限 10 日内答复。叶名琛除同意通商外，对其他侵略要求均予婉拒。十一月初九日，英法联军发出最后通牒，限 48 小时交城。这时，叶名琛已陷入困境。虽然英法联军登陆时遭到中国兵勇的顽强抵抗，但终因兵力和武器悬殊太大，十四日广州失陷，叶名琛被俘。

叶名琛被俘后，起初被关押在香港的英国军舰"无畏"号上，虽然束手就擒，但举止依然端庄，他曾声言"欲面见其王以理论"，并且自备粮食，耻食敌粟。48 天后他被转送到印度加尔各答囚禁起来。在加尔各答一年多的日子里，叶名琛十分关注时事新闻，他每天早晨起床，迫不及待地等候当地《加尔各答英国人》报纸的到来，让翻译阿查礼读给他听，每当有不利于清朝的战况时，就击节叹息；若有中国获胜的信息，则喜形于色。他还写了一首怀念广州镇海楼的诗，诗中自称"海上苏武"。叶名琛所带粮食用尽，又拒食英国人送来的食物，他对随行的仆人说："我之所以不死而来者，当时闻夷人欲送我到英国。闻其国王素称明理，意欲得见该国王，当面理论，既经和好，何以无端启衅，究竟孰是孰非，乃冀折服其心，而存国家体制。彼时此身已置诸度外，原期始终其事，不意日望一日，总不能到他国。淹留此处，要生何为，我所带粮食既完，何颜食外国之物。"后来，他得知觐见英国君王无望后，决定绝食，于咸丰九年（1859）三月去世。

叶名琛不是一个投降者，但也不是一个英勇抗敌的大英雄，在很大程度上他反而是朝廷政策的忠实履行者。他的遭遇是当时清朝内忧外患的必然结果。

 相关链接

第二次鸦片战争

第二次鸦片战争，又称英法联军之役。咸丰六年（1856），英国借口广东水师在广州黄埔捕捉中国船"亚罗"号上的海盗，派兵进攻广州。法国借口法籍天主教神甫马赖在广西

西林被杀,亦出兵入侵。咸丰七年(1857),英法组成联军,攻陷广州。

咸丰八年(1858),英法舰队在美、俄两国支持下,袭击大沽口。大沽炮台失陷,英法联军进犯天津。清政府派钦差大臣桂良、花沙纳与俄、美、英、法各国代表分别草签《天津条约》。同年,沙皇俄国以武力迫使黑龙江将军奕山签订《瑗珲条约》。咸丰九年(1859)五月,英、法、美以进京更换正式条约被拒为由,率舰队炮击大沽。提督史荣椿率守军还击,击沉击伤敌舰10艘,毙伤敌军近500人,史荣椿战死。咸丰十年七月,英法联军18000人由北塘登陆,进占天津。

八月,清军在北京通州八里桥迎战英法联军失利。咸丰帝携皇后、懿贵妃等离京逃往热河。九月初五日,英法联军占领北京,圆明园等京郊皇家园林均被付之一炬。清廷派奕䜣为全权大臣议和,签订中英、中法《北京条约》。十月,沙俄又胁迫清政府签订中俄《北京条约》。

经过第二次鸦片战争和《天津条约》、《北京条约》的签订,中国赔偿巨额赔款,丧失大片领土和更多主权,中国社会半殖民地程度进一步加深。

1858 年

四月初九日，因大沽炮台被占领，咸丰帝命科尔沁亲王僧格林沁赴通州防堵英法军队，并命沿海各省设防。

四月十六日，黑龙江将军奕山与俄国东部西伯利亚总督穆拉维约夫订立《瑷珲条约》，黑龙江北岸归俄，乌苏里江东岸由中俄共管。

五月，清政府与英、法、美、俄分别签订《天津条约》。

1860 年

八月初八日，咸丰帝北走热河。

九月初五日，英法联军占领北京，放火烧毁圆明园等京郊皇家园林。

九月，中英、中法《北京条约》签订。

十月，中俄《北京条约》签订。

咸丰帝逃亡热河

咸丰十年（1860）八月初八日，本是一个吉利的日子，但对于咸丰帝来说，却是一个狼狈不堪的日子。这一天，咸丰帝被迫离开北京，前往的目的地是热河行宫，那里是当年乾隆帝接见马嘎尔尼的地方，也是清朝皇帝避暑的胜地。但这一次，咸丰帝远没有祖先们风光，他这次不是来避暑的而是来逃难的。

英法联军攻陷广州，这并不是他们的最终目的，他们要直指北京，速战速决，逼迫清政府签订更多的不平等条约。咸丰十年（1860），战火重燃，得到兵力补充的英法联军在大沽口西北的北塘登陆，在占领了天津之后，随即发兵北京，千年古都第一次暴露在西方列强的炮口之下。如果北京守不住，他作为一国之君，必将成为英法联军的俘虏，一想到宋徽宗、宋钦宗的下场，咸丰帝双腿战栗。这个时候，僧格林沁不失时机地上了一道密折，建议咸丰帝举行"木兰秋狝"。所谓"木兰秋狝"，就是秋天到热河北部的木兰围场去打猎，这是康熙皇帝确定的制度，乾隆、嘉庆皇帝都遵循不移，以此训练军队，锻炼尚武精神。此时遍地烽烟，咸丰帝哪有这种心情？显然，僧格林沁的用意是希望咸丰帝暂时逃离北京。

但是堂堂一个皇帝怎么能说逃就逃呢？而且就在这时，北京城内骚动不安，谣言四起。据消息称，前门很多铺子所卖的烧饼一下子被买光了，人们纷纷议论这是皇帝准备逃跑，一时间群情惶惶，令人不安。一些不明真相的朝臣也纷纷开始上疏，要求皇帝留守京城，稳定人心。南书房、上书房的大臣也纷纷上奏，力陈古来迁都之祸。咸丰帝看到僧格林沁的建议后，本想顺水推舟，借"木兰秋狝"之名逃离北京，但现在朝臣纷纷上奏要求皇帝留守，否则北京就乱套了。面对这种情形，到底该怎么办？

无奈之下，七月二十四日，咸丰帝将到底是应该"御驾亲征"还是"木兰秋狝"两个方案交由大臣讨论。讨论中，廷臣首先否决了咸丰帝御驾亲征的方案，认为这样太危险，于国家稳定不利。至于皇帝是否离开北京，则分成了两派：一派意见认为皇帝此时不应离开北京，他们认为，北京毕竟是一个军事堡垒，皇帝居住的紫禁城有好几道城墙和护城河做屏障,如果认为还不安全,你跑到野外去能跑得过英法联军的枪子吗? 洋人能远渡重洋打到北京,难道就不能打到热河? 另一派意见以肃顺等人为代表,认为皇帝应立即离开北京,暂时躲避风头。结果,握有权力的肃顺占了上风。八月初八日,咸丰帝从圆明园大东门起程,踏上了前往热河避难的征途。

由于仓促出逃,咸丰帝一路上没有行李,没有酒宴,每天仅能吃上两个煮鸡蛋,喝点小米粥。咸丰帝的这次出逃也开创了清朝历史记录,让他成为清朝入主中原以来第一个被逐出京城的皇帝,而且再也没能返回北京。在热河,咸丰帝往往中夜彷徨,一筹莫展,政事之余沉湎于声色,临死前两天还传谕"如意洲花唱照旧"。咸丰十一年(1861)七月,咸丰帝病故,在位只有 11 年。

更可悲的是,就在咸丰帝逃难热河不久,更加令人震惊的劫难发生了。英法联军闯进了皇家园林——圆明园,将富丽壮观的圆明园洗劫一空、付之一炬。为了阻止英法联军进一步施暴,留守北京的恭亲王奕䜣被迫签订了一系列割地赔款、丧权辱国的条约。从此,中国开始跌入半殖民地的深渊,咸丰帝也已经无可推卸地背上了历史的罪名。

《北京条约》

　　英法联军攻入北京后,英、法、俄强迫清政府分别签订了不平等条约。中英、中法《北京条约》除确认中英《天津条约》仍属有效外,又增加了扩大侵略的条款:(1)开天津为商埠;(2)准许英、法招募华工出国;(3)割让九龙地方一区给英国;(4)中英、中法《天津条约》中规定的赔款增加为 800 万两等。在中俄《北京条约》中,俄罗斯强行将乌苏里江以东(包括库页岛在内)约 40 万平方公里的中国领土划归俄国。

相关链接

洗劫圆明园

　　咸丰十年(1860)八月二十二日,英法联军绕经北京城东北郊直扑圆明园,当时,僧格林沁、瑞麟残部在城北一带稍事抵抗,即行逃散。法军先行,于当天下午经海淀,傍晚即闯至圆明园大宫门。此时,在出入贤良门内,有 20 余名圆明园技勇太监"遇难不恐,奋力直前",但终因寡不敌众,八品首领任亮等人以身殉职。至晚 7 时,法侵略军攻占了圆明园。管园大臣文丰投福海而死。法英侵略军入园的第二天就不再能抵抗物品的诱惑力,军官和士兵们都成群结伙冲上前,去抢劫园中的金银财宝和文化艺术珍品。

　　据参与并目击过劫掠现场的英法军官、牧师、记者描述:军官和士兵,英国人和法国人,为了攫取财宝,从四面八方涌进圆明园,纵情肆意,予取予夺,手忙脚乱,纷纭万状。他们为了抢夺财宝,互相殴打,甚至发生过械斗。因为园内珍宝太多,他们一时不知该拿何物为好,有的搬走景泰蓝瓷瓶,有的贪恋绣花长袍,有的挑选高级皮大衣,有的去拿镶嵌珠玉的挂钟。有的背负大口袋,装满了各色各样的珍宝;有的往外衣宽大的口袋里装进金条

圆明园海晏堂遗址

和金叶；有的半身缠着织锦绸缎；有的帽子里放满了红蓝宝石、珍珠和水晶石；有的脖子上挂着翡翠项圈。有一处厢房里有堆积如山的高级绸缎，据说足够北京居民半数之用，都被士兵们用大车运走了。

侵略者除了大肆抢掠之外，被他们糟蹋了的东西更不计其数。有几间房子堆满绸缎服装，衣服从箱子里拖出来扔了一地，人走进屋里，几乎可遮没膝盖。士兵们带着大斧，把家具统统砸碎，取下上边的宝石。一些人打碎大镜子，另一些人凶狠地向大烛台开枪射击，以此取乐。大部分法国士兵手抢木棍，将不能带走的东西全部捣碎。当八月二十五日法国军队暂时撤离圆明园时，这处秀丽园林已被毁坏得满目疮痍。

为了掩盖抢掠的行径，侵略者悍然下令火烧圆明园。九月初五日、初六日，三四千名英军在园内到处纵火，大火三昼夜不熄。这座举世无双的园林杰作、中外罕见的艺术宝藏，被付之一炬。火烧圆明园这场浩劫，正如法国著名作家雨果所描绘和抨击的那样：有一天，两个强盗闯进了夏宫，一个进行抢劫，另一个放火焚烧。他们高高兴兴地回到了欧洲，这两个强盗，一个叫法兰西，一个叫英吉利。他们共同"分享"了圆明园这座东方宝库，还认为自己取得了一场伟大的胜利！

辛酉政变

战争的硝烟还未散去，清廷内部又发生了一起重大变故。咸丰十一年（1861），慈禧太后与恭亲王奕訢联手清除咸丰帝遗命的八个辅政大臣，慈禧太后正式走上历史舞台，主导清王朝最后50年政局。这一年是辛酉年，因此这场政变称为"辛酉政变"，又称"北京政变"或"祺祥政变"。

这年七月，咸丰帝弥留之际，召见大臣，安排后事。他首先任命载垣、端华、景寿、肃顺、杜翰、匡源、穆荫、焦祐瀛八人为顾命大臣，希望他们尽心辅佐才6岁的小皇帝和两位年轻的太后（慈安太后25岁，慈禧太后27岁）。同时，为保证孤儿寡母的安全，又授慈安太后御赏印章，授小皇帝同道堂图章（由其生母慈禧太后掌握），而且诏告天下：以后大臣拟旨，需加盖这两枚印章才有效。

咸丰帝临终前如此精心安排，看似既能防止八大臣或者太后专权，又能促使双方协作，但其实造成了很多矛盾。一方面以肃顺为首的八大臣对两宫太后并不以为然，甚至怠慢、欺蒙、顶撞之事时有发生。另一方面，慈禧太后还有更大的野心，企图垂帘听政，排除八大臣的干扰。更重要的是，咸丰帝的辅佐遗命完全忽视了自己的亲弟弟恭亲王奕訢。

奕訢为人机智、练达，很有才干，相比之下，身为皇帝的咸丰帝却显得平庸无能，这就招来了咸丰帝的猜忌，因此，咸丰帝在政治上刻意疏远奕訢，重用肃顺等人。奕訢虽贵为亲王，却没有什么实权，处处受到肃顺等人的排挤。咸丰帝逃亡热河，命令奕訢留在北京与侵略者议和，一同留下的还有军机大臣文祥。文祥因为与奕訢关系较好，也受到肃顺等人的排挤，不准他随同前往热河。后来的八个辅政大臣中，有四人是军机大

1861 年

七月十七日，咸丰帝因病驾崩于避暑山庄。载淳继位，年号祺祥，由载垣、端华、景寿、肃顺、杜翰、匡源、穆荫、焦祐瀛八人辅政。

九月二十九日，两宫太后回京。三十日，解除肃顺等人的职务，当场逮捕了载垣、端华，更改年号为"同治"，东、西二太后垂帘听政。

慈禧太后

臣，只有文祥被排除在外。所以，奕䜣和文祥对肃顺等人恨之入骨，不除不快。

正是在这种情形下，八大臣成了慈禧太后和奕䜣等人的共同对手，本来是三足鼎立，现在却是两方联合共同对付一个，其结果可想而知。

咸丰帝死后第14天，即八月初一日，奕䜣不顾八大臣的阻挠，一大早便赶到热河行宫，跪在咸丰帝的灵前伏地恸哭，声音很大，旁边的人听了无不跟着落泪。然后，慈禧太后秘密召见奕䜣，本来奕䜣还想让内廷人员随同拜见，慈禧太后不同意，两人单独密会了近两个小时。也就是在这次密会中，慈禧太后与奕䜣共同商定了政变的策略，即回到北京后立即将八大臣拿下。

其实，慈禧太后与奕䜣密谋的消息，肃顺等人并非一无所知。据说有一天，惇亲王奕誴和肃顺等人一起聚餐时，当着奕䜣的面，奕誴用手提着肃顺的辫子大声说："人家要杀你啊！"肃顺当时还满不在乎地连声说："请杀，请杀！"

恭亲王奕䜣

八月初七日，奕䜣离开热河。初十日回到北京后，他笼络驻扎在京、津一带掌握兵权的兵部侍郎胜保，做好了发动政变的一切准备。九月二十三日，两宫太后与小皇帝一行回京。从热河回北京时，慈禧太后以皇帝年幼，不能全程护送先帝梓宫为由，随咸丰帝灵柩走了一天，就决定和载垣、端华等七大臣由小路提前回北京，让肃顺护送咸丰帝的梓宫走大路。

九月二十九日，恭亲王率京师王公大臣迎接慈禧太后等人，一见面，慈禧太后就哭泣不已，一遍一遍地说八大臣如何如何欺辱她们孤儿寡母。周祖培等大臣奏称：为何不将八大臣治罪？慈禧太后回答：他们是顾命大臣，如何治罪？周祖培等人回奏：可先降职解任，然后再问罪。于是第二天一大早，慈禧太后就宣布解除肃顺等人的职务，当场逮捕了载垣、端华；并派人去路上逮捕肃顺。不久，慈禧太后发布上谕，否认咸丰帝遗诏，下令将肃顺斩首，让载垣、端华自尽，另外五大臣则被革职或充军。

在慈禧太后发动政变的前一天，周祖培、贾桢等人联名上奏，请慈禧太后"亲理朝政"。这正中慈禧太后下怀，立即下令让大臣议定"垂帘章程"。接着，宣布废除八大臣原拟的"祺祥"年号，加封恭亲王奕訢为议政王、领班军机大臣。原来专门侍候慈禧太后的太监安德海，因在这次政变过程中也出力不少，被提升为总管太监。改第二年（1862）为同治元年，东、西二太后垂帘听政。名为两宫听政，实为慈禧太后独断，从此清王朝便进入了慈禧太后控制清廷达半个世纪的衰亡时期。

 **相关链接**

恭亲王议政

由于奕訢在辛酉政变中的出色表现，他被授予议政王，在军机处担任领班大臣。他又身兼宗人府宗令和总管内务府大臣，控制皇族事务和宫廷事务大权；又以总理各国事务衙门大臣的职务主管外交事务，总揽清朝内政外交，权势赫赫。

19世纪60—90年代，为了求强求富，奕訢支持曾国藩、左宗棠、李鸿章等人大搞洋务运动，以兴办军事工业为重点，也兴办民用工业，近代工业从此起步。为了洋务事业，洋务派创办新式学校，派出留学生，促进了近代教育事业发展。奕訢奏请两宫皇太后重用曾国藩，与列强极力维持和局，借师助剿，终于镇压了太平天国，赢得了"同治中兴"的局面。

但随着奕訢地位高升和声名鹊起，引起了慈禧太后的不安。于是慈禧太后利用一切机会对他进行打击。同治四年（1865）三月初五日，编修蔡寿祺弹劾奕訢，说他揽权纳贿，徇私骄盈，慈禧太后免去他议政王之职。同治八年，奕訢支持丁宝桢杀掉慈禧太后亲信安德海，为慈禧太后所恨。同治十二年，奕訢劝谏同治帝不要修治圆明园，触怒了慈禧太后。光绪七年（1881）三月，慈安太后去世，奕訢更为孤立。光绪十年（1884）三月十三日，慈禧太后借口奕訢"委靡因循"，免去他的一切职务。光绪二十四年（1898），奕訢病故，终年66岁。

湘军

太平天国运动兴起后，清朝正规军无法抵御，不得不利用地方武装，曾国藩的湘军就是在这时发展起来的。曾国藩通过练湘军，培养了一批重要人物，如曾国荃、左宗棠、李续宾、罗泽南、彭玉麟、郭嵩焘、李鸿章、刘坤一等人。后来的洋务运动也主要由湘军人物一手发起。

李秀成之死

同治三年(1864)六月十六日，曾国荃督湘军从太平门攻入南京，太平天国都城天京失陷。第二天清晨，忠王李秀成带领一千多人，护着幼天王从太平门冲出。

李秀成原名李以文，广西藤县大黎里新旺村人。他出身贫寒，幼年和父母一起"寻食度日"。道光二十九年(1849)，26 岁的李秀成加入了"拜上帝教"。咸丰元年(1851)九月，跟随西王萧朝贵参加太平军。李秀成因作战机智勇敢过人，从一名普通士兵很快晋升为高级将领，并在后期与英王陈玉成等人成为太平天国最重要的军事领导人。同治三年(1864)六月十六日，南京陷落，李秀成率众护卫幼天王，于当夜扮成清军，借夜色从太平门缺口处突围。出城后，李秀成让幼天王等先走，自己断后。由于李秀成出城时把自己的战马让给了幼天王，现找的马很不得力，渐渐地跟不上队伍。天明时分，李秀成潜抵城郊方山一破庙中暂避，结果因随身所带财物暴露了身份，于十九日被人告发而被捕。

李秀成被捕后，被送到曾国荃营帐之下。曾国荃久攻南京不下，对李秀成恼怒之极，暴跳如雷，对李秀成施以酷刑，用刀锥割其臀股，一时血流如注。李秀成丝毫不动，泰然自若。之后，曾国荃命人制成一木笼，将李秀成囚禁其中，而李秀成则表现得大义凛然。

当晚，作为曾国藩机要幕僚的赵烈文前来探访。李秀成与之作了长谈。最后，赵烈文问李秀成对生死作何考虑，李秀成答道："惟死而已。"但也留了一句话："顾至江右者皆旧部，得以尺书散遣之，免戕害彼此之命，则瞑目无憾！"

此时在安庆的曾国藩听说抓获了李秀成，一面上奏朝廷请示李秀成是押解京师还是就地正法，一面赶往南京。曾国藩赶到南京后，当晚即提审李秀成。审后，曾国藩下决心在南京杀害李秀成。第二天，曾国藩给在安庆的儿子曾纪泽写信说："伪忠王曾亲讯一次，拟即在此正法。"曾国藩之所以决定在南京杀害李秀成，主要是怕清廷从李秀成嘴里得到对他不利的东西。

俘获李秀成，轰动朝野，为对天下有个交待，曾国藩"取伪忠王详供",让李秀成写一份"供词"。于是,李秀成在他生命的最后 17 天中,不顾伤痛和酷暑,留下了一部数万字的"自述"。

七月初六日傍晚,李秀成被曾国藩处死,时年 42 岁。在临刑前,李秀成毫无戚容,谈笑自若,并写十句绝命诗,"叙其尽忠之意"。李秀成从被俘到被杀,前后仅有 18 天。

李秀成被害后,曾国藩把李秀成自述作了删改,抄一份上交清廷。在这份自述中,李秀成"翻然悔过",对曾国藩和清王朝大加谀颂,谓"久悉中堂(指曾国藩)恩深量广,切救世人之心","久知中堂有仁爱惠四方,兼有德化之心,良可深佩",且自己"心悔莫及",自叹"一身屈错,未遇明良"。他还将南京沦陷喻作"我主无谋,清朝有福",声称"今天国已亡,实大清皇上之福德,万幸之至"云云。他还自愿以"罪将"之身,出面代为招降太平军余部,从而"尽义对大清皇上,以酬旧日有罪愚民","免大清心腹之患再生"。一世英名竟然全毁在最后十几天,落下"变节"的骂名。

一个临危不惧的人怎么能够写出这些令人不齿的话呢?可以肯定,李秀成确实在临死前有供词,但这个供词已经被曾国藩删改、伪饰。况且,李秀成被押赴刑场时慷慨就义,在刑场甚至还作绝命诗十句,其中有"英雄自古披肝胆,志士何尝惜羽毛。我欲乘风归去也,卿云横亘斗牛高"句,足见其英雄气概至死未变。再说,曾国藩急于杀李秀成,恐怕也是不想留这个活口于己不利。

1864 年

六月十六日,南京陷落,李秀成率众保护幼天王突围。六月十九日,李秀成被俘。七月初六日,李秀成供状写毕,被曾国藩处死,临刑前,谈笑自若,作绝命诗十句。

 **相关链接**

太平天国起义

道光三十年十二月初十(1851 年 1 月 11 日),洪秀全在广西桂平县金田村率众起义,建国号"太平天国"。咸丰三年(1853)二月二十日,太平军占领南京,洪秀全进入南京城,宣布改南京为天京,定都天京。太平天国建立了与清王朝相对峙的农民革命政权。太平天国定都天京后,为了巩固和发展胜利成果,进行了北伐和西征。北伐军由于孤军远征,后来失败。为了控制长江中游,确保天京安全,洪秀全又派兵西征,太平军攻占了安徽、江西、湖南、湖北的广大地区。咸丰六年(1856)上半年,太平军又在天京外围展开了激烈的破围战,先后击破了江北大营和江南大营,在军事上达到全盛。太平天国制定并颁布了《天朝田亩制度》,提出了"凡天下田,天下人同耕"的原则,试图建立一个"有田同耕,有

太平天国颁布的《天朝田亩制度》

饭同食,有衣同穿,有钱同使,无处不均匀,无人不饱暖"的理想社会。

正当太平军在西征战场取得胜利之时,太平军最高领导层发生权力斗争,爆发"天京事变",太平天国由盛入衰。清军乘机反扑,攻占了长江中下游许多地方,重建江南、江北大营,围困天京。同治三年(1864)四月二十七日,洪秀全病逝。六月十六日,湘军挖掘地道,用火药轰塌城墙,经过激烈巷战,天京陷落,大部分太平军将士壮烈牺牲,少数人突围。幼天王和洪仁玕在江西被俘,英勇就义。李秀成在天京突围时被俘,被曾国藩杀死。太平军余部转战大江南北,一直奋战到同治七年(1868)。中国历史上这场空前规模的太平天国农民战争,前后奋战14年,威震全中国,最终在清政府的镇压下以失败告终。

太平天国是中国封建社会农民起义的最高峰,它提出的革命纲领虽然未能付诸实施,但毕竟反映了当时被统治阶级的愿望,它打击了清王朝,迫使清廷在政治层面做了很多改变,进一步削弱了中央集权。这无疑是当时内忧外患之下中国探寻出路的一种尝试。

斌椿出洋

经过两次鸦片战争刺痛的清政府终于想看看"西洋"到底是什么样了。同治五年（1866），斌椿奉清政府之命，游历了法、英等 11 个欧洲国家。这是清政府派往外国的第一个代表团。

由于长期自我封闭，中国对世界了解很少，而清廷官员的世界知识极度贫乏，在办理外交时常常束手无策、不知应对。以鸦片战争为例，战事已经开始，但身为皇帝的道光帝甚至还不知道对手叫什么，等他知道了英吉利后，却不知道这个所谓英吉利到底在什么地方，距离大清国到底有多远。第二次鸦片战争后，中国被迫签订了《北京条约》，规定各国公使进驻北京，清政府也成立了总理各国事务衙门，办理外交事宜。但这时的清政府还没有派驻外国使节的想法，虽然也想了解外国，但迫于传统朝贡称臣之嫌，迟迟不敢公开派遣使团出国。

可是，这迈出第一步的机会也纯属偶然。同治五年年初，总税务司、英国人赫德准备回国，他建议总理衙门派几个同文馆的学生跟随他到英国观光。得知这个建议后，主管总理衙门的奕䜣非常赞同，认为这是一个好机会，一方面可以不用张扬，另一方面又可避开一些棘手的外交礼仪问题，还能节省经费，却同样可以达到了解外国的目的。一举多得，何乐不为？

但是同文馆里的学生都太年轻，怕他们出去后少不更事，贻笑外邦，于是特意挑选老成可靠的斌椿带领他们出国。当时，出国可不是什么风光的事情，而是一件不体面的苦差事。斌椿已经 63 岁，亲朋好友都劝阻他，说出海航行波涛险恶，万一遭难怎么办？再说如果到了外国成为他们的人质，被扣留，岂不成了当年的苏武，万万去不得。好在斌椿此人生性好游，有一番乐求新知的豪气与决心，于是欣然受命。经皇帝批准，清代第一个由政府派遣的旅游团就这样组成了。

斌椿的欧洲之行，虽说是观光旅游，但由于是清政府所派，因此所到之处都引起强烈反响，所到各国的国家元首、政府首脑一一予以接见，盛情款待。欧洲各国新闻界听说中国使臣将至，两个月前便开始宣传。普通百姓对斌椿一行的到来，也表现出极大的热情和诚挚

1866 年

中国海关总税务司、英国人赫德准备回国休假，临行前建议总理衙门派人员出国考察。春，清政府派斌椿等人出国。八月斌椿回国，著《乘槎笔记》，记录在欧洲的所见所闻。六月初三日，左宗棠奏设福州船厂，这是我国现代轮船制造业的开始。

1876 年

郭嵩焘等出使英国。

1880 年

曾纪泽出使俄国，于次年签订中俄《改订条约》（即中俄《伊犁条约》）。

1889 年

曾任湖南按察使的薛福成奉命出使英国、法国、意大利、比利时四国。

的友谊,有请绘像留念的,有通宵不眠在道途等候的,甚至斌椿的照片也成了争购之物,黑市价格竟至15枚银钱一帧。

在游历的过程中,斌椿将游历见闻逐一记载,描绘了一幅中国人前所未见的欧洲图景。

轮船、火车,这是斌椿旅途中经常乘坐的交通工具。在记叙乘坐轮船时,斌椿惊异地说:轮船可以昼夜不停地行驶,船上饮食充足,好比繁华的市场,住的地方如同家里,丝毫不觉得这是在行路。坐上火车后,他又以朴实的语言描绘了火车的舒适与神速:每辆火车如同一间房子,有玻璃窗户,可以随意打开,又能阻挡风吹日晒,火车里面粉刷一新,色彩明亮,座位也是软硬适中。在火车里可以坐卧,可以饮食,可以起立,也可以左右望,完全随意。火车走时只要摇铃三次,就慢慢启动了。起初还缓缓前行,不几步后便如骏马狂奔,快不可遏。车外屋舍、树木、山冈、阡陌都疾驰而过,根本来不及看清楚。

斌椿在伦敦

斌椿一行先后游览了马赛、里昂、巴黎、伦敦、伯明翰、曼彻斯特、阿姆斯特丹、哥本哈根、斯德哥尔摩、赫尔辛基、彼得堡、柏林和布鲁塞尔等欧洲主要城市。这些大城市的市容也给斌椿留下了深刻的印象,在他的描述中这些城市楼宇宏大,高耸入云,到了夜晚时煤气燃灯,光明如昼,所到街市都是一片繁盛景象,美不可言。这些楼房虽然很高,但为了避免登梯劳苦,每个楼里还有一个小屋子,里面可以容纳六七人,用火轮转法,即可升至顶楼。

对于欧洲各国上层社会的豪华、奢侈生活,斌椿也进行了详细描述。如他记叙一次宫廷宴会:只见各位官员的夫人,姗姗而来,无不身穿华丽的长裙,而且个个祖胸露背,所佩戴珠宝耀目闪烁,如同来到了珍珠宫殿。在观看舞剧后,斌椿对演出作了这样的描述:女优登台,多者六七十人,而且都非常美丽,都是裸着半身跳舞。一会是山水瀑布,一会是日月光辉,忽而佛像显现,忽而数十个神女从空中降落,真是奇妙不可思议。

在中西交往中,最让中国皇帝不高兴的事是西方使节不肯行三跪九叩的跪拜礼,当年马嘎尔尼觐见乾隆帝、阿美士德求见嘉庆帝时都发生过这类不愉快的事情。斌椿游历欧洲,受到各国元首接见,他敏感地注意到西方不同于中国的礼仪,而且不厌其烦地记下了这种差别。英国女王在斌椿入宫时,在门外站立等候,以示欢迎。瑞典国王也是站立迎接斌椿的到来。次日,又应邀往见太后,斌椿在侍臣导引下入宫,太后迎见。所有此类接见,都表现出一种主殷客尊的气氛。

总的来说,斌椿一行在不到四个月的游历中,所见所闻,虽非欧洲的全貌,却是真真切切的事实,已不是神话传说中的"海外奇谈",它使人眼界大开,也足发人深省。斌椿本人通过游历,深为见识狭隘而自愧,发出了"世俗徒拘墟,推测岂可概"的感叹,告诫人们"吾人读书弗泥古,矜奇炫异亦可休"。可见,斌椿表达了一种冲破封闭、走向世界的心态,这在当时的中国是难能可贵的。然而当时的中国还没有形成学习西方的社会共识,斌椿也没有机会将自己的愿望付诸实践。

 **相关链接**

晚清中国的世界观

历史上的中国曾经长期闭关锁国,自给自足的文化使国人陶醉其中,以"天朝上国"的姿态自居。到了晚清,伴随西学东渐,西方新的世界地理历史知识再次传入中国,如鸦片战争前后的《察世俗每月统纪传》等书刊;19世纪60—80年代的《中西闻见录》、《格致汇编》、《万国公报》、《西国近事汇编》等书刊;19世纪90年代的《泰西新史揽要》、《地理说略》等等。这些世界史地著作不断为那些开眼看世界的士大夫提供了解世界的窗口,并逐渐促使他们在世界观念上发生着变化。

例如,徐继畲利用他当时在福建办理通商事务、与西人交往的便利条件,着意搜求西人所著图书、地图,特别是亲自与西人访谈,由此了解到大量世界各国历史地理知识,而撰写出了晚清第一部介绍西方各国历史地理情况的著作《瀛环志略》。与魏源相比，徐继畬尽管没有明确提出"师夷"的口号，但是，魏源并没有走出"天下"旧观念的藩篱，徐继畬则开始突破旧的"天下"秩序观，开始把中国置于"瀛环"之中，当作世界的一部分来看待。19世纪60、70年代之后，更多的人（如王韬等）从那些记叙域外的地理书刊中知道了"九州之外复有九州"的广阔世界，中国中心观开始发生动摇。郑观应说："若我中国，自谓居地球之中，余概目为夷狄，向来划疆自守，不事远图。"戊戌变法期间，皮锡瑞之子皮嘉祐作《醒世歌》一首，云："若把地球来参详，中国并不在中央，地球本是浑圆物，谁居中央谁四傍？"可以说，到洋务、维新时期，中国人对世界的认识已经发生了巨大的变化，不再视中国为世界的中心。

相对于世界地理的认识，晚清文化观念的转变则要更慢。鸦片战争后，西洋虽然以船坚炮利的强硬方式打开了中国大门，但只是震醒了一小部分有识之士。像魏源的《海国图志》、徐继畬的《瀛环志略》在鸦片战争结束不久就出版了，但影响不大。甚至在此后相当长一段时间内，在国人眼里，西方人即使富强，也不过是些诡服异行的野蛮人，是所谓"夷"、"外夷"、"逆夷"、"洋夷"、"夷人"。中国人即使屡遭战败，屡受屈辱，也不失天朝上国的尊严与体面。后来，又经中日甲午战败的震动，中国人开始真正认识到：不能只满足于仿效西方器物，更需要改变自己的文化世界观，需要效仿西方进行政治社会制度的变革了。

开办天文算学馆之争

且不说看看"西洋"是悄悄进行的,要真的学习西洋也没那么容易。同治五年(1866)秋,总理事务衙门大臣奕䜣在与同文馆任英文教习的美国传教士丁韪良闲聊中,得知他很想开设一门如何使用和管理电报的课程,立即表示赞同。为了让官员们开阔眼界,奕䜣还同意丁韪良将发报机带到总理衙门现场,指定时日,让大家一起来观看演示。不久,户部尚书董恂就学会了发电报,大学士文祥也对此表现出浓厚兴趣。

见此情形,奕䜣决定在同文馆中增设天文算学馆,于是在当年底上奏提出要招收科举"正途"出身人员学习声光电化、天文算学。他们明确提出,学习西方是为了"雪耻",拒绝学习西方才是真正的耻辱。

谁知奕䜣的这一建议传出后,一石激起千层浪,立即招来了保守派的强烈反对。率先公开发难的是山东监察御史张盛藻,次年三月他在上奏中对新馆招考正途人员,并对厚给禀饩、优与奖叙的做法表示不满。但由于张氏人微言轻,出言过激,当日就被朝廷驳斥。过了几日,大名鼎鼎的大学士倭仁也忍不住出来叫阵,针锋相对地与奕䜣展开了论战。

倭仁,蒙古正红旗人,道光九年(1829)进士,晚清著名理学家。他历任编修、侍讲、大理寺卿等职,同治元年(1862)擢工部尚书,充同治帝师,兼翰林院掌院学士,时任文渊阁大学士,位高名重。

倭仁在奏折中一上来就摆明观点,认为立国之道在于尚礼义而非权谋,根本之图在于人心而非技艺。他说:"天文算学不过是一种技艺,和人心、礼义没有丝毫关系,从实用上也没有多大用处,而像奕䜣那样让科甲正途人员拜夷人为师,不仅颠倒黑白,而且即使成才也不过是一个会算命看天象的术士,可是古往今来谁听说过仅靠这样的术士就能挽救国家的危亡呢?"接着又振振有词地提出自己的主张:"要说挽救世道,还要靠讲求程朱义理的读书人,至少这可以维持人心。如果科举正途人员低声下气地向外国人学习,岂不是意味着还没怎么着就先投降了吗?因此,建议朝廷立即停止开设天文算学

1861 年
总理各国事务衙门设立。

总理各国事务衙门

简称"总理衙门"、"总署"、"译署",是清政府为办洋务及外交事务而特设的中央机构,于咸丰十年十二月初十日(1861 年 1 月 20 日)由咸丰帝批准成立。总理衙门存在了 40 年,直到光绪二十七年(1901),据《辛丑条约》规定,改为外务部,班列六部之前。

1862 年
恭亲王奕䜣等奏准在北京设立同文馆,附属于总理衙门。

1866 年
十一月,奕䜣等奏于同文馆添设天文算学馆。

馆。"倭仁是公认的理学大师,言辞更具煽动性,于是在士大夫间形成了一股反对学习"西学"的强劲力量。

奕诉也不示弱,再上一折,驳斥倭仁:"自同文馆设立之初,无论是学习外国语言文字,还是讲求机器制造之法,无论是教练洋枪队伍,还是派人出国考察,这种种的举措无不是用心良苦,无不是欲图自强。怎么能说学习外国就不是挽救大清于危亡呢?""再说了,知彼知己,百战不殆,西洋人之所以现在在中国肆无忌惮,横行霸道,不是突然的,而是他们十多年来处心积虑的结果,他们了解我们的语言文字,了解我们的虚实,甚至一举一动;相反,我们却对西洋人毫无了解,甚至空口谈道义,没有任何实质举措,还纷争不已。现在同文馆设天文算学馆就是了解洋人的自强之方,难道有什么过错吗?"奕诉甚至在奏折中还将了倭仁一军,既然倭仁认为决不应设立天文算学馆,自必另有妙计,如果他确有妙策可以制外国而不为外国所制,他们自当追随倭仁之后,否则绝不苟同。

倭仁当然不服,再次上折,依旧强调自强之道在于朝廷"用人"与"行政",而且说中国早就有精通天文术数的学者。奕诉等人也再上折,进一步阐明学习西方的必要性,强调如果再这样苟且偷安,不思振作,后果将不堪设想。奕诉继续向倭仁发难:你不是认为中国早有精通天文算学、船坚炮利的人才,只是没有精心访求吗?于是建议朝廷下令让倭仁保荐数人,立即择地另设一馆,由他督办,看看他的效果如何?清廷还真接受了奕诉等人的请求,发布"上谕",令倭仁照办。无奈之下,倭仁不得不承认他没有可保举的人才,主动要求不必另行设馆。后来,清廷又故意命倭仁在总理衙门行走,想让他深入了解洋务,但倭仁坚辞不肯,不久,便称病告归。这场争论遂告结束。

就在奕诉与倭仁在朝中争论不休的时候,京城士大夫们的争论也闹

1868 年

日本明治维新开始。面对 19 世纪中后期西方列强的进逼,中、日两国都展开了各种形式的改革,然而最终达成改革目标而独立富强的,却是日本。

京师同文馆旧址

得沸沸扬扬,各种各样的街谈巷议层出不穷。但大多都是讽刺向洋人学习的,比如有一副对联就说:"诡计本多端,使小朝廷设同文之馆;军机无远略,诱佳子弟拜异类为师";还有人作对子贴在同文馆门前,如"未同而言,斯文将丧";"孔门弟子,鬼谷先生"。因此,在朝堂之上的争论中,以奕䜣为首的洋务派虽然暂时取胜,但社会上保守力量的反对意见仍是主流。

也正因为此,新馆考试之日,报名投考天文算学馆者98人,实到72人,而这些应考者不是老弱潦倒的书生,就是冲着总理衙门承诺发给的优厚薪水而来。由于初选考生质量不尽如人意,时过半年——同治七年(1868)五月,奕䜣等又在总理衙门大堂举行面试,发现录取30人中尚堪造就者不过数人,所以将经半年学习而毫无功效的20人立予撤退,留馆学习者仅有10人。

由此可见,当时即使学习西方也是步履维艰,并非一帆风顺,其阻力既来自庙堂的保守力量,同时也有普通士人和民众的不理解。

 **相关链接**

洋务运动

洋务运动,又称自强运动或同光新政,是指咸丰十一年(1861)至光绪二十年(1894)清朝政府内的洋务派在全国各地掀起的"师夷之长技以制夷"的改良运动。咸丰十年十二月初一日,恭亲王奕䜣会同桂良、文祥上奏《通筹夷务全局酌拟章程六条》,宣告洋务运动的开始。

同治初年,以曾国藩、左宗棠、李鸿章为代表的封疆大吏开始兴办洋务,其动机原本只为"求强",建造船坚炮利,以平息内乱,抵御外敌,因此大量兴办军工企业。后来,曾、李等人逐渐认识到西方的强盛不仅仅在于拥有船坚炮利,而且在于其背后的强大经济实力。于是,同治末年、光绪初期,洋务活动以"求强"和"求富"为双重目标,开始大量兴办民用工业,包括航运、铁路、采矿、纺织、电报、冶炼等,通过这些措施以生财致富,增强经济实力。

甲午战争中,北洋水师覆灭,标志着洋务运动的失败和结束,但在这场运动中创建的一些民用企业和铁路等设施被保留下来,成为后来中国现代化事业的基础。

1653 年

顺治帝下诏设十三衙门，制定内监制度。

1869 年

七月初六日，太监安德海奉慈禧太后之命，从北京出发，前往广东为同治帝置办大婚所用的龙衣。二十一日，抵达山东德州境。八月初二日，安德海在泰安县南关被诱捕。丁宝桢亲自审问。八月初七日，丁宝桢在山东泰安将安德海就地正法。

太监安德海被杀

就在朝廷内部为是否学习西洋进行争论的时候，发生了安德海被杀事件。安德海是慈禧太后手下红得发紫的一个权监，被山东巡抚丁宝桢在济南处死。到底是安德海罪该万死，还是丁宝桢吃了熊心豹子胆，还是另有阴谋？

安德海，直隶（今河北省）南皮人。童年入宫，充内廷太监，人称小安子。安德海聪明伶俐，为人狡狯。据说他"艺术精巧，知书能文"，"能讲读《论》《孟》诸经"，且能察言观色，善于逢迎，"以柔媚得太后欢"。咸丰帝逃离北京时，他也随咸丰帝到了热河。辛酉政变中，安德海在慈禧太后和恭亲王奕訢之间往来奔走，传递信息，得到慈禧太后的信任，后来升为总管太监。

慈禧太后喜欢京戏，爱穿戏装，安德海鼓动慈禧太后大兴土木建造戏园，精雕细刻，穷极工巧。著名京剧演员都要轮流进宫演出。安德海在操办这些演戏排戏活动过程中，乘机攫财。

安德海得宠于慈禧太后后，目中无人，甚至对小皇帝都十分傲慢，事事掣肘，因此欲除之而后快的首先是同治帝；其次是恭亲王奕訢。安得海屡进谗言，说奕訢的坏话，挑拨慈禧太后与奕訢的关系，使慈禧太后削掉了奕訢的议政王职。有一次，奕訢请见慈禧太后。慈禧太后正与安德海谈话，推辞不见，奕訢大怒，回来以后对亲属说："不杀安德海，不足以对祖宗、振朝纲。"

想除掉安德海的人还有东宫慈安太后。两宫皇太后之间一直貌合神离。同治帝虽为慈禧太后亲生，却与慈安太后的关系更为密切，慈禧太后对此深为不满。同时，随着慈禧太后羽翼渐丰，她开始不能容忍任何人分享其权力，慈安太后越来越成为她权力道路上的绊脚石。慈安太后虽然懦弱，但也在意她正宫皇太后的尊严和地位。此外，安德海依仗慈禧太后的势力，目中无人，对王公大臣也不尊敬，因此好多大臣都对安德海恨得牙根痒痒，只是一直没有机会。

踏破铁鞋无觅处，得来全不费工夫。同治八年（1869）七月初，慈禧太后安排安德海到广东去为同治帝置办大婚所用的龙衣。慈禧太后将此事告知同治帝，同治帝表面上不敢违抗，但却密诏山东巡抚丁宝桢做好诛杀安德海的准备。安德海出京南下途经山东,一路大肆张扬,招纳权贿,无人敢触之。船到山东境内后,地方官上报巡抚丁宝桢。据德州知州赵新禀称,七月间有安姓太监,乘坐太平船二只,声势煊赫,自称奉旨差遣织办龙衣,船上有日形三足鸟旗一面,船旁有龙凤旗帜,带有男女多人,并有女乐,品竹调丝,两岸观者如堵。丁宝桢知道这就是安德海,并立即将此情形密奏同治帝。

接到丁宝桢的密折,同治帝立即表示:"此曹如此,该杀之至!"同时,借口母后养病,不宜打扰,未将奏折呈递慈禧太后阅视,只与慈安太后、奕䜣紧急密商,得到了他们的坚决支持。同治帝于是立即密谕丁宝桢:"毋庸审讯,即行就地正法。"丁宝桢于是命令东昌府知府程绳武跟踪安德海。程绳武紧追不舍,在后面跟踪三天,没敢采取行动。丁宝桢又命令总兵王正起率兵追赶到泰安,捉住安德海。

生性廉洁刚烈的丁宝桢以清宫祖训"太监不得私自离京"为由,申斥安德海说:其一,大清祖制不准宦官与外人交结,你为何出宫?其二,你胆大妄为,龙袍系御用之衣,自有织造谨制,不用太监远涉靡费,且皇太后、皇上崇尚节俭,断不需太监出外采办,即使实有其事,亦必有明降谕旨并部文传知。其三,太监往返照例应有传牌勘合,绝不能听其任意游兴,你为何没有传牌?其四,龙凤旗帜系御用禁物,若果系内廷供使的太监,自知礼法,何敢违制妄用?其五,你一个太监,出差携带女优,尤属不成体统。

虽然在此时慈禧太后发来解救安德海的懿旨,但丁宝桢果断地决定"前门接旨,后门斩首",将安德海拉到西门外丁字街斩首,并暴尸三天。当时民间传说安德海是个假太监,并传安德海与慈禧太后有染。安德海被暴尸,人们看到了安德海确实是个真太监,这无形中表明了慈禧太后的清白。因此,后人也怀疑安德海被杀是慈禧太后借刀杀人。

 相关链接

清代少有太监之祸

有清一代,杜绝了外戚与宦官之祸,与汉唐乃至明代屡屡出现太监乱政的情形不同,清朝对内廷太监的管理一直非常严格,坚决防止太监干预朝政。

顺治帝禁止宦官干政上谕铁牌

开国之初，顺治帝就颁布上谕，对太监管理做出了规定：一、非经差遣，不许擅出皇城；二、职司之外，不许干涉一事；三、不许招引外人；四、不许交结外官；五、不许使弟侄亲戚暗相交结；六、不许假弟侄名色置买田产，从而把持官府，扰害民人。两年后，顺治帝又命工部将严禁太监干政的上谕铸成铁牌立于宫内交泰殿门前，以示警戒。以后各个皇帝都严格遵守这个祖制。

乾隆帝认为明朝太监弄权，都是因为他们颇通文墨，便于交结营求。所以，他下令只叫太监"略知字体"即可，不让他们有更多的文化。乾隆帝对太监"待之尤严"，稍有不法，便棍棒交加。他命令内务府大臣兼管太监，规定太监官职不得高于四品，又把他们的姓大都改为王姓。因为姓王的多，不易辨识，以免太监交结大臣。乾隆时，有一个太监高云从因稍泄机密，便被处以磔刑。

直到晚清才有安德海、李连英等人为后人所知，但他们还谈不上乱政，与明代汪直、刘瑾相比是有天壤之别的。

救亡与覆灭

    经过两次鸦片战争后，洋务派终于开始行动起来，他们开矿办厂、修铁路，试图增强国力，以维护清政府的统治。然而，洋务运动从一开始就注定要失败。首先，它没有触动封建制度本身，试图利用西方资本主义的某些长处来维护封建专制统治，这种手段和基础的矛盾，使洋务运动注定是画虎成猫。而且，洋务运动只是获得了统治阶级内部一少部分人的支持，在朝廷不仅有顽固派的阻挠和破坏，在社会上很多民众也未必理解。中日甲午战争爆发后，洋务派倾心打造的北洋海军惨败。

    当然，洋务运动并非一无是处，有些洋务虽然办得装模作样，但毕竟开启了中国近代化的道路。更重要的是，经过洋务运动，封建传统进一步松动，更多的中国人了解了西方，而且在无意中培养了一批早期资产阶级改良主义者，这也开启了下一步的自强道路。

    甲午战败后，维新派兴起，从公车上书到百日维新，由于缺乏更广泛的社会支持，还是未能翻出老佛爷的手心，再次失败。不过，历经维新过程，民主思想在中国开始传播，形成了广泛的文化革新运动，从而为由改良走向革命铺垫了基础。

    在列强入侵的狂潮下，清廷挽救危亡的时机一再丧失，无可如何之下，就连义和团也开出了药方，甚至提出了"扶清灭洋"的口号，这从侧面也反映了清统治者自救措施的苍白无力。八国联军再次洗劫北京后，从改良派中蜕变而来的革命派开始寻求更彻底的解决办法，即推翻清政府。流连紫禁城的清廷"垂老抱佛脚"，企图实行"新政"以掩人耳目。然而，时过境迁，即便清廷诚心改革，也没有机会了。1911年，武昌起义爆发，清政府终于被推翻，中国走上了一条新的救亡之路。

《时局图》

　　本图原由谢瓒泰于1898年所绘,后有修改。图中以熊喻俄国,虎喻英国,肠(一说蛇)喻德国,鹰喻美国,太阳喻日本,蛙喻法国,诸列强虎视眈眈,正在瓜分中国。而清朝官员竟无动于衷,或是躺着抽鸦片,或是饮酒作乐,或是玩弄金钱。通过这幅漫画,中国面临的这种虎视鹰瞵、瓜分豆剖,亡国之祸迫在眉睫的危急局面和清政府的腐败无能被形象生动地表现出来。

西暖阁会议

同治十三年十二月初五日（1875年1月12日）傍晚时分，同治帝驾崩，死时年仅19岁，没有子嗣。紧接着，慈禧太后便在养心殿西暖阁召集宗室王公大臣及御前大臣会议，商议由谁来继位，而这直接关系到慈禧太后是否还能继续垂帘听政。

等到参加会议的宗室惇亲王奕谅、恭亲王奕䜣、醇亲王奕譞、孚郡王奕譓、惠郡王奕详等人到齐以后，慈禧太后缓缓地说："皇帝已经驾崩，可到现在由谁来继承皇位还没有着落，你们说谁合适呢？"这时有人建议当立溥伦。溥伦是道光帝的曾长孙，但却是从旁支过继来的。还没等慈禧太后表态，惇亲王就说这溥伦是远支所生，不适合继位。按说，同治帝死后，应该从下一辈"溥"字辈中选一位继承人，但当时可供选择的候选人太少，更重要的是，慈禧太后不能让一个和自己血缘关系不近的人继位。再说，如果溥字辈继位，那慈禧太后就成了太皇太后，地位虽然更加尊崇，但与皇帝的关系毕竟又隔了一层（皇太后），这是她不愿意看到的。于是，慈禧太后接着说："溥字辈中没有合适的人选，还是醇亲王奕譞之子载湉比较合适。"

慈禧太后为何看重载湉呢？这个载湉是慈禧太后的妹妹所生，是她的内侄，与她更亲，这是其他人不具备的条件。另外，载湉的父亲醇亲王奕譞与慈禧太后的关系还比较融洽，而且在辛酉政变中也立下过功劳。从年龄上看，载湉才4岁，还需要人照顾，正符合慈禧太后继续垂帘听政的要求。

诸位宗室和大臣一听慈禧太后要立载湉，虽是他们都没有想到的，但太后既然主意已定，没人敢持异议。只见载湉的父亲、醇亲王奕譞先是感激地哭泣起来，接着匍匐在地连忙叩头，竟然晕厥不起。是因为太高兴了，还是

1875 年

1月12日（同治十三年十二月初五日），傍晚时分，同治帝驾崩。慈禧太后在西暖阁召集宗室王公大臣及御前大臣会议，决定由4岁的载湉继位，是为光绪帝。

养心殿西暖阁"勤政亲贤"殿

因为过于吃惊而眩晕？是对突如其来的喜事过于激动，还是因为惧怕慈禧太后的心狠手辣？从后来的情形来看，醇亲王奕譞的表现更多地是对未来的恐惧所致，因为根据他对慈禧太后的了解，他知道即便是自己的儿子当了皇帝，可这位西太后怎肯让权，假如有什么不满，别说儿子的命运难测，即便是自己的命运也不好说。

第二天，恭亲王奕䜣去看他，就说你能保住醇亲王的爵位就不错了。过了几天，认清形势的奕譞便请求慈禧太后将自己的所有任职解除，让他留一把老骨头颐养天年。慈禧太后也就顺水推舟，准了奕譞的请求。奕譞还不放心，又奏请停止自己世袭罔替的身份，因慈禧太后不许才作罢。看来，奕譞深深懂得"人怕出名猪怕壮"的道理。不久他又给慈禧太后上了一个《豫杜妄论》的折子，说："假如以后有人援引明代嘉靖帝尊崇自己生身父母的例子来为我争取地位的话，一定要严厉禁止，以免扰乱朝廷。要把我这份奏折保存起来，警示后人，一来皇帝必须遵守，二来我也可以保全名节。"奕譞所说的明代故事，即所谓"大礼仪之争"。正德十六年（1521）明武宗死后，因无子嗣，而由兴献王朱祐杬之子、武宗之堂弟朱厚熜即位，是为明世宗。明世宗极爱虚荣，即位伊始便要崇祀自己的生身父亲兴献王，结果引起朝廷一场大的争议。奕譞如此小心翼翼，就是担心不知哪天慈禧太后看自己不顺眼，生出事端。就这样，奕譞在以后的日子里不仅处处小心，而且对慈禧太后更加谦卑谨慎，决不敢显摆自己是当今皇帝父亲的身份。也正因如此，奕譞得以善终。

1881 年

三月初十日，慈安太后暴亡，从此两宫太后垂帘听政变为慈禧太后一人独断。

西暖阁会议结束后，仪仗队便前往醇亲王府去迎接小载湉进宫。第二天一大早，小载湉乘轿入乾清门，至养心殿谒见两宫皇太后，然后在惊恐中坐上了金銮殿，成为清入关后的第九位皇帝。辅佐小皇帝继位，这并不是慈禧太后的最终目的。当天，礼亲王世铎等人上奏，请求皇太后再次垂帘听政，在一片恳请的呼声中，慈禧太后"不得已"，俯允所请，答应两宫垂帘听政，她终于达到了目的。

相关链接

慈安太后暴毙宫中

慈安太后，咸丰帝皇后，钮祜禄氏，满洲镶黄旗人，三等承恩公穆扬阿之女。咸丰二年

(1852)被选秀入宫，立为皇后，时年16岁。咸丰帝临死之前，因皇后无子，立懿贵妃6岁的儿子载淳为皇太子。载淳继位后，尊先帝皇后钮祜禄氏为母后皇太后，尊其生母懿贵妃为圣母皇太后，后分别上徽号为慈安皇太后、慈禧皇太后。因慈安太后居住在紫禁城东路的钟粹宫，故称"东太后"，慈禧太后居住在西路的储秀宫，故称"西太后"。辛酉政变后，表面上慈安太后名分高于慈禧太后，共同垂帘听政，执掌国家最高权力，但实际上控制权力的还是慈禧太后。

光绪七年(1881)三月初十日，慈安太后暴亡，年45岁。慈安太后的身体素称强健，怎么会因偶染小病便突然死亡呢？野史中盛传是慈禧太后所害，有人说慈安太后是吃了慈禧太后送的点心之后死的，有的说是喝了慈禧太后送的汤后死的，有的说是被慈禧太后逼迫而死的。当然也有人认为慈安太后属于正常死亡，死因是心脏病突发。

不管怎么说，慈安太后死后，晚清政局再变，一方面恭亲王奕訢失去了朝中有力的支持，地位进一步被削弱，此后不久便被慈禧太后赶出了军机处，另一方面光绪帝也失去了一位有力的保护者，从此变得郁郁寡欢，处境更加不利。而对于慈禧太后来说，由原来的两宫太后垂帘听政一下子变成了她一人独断，朝政尽由己出，她从此成了清王朝名副其实的最高主宰。

左宗棠收复新疆

1864 年
冬,中亚浩罕国军官阿古柏入侵新疆。

1871 年
五月,沙俄利用阿古柏侵略新疆所造成的混乱局面,悍然派兵侵占新疆伊犁地区。

1875 年
三月,左宗棠受命为钦差大臣,督办新疆军务。
四月,诏命李鸿章为北洋海防大臣,督办北洋海防事宜;命沈葆桢为南洋海防大臣,督办南海海防事宜。

朝中权力争斗不止,内忧外患亦接二连三。同治十年(1871)五月,沙俄利用中亚浩罕国阿古柏侵略新疆所造成的混乱局面,借口"安定边境秩序",悍然派兵侵占伊犁地区,实行殖民统治。沙俄侵占伊犁后,虚伪地对清政府说这是"代为收复"。清政府多次向沙俄交涉归还伊犁,均无结果。

新疆动荡不安的局势,立即造成了祖国西北边疆的严重危机。此时,正在镇压陕甘回民起义的陕甘总督左宗棠得知沙俄抢占伊犁的消息后,立即写信给他的部将刘锦棠说:"俄国人以往侵占黑龙江领土,北方形势日益恶化,现在又窥伺我国西部边陲,绝对是蓄谋已久的行动,一定要提前准备应付。"国家有难,匹夫有责。当时左宗棠本打算借病退休回湖南老家,见此情景,便打消了这个念头,决心毛遂自荐,抵御沙俄,收复新疆。

同治十三年(1874),在镇压陕甘回民起义后,左宗棠立即着手准备收复新疆,派遣部将张曜率领部队进驻新疆哈密地区,兴修水利,开荒垦田,储备粮草,正所谓兵马未动,粮草先行。然而此时朝廷中对是否收复新疆的问题发生了争论。也就是在这一年,发生了日本侵占我国台湾的事件,总理衙门于九月上折,提出必须积极筹备海防,显然是在忽视西北新疆塞防。

直隶总督李鸿章就认为新疆是个不毛之地,即便是平时,每年也要消耗兵费 300 多万两银子,而且收复它需要耗费巨大的人力和物力,不值得。况且新疆地处西北,北临俄罗斯,西边是土耳其、波斯各国,南边接近英国属地印度,周围这些势力都日益侵削,即便勉强收复,也难以保证日后能够长久稳定。再说,新疆目前形势复杂,既有阿古柏的入侵,又有英国、俄国的勾结串通,以目前中国国力实在无暇兼顾海防和塞防,应该放弃新疆,全力经营东南海疆。相比之下,如果不收复新疆,还不至于伤害到大清的元气,如果海疆出问题,心腹大患就会日益加剧。李鸿章的奏折看起来振振有词,上呈后立即得到了福建船政大臣沈葆桢、河南巡抚钱鼎铭、山西巡抚鲍源深等人的响应。

左宗棠则据理力争，他坚持认为：只有新疆收复后，才有可能兴办屯田，移民实边，巩固边疆，然后才能停撤兵力，节约粮饷，全力以赴对付海疆危机。如果在这个时候不收复新疆，无异于自撤藩篱，敌寇必然得寸进尺，得陇望蜀，以后蒙古各地必将唇亡齿寒，扰动京师，对朝廷的威胁更大。到那时候，再想要全力对付海疆威胁，也根本不可能了。但左宗棠也并非要放弃海防，因此他主张海防和塞防要一起对待，两者并重。他的主张得到了山东巡抚丁宝桢、湖南巡抚王文韶、江苏巡抚吴元炳等人的支持。

好在以慈禧太后为首的清廷最终采纳了左宗棠的意见，于光绪元年（1875）三月二十八日任命左宗棠为钦差大臣，督办新疆军务，统兵收复新疆。

第二年春天，左宗棠大军兵分三路入疆，按照先北后南的既定战略，很快便攻下了乌鲁木齐、玛那斯等地。见此情形，俄国急忙鼓动阿古柏与俄国签订所谓边界条约，妄图造成既成事实，以便事后强迫清政府承认。英国也没闲着，英国驻华公使威妥玛试探清廷，可否允许阿古柏投降，作为清朝属国，不必朝贡，清军也可以免得动刀动枪、劳师糜饷。清政府识破了英国的这一阴谋，断然拒绝。

光绪三年（1877）春，清军由乌鲁木齐南下，连克达坂城、托克逊、吐鲁番。阿古柏逃至库尔勒，感到败局已定，服毒自杀。其长子在喀什噶尔称汗，继续负隅顽抗。此时，英国又向清廷提出建议，保留喀什噶尔政权，作为中国藩属，并将南疆东部几城交还中国。左宗棠严词拒绝，说："以往英国人在海上说只是希望开口岸通商，现在则索要疆土，绝不允许。"左宗棠军继续南下，于十一月收复喀什噶尔，继而收复和阗。至此，除伊犁地区仍被俄军占领外，新疆其余地方已全部收复。

1876 年
七月，李鸿章与英国公使威妥玛在烟台签订中英《烟台条约》。

1877 年
四月，阿古柏逃至库尔勒，服毒自杀。

1879 年
清政府派出的崇厚在沙俄威胁下，擅自签订了《里瓦吉亚条约》及《陆路通商章程》。

1881 年
正月二十六日，曾纪泽在俄国彼得堡与俄方代表签订了中俄《伊犁条约》及《改订陆路通商章程》。

 **相关链接**

中俄《伊犁条约》签订与新疆建省

左宗棠率兵进入新疆，击退阿古柏后，向俄国提出索还伊犁。沙俄提出必须取得中国内地的通商权利，并割占中国特克斯河流域和伊犁以西的土地，才能交出伊犁。光绪五年（1879），清政府派出的谈判代表崇厚在沙俄威胁下擅自签订了《里瓦吉亚条约》及《陆路通

曾纪泽

商章程》。条约名义上把伊犁归还中国,但却将伊犁南境的特克斯河流域和西境霍尔果斯河以西的大片领土割让给沙俄,这样,使伊犁成为孤城。而且,这个条约还规定:将喀什噶尔及塔尔巴台两处的双方边界作有利于沙俄的修改,以及赔偿军费、免税贸易、增辟通商线路和增设领事等。

消息传来,舆论大哗,纷纷要求改约,清政府一方面迫于舆论压力,另一方面感到丧权太多,于是拒绝批准这个条约。光绪六年(1880),清政府派驻英公使曾纪泽出使俄国交涉改约。为了使其就范,沙俄在我国东北和西北边境集结了大量兵力,并增调海军在中国海面示威,对曾纪泽进行外交恫吓,还一再以中止谈判、发动战争相威胁。光绪七年(1881)正月二十六日,双方代表签订了中俄《伊犁条约》及《改订陆路通商章程》。根据这两个条约,中国虽然收回伊犁和不再割让特克斯河流域,但霍尔果斯河以西地区却被沙俄割去。后来,沙俄又通过5个勘界议定书,吞并了我国西部7万多平方公里的领土。

为了加强对新疆的统辖,巩固边防,光绪十年(1884)十月,清政府将新疆建为省,以乌鲁木齐为首府,设置州、县,任命刘锦棠为首任新疆巡抚。

中日黄海大战

清廷本想借助办理洋务以增强国力,结果却没能抵挡住日本的侵略,惨遭失败。光绪二十年(1894)八月十八日,中日两国海军在黄海大东沟展开决战,这场战役是中日甲午战争双方胜败的关键战役。

光绪二十年(1894)春,朝鲜爆发东学党农民起义,朝鲜政府请求清政府派兵协助镇压。以此为借口,日本也派兵入朝。当中日两国向朝鲜出兵时,朝鲜政府已接受东学党起义军提出的要求,双方签订了休战和约,朝鲜内战实际上已经停止。六月初,清军开始撤兵,但日军仍决心扩大事端,胁迫朝鲜政府废除中朝通商条约,并驱逐中国军队出境。日军不宣而战,在丰岛海面对中国海军发动突然袭击,击沉中国运兵船"高升"号,同时日本陆军向驻牙山一带的中国军队发起进攻,终于挑起了这场侵略战争。七月初一日,中日两国政府同时宣战,甲午战争全面爆发。

八月十五日,日军首先在平壤包围清军,作为清军统帅的叶志超毫无胆略,盲目下令清军撤退,结果遭到日军伏击,损失惨重。平壤战役后,日军便开始搜寻清朝北洋舰队进行决战。为了增援平壤,清廷也决定再次增兵朝鲜。八月十七日,北洋舰队在不知平壤已被日军攻陷的情况下从威海基地出发,护送援军。

八月十八日上午,正在准备返航的北洋舰队发现日本联合舰队正在逐渐驶近。发现敌舰后,提督丁汝昌立即指挥战舰以双纵队平均5海里的航速迎敌。以铁甲舰"定远"、"镇远"居中;以巡洋舰"靖远"、"致远"、"广甲"、"济远"为左翼;以巡洋舰"来远"、"经远"、"超勇"、"扬威"为右翼;要求各舰保持阵形,协同动作,互相援助。

中午12时,"定远"号向日舰开火,日本舰队避开"定远"、"镇远"主舰,利用舰速快的优点,首先扑向实力较弱的"超勇"、"扬威"两舰,虽然右舷暴露被北洋舰队抓住机会,日舰中弹死伤多人,但仍集中火力猛攻"超勇"、"扬威"号。结果,"超勇"号中弹后被烈火烧毁沉没,"扬威"号起火后搁浅,丧失战斗力。与此同时,主舰"定远"号因施放炮火震落飞桥,正在督战的丁汝昌跌落受伤。但此时的北洋舰队并未落入下风,反而将日舰隔断,速度比较慢的4艘日舰遭到北洋舰队

1894 年

春,朝鲜爆发东学党农民起义,朝鲜政府请求清政府派兵协助镇压。以此为借口,日本也派兵入朝。

七月初一日,中日两国同时宣战,甲午战争全面爆发。

八月十八日,中日黄海海战爆发。

十月,孙中山在檀香山创立兴中会,该会以推翻清政府、振兴中华为宗旨。

1895 年

正月,威海卫失守,北洋舰队彻底覆灭。

三月二十三日,中日《马关条约》签订。

八月,因俄、德、法三国干涉还辽,中国政府增添赔款3000万两白银。

四月初八日,康有为、梁启超等千余名举人联名上书光绪帝,反对清政府签订丧权辱国的《马关条约》。这是维新派登上历史舞台的标志。

的痛击。但后来日舰绕过北洋舰队，形成夹击之势，北洋舰队形势大为不利。

在危急时刻，"致远"舰管带邓世昌为保护主舰"定远"号，冲出阵形，与敌舰激战，后因弹药耗尽，舰身也中弹倾斜，邓世昌便命令开足马力撞向前面的"吉野"号。"吉野"号慌忙躲避，并以鱼雷拦截，"致远"号被鱼雷击中沉没，邓世昌壮烈牺牲，舰上官兵250人中生还者仅27人。

"致远"号奋勇冲向日舰"吉野"号

"致远"号沉没后，"济远"号管带方伯谦害怕日舰围攻，慌忙退却，结果撞沉搁浅的"扬威"号。"广甲"号见势也撤出战斗。"济远"、"广甲"二舰逃跑后，日舰便集中火力围攻"经远"舰。管带林永升奋力指挥，最终寡不敌众，中炮身亡。"定远"号管带刘步蟾代替受伤的丁汝昌指挥作战，重创日舰。随着"靖远"、"来远"号的声援以及数艘鱼雷艇的赶到，北洋舰队声势复振，日舰向东南退却，北洋舰队追击10海里后，也收队返回旅顺港。历时5个小时的黄海海战至此结束。

经此一战，北洋舰队丧失了"致远"、"经远"、"超勇"、"扬威"、"广甲"（逃离战场后搁浅）5艘战舰，官兵伤亡800余人，管带邓世昌、林永升等阵亡。日本舰队也有5艘战舰遭受重创，但均未被击沉。按说，北洋舰队仍有再战的能力，但此后北洋舰队遵守李鸿章的命令，返回威海卫海军基地，坐以待毙。

光绪二十年十二月二十五日至次年正月十八日（1895年1月20日至2月12日），中日又进行了山东威海卫战役，北洋舰队彻底覆灭。北洋舰队的覆灭，不仅意味着中国已落在日本的下风，也宣告了洋务运动失败的命运。

 **相关链接**

《马关条约》的签订及其影响

甲午战争失败后，清政府任命李鸿章为全权代表与日本议和。光绪二十一年（1895）三月二十三日，李鸿章与日方代表伊藤博文等签订了中日《马关条约》。主要内容是：割让辽东半岛、台湾全岛及其附属岛屿和澎湖列岛给日本；赔偿日本军费2亿两；开放沙市、重庆、苏州、杭州为商埠，日船可以自由出入以上各港口等。

由于《马关条约》中规定将辽东半岛割让给日本，危害了沙俄在东北的权益，故于《马关条约》签署后第六天，俄罗斯、法国及德国联合进行干涉，迫使日本把辽东半岛还给中国，称为"三国干涉还辽"。日本被迫同意归还辽东半岛，但清廷须缴付3000万两"赎辽费"作为补偿；俄国势力进入辽东，这成为光绪三十年（1904）日俄战争的远因。

甲午战败和《马关条约》的签订对清末政局的发展产生了深远影响，有识之士开始意识到，单靠学习西方船坚炮利技术并不足以抵抗外敌的入侵，继而提出政治改革的要求。康有为和梁启超在北京发动举人联署签名，要求清廷拒和、迁都、变法，史称"公车上书"。后因以慈禧太后为首的顽固守旧势力的阻挠和破坏，维新运动最终失败。戊戌变法虽然很快失败，但却比较广泛地传播了西方资产阶级的社会政治学说，拉开了中国政治近代化的序幕，以孙中山为首的革命党人的革命运动亦次第展开，主张推翻清政权，建立共和政体。

戊戌政变

甲午惨败，进一步刺激了中国，以康有为、梁启超为代表的维新派乘时而起，发起了一场以救亡、变法为主旨的维新运动，促使光绪帝实行变法。光绪二十四年（1898）四月二十三日，光绪帝颁布"明定国是"诏书，开始推行新政。

当时，慈禧太后虽然继续控制着朝政和光绪帝，但出于对权位的眷恋和对大清江山社稷的些许责任感，再加上变法人士的呼吁，以及列强的压力，她允许光绪帝采取一定程度的变法措施，但一旦光绪帝走得太远，超出了自己的控制范围，慈禧太后就要收网了。

以前光绪帝实际上只是慈禧太后的傀儡，事事都要先请示慈禧太后后才敢决定。可是自从变法开始后，慈禧太后越来越感觉光绪帝不像原来那么听话了，很多事都敢擅自做主了。光绪帝还任命谭嗣同等四人为军机章京，在军机处行走，光绪帝有什么旨意直接通过这四个人去执行，从而绕过了依附在慈禧太后身边的守旧派官员。此外，光绪帝还大刀阔斧地裁撤抵制变法的守旧官员，重用支持变法的人。

为了掌握政局的主动权，在四月二十七日，"明定国是"诏书颁布后的第四天，慈禧太后便迫使光绪帝下令将其师傅，也是支持光绪帝最有力的协办大学士、军机大臣、户部尚书翁同龢罢黜。同时，任命自己的亲信荣禄为直隶总督，控制京畿一带的军队指挥权。

这时新旧势力的较量也日趋白热化。五月初二日，宋伯鲁、杨深秀联名上奏章弹劾总理衙门大臣许应骙阻挠新政，许应骙则攻击康有为蛊惑人心，要求将他驱逐回籍。半个月后，御史文悌参奏康有为胆大妄为，不安本分。光绪帝将许应骙、文悌等人一并革职。一时间，反对变法的大臣人人自危，纷纷跑到慈禧太后那里哭泣着跪请阻止皇帝变法。紧接着，湖南举人曾廉上疏，要求诛杀康、梁。康有为等人感到形势危急，时不我待，情急之下决定借助袁世凯的力量。

袁世凯曾长期驻兵朝鲜，了解国内外的形势，并不反对变法。为确保万一，康有为先派人到天津小站对袁世凯加以试探，随后谭嗣同以恳切的言辞密奏光绪帝，要拉拢袁世凯。光绪帝立即召见袁世凯，加封他侍郎之职,命其专办练兵事务。光绪帝这一举动引起了慈禧太后的猜疑。

七月二十九日,光绪帝赴颐和园向慈禧太后请示开懋勤殿事宜,被严词拒绝,当时光绪帝深感形势不妙。次日,他向杨锐颁下密诏,说:"朕位且不能保,何况其他?"要维新派筹商对策。八月初二日又由林旭带出第二次密诏,令康有为"汝可迅速出外,不可迟延"。康有为、梁启超、林旭、谭嗣同等维新派的核心人物跪诵密诏,痛哭失声,誓死搭救皇帝,不得已铤而走险,决定实行兵变,包围颐和园,迫使慈禧太后交权。

康有为决定由谭嗣同夜访袁世凯,劝说袁世凯勤王,杀荣禄,除旧党。袁世凯以所部官兵有枪无弹进行推托,赶回天津后连夜去见荣禄,把事情的始末一五一十都对荣禄讲了。荣禄当即下令封锁进京的重要道路,没有他的命令不允许任何军队擅自进北京。这天深夜,慈禧太后通过秘密渠道得知这件事后,大惊失色,她做梦也不会想到,平日一贯唯唯诺诺的光绪帝胆敢这样做。经历了几十年宫廷斗争的慈禧太后,立刻采取行动,以迅雷不及掩耳之势从颐和园回到紫禁城,将光绪帝痛骂一番之后,把他囚禁在瀛台,自己重掌大权。与此同时,她下令关闭北京各城门,封锁交通,出动三千军士在全城搜捕维新派人士。

八月初九日,梁启超见到谭嗣同,再三劝他和自己一起去日本而未果。谭嗣同对梁启超说:"各国的变法,无不是经过流血牺牲而成功的,而在中国从没听说过有为变法维新而流血的,这大概就是我们失败的原因吧。如果是这样,我谭嗣同愿意成为变法维新而流血牺牲的第一人!"第二天,谭嗣同被逮捕,在狱中,他在墙壁上题诗一首:"望门投宿思张俭,忍死须臾待杜根。我自横刀向天笑,去留肝胆两昆仑。"

八月十三日,慈禧太后下诏,将谭嗣同、杨锐、刘光第、林旭、杨深

懋勤殿

懋勤殿,位于乾清宫西廊,原是皇帝批阅奏本及鉴赏书画的地方。此时,光绪帝拟开懋勤殿,是想用旧瓶装新酒的办法,以设顾问官的方式把康有为、梁启超等维新派的领袖、骨干人物聚集起来,组成一个筹划、指导变法维新的核心。如果懋勤殿得以制度化,康党上台,慈禧太后本人将丧失手中的绝大部分权力。因此,光绪帝此议一提出,便被慈禧太后否决了。

瀛台旧影

秀、康广仁六人押赴菜市口开刀问斩，命军机大臣刚毅监斩。谭嗣同面不改色，从容就义，年仅33岁。清政府随即又罢免了数十名支持维新派的官员。除京师大学堂外，其余新政措施均被废除，戊戌变法宣告失败。

 **相关链接**

维新运动

维新运动开始于光绪二十一年(1895)在北京发生的"公车上书"，虽然在当时没有得到直接实质的结果，但却掀起了变法的浪潮。自光绪二十四年(1898)四月二十三日，光绪帝颁布"明定国是"诏书，开始推行新政，至八月初六日慈禧太后重新训政，在103天的时间里颁布了数十条维新诏令，史称"百日维新"。新政主要内容为倡办新式企业、奖励发明创造；设铁路、矿务总局，修筑铁路，开采矿产；废除八股，改试策论，开设学校，提倡西学；裁汰冗员，削减旧军，重练海陆军等。戊戌政变后变法虽然失败，但维新运动的影响并没有消失。此后，维新派大力传播西方的社会政治学说，宣传天赋人权、自由平等、社会进化等观念，批判封建君权和封建纲常伦理，形成广泛的文化革新运动，从而为改良走向革命作了铺垫。

八国联军洗掠京津

戊戌变法虽然失败了，但中国人为挽救民族危亡所作的努力从来没有停止，而这一次探寻出路的代表是当时的农民。为抗击西方列强瓜分中国的狂潮，以义和团为代表的广大农民自发组织了反帝爱国斗争。光绪二十六年（1900）正月下旬，义和团的反帝怒火越烧越旺，列强为了保住并扩大在华利益，除了威逼清政府取缔义和团外，又组织军队准备进行武装干涉。五月十四日，在天津聚集的八国联军由英国中将西摩为统帅，开始了对京津地区的洗劫。

六月十八日，联军占领天津城。城破的几日内，满城浓烟滚滚，烈火不熄，整个城市犹如一片火海，夜间更是火光熊熊，整条整条街道都被烧了，只剩下冒着烟的房梁屋架。在联军的野蛮屠杀下，天津城内死人满地，到处弥漫着尸体腐烂的臭味。各国侵略军都是一流的抢劫能手，他们三五成群，游街串巷，挨户搜掠。要是门不开，马上用脚踢开，用枪逼迫房主，任意拿走他们所喜爱的东西，从金银、古玩文物、皮毛、丝绸乃至猪、羊、鸡、鸭，无不抢掠干净。为了寻找更多的财富，他们甚至不放过坟墓，到处掘地刨坟，棺木四散，尸骨遍地。

七月初十日，约2万联军从天津出发，沿运河两岸向北京进犯。七月十九日，俄军参谋长率领一支先头部队，向北京东便门发动进攻，抢先进入北京城。二十日，日军赶到朝阳门、东直门外，用炮弹将城门炸开后入城。

联军的猛攻，吓坏了慈禧太后，二十日这天连续五次召见大臣商议对策。二十一日凌晨，慈禧太后换上农妇的衣服，挟持光绪帝，和十几位王公大臣，在数百名清军的掩护下，仓皇逃出西华门和德胜门，经居庸关向太原方向逃窜，最后又向西逃到西安。慈禧太后出逃后，联军为抢夺财宝，于二十一日向紫禁城发动进攻，驻守皇宫的清军和义和团进行了顽强抵抗，但最终被联军击溃，北京沦陷。

八国联军进入北京城后，开始了大规模的烧杀、掳掠和残暴的奸淫活动。鼓楼一带市民住房几乎全部化为灰烬，从地安门至西华门被焚毁的房屋无数，烈焰昼夜腾腾。联军在城内横冲直撞，疯狂屠杀，即便是逃难的老百姓也不放过。一队法国兵将一群逃难的老百

1901 年

七月二十五日，奕劻、李鸿章代表清政府与英、俄、德、法、日等十一国公使签订了丧权辱国的《辛丑条约》。

姓逼进一个死胡同，架起机枪进行扫射，直到杀死最后一人。整个北京城成了一个大坟场，到处是死尸，无人掩埋，任凭野狗撕啃。八国联军还肆意奸淫妇女，不分老少，随意奸宿，许多妇女为免遭奸污而跳井悬梁，各街巷哭嚎之声不绝于耳。

堆满文物珠宝的皇宫、颐和园等地更成为八国联军抢掠的首要目标。各国军人和使馆人员在参观皇宫的名义下，将各宫陈设盗抢一空，甚至宫殿里的字画、窗间雕刻的画版也被拆下拿走。八国联军在皇宫到底抢走了多少文物，其数目难以估算。在京各衙门均遭洗劫。日军首先抢占了户部银库，将近300万两银子搬到了日本使馆，随后又抢劫了大量实物。私人宅院和商铺也未能幸免。仅从礼亲王府，法军就劫走了现银200万两和无数的古玩珍宝。法军还从户部尚书立山家抢走价值300万两的财物。对于那些商铺，八国联军都以搜捕义和团为借口，手持刀枪，挨户搜索，他们翻箱倒柜，见什么拿什么，有的民户一天竟被抢三四次之多。瓦德西到任八国联军总司令后，更是指挥联军四处攻掠。经过这番抢劫，北京自元明以来的积累，无论是典章文物，还是国宝奇珍，均损失惨重。

就在北京沦陷后，慈禧太后立即派李鸿章与八国联军议和。光绪二十七年（1901）七月二十五日，奕劻、李鸿章代表清政府与英、俄、德、法、日等十一国公使在最后议定书上签字，这就是丧权辱国的《辛丑条约》。条约的签订，严重侵害了中国政治、经济、军事方面的权益，是一个空前屈辱的奴役性条约。它使中国完全沦为半殖民地半封建社会，清廷成为列强统治中国人民的工具。

 **相关链接**

义和团运动

义和拳本来是长期流行在山东、直隶一带的民间秘密会社。它的活动一直受清政府的查禁和镇压。随着西方列强的入侵，义和拳改称义和团，提出"扶清灭洋"的口号，他们把斗争的矛头指向帝国主义，集中打击外国教会侵略势力。光绪二十六年（1900），义和团运动揭开序幕，迅速发展壮大，势如燎原烈火，很快掀起了一场席卷中国北部、震撼全世界的反帝爱国运动。

随着义和团反帝斗争声势日益壮大，西方列强为维护在华利益，不断催促清政府采取

义和团战士

措施镇压义和团,还公然干涉清政府内政,责令清政府派袁世凯到山东镇压义和团。随后帝国主义又组成八国联军入侵中国。在义和团运动中,中华民族付出了几十万宝贵生命的代价。但鲜血没有白流,义和团运动迫使外国侵略者"重新认识中国",他们终于无可奈何地作出了"瓜分一事,实为下策"的结论。

当然,义和团的爱国主义不可避免地存在着历史的和阶级的双重局限,义和团把抵抗侵略与学习外国先进事物绝对地对立起来,笼统地提出"灭除洋人,歼灭洋教"的口号,号召人们"仇洋灭教"。再者,由于皇权主义思想紧紧地束缚着义和团群众的头脑,使他们分不清国家和朝廷的区别,以致到后来竟把封建朝廷作为国家的象征来加以保卫,这也是他们被封建统治阶级欺骗、利用的根源。

五大臣出洋

光绪三十一年(1905)九月,清廷派遣载泽、端方等五位大臣"出洋考察政治"。此时的清廷派出政治考察团,意欲何为呢?

戊戌变法失败,义和团被镇压,中国的出路到底在哪里?当时,内忧外困的慈禧太后为安抚民心、取悦列强,更为了保住自己的地位,不得不调整统治方针,开始推行"新政",实施了一些维新派甚至是早年洋务派提出的方案,但由于"新政"的根本出发点是敷衍形势,其结果也就可想而知了。而就在此时,从近代社会变革中成长起来的民族资产阶级发起了要求进行政治制度改革的君主立宪运动。在这种形势下,清廷决定派大臣出洋考察宪政。

八月二十六日,五大臣带领参赞、随员,乘火车离京出国。当日上午,北京正阳门车站岗哨林立、戒备森严,前来送行的王公大臣、达官贵人熙熙攘攘。五大臣乘坐的火车正准备出发,"陡闻轰震之声甚为剧烈,并见烟气弥漫,窗棂皆碎",车厢内爆炸。原来是革命党人吴樾想用暗杀的手段炸死五大臣。当时,吴樾乔装成皂隶,怀揣炸弹,潜入五大臣专车,但尚未动手时,因车头挂钩,车厢猛震,触动信管,自动爆炸,吴樾当场牺牲,绍英等人受轻伤。

事件发生后,清政府改派顺天府丞李盛铎、山东布政使尚其亨顶替徐世昌、绍英,仍由五人组成考察团,于当年十一月分两批先后启行。

戴鸿慈、端方为一路,出访的主要国家为美国、德国、奥地利、俄国和意大利。另一路由载泽、尚其亨、李盛铎组成,主要访问日本、英国和法国。戴鸿慈虽然是一个平庸的封建官僚,但在出洋大臣中还算是比较愿意接受新事物的人,欧美资本主义世界的物质文明和资产阶级民主制度的某些方面,也使他耳目一新。他把这些见闻一一记入了出使日记。在参观美国第一任大总统华盛顿的故居时,他大吃一惊:"室中陈设朴素,无异平民。盖创造英雄,自以身为公仆,卑宫恶服,不自暇逸。"不禁赞叹道:"诚哉!不以天下奉一人也。"拜访瑞士总统时,看到其"庭宇甚小,器服质朴",总统回访时"与其子步行而至"。

这一切，使他深深感到西方国家元首与封建帝王的生活与举止迥然不同。他走访了美、英等国的国会，意识到资本主义国家的民主政治优于君主专制。他说，美、英等国的国家大事皆交选举产生的上下议院充分讨论。资本主义国家为什么敢于实行民主？他解释说："盖由其于公私之界限甚明，故不此患也。"他又说英国国会，"非政府党则每事指驳，务使折衷至当"，"诚所谓争公理，不争意气者，亦法之可贵者也"。戴鸿慈基于上述的一些见闻和认识，回国后上奏朝廷，坚决主张预备立宪。载泽等访问日本、英国期间，也对君主立宪政体颇为欣赏，赞不绝口。他说："大抵日本立国之方，公议共之臣民，政柄操之君上，民无不通之隐，君有独尊之权。"五大臣在国外还参观了大量政治、教育、文化等各类设施，其中也包括世界博览会。如端方等人到达意大利时，正值米兰世博会举办期间，他们参观了博览会，亲身感受到西方社会的文明，感触颇深。回国后，五大臣及其随员们纷纷上书朝廷，建议设立博物馆、图书馆等公共文化设施，以开民智、化民俗。

五大臣考察西方政治社会，的确让他们感受到了不一样的外部世界，对他们的思想也产生了极其深刻的震撼。结果如何呢？出洋考察政治的大臣先后向慈禧太后陈述实行立宪的种种好处，比如可使"皇位永固"、"外患渐轻"、"内乱可弭"，但主张"实行之期，可宽立年限"，妄图借"立宪"之名缓和国内矛盾，防止革命，使清皇位永固，故而颇受慈禧太后赏识，决定采纳施行。

光绪三十二年(1906)七月十三日，清政府宣布实行"预备立宪"。但是，此时的中国大地革命风暴已经山雨欲来，早已没有从容改革的时间了。

相关链接

清末新政

《辛丑条约》签订后，列强要求清政府迅速改变当前的状态。清政府已经无法应付当时的政治局势，财政上也出现了严重的亏空，这使清廷感到无法照旧统治下去了。为挽救统治危机，光绪二十七年(1901)，慈禧太后以光绪帝名义下诏，宣布实行"新政"。"清末新政"分为两个阶段：

从光绪二十七年到光绪三十一年为第一阶段，清政府连续颁布了一系列"新政"上谕，主要内容包括：一、改革官制。撤销总理各国事务衙门，改设外务部。后来又设商部、练兵处、巡警部、学部等。二、改革经济，陆续公布了《商律》、《公司注册试办章程》、《商会简明章程》、《奖励公司章程》以及《矿务章程》、《试办银行章程》等，提倡奖励实业，振兴商务，鼓励私人出资兴办企业、交通等。三、改革教育。在全国范围内设立大、中、小学堂；通令各省选派学生到东、西洋各国讲求专门学业，学成者回国给予任用。光绪三十一年（1905），正式宣布废除科举制度。四、改革军制，编练新军。光绪二十九年（1903），于北京成立练兵处，任命奕劻总理练兵事务，袁世凯为会办练兵大臣。五、改革法律。清廷参照西方各国法律，修改《大清律例》，废除枭首、凌迟、黥面等酷刑。此外，还颁布了禁缠足、禁鸦片以及允许满汉通婚等法令。

从光绪三十二年到宣统三年为第二阶段，以"预备立宪"的政治改革为主。随着国内民主革命运动的迅速发展以及国内立宪呼声的高涨，清政府迫于形势，于光绪三十一年派五大臣出洋考察宪政。第二年七月，慈禧太后正式下诏宣布"预备仿行宪政"。作为实行宪政的"预备"，清政府从改革官制入手，继而厘定法律、清理财政、整顿武备等；在中央设立资政院，各省设立谘议局；还颁布了一些振兴实业等方面的措施。光绪三十四年（1908），《钦定宪法大纲》颁布，规定皇帝权力至高无上，同时规定预备立宪以9年为期；后在立宪派的强烈要求下，将预备立宪期限改为5年。宣统三年（1911）四月，新内阁成立，13名内阁成员中皇族竟占了5人，这个内阁被称为"皇族内阁"。皇族内阁的出台，激起了社会各阶层特别是立宪派的不满。武昌起义爆发后，清廷又公布了《宪法重大信条十九条》，但为时已晚，清政府的命运没有因为《信条》的公布而逆转。

清末新政是近代中国社会新陈代谢的重要环节，对推动中国社会的近代化有一定的进步作用。不过，对于清政府来说，由于它不能处理新政引发的诸多矛盾和问题，新政不仅没能挽救它衰亡的命运，反而加速了其覆灭的进程。

《苏报》案

清廷推行"新政",企图临渴掘井,但历史提供给清王朝的机遇已经多次被丧失,此时民主革命思想的浪潮已经风起云涌,垂死时刻的清政府勾结帝国主义势力对革命思想进行了严厉压制。光绪二十九年(1903)查封了大量刊登"排满"文章的《苏报》,章炳麟(号太炎)、邹容被捕,酿成《苏报》案。

《苏报》于光绪二十五年(1899)在上海创刊。光绪二十九年(1903)夏,该报聘请章士钊为主笔,章太炎、蔡元培为撰稿人,报道各地学生的爱国运动。以后,《苏报》又陆续刊登了许多宣传革命的文章,旗帜更为鲜明。当时,邹容的《革命军》在上海出版,章太炎的《驳康有为论革命书》也公开发表。

邹容自日本游学返国后,到上海参加爱国学社,与章太炎同寓,曾参加在张园举行的拒俄会议。他奋笔疾书,写成《革命军》,说:"革命者,天演之公例也;革命者,世界之公理也;革命者,争存争亡过渡时代之要义也;革命者,顺乎天而应乎人者也;革命者,去腐败而存良善者也;革命者,由野蛮而进文明者也;革命者,除奴隶而为主人者也。"章太炎看后说:"吾持排满主义数岁,世少和者,以文不谐俗故,欲谐俗者,正当如君书,因为之序而刻行之。"邹容在《革命军》中以悲愤的心情、通俗的语言,抨击清政府的卖国罪行,认为只有革命,才能"去腐败而存良善","由野蛮而进文明","除奴隶而为主人",号召以革命推翻清政府。章太炎在《驳康有为论革命书》中,尖锐地批判了康有为的中国只能改良、不能革命的谬论,并把矛头直接指向光绪皇帝。这两篇极其犀利的革命文章问世之后,立即产生了很大的影响,使清政府感到极大的恐慌和震怒,清政府公然采取镇压手段,下令封闭《苏报》,逮捕章太炎、邹容等人。

由于《苏报》馆设在租界内,清政府便请求帝国主义帮助镇压。光绪二十九年(1903)闰五月初五日,清政府勾结上海公共租界工部局,前往查封《苏报》。当天上午,侦探、巡捕多人闯进《苏报》馆,出示查禁"爱国学社"和《苏报》,以及捉拿钱允生、程吉甫、陈叔畴、章炳麟、邹容、龙泽厚、陈范七人的牌告,当场将账房程吉甫锁去。陈范当

1899 年

《苏报》在上海创刊。

1903 年

邹容的《革命军》出版,章太炎的《驳康有为论革命书》公开发表。闰五月,清政府勾结上海公共租界工部局,查封《苏报》,章太炎、邹容被捕。

1905 年

二月二十九日,邹容死于上海狱中。

七月二十日,中国同盟会成立。

十月三十日,同盟会机关报《民报》发刊,孙中山提出"民族、民权、民生"三大主义,即三民主义。

天也在馆内,巡捕两次到馆都没有捉他,陈连夜走避。

初六日上午,侦探、巡捕又前往爱国学社抓人。章太炎仍住在社内。头一天晚上,他与吴稚晖等去《苏报》馆向陈范打听捕人情况,知道自己也在列。这天清早,叶瀚来到学社劝章太炎等人"留此身以有待",其他人纷纷散去,章独岿然不动。巡捕拿着拘票,一一指名查问。章答道:"余人都不在,要拿章太炎,我就是!"遂被铐走。同日,陈范的儿子仲歧、钱宝仁在《女学报》馆被捕。章写信劝邹容、龙泽厚自动投案。龙当夜自首。

邹容本由张继匿于虹口外一位外国传教士家中,得章太炎狱中之信,信中以大义相招。为不让兄长独受牢狱之灾,初七日,邹容亦自动投案。巡捕房的捕头见一人西装短发,文弱稚气,便问何事,来人答道:"我是邹容。"捕头不信,但来人坚持自己确是写《革命军》的邹容,这才被关入捕房。

十三日,《苏报》被封,章、邹在狱中绝食抗议。章太炎写了《答新闻报记者问》,在这篇文章中他满怀信心地说:"四万万人民都会同情我们,而公理一定会战胜的。"他在狱中还参与组织江浙革命组织"光复会"的筹划工作。邹容在监狱中不堪折磨,不幸病故,年仅21岁。光绪三十二年(1906),章太炎刑满出狱,前往日本东京,参加了孙中山组织的同盟会,主编《民报》,与改良派展开论战。

清政府本想压制革命思想的传播,然而事与愿违,《苏报》案不仅没有削弱革命的呼声,反而进一步激发了民主革命思想的传播和革命运动的发展。

 **相关链接**

中国同盟会建立

在反帝爱国运动的推动下,随着民主革命思想的传播,各地革命知识分子开始秘密组织革命团体,开展各种形式的反清革命活动。其中影响最大的是孙中山领导的中国同盟会。

同盟会的前身是湖南华兴会(黄兴、宋教仁、陈天华等)和广东兴中会(孙中山、胡汉民、汪精卫等)。继兴中会之后,全国各地资产阶级革命团体相继出现,主要的还有江浙光复会(陶成章、章太炎、蔡元培、秋瑾等)、科学补习所等多个组织。

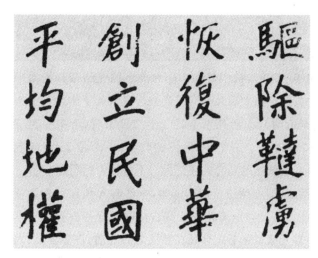

孙中山手书同盟会政纲

随着革命形势的快速发展,迫切需要将各地分散的革命力量联合起来,建立一个统一的政党,以领导全国规模的武装暴动。光绪三十一年(1905)六月,孙中山适应当时革命形势的需要,从欧洲返回日本,会晤了黄兴、宋教仁、陈天华等人,提出了建立统一革命政党的建议。当月底,兴中会、华兴会、光复会等革命团体召开筹备会,70余位代表出席会议。孙中山在会上作了关于革命理由、革命形式和革命方略的演说,主张由全国革命者结成新团体,进行排满革命。七月二十日,中国同盟会正式成立大会在东京召开。会议通过了同盟会章程,选举孙中山为总理。十月三十日,同盟会机关报《民报》在东京正式出版。孙中山在发刊词中,将同盟会的宗旨概括为民族、民权、民生三大主义,即三民主义。

同盟会建立后,革命派迅速发展,会员也激增至数万人,从而为全国革命运动的日益发展奠定了基础。

光绪帝之死

光绪三十四年(1908)，被囚禁在中南海瀛台的光绪帝和统治中国近半个世纪之久的慈禧太后几乎同时死去。皇帝死于十月二十一日酉时(下午五至七时)，太后死于十月二十二日未时(下午一至三时)，相距不到 20 个小时。一个是 38 岁的壮年，一个是 74 岁的老人，两人同时死亡，是偶然的巧合？还是另有不可告人的阴谋？

其实，在四年前，即光绪三十年(1904)，早已有人预言到光绪帝会先于慈禧太后而死。当时，清朝外务部右侍郎伍廷芳就曾对日本公使内田康哉透露光绪皇帝必定会死在慈禧太后之前，许多官员、太监对此心知肚明。还有许多曾给光绪帝看过病的医生虽然都认为光绪帝身体虚弱，常年生病吃药，但死前一段时间病情未见加重，身体尚属正常，并未突发急性致死的病症。其中名医屈桂庭说，光绪帝死前三天"在床上乱滚"，"向我大叫肚子痛得了不得"，且"面黑，舌焦黄"，"此系与前病绝少关系"。晚清内务府大臣增崇的儿子回忆，他幼年时适逢光绪帝之丧，他父亲接到光绪帝驾崩的消息，跟叔叔们说："就是不对，前天，天子受次席总管内务大臣继禄所带的大夫请脉，没听说有什么事。""前天继禄请脉后说：'带大夫的时候，上头还在外屋站着呢，可怎么这么快呢？'"一位叔父说："这简直太可怕啦！"另一位叔父说："这里头有什么事儿罢！"我父亲叹了一口气，又摇摇头说："这话咱们可说不清啦！"

种种迹象表明慈禧太后是要除掉光绪帝的，那么慈禧太后为何要对自己的亲侄子下此毒手呢？我们知道，同治帝死后，慈禧太后为继续垂帘听政，特意选定了 4 岁的载湉继承皇位。早年的光绪帝是慈禧太后的一个傀儡，但随着光绪帝年龄的增长，慈禧太后还政的压力不小，尽管不情愿，在光绪十五年(1889)还是做出了撤帘归政的姿态，但这并不意味着她就交出了手中的权力。光绪帝也并非百依百顺，在维新运动的影响下，光绪二十四年(1898)春，光绪帝对庆亲王奕劻说："太后若仍不给我事权，我愿退让此位，不甘作亡国之君。"慈禧太后得知后非常生气，说："他不愿坐此位，我早已不愿他坐了。"奕劻再三劝说，慈禧太后才表示同意："由他去办，俟办不出模样再说。"

　　为了推行变法，光绪帝企图劫持慈禧太后，未能成功。这个怨恨，慈禧太后怎能忘记？戊戌变法失败后慈禧太后训政，即对外宣布光绪帝已经病重，一时人心惶惶，朝廷内外开始为光绪帝准备后事。后因各国驻华公使的关注与介入，并由英国公使所派的法国医生德对福（Dr. Detheve）直接对光绪帝诊病，证实光绪帝无非有点小病，并非所谓病危、病重。谋害不成，慈禧太后又造舆论试图废帝，后因列强干涉，大臣如刘坤一等人反对，光绪帝才未被废，但已成傀儡、囚徒。

　　在长期软禁中，光绪帝食不果腹，衣不暖身，御前所列菜肴虽多，但大多腐臭，难以下咽。有时令御膳房添换一菜肴，必先奏知太后，太后常常斥责皇帝是奢侈浪费，光绪帝也不敢言。瀛台涵元殿光绪帝居所年久失修，四处透风，隆冬天气没有炉火，非常寒冷。侍候光绪帝的老太监王商去和内务府大臣立山商量，立山也同情皇帝处境，偷偷整修了涵元殿，糊好了涵元殿的窗户纸。不料慈禧太后得知后，怒责立山，"看来你越来越能干了，会走好运了，明儿我派你去打扫瀛台"，吓得立山连掴自己耳光，连称"奴才该死"。义和团起时，大概以为立山会与光绪帝、外国人串通一起，慈禧太后竟把立山处死了。

　　可以想见，慈禧太后害怕自己死后光绪帝复出掌权，尽翻旧案，因此在全国求医问药多次，大造光绪帝病重将死的舆论，就算是给光绪帝看病，慈禧太后也从不让御医对症下药。慈禧太后盘算着光绪帝可能会因体弱多病而先死，在人间悄悄地消失。但事与愿违，偏偏自己先罹重病，势将不起。

　　十月初十日是慈禧太后的生日，光绪帝率领百官前往慈禧太后处探病与请安，从南海步行到德昌门，皇帝扶着太监的肩头，作身体起落的活动，以舒筋骨，可见身体尚健康正常，但太后不愿与皇帝见面，传谕说：光绪帝已有病卧床，不必再见面了。光绪帝听了很吃惊。

　　而当时害怕慈禧太后先光绪帝而死的还有一个人，他就是李连英。据曾经陪侍慈禧太后、在宫中生活多年的德龄在《瀛台泣血记》中说："万恶的李连英眼看太后的寿命已经不久，自己的靠山快要发生问题了，便暗自着急起来，他想与其待光绪帝掌了权来和自己算

光绪帝脉案及死因

　　光绪帝在位 33 年的历程中，从光绪帝四年（1878）至三十四年（1908）死亡的病案共计千余案。20 世纪 80 年代，有专家、学者根据清宫档案中保存的光绪帝脉案认为：光绪帝之死，"既无中毒或伤害性迹象，也没有突然性早亡的迹象，应该属于正常的病亡"。2008 年年底，光绪帝死因专项研究课题组历时 5 年，运用中子活化技术，对光绪帝的头发、衣物以及表面附着物和墓内外环境等进行反复研究，得出了光绪帝死于急性砒霜中毒的结论。

账,还不如让自己先下手为好。经过几度筹思,他的毒计便决定了。"可以想见,慈禧太后在临终前便秘密下令,让李连英这样的亲信下手毒死了光绪帝。据《启功口述历史》中称,溥良在慈禧太后临终前曾为慈禧太后侍疾,慈禧太后令太监赏给光绪帝一碗塌喇(满语"酸奶")后不久,光绪皇帝就驾崩了。

 **相关链接**

溥仪继位

光绪三十四年(1908)十月二十日,慈禧太后临终前下发懿旨由醇亲王载沣之子、3岁的溥仪继承皇位,改明年为宣统元年(1909)。当日傍晚,载沣同军机大臣、内监们回府,将溥仪从醇亲王府北府迎入宫中。溥仪进宫第二天,光绪皇帝驾崩,第三天慈禧太后驾崩。

十一月初九日,溥仪登极大典在太和殿举行。溥仪在《我的前半生》中回忆道:"我被他们折腾了半天,加上那天天气奇冷,因此当他们把我抬到太和殿,放到又高又大的宝座上的时候,早超过了我的耐性限度。我父亲单膝侧身跪在宝座下面,双手扶我,不叫我乱动,我却挣扎着哭喊:'我不挨这儿,我要回家! 我不挨这儿,我要回家!'父亲急得满头是汗。文武百官的三跪九叩没完没了,我的哭叫也越来越响。我父亲只好哄我说:'别哭,别哭,快完了,快完了!'"典礼结束后,文武百官窃窃私议:"怎么可以说'快完了'呢?""说'要回家'可是什么意思呵?"王公大臣们,议论纷纷,垂头丧气,认为这是大清王朝的不祥之兆。然而,真正结束清朝命运的不是这几句不吉利的话,此时革命活动风起云涌,武昌起义最终吹响了清朝灭亡的号角。

武 昌 起 义

宣统三年（1911），革命党人经过筹划，决定在以武汉为中心的两湖地区发动一次新的武装起义，清朝灭亡的时刻即将到来。

这年八月，在军队中发展起来的革命组织文学社和共进会在同盟会的推动下，建立了统一的起义领导机关，蒋翊武任总指挥，孙武任军政部长。他们一面派人迎接黄兴、宋教仁、谭人凤等来湖北主持大计，一面积极准备武装起义。革命派原定于八月十五日起义，不料因反动军官对士兵滥施刑罚，激起暴动，革命党人的活动被湖北当局察觉，结果清政府加强戒备，处处提防。再加上同盟会的重要领导人黄兴、宋教仁等未能赶到武汉，起义延期。

八月十八日下午，孙武等人在汉口俄租界宝善里配置炸弹，在装填炸药时，炸弹突然发生爆炸，一时间浓烟滚滚。俄国巡捕房巡捕听见爆炸声，立即赶来。孙武等人虽已撤走，但宝善里机关被抄查，起义计划败露，旗帜、文告、名册被抄走。俄国驻汉口总领事马上将此事通知了湖广总督瑞澂。瑞澂大为惊恐，立即宣布全城戒严，并下令新军长官按照名册、地址在军中逐个搜捕革命党人，致使指挥起义的秘密机关遭破坏，彭楚藩、刘复基、杨洪胜等人被捕。蒋翊武乘机逃脱。清兵军事参议官铁忠首先提审彭楚藩。彭楚藩在敌人面前傲然屹立。铁忠大怒，咆哮道："你是何人，怎么不跪下！"彭楚藩冷冷一笑，说："我是革命党人，你好大狗脸，我岂肯跪你！"看守将彭楚藩推坐在地上。铁忠又问："你为何要革命？"彭楚藩愤怒指斥道："大好江山，被你们主奴蹂躏、破坏、断送，为何不要革命？"铁忠无言以对，禀明瑞澂，判以斩刑。接着提审刘复基，刘复基自认革命不讳，大骂清官吏无耻。铁忠报告瑞澂，瑞澂连声说："杀！杀！杀！"杨洪胜脸部受伤，焦如黑炭，不等清官吏提问，怒吼道："我是革命党，你们杀吧！你们这些奴才们的末日就要到了！"十九日凌晨，彭楚藩、刘复基、杨洪胜三人在督署东辕门被斩首。

危急之下，新军中的革命党人自行联络，商定："不如今晚一齐动手，还可死里求生。"于是，约定以枪声为暗号，当即发动起义。当晚，新军工程第八营的革命党人打响了武昌起义的第一枪。熊秉坤率领

1906 年

十月，由中国同盟会领导的萍乡、浏阳、醴陵起义爆发，起义军与清军相持近一月，后失败。

1907 年

五月，徐锡麟在安庆率众起义，杀巡抚恩铭，当天起义失败，徐锡麟被杀害。

十月，同盟会发动镇南关起义。

1910 年

正月，同盟会在广州发动新军起义。

1911 年

四月，清政府发布内阁官制，成立以庆亲王奕劻为总理大臣的"皇族内阁"。立宪派分享政权的希望完全落空，少数人抛弃立宪的幻想，对革命活动开始表示同情，革命的形势愈益成熟。

1911 年

八月十九日,武昌起义爆发。晚 8 时许,工程第八营、塘角辎重队首先发难,其他各部革命力量闻声纷纷响应,血战通宵,总督瑞澂等大小官员逃跑,武昌光复。

八月二十日,中华民国湖北军政府宣告成立。此后,各省纷纷宣告独立。

1912 年

元旦,孙中山到南京就职,发布《临时大总统宣言书》《告全国同胞书》等文件,正式宣告中华民国的诞生。

2 月 12 日,清帝退位,清王朝结束。

士兵冲出营房,枪声传到楚望台军械库,把守仓库的革命党人罗炳顺、马荣等人立即向空中放了一排枪,并迅速占领了楚望台军械库。

工程第八营占领军械库后,补充弹药,推举原日知会干事吴兆麟为临时总指挥。此时,驻守武昌城外的辎重队、炮兵营、工程队的革命党人亦以举火为号,发动了起义,并向楚望台齐集。没多久,武昌城内外各标营的革命党人也纷纷率众起义,赶往楚望台,起义人数多达 3000 多人。

起义军汇集后,立即分三路进攻湖广总督署。攻势发动后,最初的进展并不顺利,由于是夜晚时分,双方处于僵持状态。清军以机枪扼守阵地,轮番扫射,进攻士兵纷纷受伤倒地。晚 12 点后,起义军再次发起进攻,并突破敌人防线,在督署附近放火,以火光为标志,蛇山与中和门附近的炮兵向火光处发炮轰击。慌乱之中,湖广总督瑞澂将督署后墙打开一个洞口,仓皇爬出,逃到停泊在长江江面上的"楚豫"号军舰上。张彪仍率辎重八营和消防队,凭借望山门城楼负隅顽抗。熊秉坤率领敢死队猛扑。这时,督署已成一片火海,清军士气已落,无意恋战。张彪只得率辎重营渡江退守。经过一夜激战,起义军终于占领了武昌城。

武昌起义的第二天,同武昌隔江相对的汉阳和汉口相继光复。起义军掌控武汉三镇后,湖北军政府成立,黎元洪被推举为都督,改国号为中华民国,并号召各省民众起义响应。武昌起义胜利后的短短两个月内,湖南、广东等 15 个省纷纷宣布脱离清政府,宣告独立。

宣统三年十一月十三日(1912 年 1 月 1 日),孙中山在南京就任中华民国临时大总统,宣告中华民国成立。1912 年 2 月 12 日,清帝溥仪退位,清朝灭亡。

 **相关链接**

清帝逊位

1912 年 1 月,经过南北双方的多次磋商,达成清帝退位条件:清帝退位,其尊号仍存不废,中华民国以待各外国君主之礼相待;退位后的清帝费用每年 400 万元,由中华民国拨给;清帝暂住紫禁城,日后移居颐和园,侍卫人员照常留用;其宗庙陵寝,由中华民国酌设卫兵妥善保护;其奉安典礼,仍如旧制,所有实用经费由中华民国支付;其原有之私产,由

清帝退位诏书

中华民国负责保护等。清宣统三年十二月二十五日（1912年2月12日），隆裕太后颁发《清帝退位诏书》，正式宣布清帝逊位。

清帝逊位，宣告了清王朝的结束。但由于帝国主义列强的支持和资产阶级革命派的妥协退让，袁世凯的篡权活动得到初步实现。2月14日，孙中山向南京临时参议院提出辞去临时大总统职（4月1日正式解职）。2月15日，南京临时参议院选举袁世凯为中华民国临时大总统（3月10日在北京宣誓就职），袁执掌了全国大权。中国半殖民地半封建的社会性质并没有改变，革命的道路依旧漫长。

下 编
清朝历史专题

制度与国策

　　清王朝是由一个起源于东北的少数民族建立的,它不仅统一了女真各部,而且很快在与明朝的较量中取得上风,进入山海关,定都北京,随后势如破竹,击败南明政权和农民军势力。经过康熙、雍正、乾隆三代,不仅最终统一了全中国,使中国的版图疆域达到了全盛,而且政治上实行高度中央集权,经济上获得了很大发展,文化上也呈现出集大成之势。一个在入关前社会制度和文化并不先进的民族是如何做到这些的呢?

　　这不仅取决于当时的时势,更取决于清统治者所采取的制度和国策。除了清承明制等政策之外,清朝取得成功有两个重要的因素值得一提:一是满蒙联姻,二是"满汉一体"。这两个平台对于人口并不很多的满族来说至关重要。在入关前的后金时期,就确定了满蒙联姻,这不仅解决了蒙古族的威胁,也增强了后金的力量。以科尔沁为代表的蒙古各部世代与清皇室联姻,成为清军各种战事的主力,而且也成为当时中国最稳固的"长城"。自康熙朝以后,兴建避暑山庄,举办木兰秋狝,召见蒙古各部王公,甚至成为一项国家制度。"满汉一体"的政策同样在入关前就有了。入关后,清廷还重用吴三桂等汉人军队,这些明朝旧部在清统一南中国的过程中几乎起了决定性的作用,为统一事业作出了重要贡献。此外,康、雍、乾等历任皇帝虽然防范汉人的反清意识,但从来没有停止对汉族士人的拉拢。

　　在政治上,清朝的中央集权达到鼎盛,从康熙时期的南书房,到雍正时期的军机处;从康熙帝使用密折打探情报,到乾隆时期奏折制度化;从顺康时期打击议政王会议,到雍正、乾隆时期解决朋党问题,都围绕着一个目标,即加强皇权。

　　成也萧何,败也萧何。清朝很多制度和国策都是双刃剑,其专制制度钳制了思想,增强了封建的顽固性;首崇满洲、国语骑射的政策,加速了八旗的衰败;闭关锁国则割断了与外部世界的联系,以至于外敌当前时茫然失措。

《冰戏图》(局部)

　　纵 36.5 厘米,横 563 厘米。冰戏原是一种滑冰活动,八旗军也作为军事训练项目,入关后逐渐演变为带有娱乐性质的军事竞技表演。冰戏分为抢等、抢球和转龙射球等,此图描绘的即是转龙射球的场景。众人按八旗军制列队,各着不同颜色的衣服,肩插标志旗属的小旗,蜿蜒滑行,连成一条游龙。在接近彩门时,持弓箭者张弓欲将彩门上悬挂的天球射下。

陈 名 夏 被 杀

　　清朝无论其成功与失败之处，背后都有一套政治文化制度作支撑。有些制度明显带有满族统治者的特色，剃发易服即是其中之一。顺治十一年（1654），翰林院大学士陈名夏被杀，就因为当时他说了这样一句话："只须留头发，复衣冠，天下即太平矣！"而这触动了清统治者的根本利益。

　　陈名夏是江苏溧阳人，在明朝末年当过兵科都给事中。李自成入京后，他投降了大顺政权；清军入关之际，他又逃亡南京，准备投奔南明政权。正当清政权竭尽一切可能扩大统一战线的时候，南明却在窝里斗，阮大铖、马士英等人挑起"顺案"，追究那些投降李自成的明朝官员的罪责，尴尬之下的陈名夏又返回北京，索性归顺了清朝。此后，陈名夏官场顺遂，顺治五年（1648）官至吏部尚书，顺治八年（1651）为内翰林弘文院大学士。

　　多尔衮死后，顺治帝尽翻旧案，但在打击多尔衮势力的同时，议政王济尔哈朗及满洲贵族的权势又日益增强，真是按下葫芦浮起瓢。这显然不是顺治帝本意。为抑制议政王大臣会议的力量，巩固皇帝的威权，顺治帝决定利用汉官进行平衡。

　　本来，清初汉官志气委顿，颇受压抑，在朝廷奏事时噤若寒蝉，往往只有聆听满官发言的份，随声附和而已。顺治十年（1653）正月，顺治帝降谕，要求满汉侍郎都要"参酌公同"，进奏本章，要改变过去只有满臣奏事的弊病。显然，顺治帝是在激励汉官奏事，鼓励汉官直言时弊，以稍稍平抑满洲权贵对皇权的过多干涉。

　　这一做法自然很受汉官的响应。但汉官们似乎并没有完全领会皇帝的意图，只是接二连三地奏请皇帝习经书、读《通鉴》、开经筵、设记注官等等，目的是促使皇帝提高对汉文化的认同，进而提高汉官的政治文化地位。更没想到的是，这年二月詹事府少詹事李呈祥甚至上疏请部院衙门裁去满官，专用汉人。这一奏疏激起了满臣的众怒，连顺治帝也认为："李呈祥此疏大不合理。"当时满汉矛盾非常敏感，顺治帝虽然想削弱议政王大臣会议，维护皇权，但他的理想是"满汉一体"，并不想汉官与满官作对，更不是彻底打压满洲贵族。结果，李

1653 年

正月，顺治帝降谕，鼓励汉官奏事。

二月，詹事府少詹事李呈祥上疏请部院衙门裁去满官，专用汉人。

四月，因在议处任珍案上，陈名夏与满官意见不合，被顺治帝斥为"结党"，罢去吏部尚书之职。

1654 年

三月，宁完我弹劾陈名夏，陈名夏被绞死。

呈祥被革职免死,遣戍东北。

可以说,当时的情形很复杂,朝廷中既有满汉矛盾,又有皇权与满洲贵族的权力斗争;既有满洲贵族内部的矛盾,又有汉官南北党的矛盾。作为南党领袖的陈名夏正是当时复杂矛盾的牺牲品。

九月,陈名夏卷入任珍案,差点被杀头。任珍是明朝降将,为西安镇总兵,因为妻妾与人通奸,私自将人杀死,后被革职。居家无聊,任珍大发怨言,又被家仆告发。在朝廷审议这个案件时,陈名夏、陈之遴等28位汉官的意见与满官相左,认为处死任珍没有实据。顺治帝大怒,怒斥陈名夏等人结党。见此情形,诸位满臣欣喜万分,趁机奏请皇帝处死陈名夏,将其他二十几位汉官或徙或革职,几乎要将汉臣中的能臣一网打尽。顺治帝当然知道这些满臣的意图,而且陈名夏等人的意见只是就事论事,并没有严重到结党欺君的地步,于是拒绝了议政王大臣会议的意见,从宽处理了陈名夏等人,只是削去官衔二级,罚俸一年。

陈名夏此次虽侥幸免死,但注定在劫难逃。顺治十一年(1654)三月,当宁完我弹劾陈名夏时,他的劫难便到来了,因为这一次他触动了清统治者的根本利益。

根据宁完我揭发,有一天,陈名夏与宁完我等人在朝中议事,说起如何能让天下太平时,陈名夏说:"如要天下太平,在我看来做到两件事就唾手可得。"宁完我问:"到底是哪两件事呢?"陈名夏先是微笑着摸摸头,然后整整衣冠,接着说:"就是这两件事。"宁完我一脸茫然,还是不明白。陈名夏笑着说:"只须留头发,复衣冠,天下即太平矣。"对陈名夏的这句话,宁完我添油加醋对顺治帝说:"陈名夏居心叵测,痛恨我大清剃发之举,鄙陋我大清衣冠,蛊惑人心,号召南党,私通东林,实是布局行私,藏祸倡乱! 他之所倡留发变服,实是变清为明,弱化我大清!"为了加深顺治帝的恶感,宁完我又列举了陈名夏种种"罪行",包括陈氏父子在江南私占公产,横行不法,甚至敢"鞭打满洲",让满人"破面流血"等。最终,宁完我给陈名夏的案子定性为:"怀奸结党,阴谋潜移,祸关宗社。"说到底,就是说他要"谋反"。

顺治帝虽然倾心汉化,希望通过汉官来加强皇权,稍稍打压满

顺治帝《墨竹图》

洲权贵对皇帝的威胁,但对入关以来就实行的剃发易服等政策是深信不疑的。因为,剃发易服、国语骑射,这是清朝立国之本,是满洲统治者的底线。宁完我不愧是三朝老臣,他身在满洲30年,自己尽管也说不好满语,但对皇帝和满洲贵族的最大担忧之处了如指掌。他选取了陈名夏的致命处和皇上最痛恨的地方,即坚决镇压汉人反清复明的倾向。因此,当顺治帝看到宁完我的弹劾奏章后,立即命令内三院、九卿会审,要严惩陈名夏。结果,经大臣会审,陈名夏论斩。顺治帝特旨开恩,改成绞刑。陈名夏之子则被遣送东北苦寒之地。从此以后,清廷再无人敢有"留头发,复衣冠"之议。

 **相关链接**

"国语骑射"

"国语骑射"是清朝维护满族最高统治权的一项基本政策。"国语"即满语,又叫"清语";"骑射"即骑马射箭的技术,它是满族在长期狩猎生活中形成的民族特色。入关前后,满族统治者不止一次地告诫八旗要保持"国语骑射",并制定了一系列限制旗人学习汉文、改用汉姓的禁令。清太宗皇太极对八旗成员的战斗力,曾经夸口说:我国士卒,初有几何,因娴于射,所以野战则克,攻城则取。天下人称我兵曰:"立则不功摇,进则不回顾。"威名震慑,莫与争锋。乾隆年间,清高宗也三番五次地告诫旗人要保持"国语骑射",他本人亦以身作则,几十年如一日地身体力行。

按照要求,八旗成员自幼即当学习"国语骑射",直至60岁以上方能免试。不但八旗中的满、蒙成员必须能以满语奏对履历,能在马背上奔驰骑射,方算合格,就是对汉军成员也同样要求。

满洲八旗精于骑射的特长确实在入关前后的一些战争中起到了非常重要的作用,但是作为满族民族特点的"国语骑射"并没能很好地保持下去,后来渐渐流于形式。到了乾隆年间,甚至很多八旗官员连履历册都不会用满文填写,朝廷中的满官甚至不能用满文写奏折,不能用满语对答了。

熊赐履嚼签

三法司

所谓三法司是指刑部、都察院和大理寺，遇有重大案件由三法司会审。其中，刑部为中央审判机关，不仅享有审判权，还享有复审与刑罚执行的权力。大理寺主要是复核刑部拟判死刑的案件。都察院是法纪监督机关，既审核死刑案件，又参加秋审与热审，还监察百官。

康熙十五年（1676），清朝内阁发生了一件稀奇古怪的事。陕西总督哈占向朝廷奏报一件题本，时任武英殿大学士的熊赐履在代拟批旨时，一不小心，把这个题本批错了：原本应该批往吏部核办的，却错批给三法司核拟。熊赐履回家后，猛然明白过来，这可是个严重错误，立刻心急如焚；第二天还没等天亮，他便匆忙赶往内阁，找出自己草拟票签的原稿，嚼碎吞进肚里。

清初，朝廷对臣下奏章的处理办法延续了明朝的制度，凡是中央、地方各衙门及臣僚呈送皇帝的章奏，要先送内阁，由阁臣代拟初步处理意见，以备皇帝裁决时参考。如果内阁代拟的意见与皇帝意见不符，还会打回内阁重拟，称"改票"。

熊赐履信奉程朱理学，办事谨小慎微，他天真地认为只要将自己草拟的票签销毁，查无证据，一切就好办了。不仅如此，他还自作聪明地搞了一个伪装：将一位同僚杜立德的另外一本票签原字裁去，然后以小字将错批写在上面，自己则换过杜立德的本子，另批几句，以充其数。

等杜立德和众位同僚都来上班时，熊赐履便迎上去说："您老又批错了。"没想到杜立德对昨天自己批过的事记得很清楚，坚称这一题本自己从来就没看过，这时又发现签纸短了一截，遂叫来中书，说他作弊，要拿他责问。中书不承认，内阁中遂吵成一团。闻讯赶到的首辅、保和殿大学士索额图站在一边，一时也不能分辨。正吵得厉害的时候，一个满族学士过来揭发，说他头晚在亲戚家因丧事守夜，今天过来得早，在南炕上躺着，亲眼看见熊大人进来闷头检本，还口嚼了一张票签。

这一下，熊赐履立刻哑口无言，满脸尴尬。索额图本来就对熊赐履心怀不满，就与杜立德一起将此事上奏皇帝。康熙帝正在为三藩战争前线吃紧而着急上火，便让吏部核查此事。问口供时，熊赐履一语不发。索额图说："这本来也不是什么大事，就是审贼，也毕竟要他自己亲供，才能定罪，老先生不说话，如何了结此案？"见熊赐履还是不说，索额图又道："老先生不要担心，就是如今平西王吴三桂、靖南王耿精忠自己说出真情来降,皇上也只得歇了,赦了他,何苦不言?"熊赐履窘辱备至,只好说:"罢了,就是如此罢了!"于是吏部议:"熊赐履票拟错误,欲诿咎同官杜立德,改写草签,复私取嚼毁,失大臣体,坐夺官,归里。"

熊赐履本是康熙帝颇为重用的一位理学大臣。早在康熙六年(1667)时,皇帝下求直言诏。熊赐履便应诏上万言疏,海内传诵;康熙七年(1668),被升为内秘书院侍读学士。由于当时鳌拜当政,擅作威福,天下没人敢惹,只有熊赐履以侍读词臣的身份,连续上疏论事,一时间以勇敢直言而扬名天下。康熙十年(1671),熊赐履被任命为经筵讲官,作为日讲官每天在弘德殿给皇帝讲解经义、为君之道。有一天,康熙帝问他有什么关于理学的著作,他便以自著的《闲道录》进呈。康熙帝命取回宫中拜读,第二天,康熙帝见熊赐履时龙颜大悦,说:"朕已披阅了你的《闲道录》,正大精醇,真是斯文一派呀!"还亲自题了书名——《熊学士闲道录》,放在自己的御用书桌上。

这样一位道学名臣,竟然发生了嚼签事件,真是脸面丢尽,假道学之名声不胫而走。

熊赐履被革职后,没有回老家,而是奉母择居在金陵(今南京),后又迁居溪西之清凉台。康熙二十三年(1682),康熙帝南巡到江宁,熊赐履随众接驾,康熙帝召他到行宫,亲自慰问垂询。康熙二十七年(1688)秋,康熙帝打算重新起用熊赐履为礼部尚书。但人算不如天算,他入都才两月,老母便病逝了。无奈之下,熊赐履只得回金陵守孝。康熙三十年(1690),熊赐履结束了三年的孝期,立即赶赴北京,补任礼部尚书,仍充经筵讲官,后又改任吏部尚书。但终其一生,"嚼签案"的阴影都没有摆脱。

康熙四十八年(1709)八月,75岁的熊赐履死于金陵。

经筵

经筵是封建王朝皇帝为研读经史而举行的御前讲席。起源于宋代,明、清沿用其制。经筵例不由阁臣兼任,清顺治九年(1652)后始以大学士知经筵事,以尚书、左都御史、通政史、大理寺卿、学士侍班、翰林等二人侍讲。经筵设御桌、讲官案。清代皇帝在文华殿行经筵仪,先讲"四书"、"五经",然后由皇帝宣示满、汉文御论,各官听讲。事毕,由各官行礼,于文渊阁赐茶。

相关链接

清承明制

历史上新旧政权嬗替之际,为扩大统一战线,保证国家机器迅速恢复运转、尽快发挥其统治效力,新王朝往往继承或沿袭前一朝代的政治体制,并根据需要逐渐对其进行改革和完善,像清朝的许多制度就基本沿袭了明朝的制度,称为"清承明制"。

《清太宗实录》中关于"改文馆为内三院"的上谕

　　入关后，多尔衮将内三院改为内阁，设大学士，行使原先明内阁的职责。清承袭了明代"票拟"制度，即内阁对内外大小臣工的题本奏章草拟出批复意见，供皇帝审阅定夺。在皇位继承制方面，康熙帝曾沿袭明朝嫡长子继承制。此外，清代地方官制也大体沿袭明制。

　　当然，清朝的制度也并非完全照抄明代，例如清代的官职在明代的基础上多有创新。以内阁为例，仿明制设六部，但又不同于明代六部。天聪五年（1631），皇太极仿明制设吏、户、礼、兵、刑、工六部。明六部直接对皇帝负责，执行皇帝的指令；皇太极所设六部与明制有所不同，六部虽直属皇太极本人，却由八旗贝勒管理六部事务，具有旗政合一的性质。与明制不同，清六部实行满汉复职制，每部设满、汉尚书各一人。这是清代在沿袭明制六部基础上的创新，体现出清"满汉一体"的治国方针。

康熙帝"木兰秋狝"

清代满族统治者以马上骑射征服大江南北，统一中国后，为保持这种骑射围猎技能，皇帝经常出塞围猎，叫做"木兰秋狝"，类似于我们今天的军事演习。

据统计，自康熙十六年(1677)至嘉庆二十五年(1820)，康、乾、嘉三帝共出塞北巡 124 次，行猎木兰 92 次，其中康熙帝北巡 56 次，行猎 41 次；乾隆帝北巡 49 次，行猎 40 次；嘉庆帝北巡 19 次，行猎 11 次。

每次"木兰秋狝"的规模都很大，扈从者有宗室子弟、文武大臣、八旗禁卫军、蒙古贵族及其本部骑兵等，康熙时就已有四五千人，乾隆时人数渐多，往往在 6000 人以上，最多时达 3 万人；而且除驻京师八旗兵外，各省驻防八旗也要派人参加。

康熙十六年(1677)，康熙帝第一次到木兰行围。当时，清军对"三藩"作战已经占据主动并逐渐取得优势，康熙帝抓住机会出塞北巡，祭遵化孝陵后，出喜峰口，首次来到承德一带，驻跸喀喇河屯；而后会合当地蒙古贵族，长驱北上。当他们来到地处蒙古高原东北角的塞罕坝时，不禁为这里得天独厚的环境所深深吸引：这一带地势北高南低，高原、草甸、丘陵、山地兼而有之，川流纵横，水草丰美，森林茂盛，禽兽群集，无论是行猎习武还是避暑养性，都是难得的上佳之所。这里地处内蒙古的中心地带，为关内通向关外的重要通道，有"据天下之脊，控华夏之防"之誉，自古为兵家必争之地。

康熙帝敏锐地觉察到这里对大清王朝的重要，若在此地建立一座行猎习武的常备基地，既承续了先祖之遗风，又可整军习武练兵；既可俯控蒙古诸部，又可屏藩京师及祖宗陵寝，兼顾东北发祥地，可谓有百利而无一弊。

于是，康熙二十年(1681)四月康熙帝再次出巡塞外，边行猎边勘测，以漠南蒙古喀喇沁、敖汉、翁牛特、克什克腾诸部贵族敬献牧地的名义，在塞罕坝一带建立了木兰围场。

自此以后，行猎木兰被列为清朝祖制，垂为家法，又称为"木兰秋狝"、"木兰习武"或"秋狝大典"。

1677 年

康熙帝第一次到木兰行围。

1681 年

四月，康熙帝再次出巡塞外，建立木兰围场。自此以后，行猎木兰被列为清朝祖制，垂为家法。

"木兰"和"秋狝"

"木兰"本为满语，汉译为"鹿哨子"或"哨鹿围"，原本是满族人捕鹿时使用的一种工具，以桦树皮或其他树木制成，长二三寸，状如牛角喇叭，用嘴吹或吸，发出"呦呦"鹿鸣之声，引诱鹿来，将其捕获。

"秋狝"，是中国古代早就有的习俗，春天打猎叫"搜"，秋天打猎称"狝"。

每次行围都是一次严格的军事演习，提倡勇敢尚武精神，对行军路线、安营、出哨、布围、合围、射猎、罢围等具体活动有着严格规定。

进行秋猎的大批人马从北京出发，经怀柔、密云、出古北口，经两间房、喀喇河屯、小营，至波罗河屯（今隆化境）集结准备入围，内蒙古四十八旗王公照例于此迎驾，清帝赐宴同娱。

1703 年

热河行宫动工兴建。

1792 年

热河行宫最后一项工程竣工。

合围是木兰围猎的高潮。事前选择好一个四面皆山、中间较平的地方作为围场。在高冈处搭好供康熙皇帝检阅和休息之用的看城。看城由黄幔围成一圈，中间有一个大蒙古包和几顶帐篷。在天未明之前，满、蒙管围大臣率领满洲八旗、蒙古骑兵、虎枪营士卒、各部落射手齐出营地，纡道绕出围场之后，根据围场大小，走二三十里或四五十里不等。然后以看城为中心，由"围墙"四面合围，逐渐缩小包围圈，将围中的野兽向看城集中。合围后由皇帝首先射猎，护驾及随从牵狗、架鹰、递箭，皇帝尽兴后回看城，观看皇子皇孙、王公大臣及八旗射手们或射猎，或聚歼，或追杀，各显身手；如遇虎、豹之类猛兽仍须驰报看城，惟皇帝取之。整个行围较之真正的两军对垒还要激烈。

一年一度的"木兰秋狝"也是康熙帝加强与蒙古王公贵族联系的重要手段。蒙古各部居于高寒地带，多数人没有出痘，到内地后，往往因为天热突然出痘死亡。因此，蒙古王公大多害怕到内地。为了加强和蒙古各部的联系，同时也为了照顾各部王公贵族的"畏热"情绪，康熙帝特地规定了蒙古王公定期朝见的"年班"和"围班"制度。凡已出痘的蒙古王公，有免疫能力的，每年年末轮流进京朝见皇帝，这叫"年班"。没有出痘、缺乏免疫能力的蒙古王公，则在塞外轮流陪同皇帝打猎，叫"围班"。康熙帝每年在"木兰秋狝"时接见蒙古王公，并在结束秋狝时宴请各部蒙古王公贵族，赏赐大批绫罗茶布、金银瓷器等。通过这些活动，既展现了清朝政府的武力，又密切了与蒙古王公的联系，对安抚蒙古、巩固边防起到了很大作用。

相关链接

热河行宫

为保障塞外巡幸和木兰秋狝，清代在北京至木兰围场之间，相继修建众多行宫，热河行宫——避暑山庄即是其中之一。热河行宫及周围寺庙自康熙四十二年（1703）动工兴建,至乾隆五十七年（1792）最后一项工程竣工,经历了康熙、雍正、乾隆三代帝王,共90年。

避暑山庄的胜景

康熙帝几乎年年来热河行宫,名为巡幸,实则在此处理政务,会见蒙古族等部首领,同时举行"木兰秋狝"。雍正帝继位后,在位13年,因忙于内政,又不喜欢外出,厌恶"杀生",因此在位期间足不出紫禁城。乾隆帝继位后,全力经营行宫,进行大规模改造和扩建。据统计,乾隆帝一生去热河达52次之多,每年约于农历五月间离京,携后妃、皇子及主要大臣前往,住上两三个月,有时长达5个多月,中秋前后才回到北京。如按每次3个月计算,52次,即大约有13年的时间乾隆帝是在热河度过的。

嘉庆帝即位后,遵循祖制,坚持巡幸热河行宫、木兰秋狝。很不幸,嘉庆二十五年（1820）,他竟病死在热河。

同此命运的还有他的孙子咸丰帝。咸丰帝生前也坚持定期巡幸,在第二次鸦片战争时,为避祸,携后妃及诸臣逃往热河。在这里,他被迫批准了与英、法、俄等列强签订的不平等条约。他最终没能回到北京,病死在这里。

同治以后,清朝已变得极度衰落,再也无力举行秋狝大典,皇帝更无心思巡幸热河行宫。从此,这座经营并繁荣了150多年的清朝第二政治中心、第二都城便被废弃了。

额 驸 策 凌

在北京安定门外有一个被称为"六公主坟"的地方，顾名思义，这里曾经是"六公主"的陵寝所在。这位和硕纯悫公主是康熙帝的女儿，她是有清一代第二个远嫁漠北的公主，她以自己的婚姻为清王朝的稳固筑起了血肉长城。

康熙四十五年（1706）九月初三日，康熙帝 22 岁的六公主奉命与策凌完婚。后来，这位六公主额驸策凌及其子孙在平定准噶尔部的征战中立下了汗马功劳。策凌何许人？他的子孙又有什么表现呢？

策凌，喀尔喀蒙古人，博尔济吉特氏，是成吉思汗的直系子孙。康熙三十一年（1692），年仅 19 岁的策凌在祖母的带领下来到北京，康熙帝不仅赐居京师，而且将策凌安排在内廷进行教养。康熙四十五年（1706），与六公主结婚，封为贝子。不幸的是，六公主在康熙四十九年（1710）三月二十四日便去世了，时年 26 岁。

然而，身为额驸的策凌在后来清统一准噶尔的战争中却立下了汗马功劳。康熙五十六年（1717），为了阻止准噶尔部侵扰西北，康熙帝派策凌为北路先锋，牵制准噶尔的军队。尽管这是策凌参加的第一次大规模的战事，但策凌在与准部军队遭遇后，接连取得胜利，先是在格尔额尔格击败一支准军——杀伤数百、生擒百余，紧接着又在乌兰济尔焚毁准军存储的军粮，并在哈达青吉勒击退准部的增援军队。在同准噶尔的战争中，策凌脱颖而出。

与此同时，策凌以军法管理自己的部众，每当游牧扎营时，均用行军布阵的方法进行约束。经过严格训练，他所管辖的赛音诺颜面貌焕然一新。策凌还从部属中选拔猛士千人，严格进行军事训练，作为帐下亲兵。他所管辖的赛音诺颜及其所训练的亲军在喀尔喀三部中纪律最严明，战斗力最强。

雍正元年（1723），策凌被封为多罗郡王。雍正三年（1725），又分得土谢图汗部西面的 21 个旗，建立赛音诺颜部，成为遏制准噶尔向东侵扰的中流砥柱。

雍正九年（1731），准噶尔部首领噶尔丹策零在和通泊大败清军后，遣部将大、小策零敦多布率兵东攻喀尔喀蒙古。形势紧急，清廷立即派遣喀尔喀亲王丹津多尔济偕额附策凌率兵迎击。在额尔德尼昭（光显寺），策凌兵分两路，一路隔鄂尔坤河与准军对峙，摆出佯攻的架势；另一路在夜色的掩护下抄小路绕到山后攀登山路，从背后逼近准军营地，攻其不备。酣睡中的准噶尔士兵来不及披甲备鞍，仓促迎战，在腹背受敌的情况下，被歼万余，小策零敦多布率领残兵败将沿河西窜。

额尔德尼昭战役后，雍正帝立即加封策凌为"超勇亲王"，并赐其宗室成员系用的"黄带子"，且令其担任喀尔喀四部的盟长。作为额驸，策凌所立的功绩、所得到的爵位与荣誉都是空前的。

乾隆十五年（1750），策凌去世。乾隆皇帝亲临致祭，命配享太庙，他成为配享太庙的第一位蒙古王公。

策凌有八子，在政坛上最有影响的是长子成衮扎布与次子车布登扎布。

自康熙五十九年（1720），成衮扎布就随父出征，并因在雍正十年（1732）的额尔德尼昭之战中功绩卓著被封为贝子。策凌去世后，身为世子的成衮扎布承袭亲王爵位、赛音诺颜部首领及喀尔喀四部盟长。

次子车布登扎布也是从少年时代即随父从军，亲自参加了额尔德尼昭之战，因作战勇敢而受到雍正帝的嘉奖，被赐予双眼花翎及辅国公的爵位。后来车布登扎布还奉命同兆惠一起到天山以南，平定回部大、小和卓及哈萨克锡喇所发动的叛乱，受到乾隆帝的嘉奖。乾隆帝特把策凌的"超勇"封号赐给他，又将其晋升为亲王，父子两代都成为"超勇亲王"。到乾隆二十六年（1761）建成紫光阁时，车布登扎布因杰出功绩而"图形紫光阁"。乾隆帝在御制诗中称赞他："拍马弯弓，所向无敌。不曾读书，如古名将。和落斯霍，少胜众彼。超勇亲王，额驸之子。"

后来，成衮扎布之子拉旺多尔济娶乾隆帝第七女固伦和静公主，官至领侍卫内大臣、都统，亦声名显赫。其后，便逐渐衰微，及至清末第七代亲王那彦图，几近倾家荡产。

喀尔喀蒙古

喀尔喀蒙古因分布于喀尔喀河而得名。清入关以前，喀尔喀蒙古的三大封建主——土谢图汗、札萨克图汗、车臣汗就与后金（清）建立了联系。

康熙三十年（1691），康熙帝与内外蒙古各部首领于多伦诺尔会盟，宣布保留喀尔喀三部首领的汗号，实行札萨克盟旗制。

满蒙联姻

　　清代的满蒙联盟,是清朝统一中国并取得成功的重要因素。

　　早在入关之前努尔哈赤时期,满蒙贵族通过联姻,后金与科尔沁部及喀尔喀部结为同盟。皇太极时期,满蒙联盟几乎遍及漠南蒙古地区。一方面,由于满蒙的这种政治联姻,使清在入关之时解除了后顾之忧,而且得以取道蒙古袭击北京。另一方面,满蒙联盟使清入关前吸收了大量蒙古各部的军队,壮大了力量,尤其是科尔沁骁勇善战的蒙古骑兵与清军一起披坚执锐,横刀跃马,驰骋疆场,为清军入关及其后来的统一战争提供了保障。

　　入关后,满蒙联盟进一步巩固,使长城不再成为中原政权防范北方游牧民族的防线,取而代之的则是蒙古各部这个更永久、更坚固的"长城"。顺治、康熙时期,满蒙联姻又扩大到漠北蒙古地区。蒙古贵族通过与清皇室的联姻而结成的联盟关系,不仅保住了昔日的权力,而且还在政治、经济上获得了许多利益和荣誉,从而与清廷结成"从龙佐命,世为柿附(肺腑),与国休戚"的亲密关系。康熙皇帝曾对蒙古王公云:"朕世世为天子,尔等世世为王。"

　　通过满蒙联盟,蒙古各部逐步呈现出稳定的局面,成为清朝统治的重要力量,蒙古各部为中华民族的统一作出了重要贡献。可以说,没有满蒙联盟,便没有清朝大一统的局面。

噶礼、张伯行互参案

与满蒙联姻一样，"满汉一体"也是清朝实现统一和维持稳定的关键一环。但在对待"满汉一体"的问题上，历任皇帝拿捏的分寸却很微妙。康熙年间发生的噶礼、张伯行互参案就着实考验了一番康熙帝。

噶礼，满洲正黄旗人，家庭出身很好，是开国功臣何和礼四世孙。此人有才能，办事干练，颇得康熙帝赏识，不几年即升授山西巡抚。但噶礼为官贪酷，在山西巡抚任内放纵官吏虐待百姓，御史刘若鼎、巡视南城御史袁桥于康熙四十四年（1705）、四十五年先后疏参噶礼贪婪无状、虐吏害民、重征火耗、贪赃数十万两，康熙帝不但未对其作任何处理，还以噶礼辩解的片面之词为据将袁桥褫革，庇护噶礼。

康熙四十八年（1709）七月，噶礼升任两江总督。到任伊始，噶礼即以侵占钱粮为由将江苏巡抚于准、布政使宜思恭、按察使焦映汉等人劾罢，接着又以克扣治河钱粮名目参劾了苏松粮道贾朴、苏州知府陈鹏年、松江府知府朱廷志、江常镇道员徐廷世等。对于噶礼这种做法，康熙帝非但没有像对待赵申乔等汉族清官那样责其"生事"、"不安静"，反而听之任之，屡次差派张鹏翮等人前往，严审被参官员。

张伯行，字孝先，河南仪封人。康熙四十六年（1707）三月，因居官清廉被康熙帝破格提升为福建巡抚，康熙四十八年继于准任江苏巡抚。贪横的噶礼很快与这位新任巡抚张伯行发生了矛盾。康熙五十年（1711）十月，张伯行疏奏，江南乡试发榜后，数百士子抬着财神入学宫，讽刺科场考试不公，康熙帝令张鹏翮会同噶礼、张伯行等严审具奏。因噶礼与此案有涉，并暗中阻挠案件审理，张伯行遂于康熙五十一年二月疏参噶礼在江南乡试舞弊案中贿卖举人、索要贿银50万两。与此同时，噶礼疏劾张伯行七罪，并否认受贿，督抚互参正式拉开序幕。

整个事件从一开始就卷入了一场以噶礼为代表的满洲官员与江南汉族官员之间的争斗，并波及朝中大臣和江南士人。一个自身贪

1626 年

皇太极宣布：满汉之人，均属一体，凡审拟罪犯，差徭公务，毋致异同。

1653 年

顺治帝说：不分满汉，一体眷遇。

1709 年

七月，噶礼升两江总督，到任后即参劾江苏巡抚于准等十余位汉官。

1709 年

张伯行继于准任江苏巡抚。

1712 年

张伯行疏参噶礼索贿。与此同时，噶礼疏劾张伯行七罪。五月二十日，督抚互参案草草结案，张伯行革职，噶礼降一级留任。后又将噶礼革职。

赃纳贿的总督上任数月即以贪污钱粮为名连参道府以上汉人官员，这实际上是以惩治贪官为借口压制和震慑江南汉官。康熙五十年七月噶礼的密奏反映出满汉官之间很深的芥蒂和他将江南汉官作为打击对象的事实："南方汉人甚奸猾，圣主明知者甚是……况且张伯行在属员中见旗人即憎恶之。奴才若为公事派遣汉官及来会奴才者，张伯行即背地里恨曰：伊为汉人，何不与我同心，反与总督同心等语。奴才不知张伯行用心何在。"同样，以张伯行为首的汉官也结成团伙，与噶礼针锋相对。

康熙帝在这场满汉官员争斗中所持的态度最值得注意。在噶、张互参之初，出于对本民族的天然情感和对噶礼的偏爱，康熙帝一直站在噶礼一方。

在一件密折中，康熙帝叮嘱噶礼要留意"奸诈"的江南官民，并将张伯行推举陈鹏年的事透露给了噶礼："江南省官民奸诈，一时不注意，不防范，则即中其计。现张伯行以陈鹏年廉洁爱民，请补授布政使。等因具折上奏。此即大证据也。尔所参每件事都可畏，当多加谨慎。"不久，康熙帝又把张鹏翮有关噶礼的奏言在密折中透露给了噶礼本人。康熙帝的这种做法无疑是在帮助噶礼搜集证据，甚至是在教唆噶礼倒打一耙。六月，康熙帝根据噶礼密奏中关于张鹏翮庇护门生陈鹏年的指控，严厉斥责了张鹏翮，说他徇私舞弊。又在噶礼奏张伯行迟误漕船情形的密折中批曰："在京城，大臣内谁偏徇张伯行？赵申乔向他何如？南方汉人甚奸猾。"汉人官民成为康熙帝及其亲信共同防范的对象。

督抚互参局面出现后，康熙帝派"专讲和平"且其儿子在噶礼辖下任知县的张鹏翮前往审理。在决定派张鹏翮前往审理的当天，康熙帝对九卿发表上谕，讲明了三层意思：一是噶礼、张伯行二人各有所长，也各有所短，之所以

康熙帝对张伯行和噶礼评价的朱批

出现互参不睦现象，都是陈鹏年怂恿造成的，并且由于噶礼缉拿海贼有功，江南、浙江、福建三省督抚都妒恨他。二是此案是一场满汉官互参事件，察审难度大，弄不好便会激化满汉矛盾，在权衡利弊之后，最终选择以汉官张鹏翮为主前往审理。三是所参内容有虚有实，未必全实，也未必全虚。这无异在告诉张鹏翮：张伯行参噶礼是妒恨和受人挑拨的结果，噶、张二人所参对方的问题可以审为实有，也可审为虚无，但作为汉人大臣，对该案的审理结果必须既要使汉人满意，更要令满人高兴，不可偏徇任何一方。这可以说是康熙帝给该案定的"调子"。善于抹稀泥的张鹏翮不会琢磨不出其中的含义，他所能做的最终只能是"掩饰和解"和"瞻徇定议"。

康熙五十一年(1712)五月二十日，张鹏翮草草结案，结论是：张伯行所参噶礼索银50万两的罪名并不属实，噶礼所参张伯行各款亦皆为虚；建议将张伯行革职，拟徒准赎，噶礼降一级留任。

这一处理本来完全是按照康熙帝的旨意去办的，奇怪的是，康熙帝览奏后竟然大为不悦，斥责张鹏翮。原来，康熙帝业已发现，张鹏翮审事偏颇、"瞻徇定议"的做法已经引起了南北一片哗然，激动的汉族士人情绪很有可能影响到统治秩序的稳定，破坏满汉和谐的大局。原本偏徇噶礼的他不得不就此事做出明确表态，将噶礼革职，以各打二十大板的姿态了结此案。

 相关链接

"满汉一体"

重用汉官这一政策早在关外就已实行。努尔哈赤称汗以后，大力收买和重用来自明朝的将吏，争取他们的合作和支持。后来皇太极进一步发挥这项政策，制定了优待汉官的新政策，吸引了一大批明朝降官。诸如孔有德、耿仲明、尚可喜、祖大寿、祖泽远、宁完我、马光远、洪承畴等人，或战败被俘而降，或主动投降，或不满明朝统治而自愿来归。他们为清朝势力的壮大起了非常重要的作用。

皇太极死后，多尔衮摄政，继续实行联合汉族官僚地主的政策。入关前夕，收降吴三桂，长驱直入，进入北京。定都北京以后，继续奉行"满汉一体"，大量招纳原明各级将吏，来者不拒，官复原职，给予优待，甚至对于农民军首领也不例外，这一措施加速了清朝重新统一全国的历史进程。

　　中央各部也是满汉并用，如六部尚书满汉各一人，至于地方官员总督、巡抚、总兵官等也都大量起用汉官。这一措施对于快速稳定清朝统治不可或缺，也是清朝成功的重要因素。

　　当然，清初大量收降明朝旧部，后来也带来了一些消极影响，比如朝廷中的南北党争，乃至后来的降官复叛，包括三藩之乱，都在一定程度上与这一政策有关。

　　另外，"满汉一体"也并不是真正的满汉平等。清统治者的政策在本质上还是"首崇满洲"，第一位的还是满洲，汉族仍处于满洲的附属地位。

康熙帝鼓励密奏

封建王朝的皇帝，手握生杀大权，若要了解情况，只要一声令下，按说几乎没有人敢于违背。但事实往往不是这样，清朝皇帝为了乾纲独断，创立了密折。这还要从康熙帝南巡说起。

康熙帝在位期间共有六次南巡。南巡的主要目的是为了勘察整治黄河的工程进度，但是康熙帝在南巡途中却发现，驻外大臣所奏报的情况与他亲眼所见大有出入，他认识到多设耳目的重要性，于是开始鼓励宠信的大臣写秘密报告，将地方民情及当地官员的动向以密折上奏。

其中，江南织造便是康熙帝搜罗江南情报的站点。无论是雨水、收成、米价、疫病、民情、官吏的名声等信息，都是康熙帝收集的对象。康熙三十二年（1693）夏，淮徐及江南地区天旱，六月中降雨，江南织造李煦奏报收成及米价。康熙帝批曰："闻尔所奏，少解宵旰之劳。秋收之后，还写奏帖奏来。"康熙四十七年（1708），李煦又上一密折，结果被送折的家人在路上弄丢了，李煦惊恐万状。康熙帝朱批说："凡尔所奏，不过密折奏闻之事，比不得地方官。今将尔家人一并宽免了罢。外人听见，亦不甚好。"可见，皇帝派人暗访密奏，并不是一件公开的事，为避免外人知道，也就宽免了李煦。

《红楼梦》作者曹雪芹的祖父曹寅也是康熙帝钦点的有权密报的大臣之一。曹寅年少时曾为康熙帝的伴读，后在朝中做过官，与康熙帝的关系匪浅。后来曹寅外放为两淮御史，康熙帝因此嘱咐他要多写密奏，汇报地方舆情。康熙帝向曹寅说："地方细小之事，必具密折来奏。"于是曹寅将南京考场弊案、退休官员平日的活动等地方动态，都密奏上报给康熙帝。

除了掌握江南情形之外，康熙帝也会在京城中刻意设下耳目。康熙帝曾要求他宠信的京中官吏将京城发生的事，巨细无遗地用密折向他报告。王鸿绪就曾是康熙帝十分亲信的臣子，他在呈给康熙帝的奏折上，只写"密奏，臣王鸿绪谨奏"字样，不写官衔，所有公式套语完全不用。康熙帝派遣亲信探听消息，起初所派的都是大臣，人数极为有限，并一再叮嘱不可让人知道。他在给王鸿绪的亲笔上谕中

1656 年
最早出现"奏折"之称。

1701—1711 年
康熙后期，奏折的使用已经比较广泛，内至王公大臣，外至督抚提镇均可使用奏折。

1723—1735 年
雍正时期，奏折作为机密文书被普遍使用，成为定制。

说:"京中地可闻之事,卿密书奏折,与请安封内奏闻,不可令人知道。倘有泄漏,甚有关系,小心,小心。"王鸿绪也多次向皇帝保证绝对不敢泄漏。他在密折中说:"臣本是一介儒生,身受圣恩提拔重用,不胜感激惶悚之至。臣惟有竭尽犬马之劳,用一片忠诚之心报效皇上。与皇上所奏之事,绝对三缄其口,即使亲如父子兄弟,也决不相告。"

康熙帝晚年为掌控诸位皇子,也多次利用密折了解情况。康熙四十六年(1707)春南巡之际,当他听说朝中有人在江南购买女子时,立即委托给王鸿绪一项秘密使命:查访买卖江南女子的幕后指使。据王鸿绪密访,"侍卫五哥买女人一名,用价四百五十两;又买一女子,价一百四十两;又一婢,七十两。侍卫迈子现在各处买人。广善库郎中德成格买有妇人,闻现在船上"。这几位买主都是皇帝身边的亲侍,此外,"纷纷买人者甚多,或自买,或交结要紧人员"。康熙帝对王鸿绪刺探的密报非常警觉,又立即令其进一步弄清背后指使,再行密奏。王鸿绪又密报称,自己奉旨密访之事,外人似乎已有所知。他说:"自圣驾到虎丘,范溥向亲戚程某云:'有汉大臣说我不好,我不去送驾罢!'程某云:'是太监与你的话么?'范溥云:'不是太监,是御前第一等人与我的信。'"康熙帝立即在王鸿绪密折上批谕:"此第一等人是谁?"王鸿绪遵旨再次托人找到程某,问:"这第一等人是亲近侍卫们,还是更在上一层的人呢?"程某回答:"这不敢说。"王鸿绪仍不罢休,复托人去苏州打听,程某说:"这人岂是平等,我万万不敢说的。"王鸿绪将这些情况原原本本向皇帝汇报。聪明的康熙帝立即明白这"第一等人"便是皇太子,由此更增加了他对皇太子为非作歹的警觉。

康熙帝将密折列为澄清吏治、侦查百官的最高机密,因此对密折呈送过程设计了一套周详的保密措施。大臣呈报的密折必须放在

王鸿绪小密折

盒子里用火漆封牢；如果密折已有被拆开的痕迹，康熙帝就不做批示。康熙帝还将御批的密折一概都发回给报告的大臣，手边从不留底稿，意在警告密奏的大臣：内容如有外泄，责任都在大臣身上。这是他严格要求臣僚保密的手段，可见康熙帝对保密工作的重视。康熙帝不仅在密折上奏过程要求大臣严加保密，他自己对密折的批示也十分慎重。康熙帝批示密折从不假手他人，某次他因为右手病痛不能写字，旋即改用左手批示密折。

密折使清代中央集权达到了顶峰，但也造就了封建集权下的政治黑暗。

相关链接

奏折制度

清初沿袭明制，实施题奏制度。一般情况下，地方官员所上题本需先送通政使司，由通政使司转送内阁，内阁则先由汉本房登记、翻译，再经满本房膳正、校对后送票签处，票签处由侍读校阅汉文，汉中书票拟草签，交满中书翻译成满文，送大学士阅定，再发送满汉票签处，分别膳写正签后，送拟本处，再转内奏事处登记，才能呈送皇帝批阅。如此繁琐的环节与程序，不仅影响行政效率，而且所载内容暴露无遗，皇帝的集权无疑受到了很大的限制。

为了加强皇权，奏折制度应运而生。奏折最早出现于顺治朝，当时只是适用于小部分亲信。到康熙末年，奏折的使用范围不断扩大，具有此权利者虽扩及在京大臣和地方督抚提镇等官员，但仍有选择性。康熙帝使用密折的目的有两个，一是了解地方情势和信息；二是希望这种信息收集具有一定的保密性。雍正帝继位后，认为这种形式非常有利于巩固自己的统治，从而大力提倡和推广，将有资格进行密奏的官员人数从康熙时的100余人扩大到1100多人，最终形成一种独特的奏折制度。乾隆帝在即位之初，便全面肯定了康、雍以来奏折在国家公务处理中的地位；又采取措施，不断扩大具折言事官员的范围，不但继续准予上述官员具折奏事，而且还恢复了雍正时期一些官员被取消了的具折言事的权利。与此同时，乾隆帝还将奏折言事的内容做了扩展，除粮食收成、雨旱灾害、官吏贤否等地方情形外，不断增加新的内容。

由于奏折制度的简便、迅速，提高了清代的行政效率；在呈递的程序上，奏折完全避开了内阁，皇帝在朱批时也并不同内阁大臣商讨，剥夺了内阁的票拟权，从而强化了清代的集权体制。

1677 年
康熙帝设立南书房。

1729 年
雍正帝因用兵西北，始于隆宗门内设置军机房，专门处理紧急军务。

1732 年
军机房改称"办理军机处"，简称"军机处"。

1791 年
议政王大臣会议最终废止。
此后内阁只是办理例行事务，一切机密大政均归于军机处办理。

军机处

我们走进故宫，会看到在隆宗门和乾清门之间，有一排不起眼的板房，无论是从建筑规模，还是内部装饰上，都颇为简陋，然而这样一个地方，却曾经是清王朝君主专制和中央集权运作的重要地方——军机处。

军机处的最早创设是与处理军务有密切关系的。雍正年间，清朝军队在西北边境同蒙古地区准噶尔部战事连连，用兵频繁。按惯例，军机大事应由内阁处理，可内阁远离内廷，设在外朝太和门的文华殿前，而雍正帝住在养心殿。雍正帝想随时询问军情，商议对策，这样传唤起来十分不便，况且军事情报到京后，经内阁再转呈皇帝，手续繁多，人员多而杂，也不利于保密。于是，雍正七年（1729），雍正帝调来内阁中几个三四品以上的亲信大学士，设军机房，领以亲王大臣，便有了这样一个特殊的机构。

军机处设立之初，也只限于处理军事机密要件，一般的政务和宫内事务仍由具体部门分工负责。但到后来，其主要职权是"掌书谕旨，综军国之要，以赞上治机务"。军机处的权力越来越大，逐渐取代了内阁，不仅处理朝廷一切重要事务，就连宫内的琐事也要由军机处决断。而原先掌握朝政要务的内阁则大权旁落。内阁大学士官阶虽高，但如果不兼任军机大臣，就一点实权也没有，正所谓"军国大计，阁不总揽。自雍正、乾隆后百八十年，威命所寄，不于内阁而于军机处"。军机处几乎包揽了所有的军政大权。

不过，军机处权力虽大，但本身没有独立决策和行动的余地，绝对听命于皇帝，凡用兵大事皆由其承皇帝旨意办理。军机处自设立后，一直是清政府的首要中枢机构。直到宣统三年（1911）四月，清廷宣布成立责任内阁，军机处才被撤销。

军机处设有军机大臣、军机章京。军机大臣为主持，军机章京负责办理具体事务。军机大臣俗称"大军机"，正式称呼是军机处大臣上行走，由皇帝亲自选任，分别由满、汉大学士，各部尚书、侍郎等官员奉特旨充当，所有人都是兼职。军机处大臣既无定员，也无定级。最初军机大臣仅 3 人，后来最多增加至 11 人。

军机章京则是专职，按班次轮值。军机章京满、汉各 16 人，分为满、汉两班,称为"头班"、"二班";每班以一人领班,满语称"达拉密";又设"帮领班"一人,相当于副班长,叫"帮达拉密",简称"帮达"。

章京们的工作安排叫"班务"。首先就是"值班"。正常的"班"大致从早上8点至下午3点左右,共7小时。此外还有早班与晚班,满、汉各分两班,依次轮流值班。通常情况下,早班每班值期两天,大致在凌晨4点至7点,这个时候通常最忙,因为清朝实行五更上朝,在这之前,奏折也要提前送上来。另外还有专人值夜班。当然上夜班也不是睡大觉,按照军机处的规矩,当天的事当天办,而且公事不能带回家做。因此,值夜班就意味着晚上加班。

军机大臣办公的地方叫做军机值房,有护军把守,任何人都不得靠近。值房的门道非常隐蔽,开在后檐墙与宫墙上,仅能通行一人,夹道头上还装有小门。军机处内部的陈设很简单,只有桌椅、炕、笔砚等物,室内南墙上挂有雍正帝御题的"一团和气"匾额,东墙上则挂有咸丰帝御题的"喜报红旌"匾额。在军机处对面的隆宗门内南侧则是军机章京的值房。

由于军机处系朝廷的重要军政机关,为防泄密,凡是洒扫庭除、端茶送水等后勤工作一律都由年龄较小、不识字的儿童来承担。

据说,张之洞任两江总督时,慈禧太后召他到军机处议事。张之洞走到军机处台阶前无论如何也不肯迈步了。军机大臣们莫名其妙,只好出来,在外面与他商量事情。后来才有人醒悟,雍正帝曾下过一道旨意:"军机要地,有上台阶者处斩。"张之洞不是军机大臣,因此不敢进去。军机处之严,由此可见一斑。

军机处工作永远都是随着皇帝走的,皇帝出巡、行围都要随行。因此皇帝驻圆明园时,就值"园班";皇帝行围时,就值"围班"。一些皇帝常驻的地方,如圆明园、颐和园、承德避暑山庄等,都有军机

军机处值房

处"值庐"。可以说,军机处是封建王朝中央集权在清代达到极致的象征和缩影。

 **相关链接**

南书房

清代中央集权达到顶峰并不是一蹴而就的。在军机处设立之前,康熙朝还曾经出现过南书房。康熙帝亲政以后,皇帝的权力仍然受到满洲贵族议政王大臣会议的牵制,国家大事需经过议政王大臣会议,而这些满洲王公贵族地位较高,有时与皇帝意见发生矛盾,皇帝也不得不收回成命。另外,内阁也仍然控制着外朝的权力。在这种情形下,康熙帝亟需把国家大权严密地控制在自己手中,南书房便应运而生。

南书房始设于康熙十六年(1677)。当时,康熙帝为了与翰林院词臣们研讨学问,吟诗作画,在乾清宫西南角特辟房舍以待,名南书房。在翰林等官员中,"择词臣才品兼优者"入值,称"南书房行走"。

从表面上看,康熙朝南书房的职责主要是为皇帝讲解经史、编纂书籍、诗赋唱和等,相当于皇帝的文学侍从。但实际情况并非完全如此,南书房还承担着协助皇帝进行政治决策的特殊使命,承担密谕的撰写。可以说,南书房是当时康熙帝所设立的新的决策核心,也是清代皇帝加强中央集权的探索结果。

通过南书房的设立,康熙帝进一步削弱了议政王大臣会议的权力,同时将外朝内阁的某些职能移归内廷,实现了皇权的高度集中。

不过,在康熙朝南书房仍是一个非制度化的决策机构,因此在雍正帝创立更加制度化、规范化的军机处后,军国大事逐渐归军机处办理,南书房官员不再参预机务,南书房地位下降,成为纯粹的文学侍从机构。此后,南书房仍长期保留,直至光绪二十四年(1898)才撤销。

马 嘎 尔 尼 跪 拜 之 争

　　清中期以后,中国逐步走向衰落,其中一个重要因素是对外部世界的茫然无知。乾隆五十八年八月初十日(1793年9月14日),乾隆皇帝在承德避暑山庄接受了英国使臣马嘎尔尼勋爵的觐见。然而为了这次觐见,双方围绕礼仪问题曾经争论不休。

　　当时,英国已经开始了工业革命,成了世界头号贸易大国。乾隆五十七年(1792),英国派遣马嘎尔尼使团,借为乾隆祝寿之名开始了访华之旅。这次访华之旅的真实目的是"取得以往各国未能用计谋或武力获取的商务利益与外交权利"。

　　得知英使团来华的消息后,清帝国的统治者们对使团表现出了极大的兴趣,甚至连使团的食宿乾隆帝都亲自过问。英国人虽然怀着非分之想,也做了充足的准备,但清朝对他们而言仍旧是个未知的东方世界。对乾隆帝而言,他仍然视英人为"夷狄"之类,把英国的特使当作准备臣服于天国的朝贡者。在乾隆帝看来,这是一个远在天边的藩国不远万里来朝贡天国了。

　　英使团一行于乾隆五十八年(1793)六月二十二日到达天津,受到了清朝官员的热情款待。在往北京进发的途中,中方陪同官员提出觐见皇帝时需行跪拜之礼,英使当即表示拒绝。到通州后,中方陪同官员再次提出跪拜要求,英使以不熟悉中国礼节作为推托。陪同的官员以为英人真的是不会行跪拜之礼,便当场跪在地上做了示范,并要英使好好学习,又被英使拒绝。马嘎尔尼不愿跪拜,理由很简单,在他们看来,他们是代表英国国王来拜见乾隆帝的,如果向乾隆帝跪拜,这有损英国君主的尊严。

　　英使一行于七月十五日到达圆明园。随后,中方陪同官员又提出礼仪问题,英使托词说到北京城中再议。进入城里以后,清廷又派传教士劳克司神父来游说,英使拿出了携带的英国国王和王后的肖像,说他可以依中国礼仪觐见皇帝,但在这之前,中国方面需派一职位与他相等的官员先跪拜国王和王后。这使中国官员十分作难。因乾隆帝当时在热河行宫避暑,英使需前往热河拜见,只好先将此事搁置。

1792 年

正月,中俄签订《恰克图条约》。

英国向中国派遣马嘎尔尼使团。

1793 年

六月二十九日,马嘎尔尼使团进入北京。

八月初十日,乾隆皇帝在承德避暑山庄接受了英国使臣马嘎尔尼的觐见。

八月十七日,马嘎尔尼从热河返回北京。

九月初三,马嘎尔尼使团离京。

九月十四日,乾隆帝查问英吉利是否是廓尔喀的披楞部落。

十二月初九日,英使团离开广州。

1816 年

英国派遣阿美士德使团访华。

马嘎尔尼将随身携带的大件礼物放在圆明园后,便启程前往热河。八月初四日英使一行抵达热河。乾隆帝的宠臣和珅连续派人交涉行跪拜礼的问题,均不得要领。最后中国官员询问英国接见时的礼节,大使告以"屈一膝而吻王之手",并做了示范。对此,清廷尚属满意,但吻手一节不合乎中国礼节,被免去。这样,纠缠不休的礼仪之争才算有了结果。

八月初十日,英使马嘎尔尼持国书在万树园觐见乾隆皇帝。为了表示入乡随俗,英国大使穿着一件"花团锦簇的天鹅绒上衣",头上是一顶饰有大白羽毛的帽子。

乾隆帝一坐上御座,马嘎尔尼就开始向帐篷走去。他捧着以珠宝嵌饰的金盒子,里面装着英国国王乔治三世的信函。他"庄重地走着,走上通往御座的台阶,把信交到了皇帝本人手中。皇帝接过信,把它交给大臣和珅,和珅把它放在垫子上"。依照常例,乾隆帝赏给马嘎尔尼一柄如意。接着,乾隆帝询问大使和英国国王的健康状况。随后,马嘎尔尼又在清朝官员的陪同下游览了山庄。

清政府认为觐见之礼已毕,使团任务完成,英使可以走人了;而马嘎尔尼则认为自己来华的真正使命才刚刚开始。使团返回北京后,向清政府提出派使臣常驻北京,开放宁波、舟山群岛、天津为贸易口岸等一系列要求。乾隆帝得知马嘎尔尼此行的真实目的后,断然拒绝。他说"天朝物产丰盈,无所不有,原不借外夷货物以通有无",并警告他们不要再到浙江、天津贸易,否则必遭"驱逐出洋"。在天朝上国的闭关政策面前,马嘎尔尼碰了一鼻子灰,不得不离开北京,返回伦敦。

英使虽然得以觐见皇帝,但除了给英王的大量礼物和给使团的赏赐以外,所有要求一无收获。他们来华的美好梦想落空了,不仅没有能扩大与清帝国的商业往来,也没有建立外交关系。但通过这次访华,马嘎尔尼使团了解了真实的中国,后来马嘎尔尼说过一句意味深长的话:"清政府好比是一艘破烂不堪的头等战舰,它之所以在过去一百五十年中没有沉没,仅仅是由于一班幸运、能干而警觉的军官们的支撑,而它胜过邻船的地方只在它的体积和外表。但是,一旦一个没有才干的人在甲板上指挥,那就不会再有纪律和安全了。"

马嘎尔尼礼物的命运

马嘎尔尼带了大量展现当时欧洲先进科技的礼物,有天体运行仪、地球运行仪等,其中特别带了一艘英国当时最先进军舰的模型,上边有英国最先进的火器、火炮。这虽然带有英国炫耀、威胁的成分,但却没有引起乾隆帝的重视,而被视为"奇技淫巧"锁在了圆明园的库房里。直到英法联军进入圆明园抢掠时,他们发现马嘎尔尼赠送的这些礼物还原封不动地放在那里。

道光二十年（1840），鸦片战争爆发，清王朝这艘战舰开始倾斜了。

 **相关链接**

阿美士德来华

在马嘎尔尼使团之后，嘉庆二十一年（1816）英国又派遣阿美士德使团访华，企图与清廷商讨中英贸易事宜，打开中国门户。然而这一次更糟糕，阿美士德连嘉庆皇帝的面都没有见上就被打发回去了。

嘉庆二十一年闰六月十九日，阿美士德使团抵达天津，得到工部尚书苏楞额的欢迎。不过，双方就觐见清帝的礼仪问题出现分歧，清方要求阿美士德向嘉庆帝行三跪九叩礼，但是阿美士德只愿意以"脱帽三次，鞠躬九次"代替。双方在礼数上的分歧与争执，使阿美士德使团未能入京，滞留于京师附近的通州。在通州期间，理藩院尚书与礼部尚书曾拜访使团，游说阿美士德行叩头之礼，不过副使小斯当东与东印度公司的大班却坚决反对，指此举将有损英国威严。尽管英政府曾训示阿美士德在必要的时候，可以权宜的心态看待中国礼数，但因小斯当东等人的强烈反对，他最终决定以"单膝下跪低头三次，并重复动作三次"代替三跪九叩。

清廷最初对阿美士德的让步不予接受，但立场逐渐软化，称英人不习惯跪叩之礼云云。在七月初五日，理藩院尚书向嘉庆帝上奏，说阿美士德虽然起跪颇不自然，但是"尚堪成礼"，并奏称他演习叩头多次，已有长进。嘉庆帝闻奏后，决定于七月初七日在颐和园接见阿美士德。阿美士德使团连夜赶路，终在初七日凌晨时分抵达北京。尽管阿美士德得知清帝即将准备接见，但是由于载有官服与国书的车辆仍未抵达，加上路途颠簸使他疲惫不堪，他要求稍事休息。经过又一轮争吵后，阿美士德坚持歇息，结果负责带领觐见的官员不得要领，向嘉庆帝谎称英使生病了。嘉庆帝以为英使傲慢，目无圣驾，大为光火，于是取消觐见，并下令驱逐使团离京。

袁世凯小站练兵

中日甲午战争爆发后,谁也没想到一个泱泱大国会败在一个弹丸之地的小国手中,真是奇耻大辱。在战争中,清廷征调的湘、淮军也一败涂地。当时很多以科举求进身的知识分子感到读书已不能救国,因此纷纷投笔从戎。朝廷中很多大臣也认为中国战败是军队技术、装备不行,要以西方新式装备武装军队,重新训练军队。光绪二十年(1894)十一月,清政府便下令成立"督办军务处",以恭亲王奕䜣为督办,庆亲王奕劻为帮办,翁同龢、李鸿藻、荣禄等人为会办,开始着手编练新军工作。袁世凯的小站练兵就是在这种背景下产生的。

袁世凯是一个靠心计、手段和权术起家的人。当年由于其叔祖袁甲三对后来成为山东提督的淮军名将吴长庆有恩,袁世凯在乡试落第后便投奔了吴长庆,随军进驻朝鲜,在那里前后待了12 年。

甲午战争爆发后,袁世凯随军撤至天津。当荣禄奉旨筹办编练新军事宜时,袁世凯不失时机地向荣禄大献殷勤,而荣禄此时也恰巧需要一个懂军事的人才做帮手,两人一拍即合。袁世凯颇有心计地将自己在朝鲜时办理军事、外交的情况以及与李鸿章往返电报等工整抄写若干份,编辑成小册子分送朝中贵胄,还将别人编译的西方兵书署上自己名字刊行,并送荣禄指教。他还经常给荣禄、李鸿藻等人写信,报告军情,议论战局,受到李鸿藻等人的赏识,就这样,袁世凯成了清政府编练新军的最佳人选。光绪二十一年(1895),在荣禄、李鸿藻、翁同龢等人的联名保举下,袁世凯荣膺此任,开始督练新建陆军。

袁世凯到小站后,成立了新建陆军督练处,将定武军改名为新建陆军,并将兵额招足到7250 人。分步、炮、工、骑四个兵种,以步兵为主,分编为两翼,左翼辖两营,右翼辖三营,其余炮、工、骑兵各一营。营以下编制为队、哨、棚,相当于现在的连、排、班。

为了避免清廷满族权贵的猜忌,袁世凯特意请满族陆军大臣荫昌推荐军事骨干。荫昌推荐了北洋武备学堂毕业生王士珍、段祺瑞、冯国璋等人。袁世凯任命王士珍为工兵学堂监督兼工兵统带,段祺瑞为炮兵学堂监督兼炮兵统带,冯国璋为步兵学堂监督兼督操营务处总办。步、炮、工兵三个学堂随军建立,边操练、边培养军事力量。

王士珍、段祺瑞、冯国璋三人到小站后成为袁世凯练兵的重要助手，以袁世凯署名的《训练操法详晰图说》一书就出自他们三人之手。这三个人后来被称为"北洋三杰"。据说有一次德国教官在阅操时，看到三人带兵训练时的情景，于是挥鞭一指，说这三人堪称北洋军中之杰，后来人们又以他们各自的性格将这三人形象化地称为"王龙"、"段虎"、"冯狗"。

除此三人外，袁世凯又陆续调来一些武备学堂的毕业生，如曹锟、段芝贵、张怀芝、王占元、卢永祥、李纯、陆建章、鲍贵卿等。这些人懂新军事，成为小站练兵的重要骨干。袁世凯还招揽了另一位重要人物——徐世昌。当年袁世凯在陈州读书时，结识了穷秀才徐世昌，两人成为好友，并结为拜把兄弟。后来徐进京赶考，袁世凯还赠送了盘缠。此时徐世昌已飞黄腾达，成为翰林院编修。当袁世凯请徐世昌来小站练兵时，徐世昌立即放弃了翰林院的职务来到小站，以报当年袁世凯之恩。徐世昌虽为文人，不懂军事，但他足智多谋，在小站练兵中为袁世凯立下了汗马功劳。此外，袁世凯还请来另一位好友唐绍仪当军中文案，相当于秘书长。

为了显示新、旧军队的不同，同时也为了培植个人势力，培养官兵绝对服从的意识，袁世凯一改旧军队吃空额、克扣军饷的劣习。每次发饷他都亲自监督营官，把军饷足额发到士兵手中。他经常深入各营，接近下级军官和士兵，对各级军官和幕僚，甚至棚头，几乎都能叫出名字，并了解他们的性格和优缺点，以便用其所长。他还经常亲临现场观看操练，有一次要阅兵时下起大雨，有人要给他打伞，他坚决不让，说："士兵都在雨中，我怎么不能？"为了激发官兵的训练热情和效忠思想，徐世昌还编写了《劝兵歌》、《对兵歌》、《行军歌》等，使军队面貌焕然一新。

光绪二十二年(1896)，督办军务处大臣荣禄到小站检阅了新建陆军，大加赞扬，回京后给皇帝上书，说"近年所见各军，尚无出其右者"。光绪二十四年(1898)，英国海军司令贝思福到小站参观袁世凯的新建陆军后，给予了极高的评价，对袁世凯也大加称赞。其他朝廷要员在观看了小站部队的操练后，对新建陆军也有很高的评价，说："一举足万足齐发，一举枪则万枪同声。行若奔涛，立如植木。"

1905 年
北洋六镇新军全部练成。

袁世凯所练新军成为左右清末政局的重要力量。在镇压义和团以后，袁世凯以"勤王"得宠，升任直隶总督、北洋大臣兼任练兵大臣，并赏双眼花翎，加宫保衔。而从小站练兵起家的北洋军阀，爬到督军以上的也有数十人，其中当过民国总统、总理的就有冯国璋、徐世昌、曹锟、段祺瑞、王士珍、唐绍仪、靳云鹏等人。

 **相关链接**

清代兵制

清代的兵制，大体可分为旗兵与汉兵两大类。

八旗制度是在氏族制的基础上发展起来的。原来女真人出猎，不论人数多少，皆各按其族而行，以每10人为一单位，各出一箭，以一人为头目，满语称这种组织为牛录，其头目则称牛录额真。努尔哈赤兴起后，势力渐大，便把此种世代相传的狩猎组织改编为基本行政单位和军事组织，称为"旗"，其时共有正黄、正白、正红、正蓝四旗。至努尔哈赤统一女真各部时，便将原来的四旗扩编为八旗，增设镶黄、镶白、镶红及镶蓝四旗，以统满洲诸众。黄、白、蓝均镶以红，红镶以白。后来，皇太极也仿满洲八旗制度，编立蒙古八旗，后更把明清作战中所虏得之强壮汉人，收编为汉军八旗。

清定都北京后，留大部分旗兵守卫北京，称京师八旗。京师八旗以紫禁城为中心，环皇宫驻扎。京师八旗兵又分郎卫和兵卫，郎卫即天子亲军，是专门随侍、警卫皇帝的军队；兵卫为北京卫戍部队，有前锋骁骑、步军等营。清朝在统一全国的过程中，每攻下重要城市，便留一定数量的旗兵驻守，形成各地的驻防八旗。凡全国重镇要塞、边疆沿海，均有八旗兵驻守。

绿营是清入关后最早的汉人军队。清军每占领一个地方，就首先接收当地的军队，改建为一种由汉兵组成的绿营，因以绿旗为标志而得名。绿营是八旗兵腐败后清军作战的主力，尤其是在三藩平定后，专倚绿营。

太平军起，绿营兵又不堪用，代之以湘军和淮军。咸丰二年(1852)，曾国藩奉谕办团练，招募湘勇三营，严加训练。湘军之编制是以500人为一营，初共13营，陆军6000余人，每营有营官各一，下设四哨，各哨官以下有什长，兵将相习，朴实善战。至同治元年(1862)，李鸿章亦仿湘军而组织淮军，其后平粤平捻，功比湘军，为当时劲旅。

甲午战争中，湘、淮军也一败涂地，其后新军兴起。

经济与科技

　　清代经济,特别是 18 世纪的经济,是中国封建经济发展的高峰,乾嘉时期的农业总产量、重要粮食产区的亩产量,以及经济作物的发展,都达到了历史新水平。很难想象,如果不是清代农业经济的发展,如何能够养活乾隆时期已经 3 亿多的人口。这其中除了社会稳定、土地垦荒、统治者重视等因素之外,还得益于新作物的推广,尤其是红薯、玉米等新作物的大量种植,大大提高了粮食供应。

　　农业的发展离不开水利的兴修,康熙、雍正、乾隆三朝都非常重视水利,历史上泛滥不已的浑河终于成了"永定河",黄河也有了 100 多年的稳定。

　　中国自古以来自然灾害频繁,清代由于人为破坏的加剧,环境恶化,加剧了灾害的破坏程度。清代在总结前代经验的基础上形成了更加完备的赈济和救灾体系。

　　与农业经济相适应的是技术的发展和传承。中国自古以来并不缺乏像样式雷这样的能工巧匠,也从不缺乏领先性的发明和创造,但天文历算等自然科学往往都局限在"御用"的层面上。当传教士用西方科技向皇帝炫耀时,皇帝也仅是出于个人兴趣加以把玩,乾隆帝甚至将这些变成了自己的娱乐。然而,近代在西方船坚炮利的冲击下,人们逐渐开始认识到了科技对于国富民强的重要性,于是涌现了李善兰、华蘅芳等一批科学家。

《耕织图·耕》(册页)

　　焦秉贞,字尔正,山东济宁人。他参考宋代楼璹的《耕织图》,重新创作,于康熙三十五年(1696)绘成《耕织图》,耕图23幅,织图23幅,共46幅。康熙帝命著名刻工朱圭等镂版,印刷版画,广为流传。这46幅图画,"田家景物,曲尽其致;蚕室机杼,精妙无穷",形象地描绘了稻作和蚕桑的生产过程,再现了生产工具的使用。康熙帝还为每一幅图配诗一首。

康熙帝种稻

中国历代以农业立国,在清代农业也获得了长足的发展。康熙朝是清代农业的恢复和发展时期,康熙帝在位时重视农业,尤其重视水稻的种植和增收。他曾在中南海丰泽园治田数畦,环以溪水,建造了一个"阡陌井然在目,桔槔之声盈耳"的环境。还在田旁种桑养蚕,并在附近建了"知稼轩"、"秋云亭",作为观摩体验农桑作业的地方。

有一天,康熙帝在巡视所种的稻田时,偶然发现一株鹤立鸡群的稻子,它高出众稻之上,而且颗粒已经成熟。本来这片稻田种的是玉田稻种,要到农历九月才能成熟。现在,竟然有一棵稻子提前60余天,在六月就熟了。康熙帝喜出望外,立即把它采摘下来,作为种子加以收藏,准备来年春天试种,看它是否还能早熟。待到第二年试种,果然又于六月早熟。这一早熟新稻米不仅色泽微红粒长,而且吃起来气香味美。

对于新稻种,康熙帝并未急于推广,而是先在官内种植,供宫廷内部食用。到康熙三十一年(1692)四月,他才在丰泽园澄怀堂的一次会议上,宣布了他发现和培育新稻种的事。当尚书库勒纳、马齐等人进入澄怀堂后,康熙帝问他们:"尔等进来时,曾见朕所种稻耶?"大家说:"曾见过,稻苗已长尺许矣。此时如此茂盛,实未有也。"康熙帝说:"朕初种稻时,见有于六月时即成熟者,命取收藏做种,历年播种,亦即至六月成熟,故此时若此茂盛。若寻常成熟之稻,未有能如此者。"康熙三十九年(1700),时任直隶巡抚的李光地得知康熙帝在丰泽园试种出了"早御稻",便提出在地势低洼、水源充裕的天津试种。不久,天津总兵蓝理也向康熙帝提出同样的请求。但康熙帝均未允准,他认为"早御稻"虽在京城获得成功,但还未在长城沿线较寒冷

1687 年
英国人牛顿发表论文《自然哲学的数学原理》,论述了万有引力和三大运动定律。

1692 年
四月,康熙帝在丰泽园澄怀堂宣布了他发现的新稻种。

1703 年
康熙帝命人在热河"御瓜圃"试种"早御稻"。

御稻米

以古人未經用過而素問為醫藥之書學者未能旁通故知者鮮耳若王樓銀海經蘇軾詩中引用後人皆知玉樓為肩銀海為目矣

豐澤園中有水田數區布玉田穀種歲至九月始刈穫登場一日循行阡陌時方六月下旬穀穗方頴忽見一科高出眾稻之上實巳堅好因收藏其種待來年驗其成熟之早否明歲六月時此種果先熟從此生生不巳歲取千百四十餘年以來內膳所進皆此

康熙帝撰《康熙几暇格物编》之"御稻米"

的地方种植过。

康熙四十二年(1703),热河行宫兴建。康熙帝命人在热河泉北侧开出一片"御瓜圃",并在东北方向的低洼处造一方稻田,播种他精心培育的"早御稻"。结果,再获成功。后来康熙帝回忆:"口外种稻,至白露后数天不能成熟,惟此种可以白露前收割。故山庄稻田所收,每岁避暑用之尚有盈余。"

既然长城以北都可以种水稻,京畿地区就更应该没有问题了。康熙四十三年(1704),直隶巡抚赵宏燮、天津总兵蓝理再次向康熙帝请求在京郊玉泉山和天津附近试种"早御稻"。康熙帝由于亲见早稻种在热河试种成功,于是颁旨批准。天津总兵蓝理在天津丰润、宝坻广开水田栽稻,并招募南方农民数百人垦地150顷。康熙帝指导工匠导河修渠,并亲自绘制水闸、水车图形,150顷水田全部及时种上了水稻。康熙四十八年,这150顷水田获得高产,从而结束了长城内外沿线不种水稻的历史。同时,赵宏燮在玉泉山试种的水稻也获得丰收。

经过三十几年的试种,到康熙五十四年(1715),康熙帝决心向南方推广。南方气候温暖,稻谷成熟必早于北方,可以发展双季稻,利用"早御稻"的早熟,农民收割后可以紧接着再种一季。他把这项任务交给了自己信得过的地方官——苏州织造李煦。

李煦接到任务后立即行动,可第一次试种成绩不佳,使康熙帝大为扫兴。康熙帝在李煦的奏折上批示说:"四月初十种迟了!"由于第一季种迟了,推迟了收获期,因而第二季插秧也晚了,故第二季稻"苗虽长成,结实甚少,所收稻谷每亩不满一石"。为了帮助李煦试种和推广"早御稻",康熙帝还特派水稻专家、老农李英贵到苏州去现场指导。第二年,李煦遵照康熙帝的指示,提前在谷雨日插了第一季秧。这一次由于提前插秧,因而第一季早熟,第二季赶插得时,两季的收成均较去年明显提高。与苏州本地稻相比,"早御稻"也有明显的优势。苏州稻的成长期需要140天左右,"早御稻"只需要70天左右。当时,除苏州外,江西、浙江、安徽的官吏和两淮商人也纷纷向李煦请要种子。

可以说,康熙帝算是清代一位卓有成效的育种专家。他不仅把

1704 年

直隶巡抚赵宏燮、天津总兵蓝理分别在京郊和天津附近试种"早御稻"。

1715 年

康熙帝向南方推广"早御稻"。

皇帝祭农、亲耕仪式

祭祀先农和亲耕的传统,可以追溯到周朝,但不是每年举行。明清两代,成为国家重要的祭祀典礼。每年仲春亥日,皇帝率百官到先农坛祭祀先农神并亲耕(称为藉田礼)。在先农神坛祭拜过先农神后,在俱服殿更换亲耕礼服,随后到亲耕田举行亲耕礼。亲耕礼毕后,在观耕台观看王公大臣耕作。

水稻的移植推广到长城以北，又倡导在南方推广双季稻。后来的雍正帝、乾隆帝对农业生产也非常重视。每逢春耕开始，雍正帝、乾隆帝都先后在丰泽园小片试验田里举行"藉田"仪式，亲自扶犁示范，以示重农。

相关链接

清代农业发展

清代农业生产的恢复和发展，首先表现为荒地的大量开垦、耕地面积的扩大。据统计，顺治十八年(1661)，全国耕地面积为 526 万顷；康熙六十一年(1722)就突破了明代最高耕地统计数字，达到 851 万顷；到雍正三年(1725)，达到 890 万顷。

由于注意精耕细作，农田的单位面积产量也有显著提高。如稻米生产，在江浙、湖广、四川、福建等省的膏腴之区，一般都亩产两三石，多者可以达到五六石，甚至六七石。康熙时在江南大力推广双季稻，使单位面积产量进一步提高。台湾稻米的总产量也很高，一年所产足够四年之用。北方京、津等地试种、推广水稻，也取得较好的收成。

经济作物的种植得到进一步发展。如棉花种植，不仅江苏、浙江、湖北、河南、山东、河北等省都是著名的棉产区，而且东北也成为重要的棉花产地。植桑养蚕亦很兴盛，如浙江、江苏、广东的一些地区，农民都大量种植桑树。特别是浙江省，"蚕桑之利甲天下"，其中有一些地区，"尺寸之堤，必树之桑"。所获之利，比种稻往往多出四五倍，甚至十余倍。甘蔗的种植在广东、福建、台湾等地十分普遍。广东一些地方种植的"白紫二蔗，动连千顷"。台湾更是"蔗田万顷碧萋萋"。

可以说，清代农业经济的发展达到了封建社会的顶峰，为日益繁衍的人口提供了粮食保障，也为乾隆盛世奠定了基础。农业能达到这样的成就，一方面是由于长期的社会稳定，尤其是平定"三藩之乱"后，内地再也没有发生过大的战乱；另一方面是统治者的奖励措施。此外，当时的农业技术虽然未必有大的提高，但推广措施得力，也在一定程度上促进了农业经济的发展。

靳辅治河

农业的发展从来离不开水利，有清一代，统治者不仅重视农业，而且重视水利。这其中最有名的便是康熙时期靳辅对黄河的治理。

清初虽然也时有治河之举，但往往是随修随决。黄河为何这么难以治理呢？一方面，黄河在中游携带大量泥沙奔腾咆哮而下，一进入下游平原地区，水流减缓，大量泥沙淤积河床，使黄河迅速成为"地上河"，随着河床逐渐淤积，黄河非常易于泛滥。另一方面，当时的黄河走向与今天不同，在开封以下向南，夺淮河入海。更重要的是，为朝廷转运漕粮的大运河还要利用一段黄河，黄河的安全直接关系到漕运通道的畅通，进而关系到清王朝的经济命运。因此，治理黄河肩负着双重任务。如果只是治河，可以采用固定河道的方法，也可以采用疏导的方法，但是为了保证漕运，黄河在与运河交汇的一段既不能改道，也不能分流，否则影响漕船通行，因而治理方法受到很大限制。在靳辅之前，河道总督几度易人，但都收效甚微，其中一个重要因素就缘于此。

康熙帝亲政之初，就将"河务"、"漕运"、"三藩"三件事写在宫殿的柱子上，时刻提醒自己，但由于战事频仍，还没有功夫全力投入到治河中。直到三藩战事稍有好转之后，才着力治河。

康熙十五年（1676），黄河大肆泛滥，自江苏砀山直到入海口，黄河南北两岸决口 70 余处，黄水四溃，不复归海。黄河夺去了淮河入海口，淮水又泛滥成灾。洪泽湖被黄水倒灌，高家堰决口 30 余处，盱眙的翟家坝冲成九道河。高邮的清水潭久溃，里下河七州县一片汪洋。运河与黄、淮相连，受其影响，清口运河淤塞成陆地，漕道不得畅通。

面对如此溃烂的情形，康熙帝任命安徽巡抚靳辅为河道总督。此前，靳辅在安徽做巡抚期间，已经积累了丰富的治河经验，但此次临危受命，也不敢怠慢，他知道如果失败，自己也会像历任治河总督一样被革职。得知任命后，靳辅便立即征询自己的幕僚陈潢，问他到底该怎么办。

陈潢自幼不喜八股文章，年轻时攻读农田水利书籍，并到宁夏、河套等地实地考察,精研治理黄河之学,但他科场屡挫,负才不遇。有一年,靳辅偶遇陈潢,发现陈潢才学过人,遂聘入幕下,协助治水。

陈潢并没有指陈大计方略,只是建议靳辅先亲自巡查黄河下游两岸情势后再说。就这样,靳辅一上任便携陈潢从黄河河口溯流而上,沿河视察了湖堰闸坝,勘测水情地势,亲自找两岸百姓和工匠了解情况。晚上,他们查阅典籍资料,研究治河方略。他们往返几百里,经过3个多月的调查研究,终于有了眉目。随后,两人一连草拟了8篇奏章,在一天内上奏给康熙帝。他们提出,必须把黄河、运河、淮河视为一体,通盘治理。在治河技术上,除了承袭前人筑堤等方法以外,他们又提出了放淤固堤,把大量泥沙引进河岸的低洼地区造田;同时,开引堵决,使决口不堵自灭。其核心思想是"坚筑堤坝,束水冲沙",改变了过去只顾运道、不顾河道的片面做法。

"一日八疏"上奏以后,康熙帝很快批准了靳辅的方案。在靳辅和陈潢的亲临监督下,工程开始,或堵或筑,一片忙碌。然而千里黄河,很难毕其功于一役。三年后,山阳、清河段再次决口,这使朝廷上下对靳辅的治水方略发出了一片怀疑之声。在康熙帝支持下,靳辅坚持既定方案,继续修筑堤坝。至康熙二十二年(1683),经过不懈的努力,束水攻沙的一贯方针终于收到了成效,不仅诸多决口渐次堵筑,河水顺流入海,而且多年洪水滔天的扬淮地区七州县的洪水也退了,更重要的是运河的漕运也畅通无阻。

河工向来是个肥缺,贪渎丛生。靳辅虽然主持河工数年,过手的银子动则几十万两甚至几百万两,但他本人很廉洁,分文不取。不仅如此,还以身作则,亲临河工第一线。黄河两岸百姓和工匠夫役们对他赞不绝口,十分拥戴。经过八年的努力,黄河治理已见成效。康熙二十三年(1684)十月,康熙帝决定南巡视察黄河河道。他每到一处,都召集当地的耆老、秀才,了解地方风土人情。在他面前,百姓异口同声地赞扬靳辅廉洁奉公,治河有方。

天有不测之风云,康熙二十七年(1688),因治河一事与朝中明珠朋党案交织在一起,靳辅遭到一些居心叵测的人的攻击,虽然他劳苦功高,尽职尽责,最后却落了个被免职的下场;赞理河务的陈潢也被革职流放,后来在凄凉悲愤中死去。康熙三十一年(1692),新任河道

漕粮转运

清朝定都北京,视漕粮为国之大计,沿袭明代旧制,经大运河转输京、通,以支应军需,充实京师。自康熙年间起,官运漕粮不仅充实京师、支应军饷,也准许在沿途水次各仓截留,用以备赈、平粜。嘉庆年间河政废弛,河湖多干涸,多处淤垫,以致运道梗阻,有碍行船。道光年间,试办海运,并于上海设立海运总局,漕运逐步转向海运。

总督王新命勒取库银 6 万余两，事发之后被夺官。这时，康熙帝又想起了靳辅，重新任命靳辅为河道总督。不幸的是，年底靳辅便死于任上。

可以说，没有康熙时期的治河努力，便没有康乾盛世的稳定局面。

 **相关链接**

康熙帝南巡与治河

康熙帝南巡共六次，主要目的是为了巡视河工。

康熙二十三年(1684)十月，康熙帝第一次南巡。当时靳辅治河，经过几年修浚，治河工程取得很大成效，但由于治河工作中出现一些争论，康熙帝决定亲临视察。他遍历高家堰、武家敦、洪泽湖等地，访民疾苦。

康熙二十八年(1689)，康熙帝第二次南巡。他对靳辅的治河功绩做了肯定，谕内阁曰："朕巡行南省，往视河道，江南淮安诸地方，自民人、船夫皆称誉前河道总督靳辅，思念不忘。"

第三次南巡是在康熙三十八年(1699)。此次南巡途中，他亲自用水平仪进行测量，并针对洪泽湖水位低，黄河水位高，河水倒灌，致使湖水泛滥的状况，提出筑堤要与挑浚并重的方案。

康熙四十二年(1703)，康熙帝以河工即将告成，进行第四次南巡。

康熙四十四年(1705)初，康熙帝认为河工虽说告成，尚需察验形势，筹划善后之规，于是启程离京，踏上了第五次南巡的旅程。

康熙四十六年(1707)，康熙帝第六次南巡，经反复察视、研究，命挑浚洪泽湖出水口，加宽加深，使清水畅流。

康熙帝以民为本，实心求治，亲临河工，指授方略，经过几十年的治理，两河安宁，漕运无阻，人民安居乐业，为康乾盛世奠定了基础。

耗羡归公

后人讽刺古代贪官，常说："三年清知府，十万雪花银。"在清代，按照国家规定的账面工资收入，各级官员的俸禄还真不高。清朝官员的工资分为俸银和禄米两个部分。当时在京文武官员每年俸银，一品 180 两，二品 150 两，三品 130 两，四品 105 两，五品 80 两，六品 60 两，七品 45 两，八品 40 两，正九品 33 两 1 钱，从九品 31 两 5 钱。另外，按俸银每两匹配禄米一斛。地方文官俸银与京官相应级别等同，但没有禄米；武官俸银只及在京武官的一半。这样的薪水，知县养家糊口都不够，他还要支付聘请幕僚的费用，更重要的是打点上司、迎来送往的支出，即使拿出全部俸银也不够这些支出的零头。在这种情况下，就出现了额外征收"耗羡"等陋规。

耗羡，又称火耗，是地方官在国家正税之外额外征收的附加费，各地的征收比例并不相同，征收以后由各地官员自行留用，这就造成了地方官吏随意加重百姓负担，搜刮民脂民膏，供自己享用甚至贿赂上司的状况，弊端甚多。为改变这种状况，在康熙朝时就有人提出耗羡部分归公以弥补国库亏空的建议，但康熙帝晚年已暮气深重，不能锐意改革，又不愿违背"永不加赋"的规定，所以耗羡制度一直沿袭到雍正朝初期。

再次提出耗羡归公并付诸实施的是山西巡抚诺岷。雍正元年（1723），曾在户部供职多年的诺岷出任山西巡抚，处理多年来山西严重的财政亏空。诺岷为政清廉，务实忠心，决策果断。他到山西后，大刀阔斧地实行整顿，革除不法官员的职务，大力追赔亏欠。次年又裁减火耗，从当年耗银中提取 20 万两白银抵补亏空，以公完公，并将多余部分发放给官员以养廉。诺岷的决策，得到了山西布政使高成龄的积极支持。他认为官员私征耗羡，必然造成损名节、败官声、增民负、亏国库的恶果，耗羡非属州县之私有，归公完全是应该的。雍正帝对此大加赞扬，决定力排众议，坚决推行耗羡归公。

雍正帝多次在上谕中反复阐明耗羡归公的方针。他认为，耗羡原为不应有之项，但在财政不充裕的情况下，不能立即取消；需将耗羡的征收限制在一定的比例之内，不致累及百姓，因此在实行耗羡归

1723 年

诺岷出任山西巡抚，处理亏空，裁减火耗，发放养廉银，成为耗羡归公的开端。

1724 年

雍正帝下令推行耗羡归公，同时各省文职官员于俸银之外增给养廉银。

开始推行"摊丁入亩"。

公时先裁汰耗羡，将耗羡从州县提解国库，再分拨地方使用；耗银的用途分为养廉与公用两项，在官员分得养廉银之后，如果再额外征收耗羡者，必论重罪；耗羡归公仅是权宜之计，待亏空解决、财政充足、官员清廉后即可取消，火耗亦尽行革除。由于朝野舆论不一，雍正帝采取了区别对待的办法，有条件的地方先实行，没有条件也不勉强，不过多数省份还是付诸实践了。

实行耗羡归公后，地方官员断绝了一条生财之道，因此要给他们一些生活、办公补助费。州县官的上司督抚乃至京官，失去了来自基层官员的馈赠，也需给他们一定补助，这样就形成了养廉银。雍正帝依照"奖廉惩贪"的原则，主张厚给养廉银两，特别是对那些居官廉洁、勤于政事的地方大员更予从优，以资鼓励。各级官员的养廉银额是按照官职高低、事务繁简、地方冲僻和耗羡多少等标准来确定的。同俸禄相比，养廉银的数额还是相当大的。如雍正十二年（1734），直隶总督每年养廉银1.5万两，知府2000两，县官600—1200两；而山东巡抚也达1.5万两，知府3000两，县官1000—2000两。对于京官，则实行了双俸制度。

实行耗羡归公改革，必然涉及众多官员自身利益，因而反对改革的阻力也很大。如兵部主事彭端淑就说，耗羡私征是"万世不易之法"，动不得。

雍正"为君难"玺

雍正帝则对耗羡归公持积极支持态度。湖广总督杨宗仁向雍正帝上折，建议耗羡部分归公，雍正帝批示"所言极是"；河南巡抚石文悼，雍正帝原本瞧不上他，但石文悼上折建议耗羡提解，雍正帝就赞赏他的建议"说得通，行得去，人心既服，事亦不误，朕自然批个是字"；对于一些反对耗羡改革的官员，雍正帝要求他们"平心静气，虚公执正"，不能"怀挟私意，任性尚气，淆乱是非"；对于执意干扰耗羡归公政策推行的官员，雍正帝则把他们调任或革职。在雍正帝的大力支持下,耗羡归公在全国迅速推开。

这一改革措施不仅集中了征税权力,减轻了人民的额外负担,增加了外官的薪俸,对整顿吏治、减少贪污也起到了一定的积极作用。

 **相关链接**

雍正朝的经济改革

雍正朝所进行的改革,于国计民生意义重大的当首推清补钱粮亏空、耗羡归公、养廉银和摊丁入亩等几项大的经济改革。

清补钱粮亏空是雍正帝即位后最先进行的一项改革,是针对当时官员贪贿、国库空虚的积弊所采取的整顿措施。康熙后期,官场贪贿成风,从中央到地方,各级官吏贪污、挪用、贿赂现象严重,致使国家财政十分困难。雍正帝即位后决心改变这种状况,登极一个月,便下令各省清查钱粮亏空,限期三年补足,以后如发现再有亏空者,"决不宽贷"。并在中央设立会考府,类似于今天的审计署,专司稽核财政收支情况,杜绝财政管理中的营私舞弊行为。为了达到补足国库亏空的目的,雍正帝打击贪官毫不容情,抄家、罢官,虽贵胄亦不能免。

摊丁入亩是雍正帝实行的又一项重要的经济制度改革,简言之,就是将人丁税摊到田亩中,随土地税征收。土地少的少纳税,土地多的多纳税。无形之中,政府放松了对户籍的控制,农民和手工业者可以自由流动,出卖劳动力,有利于促进社会生产力的释放。此外,雍正帝还宣布取消儒户、宦户,限制缙绅特权。同时,为了解决人口日益增长所需粮食问题,更加严格地执行传统的重农抑末方针,鼓励垦荒,强调粮食生产。可以说,雍正朝的经济改革也在相当程度上促进了康乾盛世的繁荣。

1723 年

三月，监察御史年熙上书奏请除豁山西、陕西乐户的贱籍。

七月，浙江巡盐御史噶尔泰上奏，请求除豁浙江绍兴府惰民丐籍。

1730 年

五月，江苏巡抚尹继善奏请豁除苏州府丐户，编入民籍。

豁 贱 为 良

雍正朝在经济改革的同时，也进行了社会改革。清代，满洲贵族役使的奴隶之外，还有在明代或更早的时期即已形成的各种贱民，分布各地，相沿不改。这些贱民并非奴隶，但地位低于平民，不列入民户的户籍。雍正帝在削除满洲奴隶制和改革丁税制的同时，陆续将各地的各类贱民除籍为良民，编入户籍。

先说乐户。山西、陕西一带有大批乐户，他们在明朝永乐皇帝夺取天下时，坚决拥护建文帝。永乐帝登基后，除杀害他们本人，还将他们的妻孥罚入教坊司，充当官妓，世代相传，不得改为良民。雍正元年（1723）三月，年羹尧之子、监察御史年熙上书奏请除豁山西、陕西乐户的贱籍。年熙在奏疏中说他们是忠义之士的后代，沉沦至此，无由自新，请求雍正帝降恩，开豁他们的贱籍，准许他们改业从良。雍正帝看到奏折后，很是赞同，当年四月发出第一道"豁贱为良"的谕旨。在下令开豁乐户贱籍的同时，雍正帝又令各省检查，如发现本地也存在类似乐户的贱民，也准许他们出贱为良。

看到这一情形，浙江巡盐御史噶尔泰于七月上奏折，请求除豁浙江绍兴府惰民丐籍。惰民的身份极其低下，不得列于士、农、工、商四民之中，不得列入民籍，甚至不能穿着四民的服装。他们只能从事为士、农、工、商所不屑的服务性行业，男了只许以捕蛙、逐鬼、卖饼为业，妇女或说媒，或依随良家娶嫁，为人梳发髻冠，或走市巷，成为私娼。惰民同乐户一样，毫无平民权利，没有人格尊严，也是受侮辱和被压迫的群体。噶尔泰在奏折中请求给惰民自新之路，雍正帝命礼部议奏。礼部的部分大臣认为捕蛙、卖饼、说媒等行当是惰民养家糊口的职业，假如消除其籍，实际上就等于不许他们再做这些事，他们反倒无以为生了。雍正帝的眼光则要高明一些，认为除籍总是好事，能恢复惰民应有的地位和尊严。他动之以情、晓之以理地给礼部官员分析当时的形势，这些王公大臣也就不再反对了。

此外，迎来翻身机会的还有安徽的伴当、世仆。明末以来，江南徽州府有"伴当"，宁国府有"世仆"，当地称为"细民"。伴当、世仆户都需为主户服役，甚至经常遭受主户鞭打。主仆之分承袭前代，很难改变。雍正帝认为，这是相沿之恶习，应开豁为良，命当地督抚查明具奏。经安徽巡抚魏廷珍奏请，雍正帝批准这些细民改为良民。

还有广东滨海一带的疍户，世代以船为家，捕鱼为业。其地位卑贱，不准登岸居住。疍户不敢与平民抗衡，畏威隐忍，踽踽舟中，终生漂泊。雍正帝认为，疍户本属良民，而且输纳鱼课，与齐民一体，不应因地方积习而强为区别。于是，饬令督抚晓谕地方，凡是疍户，按照其意愿，或者上岸定居生活，或者听其自便，也可以依旧在船上生活，不必强令他们必须登岸。如果有能力建造房屋或搭建棚屋，应允许他们与岸边村庄的居民一起居住，其户籍一同编入平民。如果愿意开垦荒地，耕地务农，地方官也要竭力提供便利，要坚决制止那些豪强恶霸借机欺压凌辱。

雍正八年(1730)五月，江苏巡抚尹继善奏称，苏州府属的常熟、昭文二县，有从明朝沿袭下来的丐户，原来也不得列于四民，希望按照乐户、惰民之例，除其丐籍，编入民籍。同样也得到雍正帝的允准实行。

还有九姓渔户，相传是元末陈友谅部被朱元璋所败，其部将陈姓、钱姓、林姓、李姓、袁姓、孙姓、叶姓、许姓、何姓九族子孙，被明廷所贬，生活于浙江之江河水上，以打渔、运载为业，兼事娼妓，禁止改从他业和登岸居住。从雍正朝开始，也允许他们到陆地上从事农业和其他行业。

雍正朝开豁乐户、惰民、疍户，取消贱籍，让他们编为民籍，但这些措施并未触动清代贱民阶层本身。清代贱民还包括女婢、佃仆和雇工等，他们在政治上受到歧视，人身受到束缚，社会地位最低。他们的子弟不能参加科举考试，在生活上也有严格的等级规定。

雍正朝开豁贱民，尽管范围很有限，甚至收效甚微，但这一举措在当时无疑是一种进步。

胤禛蓑笠垂钓像

清代奴婢

清代贱民的主体是奴婢，奴婢制度不仅得到清政府的支持与保护，而且成为区分等级贵贱、门第高低、权力大小的重要标志。首先，皇帝是奴婢的最大占有者。专门管理宫廷事务的内务府就蓄养着大批宫内奴婢供皇帝使用，另外还有大量生产奴仆为其庄田耕种。皇帝以下各级贵族按照规定也拥有大量生产奴仆，还可以拥有众多的家奴。

清王朝为了取得官僚的支持，把蓄奴作为一种权利赐给他们，并规定蓄奴的数量。康熙二十五年(1686)规定：督、抚的标准是50人，藩、臬级别的是40人，道、府级别的是30人，州县级别的是20人，州县以下的标准是10人。"仕宦之家，僮仆成林"，这大概是当时的普遍现象。不仅如此，当时的商人、地主也往往蓄养奴婢，从上百人、几十人到几个人不等。

清代奴婢的来源大致有三种：一是入关前后被掠夺和被迫"投充"的；二是被迫买卖为奴的；三是因各种原因被没入奴籍的。

清代奴婢备受压迫，《红楼梦》第六十回中探春申斥赵姨娘的一段话颇能反映奴婢的境地。探春说："小丫头子们原是玩意儿，喜欢呢，和他玩玩笑笑；不喜欢，可以不理他就是了。他不好了，如同猫儿狗儿抓咬了一下子，可恕就恕；不恕时，也该叫管家媳妇们，说给他责罚。何苦自不尊重，大呼小喝，也失了体统。"在主子那里，奴婢不过是可以随便抛弃的玩物，可以随便作践的家畜而已。在法律上，奴婢也完全没有普通人的权益，而被置于社会的最低处。

雍正时期豁贱为良，对于奴婢这一贱民阶层基本没有触动。

大力推广甘薯

我们今天常见的甘薯和玉米都原产于南美洲,这类高产作物的传入和推广,是我国农业史上的大事。有了它们,才能养活正在迅速增长的人口,才能腾出更多土地种植各种经济作物。清代中期是甘薯和玉米在全国普遍推广的关键时期。

甘薯,又称番薯、红薯、地瓜、红芋等,明末传入中国。这种作物耐旱、耐涝、耐碱,能适应各种土壤与环境,抗虫抗灾能力强,且产量极高。当时人的著作中即说:"薯,上地一亩约收万余斤,中地约收七八千斤,下地约收五六千斤。"薯类传入中国之初,人们就认识到了它高产、易活的优点,但乾隆以前其种植仅限于闽、广一带,其他地方极少,北方更不知有这种东西。

番薯的推广,清政府的努力功不可没。康熙帝就曾命人在江南一带试种,不仅提供秧苗,而且传授技艺。当时,江苏等省都已有不少人种植,尤其是南方一些省份已较普遍。雍正至乾隆初,番薯已成为南方一些地方贫苦人家口粮的重要组成部分。雍正三年(1725),福建巡抚黄国财奏报时就说:惠安、同安、金门沿海等地由于去年番薯歉收,结果导致近海穷民不无艰苦。可见,番薯的收成与下层百姓的生活已密切相关。

乾隆初年,福建人陈世元在山东经商,见该处干旱歉收,因与同乡商人筹措,从福建聘请种薯有经验的老农,到这里教种番薯。一经种植,大获丰收,到秋天收获时,大大小小的番薯互相钩连,如拳如臂。于是一传十,十传百,人们纷纷踊跃种植。

乾隆十七年(1752),山东布政使李渭在陈世元的启发下,撰写《种植红薯法则二十条》,总结在北方种薯的经验,并在各县进行宣传。此后,山东省种植者渐多。清朝官员中积极推广种薯的还有陕西巡抚陈宏谋,他多方觅购薯种,聘请善种之人,故陕西民间有"陈公薯"之称;还有直隶总督方观承,他也购种雇人,在天津、保定、顺天、通州等地教种。乾隆四十一年(1776),山东按察使陆耀刊印《甘薯录》,叙述种薯之法,颇为详晰,颁行各地。

最大一次推广劝种甘薯的活动是由乾隆帝参与并发起的。乾隆

16 世纪中晚期
原产于南美洲的玉米、甘薯传入中国。

18 世纪
在清政府的努力下,甘薯得到大范围推广。当时人口已经突破 3 亿,甘薯的大量种植,为养活众多人口提供了粮食。

1752 年
山东布政使李渭,撰写《种植红薯法则二十条》,总结在北方种薯的经验。

1776 年
山东按察使陆耀刊印《甘薯录》。后来,陆耀由于推广甘薯有功,升为湖南巡抚。

四十九年（1784），乾隆帝看到了陆耀的著作，非常重视，就命令直隶总督刘峨、河南巡抚毕沅，将此书多多刊印传播，以便让更多老百姓知其利。陆耀由于推广甘薯有功，升为湖南巡抚。翌年，福建巡抚雅德来京，乾隆帝命他将番薯秧购运河南，说："此物既可充食，又能耐旱。河南、山东二省频岁不登，小民艰食。毕沅、明兴当即转饬各属，劝谕民人，广为栽种，接济民食，亦属备荒之一法。"这时，在北方红薯育秧的技术难关似乎尚未全部解决，故尚需在福建购买藤种。乾隆帝特别叮嘱雅德："必须觅带根藤本，用木桶装盛，拥土其中，如法送豫，方能栽种易活。"

这时，最先把甘薯传到山东的陈世元已80多岁，自愿赴河南教种。富勒浑奏称："闽县监生陈世元从前游历河南，曾经运种试栽有效。该生情愿挈同孙仆，前往教种，已令委员伴送起程赴豫。"乾隆帝得知后，十分高兴，并立即答应如果教种有效，会赏给陈世元举人职衔。不幸的是，陈世元赴河南不久，即感风寒病殁，乾隆帝表示悼惜。

甘薯原产温热潮湿地区，而我国北方干燥寒冷，薯种难以过冬存活。当时北方种薯，还必须从福建购送薯种，路远费时，工本甚大。要在全国大面积推广种植，必须在技术上解决育秧问题。解决这个问题，大概经历了较长的一段时间。

从乾隆以后，甘薯在全国范围广泛种植，成为贫民的主要食物。陈世元热心民食，首传薯种，毕生奔波劳瘁，贡献极大；而清朝官员积极劝种，特别是乾隆帝以朝廷之力奖励提倡，使甘薯得以大面积推广，其功亦不可没。像甘薯这类产量很高的粮食作物的推广，无疑为康乾时期人口的大量增长提供了粮食保障。

 相关链接

玉米、马铃薯的推广

玉米约于16世纪中叶分三路传入我国，分别是西北陆路自波斯、中亚至我国甘肃，然后流传到黄河流域；西南陆路自印度、缅甸至云南，然后流传到川黔；以及东南海路由东南亚至沿海闽粤等省，然后向内地扩展。

从明中叶到清乾隆前期，这近两百年时间里玉米仅限于在我国个别省份小范围种植。乾隆中期到嘉庆、道光年间，是玉米大规模推广时期，此时人们开始认识到玉米的广泛适

应性和高产特点,纷纷种植。嘉庆以后,玉米在全国普遍栽培,其中流民在玉米传播中发挥了重要作用。清后期到民国年间,除了南方各省山区玉米栽培深入发展之外,华北平原玉米种植也进入大发展阶段,玉米成为黄河中下游地区的主要粮食作物之一。

清代玉米传播,大多先在山地丘陵地区栽培,然后渐及平原地区;先在不发达地区,后到发达地区;南方多于北方,山地多于平原。清代玉米集中产区是中部的陕鄂川湘桂山区、西南的黔滇山区、东南的皖浙赣部分山区。华北和东北的玉米集中区主要在清后期至民国年间形成。

马铃薯传入我国的时间也大约是在明朝末年。但在清朝中期以前,种植非常有限。进入清后期及民国时期,随着各地引进时间的延长、推广面积的扩大及人们认识的加深,初步有所发展。但其真正扩大种植面积,在农业生产中起重要作用,还要晚至近现代。

洋商洪仁辉告御状

1753 年
英国商人洪仁辉在宁波进行贸易。

1757 年
十一月,清政府禁止在浙江海口贸易,只许洋商到唯一许可的广州口岸进行贸易。

与欧洲各国不同,封建时代的中国基本上是自给自足的小农经济,再加上"天朝上国"的心理,从不追求对外贸易,因此当皇帝看到恩惠"外夷"的口岸贸易扰乱内政时,便毫不犹豫地收紧了对外贸易的窗口。乾隆二十四年(1759),英国东印度公司的商人洪仁辉(James Flint)竟然向乾隆皇帝写了一份告状信,控告粤海关监督李永标勒索贪污。告御状的事常有,但一个洋人告御状就非常新鲜了。

原来,洪仁辉是东印度公司的英国员工,他曾受公司派遣到浙江进行贸易。乾隆十八年(1753),英国东印度公司要求洪仁辉在广州以北的宁波海港开设一个分公司。两年以后,洪仁辉和他的水手们抵达宁波,并受到热烈欢迎。回国时,洪仁辉带回了满舱的中国货物。乾隆二十一年(1756),他又来到宁波做生意。乾隆二十二年(1757)十一月,为统一管理对外贸易,清政府颁布了禁止在浙江海口贸易的禁令,只许洋商到对外口岸广州进行贸易。在这种情形下,洪仁辉按照规定只能到广州进行贸易,可是当他于乾隆二十四年(1759)六月再次到达中国,依旧前往宁波时,被清军水师拦截,令他返回广州。

洪仁辉心有不甘,请求浙江方面的官员能够转呈一封给皇帝的禀帖,遭到拒绝。此事经浙江巡抚庄有恭报告给了乾隆帝。乾隆帝称赞浙江地方所办甚好,并命人将庄有恭的奏折抄寄两广总督李侍尧传阅。

但出乎意料的是,洪仁辉还不罢休,他不听浙江水师的劝告返回广州,反而扬帆北上,径直开向了天津大沽口。到了天津,他对登船查问的清朝官员说:本人是英吉利国四品官,原来在广东澳门做买卖,因行商黎光华欠我五万多两银子不还,曾到衙门告状,不准;又到总督衙门告状也不受理;又曾到浙江宁波海口呈诉

广州十三行图

也不管。现在我到了天津，下一步准备上京师申冤。洪仁辉通过贿赂买通了一名官员，将告状信递给了直隶总督衙门等。洪仁辉的控告大致如下：一、粤海关勒索陋规；二、粤海关监督不准夷商禀见，使下情不能上达；三、行商黎光华拖欠货银不还；四、保商制度弊端甚多，夷甚吃亏受累。洪仁辉送出这封控告状后，便在天津暂住下来，等待皇帝的答复。

　　乾隆帝从直隶总督方观承的奏报中得知这封夷人举报信后颇为恼火，天朝哪有过夷人举报天朝官员的先例？乾隆帝立即指示要严肃对待，命两广总督李侍尧会同福州将军新柱审理这一案件。

　　七月初，天津地方官找到洪仁辉，告诉他皇上的命令已经下达，已经派出钦差大臣前往广州审理此案，并让洪仁辉立即做好准备返回广州，听候结果。当年九月，处理结果下来，粤海关监督李永标被革职抄家，行商黎光华没收家产，归还欠款。按说，这件案子本应完结，但乾隆皇帝对洋人敢于告御状的愤怒还没有消除。于是，他接着命人调查到底是谁怂恿洪仁辉告状的。

　　早在洪仁辉到天津呈状时，乾隆帝就怀疑有内地奸人代拟呈词，否则一个洋人怎么会说得这样头头是道、文从字顺呢？经钦差大臣新柱访查，得知为洪仁辉代拟呈词的是四川人刘亚匾。结果，刘亚匾被抓住后判处死刑；洪仁辉也以勾结内地奸民、违例通商的罪名被治罪，原本应发遣远方，但因是夷人，多有不便，于是从宽处理，在澳门圈禁三年。

　　十月初七日，按照乾隆帝的旨意，两广总督李侍尧将广州的外国商人集合起来，当场宣布了对洪仁辉的判决。当洪仁辉被押到总督府时，其腰间的佩剑立即被摘下，并被推到总督面前，强迫他磕头，但遭到洪仁辉的拒绝。紧接着，刘亚匾被押到公堂上，并当着洋商们的面，拉出去砍了头。洋商们惊魂未定，李侍尧又告诫说："我大清国物产丰富，难道还需要你们夷人那点货物吗？之所以允许你们在广州贸易，是为了你们的生存！尔后你等不能轻举妄动，老老实实在广州从事贸易吧！"

　　为了进一步防范外商与国人交往，两广总督李侍尧于乾隆二十四年（1759）十月提出《防范外夷规条》，经乾隆帝批准，《规条》成为清

1759 年

六月，洪仁辉再次前往宁波，被清军水师拦截。洪仁辉北上天津，向乾隆帝递上举报信。

十月，判决洪仁辉在澳门圈禁三年。经两广总督李侍尧奏请，清政府颁布《防范外夷规条》。

政府第一个全面管制外商的正式章程。《规条》禁止外国商人同中国百姓和官吏随便接触，还强化了行商制度。外商纳税、向清政府呈递禀书均由行商代办，外商在广州居住和活动也由行商负责监督。此外，清政府还限制外商的自由活动范围，非贸易季节须迁居澳门，禁止私自雇佣中国仆役。中国人不得向外国商人借款或受雇于外国人；中国人不得代外商打听商业行情；外国商船停泊处派兵"弹压稽查"。从此，闭关锁国政策更加严厉。

清朝的闭关政策阻隔的不只是中外贸易和交流，更要命的是蒙上了自己的眼睛，失去了及早了解世界并做出改变的机会。

 **相关链接**

清代对外贸易

清代的对外贸易在鸦片战争前 200 年间基本上可以概括为禁海闭关。从顺治十二年（1655）到康熙十一年（1672）的 17 年中，清政府先后五次颁布私人出海的禁令。为了严格执行这一禁令，清政府在顺治十七年（1660）、康熙元年（1662）和康熙十七年（1678）曾三次下令内迁沿海居民；还禁止私人擅造两桅以上大船，杜绝私人出海。

在清朝实行禁海时，英国、荷兰不断来到广州和福建沿海，公开或秘密地进行贸易。康熙二十三年（1684）开放海禁以后，在澳门、漳州（厦门）、宁波、云台山先后设置海关，开放对外贸易。其中宁波是传统的对日贸易港口，厦门是中国和南洋的贸易中心，云台山则是中国沿海贸易的港口，并非对外；只有澳门一处，专为与西方国家的贸易而设。由于葡萄牙殖民主义者把澳门看作自己的势力范围，排斥其他国家船只的进入，西方国家对中国的海上贸易才由澳门转移于广州，广州也因而成为中国对西方国家贸易的一个中心。

但西方国家并不满足。它们要求扩大和丝、茶产区邻近的厦门和宁波的贸易，甚至企图深入丝、茶产区，建立贸易据点。这不能不引起乾隆帝的警惕，因此在乾隆二十二年（1757）下令关闭广州以外各口岸，只许洋商在广州贸易。从此以后，除了厦门还偶尔允许由吕宋开来的西班牙船只进口以外，广州一口贸易制度基本上维持到鸦片战争爆发，没有改变。

辛酉灾赈

　　清代灾害频仍,在吸取前朝救灾赈济经验的基础上,形成了一套适合于当时生产力水平的防灾减灾的措施与制度。嘉庆六年(1801,农历辛酉年)六月,京畿地区连续大雨五个昼夜,甚至宫门水深也有数尺,房屋倒塌者不可计数。永定河多处决口,京师西南隅几成泽国,大片的村落荡然无存,民众流离失所。这次水灾,破坏极为严重。

　　大雨一停,嘉庆帝就立即派大理寺卿窝星额以及乾清门侍卫等人出城,勘察灾情。根据奏报,永定河四处决口,卢沟桥一带一片汪洋。嘉庆帝甚至为此引咎自责,认为遭此天灾都是自己施政不当造成的,要求各衙门官员大力稽查,尽心赈济;停止了当年的木兰秋狝;同时,祈祷禳灾和清理刑狱等。

　　对于这样一场水灾,地方官员竟然反应迟钝。自初一至初八日的几天时间里,没有一个地方官员奏报灾情。直到十一日,直隶总督姜晟才迟迟上奏,而且是根据河道禀报转述的:今年永定河水流不断,是个好兆头;至于大雨丰沛,对庄稼也无妨碍。如此讳灾不报,嘉庆帝极为震怒,痛骂姜晟"真如在梦中","全无人心",并立即将姜晟革职。

　　接着,嘉庆帝立即拨款 2000 缗,命兵部尚书兼管顺天府府尹事汪承霈,都察院副都御史陈嗣龙、刘湄,顺天府府尹阎泰和前往永定门、右安门外,抚恤受灾民众;又命户部左侍郎高杞、武备院卿巴宁阿立即赶往卢沟桥,堵筑决口。兵部左侍郎那彦宝、工部右侍郎莫瞻菉则分赴下游查勘灾情。同时,下令免去大兴、宛平二县当年税赋。

　　为了赈灾,嘉庆帝更换救灾不力的直隶总督;为解决那些涌入京城、流离失所的灾民的吃饭问题,特在永定门外设粥厂;令顺天府下属各州县及时、妥善掩埋那些在水灾中死去的灾民;考虑到各地灾民嗷嗷待哺,嘉庆帝特授权各地赈灾官员有权开仓放粮。嘉庆帝还亲自到现场指挥永定河河堤的修建。为了使赈灾工作有充足的物质保障,嘉庆帝还令截留漕米 60 万石,存贮在天津北仓待用,另加拨直隶藩库银 10 万两,抚恤灾民。

　　在这次大水灾中,北京城内很多旗民的房屋倒塌损坏,按照规

1801 年

六月,京畿地区连日大雨,永定河多处决口。在赈灾中,嘉庆帝大力推行"以工代赈",事后编有《辛酉工赈纪事》。

定，旗民修建房屋，都需要事先上报步军统领衙门及督理街道衙门，经同意后，才能动工。水灾中损坏的房屋如果还按照这个程序操作，势必影响灾后重建的进度，而且还会带来相关管理人员索需之弊。为此，嘉庆帝特准许免除原来的上报程序，只要是旗民维修、在原地重建墙垣、房屋，就不必再向步军统领衙门和督理街道衙门申报。这些措施对于灾后重建无疑也起了重要的作用。

更难能可贵的是，嘉庆帝在这次赈灾中不是就事论事。例如，汪承需在永定门、右安门外赈济时，发现有人假称灾民前来冒领的现象，力图阻止。嘉庆帝得知后，制止了这种做法。他认为有些冒领者虽然没有遭灾，但附近居民如果不是衣食缺乏，怎么会降低自己的身份，打扮成乞丐，又穿过泥泞之路，到这里来领这点粮食呢？更何况以往京城中也常有讨饭的乞丐，即便是无灾之年也不能幸免，像这样的人听说朝廷设厂赈济，前来讨点饭吃，并没有过错。不管是灾民，还是常年没有饭吃的乞丐，都应当一视同仁，不必刻意区分。因此，嘉庆帝主张赈济时宁可周施博济，宁可多发，也不能遗留下任何一个灾民和穷苦百姓。

由于京畿为首善之区，其赈济的重视程度和力度都是一般地方上无法比拟的。因此，嘉庆六年的水灾发生后，很多近京地区的灾民也不顾路途遥远，来到北京，目的就是为了得到一碗施舍的粥。但是，当时负责赈粥的官员却将这些人拦在北京城门外。嘉庆帝得知后，斥责这种做法"更属大谬"！他在谕令中说："现在五城设立饭厂，穷民等自必闻风踵至，岂可转行阻禁！况此等被水难民，皆由本处无可逃生，是以远赴京师就食。朕念切痌瘝，无论远近灾黎，宁忍稍分畛域？前已降旨，令直隶地方官分段设厂煮赈，伊等知本处可以就近得食，亦必渐归乡里，又何忍驱逐禁止乎？总之多救一民，减朕一分之罪，惟在办赈各员等仰体朕子惠元元、如伤在抱之意，实力妥办，毋使一夫失所，方足以拯流离而挽灾祲。"

在此次赈灾过程中，嘉庆帝还大力推行"以工代赈"，并认为这是最好的救灾良法。对于永定河决口的修复和北京护城河的清淤工作，嘉庆帝特别要求雇佣附近的灾民，一方面使数万灾民通过以工代赈，有口饭吃，度过灾荒之年；另一方面，修复了水利，政府也节省了资金,可谓一举三得。

　　为总结这次赈灾经验,嘉庆帝特将这次赈灾事宜汇编为《辛酉工赈纪事》,并亲自撰写序言。嘉庆帝尚属勤勉,并不昏庸,于此也可见一斑。

 **相关链接**

清代的赈灾

　　嘉庆《大清会典》规定:"凡荒政十有二:一曰备祲;二曰除孽;三曰救荒;四曰发赈;五曰减粜;六曰出贷;七曰蠲赋;八曰缓征;九曰通商;十曰劝输;十有一日兴土筑;十有二日集流亡。"这12个方面基本囊括并发展了历代相沿而成的各项救灾、备荒措施。概括起来,有以下几个方面:第一,报告灾情。地方长官要迅速将受灾程度和日期向上级汇报,如果灾情还有后续发展,也要及时向上级更新信息。第二,统计受灾范围和受灾人口。清朝规定,灾害发生地的督抚一面上奏报告情况,一面要组织一个勘灾小组。勘灾小组的成员主要是当地的知府、同知、通判和受灾地县令,任务是赶赴受灾地视察灾情,并且为灾情造册。第三,赈灾措施。首先,蠲免是清代最为重要、最为常见的救灾措施之一。与此相应的是缓征,即将受灾程度略轻地区的应征额赋暂缓征收。其次是赈济,发放钱粮,无偿救济灾民。与此相应的是煮赈,也称粥赈,即施粥于灾民。此外,工赈也是清代经常实行的一种赈济方式,即灾年由官府兴办工程,募灾民劳作,日给钱米。工赈既可使灾民免除饥馑,又能利用民力兴办工程,可以说是最为积极的救灾措施。

样式雷

1683 年

雷发达和堂弟雷发宣应募来到北京，参加皇宫修建工程。

1725 年

雍正帝大规模扩建圆明园，雷金玉任圆明园楠木作样式房掌案。

1737 年

乾隆时期，雷声澂参与了京城西郊的皇家园林"三山五园"的改扩建工程。

在清代曾经有这样一个家族，他们祖孙八代数百年默默无闻地供职于内务府营造司和样式房，他们的传世杰作震惊世界，遗留下来的作品列入世界文化遗产目录的就有故宫、天坛、颐和园、避暑山庄、清东陵、清西陵等。其超人的智慧与心血融入他们为之建造的宫殿和园林之中。这个家族被称为"样式雷"。

第一代样式雷雷发达，字明所，生于明万历四十七年(1619)，卒于清康熙三十二年(1693)，祖籍江西永修。雷发达曾祖在明末迁居江苏南京，康熙二十二年(1683 年)雷发达和堂弟雷发宣应募来到北京，参加皇宫的修建工程，发达以其精湛的技术才能，得到康熙帝的赏赐，并授予官职。70 岁时退休，死后葬于南京。

据说，在康熙年间修建三大殿的太和殿上梁之时，康熙帝亲临行礼，大梁举起，榫卯高悬而落不下，工部官员惊慌失措，赶快派雷发达穿上能见皇帝的官服，腰里别着斧子，迅速爬到柱上，干净利落的几斧，榫卯合拢，此时皇帝行礼的大乐还没有奏完。礼成，康熙帝甚是高兴，赐授雷发达为工部营造所长班。这便是后人所说"上有鲁班，下有长班，紫薇照命，金殿封官"的来源。

奠定样式雷家族地位的是第二代雷金玉。雷金玉，字良生，生于顺治十六年(1659)，卒于雍正七年(1729)，以监生考授州同，继父亲雷发达之后在工部营造所任长班之职，投充内务府包衣旗。雍正年间逢扩建圆明园，金玉供役圆明园楠木作样式房掌案，即皇家建筑总设计师。雷金玉在 71 岁时去世，他的几位妻妾和儿子都随灵柩一起回到南京，只有最末一位小妾张夫人带着出生才几个月的儿子雷声澂(1729—1792 年)留在北京。这位有心计的妇人不希望丈夫开创的事业就这么夭折，她精心抚养儿子，后来雷声澂成年后，样式房掌案职位再由他担任。

乾隆年间，皇帝为了给皇太后祝寿，修建清漪园(颐和园前身)，命雷声澂负责修建，并要求在园子里体现"福、禄、寿"三个字。据说，雷氏一家正在为设计形状发愁时，一位老者突然造访。好客的雷家邀请老者住了一宿，当老者次日离开时，从兜里拿出一个寿桃，放在了桌子上。这时候,突然有只蝙蝠恰好落在寿桃旁边,在桌子周围上下飞翔,这样一个不经意的举动,启发了雷声澂,他一拍脑门,回屋铺开图纸,写下"桃山水泊,仙蝠捧寿"八个字。他设计了一个人工湖,将这个人工湖挖成一个寿桃的形状,在平地上看不出它的全貌,但从万寿山望下去,呈现在眼前的就是一个大寿桃。而十七孔桥连着的湖中小岛则设计成龟状,十七孔桥就是龟颈,寓意长寿。至于"福"字,雷声澂将万寿山佛香阁两侧的建筑设计成蝙蝠两翼的形状,整体看来成了一只蝙蝠,蝠音同"福",寓意多福。

雷声澂的三个儿子雷家玮、雷家玺、雷家瑞成年时正逢乾隆和嘉庆年间,是"工役繁兴之世",这为三兄弟施展才华提供了广阔空间。大修圆明园、绮春园、长春园,三兄弟通力合作,三园中的大部分景点都是他们经手设计和建造的。其中雷家玺(1764—1825)表现尤为突出,他曾主持设计了乾隆帝八旬万寿庆典从圆明园到皇宫的沿路数百处景点,包括亭台殿阁、假山石洞、万寿经棚、宝塔牌楼、西洋楼房等。慈禧太后重修颐和园时,第七代传人雷廷昌又担任工程主持人。

样式雷为世人留下的最宝贵财产不仅有他们的建筑,还有稀世珍宝——图样。样式雷画出的图纸什么类型的都有,比如投影图、正立面、侧立面、旋转图等,最难得的是陵墓的宝顶,它呈不规则的空间形体,样式雷画出等高线图,这在当时是高水平的。在修建惠陵的过程中,因为工程反复比较多,样式雷也留下了最为详尽的图纸,工程的每一个细节,每一个木结构的尺寸,在牌楼、碑亭下面打多少桩,全记载下来。为了及时向朝廷反映工程进度,样式雷还画了"现场活计图",即施工现场的进展图。从这批图样中,可以清楚看到陵寝从选地到基础开挖,再到基础施工,然后修地宫、修地面、安柱子,直到最后做瓦的过程,体现了样式雷在建筑程序技术

圆明园天地一家春烫样

上的独到性。在样式雷留下的图样中,有一部分是烫样。它是用纸张、秫秸和木头加工制作而成的模型图,因为最后用特制的小型烙铁将模型熨烫而成,因此被称为烫样。烫样为后人了解当时的科学技术、工艺制作和文化艺术提供了重要帮助。

在中国传统社会中,人们普遍重视技术和经验,而忽视科技在学理方面的逻辑探讨。作为建筑技术的代表,样式雷是我国传统科技的重要组成部分,它无疑是辉煌的,但与天文术数一样,其巅峰之作往往出自宫廷,而且大多局限于"御用"的层面上,这在一定程度上阻碍了科技的普及和发展。

相关链接

三山五园

"三山"是指万寿山、香山和玉泉山。三座山上分别建有静宜园、静明园、清漪园(颐和园),此外还有附近的畅春园和圆明园,统称"五园"。

北京西北郊区泉水丰富,风景秀丽,金朝就在西山地区建立了名为"八大水院"的八处离宫。明代继续在此营建了多处私家园林,如外戚李伟的清华园和米万钟的勺园。但明朝由于西北常年存在蒙古边患,没有在北京西郊修建皇家园林。清朝入关后,皇帝在夏季不耐酷暑,于是多在宫外寻找风景优美之处居住。顺治帝常居于南苑和皇城的西苑。康熙帝即位初期,于康熙十九年(1680)将玉泉山南麓改为行宫,命名为"澄心园",并在香山寺旁建行宫。康熙二十三年(1684),在清华园废址上修建了畅春园,成为北京西郊第一处常年居住的行宫。在畅春园周围有各皇子和宠臣的赐园,如圆明园、自得园、水村园等。雍正三年(1725),雍正帝对圆明园进行了大规模扩建,并常住于此。乾隆帝即位后,开始了大规模的园林兴建。他首先在乾隆二年(1737)将圆明园二十八景扩建为四十景,随后在乾隆十年(1745)在其东边修建长春园。同年,在香山

清末万寿山(1900年前后)

修建静宜园,建成二十八景。乾隆十四年(1749),为向其母祝寿,在瓮山(改名万寿山)兴建清漪园,至乾隆二十九年(1764)建成。同一时期对太后居住的畅春园进行大修,在其西部增建西花园,为皇子读书居住之所。乾隆十五年(1750),扩建玉泉山静明园(原澄心园),将玉泉山全部圈占,并修建了静明园十六景,乾隆二十四年(1759)建成。乾隆二十五年(1760),长春园北部西洋楼景区竣工。乾隆三十四年(1769),将圆明园东南若干皇子和公主赐园收回,并为绮春园。至此"三山五园"工程基本完成。

嘉庆朝以后,清朝国力衰微,无力增建新的园林。道光帝甚至下令撤除三山各宫殿的家具陈设。第二次鸦片战争中,英法联军将西郊各园林悉数焚毁。同治年间曾计划重建圆明园,但因财力窘迫而被迫搁置。光绪十年(1884),慈禧太后集中力量重修清漪园,并改名为颐和园。光绪二十六年(1900)八国联军占领北京后,虽然未对颐和园加以破坏,但抢走了园中大量文物陈设。

北京半亩园

1841 年
麟庆购得半亩园。

1842 年
阮元购得"流云槎"
赠送麟庆,置于半亩
园"云荫堂"中。

在今天北京美术馆后街的黄米胡同有一处残存庭院,这曾经是一座著名的私家园林——半亩园。此园虽然不止半亩,但的确不大,而且因"垒石成山,引水作沼,平台曲室,奥如旷如"而名冠京师。半亩园清初为贾汉复的宅院,据说李渔在客居贾氏幕府时,为其修建了这个园子。后来,此处又做过会馆和戏院。

道光年间,时任江南河道总督的麟庆看上了这个园子。他是金朝完颜氏后裔,镶黄旗人,出身书香望族,嘉庆十四年(1809)进士。麟庆在仕途上一帆风顺,曾经周游大江南北,遍访名园。嘉庆十六年(1811),麟庆曾到南城的芥子园小饮,看到芥子园中堆山叠石与别处不同,打听到这里的山石为李渔所叠,又听人说城内有一个半亩园,其中的叠石也是李渔设计的,很是神往。几经周折,麟庆于道光二十一年(1841)购得半亩园。当时麟庆还在江南,命其长子崇实聘请良工修复,并将图纸及烫样寄往江南,由他亲自定夺,然后开工扩建。道光二十三年四月完工,五月麟庆回到北京,题字挂联,进行室内陈设。因麟庆的倾力重修和《鸿雪因缘图记》中的撰述,半亩园更加享誉京城。

走进半亩园,一入园是一个大庭院,北首是园的主要建筑"云荫堂"大厅。东西两厢,东厢南部为二层廊,廊上筑一小阁与"退思斋"成对景;西厢前廊(即"曝画廊")后轩(即"海棠吟社"),南堵头为"退思斋"。"云荫堂"正中陈设阮元所赠"流云槎",此件木器是用天然榆木根雕成的卧榻,形似紫云垂地。流云槎原为明代文学家康海之物,陈设于扬州康山草堂。道光二十二年(1842)被阮元发现,购回修复,后赠麟庆。坐"云荫堂"中可见一方

麟庆像

池,方池一角为西厢边的湖石假山所掩。假山和"云荫堂"南面的长方形荷花池相接,庭院内树木、盆栽和日晷、山石等小品均对称设置。如此布局不免使人有登高望远之念,正如李渔所说:"然能变城市为山林,招飞来峰使居平地,自是神仙妙术。"

园的西部是一条长方形的平地,以海棠吟社小院西墙和石坊为东界,有一座横向的青石假山将西部一分为二,南区筑一小溪与湖石假山相接,以示水之源。溪流上架拱桥与板桥,溪边架廊轩(即"玲珑池馆"),溪后建方亭,亭边植果木,架葡萄,做成一片山傍水涧的田园风光。溪北便是那座高高的青石假山和山顶上一座小小的六角亭,更见得小园水光山色,美不胜收。

青石假山后是三座小院落,西面是"娜媛妙境",作藏书、读书处;中间的是"拜石轩",专置奇石;东面便是"近光阁",与"海棠吟社"、"曝画廊"和"退思斋"上的平台相连,成为全园的最高处。

半亩园以石景胜,石景以拜石轩为重点。拜石轩共六楹,后三楹藏有砚、图章,板壁刻有米元章论石文。前三楹储有木假石、星石、大理石屏、石插牌。最奇的是石插牌,有天然云山、圆月、石亭,名为见亭石,因此命轩名为拜石轩,并题楹帖云:"湖上笠翁,端推妙手;江头米老,应是知音。"米老指米芾,字元章,宋书画家。他举止癫狂,人称"米癫"。他玩石如醉如痴,最有名的就是"米芾拜石"的故事。宋人叶梦得《石林燕语》记载,米芾初入州廨,见奇石便"呼为兄弟",见之三拜九叩。"米癫拜石"一直传为美谈,拜石亭就取自此典故。拜石轩奇石罗列,轩前也有盆景置石。

奇石之外,还有各种植物。当时的半亩园中有海棠、苹婆、石榴、核桃、梨、柿、杏、葡萄等果树,其他植物还有荷花、紫藤、柳、槐、竹。总之,半亩园乔木、灌木、

《鸿雪因缘图记》书影

草本、藤本植物一应俱全，四时之景迥异。植物不光为观赏之用，同时也为日常生活提供了丰富的果品。

清末，半亩园为瞿鸿禨所有，民国后为其子瞿兑之所有，其主要部分卖给天主教会（圣母会），新中国成立后归为国有，半亩园及东半部宅院被单位占用。

 相关链接

清代私家园林

清代私家园林大致可分为北方、江南、岭南三大体系。北方私家园林以北京最为集中，著名的有恭王府萃锦园、半亩园等；城外多集中在西郊海淀一带，著名的有一亩园、蔚秀园、淑春园、熙春园、翰林花园等，多为水景园。北方宅园因受气候及地方材料的影响，布局多显得封闭、内向，园林建筑亦带有厚重、朴实、刚健之美。在构图手法上因受皇家苑囿的仪典隆重气氛的影响，故应用轴线构图较多。叠山用石多为北方产的青石和北太湖石，体形浑厚、充实、刚劲。植物配置上是常绿与落叶树种交叉配置，冬夏景观变化较明显。建筑用色较丰富，大部分建筑绘有色彩艳丽的彩画，以补植物环境的缺陷。

江南私家园林多集中在扬州、苏州、南京、杭州等地。如扬州瘦西湖沿岸的二十四景，扬州城内的小盘谷、片石山房、何园、个园，苏州的拙政园、留园，无锡的寄畅园等，都是著名的园林。江南宅园建筑轻盈空透，翼角高翘，又使用了大量花窗、月洞，空间层次变化多样。植物配置以落叶树为主，兼配以常绿树，再辅以青藤、篁竹、芭蕉、葡萄等，做到四季常青，繁花翠叶，季季不同。江南叠山用石喜用太湖石与黄石两大类，或聚垒，或散置，都能做到气势连贯，可仿出峰峦、丘壑、洞窟、峭崖、曲岸、石矶诸多形态。太湖石以其透、漏、瘦的独特形体著称，还可作为独峰欣赏。建筑色彩崇尚淡雅，粉墙青瓦，赭色木构，有水墨渲染的清新格调。

岭南园林现存不多，以顺德清晖园、东莞可园、番禺馀荫山房为代表。此外，福建、台湾的一些宅园亦属岭南体系。因气候炎热，岭南园林建筑需考虑自然通风，其通透开敞程度更胜于江南宅园。同时受西方规整式园林的影响，水体与装修多为几何式，建筑密度高。叠山多用皴折繁密的英石包镶，即所谓"塑石"技法，形态自由多变。

爱国数学家李善兰

传统中国并非只有能工巧匠,自然科学技术同样萌芽甚早,而且很多发明创造领先于欧洲各国。但由于种种原因,自然科学在中国没能从孕育走向成熟。

在中西碰撞中,清代很多有识之士认识到必须发展科学技术,尤其是鸦片战争之后,国门洞开,统治阶级中逐渐出现了一批"睁眼看世界的人"。主张"师夷之长技以制夷"的"洋务派"曾国藩、李鸿章等十分重视介绍和学习西方科学。同治元年(1862),清政府设立同文馆,在上海、广州、福州、天津等地也设立了专门学堂,教授外语和西方科学知识。上海江南制造总局也翻译了一批科技书籍。19世纪后半期,中国涌现出一批科学家,他们为发展中国近代科学作出了重要贡献,李善兰便是其中的佼佼者。

李善兰(1811—1882),字壬叔,号秋纫,浙江海宁硖石人,自幼就读于私塾,受到了良好的家庭教育。他天资聪颖,又勤奋好学;9岁时,他发现父亲的书架上有一本中国古代数学名著《九章算术》,读了这本书后,感到十分新奇有趣,从此迷上了数学。14岁时,他靠自学读懂了古希腊数学家欧几里得的《几何原本》前6卷。

李善兰生性落拓不羁。年轻时,他曾去杭州参加过一次乡试,因八股文做得不好,落第而归。但他毫不介意,自云"于辞章训诂之学,虽皆涉猎,然好之总不及算学,故于算学用心极深"。他对研读数学非常痴迷。李善兰曾与蒋仁荣、崔德华等好友组织"鸳湖吟社",常游东山别墅,分韵唱和。那时他还利用相似勾股形对应边成比例的原理测算过东山的高度,甚至还在新婚之夜到阁楼窗外观测星宿。

李善兰是一位爱国数学家。鸦片战争爆发后,道光二十二年(1842)四月,英军攻陷江浙海防重镇乍浦。乍浦离李善兰的家乡硖石只有几十里的路程。他耳闻目睹侵略者烧杀淫掠的血腥罪行,满怀悲愤,奋笔疾作《乍浦行》一诗:

> 壬寅四月夷船来,海塘不守城门开。
>
> 官兵畏死作鼠窜,百姓号哭声如雷。
>
> 夷人好杀攻用火,飞炮轰击千家灰。

1845年前后

李善兰在嘉兴设馆授徒,与顾观光、张文虎、汪曰桢等人相识。此间,李善兰著有《方圆阐幽》、《弧矢启秘》、《对数探源》、《四元解》等。

19世纪

细胞学说、生物进化论、能量守恒和转化定律,被称为自然科学的三大发现。

饱掠十日扬帆去,满城尸骨如山堆。

这首诗表达了他对侵略者的刻骨仇恨,对老百姓的深切同情;也反映出他对清政府临敌不战的强烈不满和他对敌主战的鲜明态度。

外国列强入侵中国的现实激发了李善兰科学救国的思想。他说:"呜呼! 今欧罗巴各国日益强盛,为中国边患。推原其故,制器精也,推原制器之精,算学明也。""异日(中国)人人习算,制器日精,以威海外各国,令震慑,奉朝贡。"他认为要使中国强盛,就必须振兴科学技术。

他对年轻人的培养也不遗余力。有一次,一个当时默默无闻的年轻人专程从无锡赶到上海拜访李善兰,他就是后来成为著名数学家的华蘅芳。当时,李善兰正忙于翻译《代微积拾级》,但他热情地接待了华蘅芳。当华蘅芳表示希望要一份李善兰翻译好的书稿时,他慷慨地答应了,亲自加以指点,并为华蘅芳安排住宿。

鸦片战争爆发后,李善兰主要在家乡从事历法和数学研究,并同江浙一带有名的数学家张文虎、顾观光、汪曰桢等数学家相过从,互相切磋琢磨,讨论数学问题。汪曰桢把一本自己手抄的朱世杰的《四元玉鉴》送给李善兰阅读,他"深思七昼夜,尽通其法,乃解明之",并且写出阐述高次方程组消元解法的著作《四元解》2卷。他还频频与远在外地的数学家罗士琳、徐有壬等通信,切磋学术,从而拓宽了自己的思路。

咸丰二年(1852),李善兰到上海结识了伟烈亚力,开始共同翻译《几何原本》的后9卷。伟烈亚力在该书的译序中说:"(李)君固精于数学,于几何之术心领神悟,能言其故。于是相与翻译,余口之,君笔之,删芜正伪,反复详审,使其无有疵病,则君之力居多。"可见在翻译《几何原本》的过程中,李善兰花费了大量的心血。接着李善兰与伟烈亚力又合作翻译了《代数学》13卷和《代微积拾级》18卷。

咸丰十一年(1861),曾国藩在安庆开办安庆内军械所,李善兰与化学家徐寿、数学家华蘅芳等先后被聘。同治六年(1867),北京的京师同文馆添设算学、化学、天文、物理等课程,经广东巡抚郭嵩焘上疏举荐,李善兰任算学总教习。从此他完全转向数学教育和研究工作,直至光绪八年(1882)去世。其间所教授的学生"先后约百余人,口讲

1852—1859年
李善兰在上海墨海书馆与英国汉学家伟烈亚力合译欧几里得《几何原本》后9卷,完成明末徐光启、利玛窦未竟之业。又与伟烈亚力、艾约瑟等合译《代微积拾级》、《重学》、《谈天》等多种西方数学及自然科学书籍。

1868年
经巡抚郭嵩焘举荐,李善兰入京任同文馆算学总教习。

1882年
李善兰去世。当年还著有《级数勾股》2卷。

指画,十余年如一日。诸生以学有成效,或官外省,或使重洋"。这些人在传播近代科学特别是数学知识方面都起过重要作用。

李善兰是我国近代数学的奠基人,不仅开创了著名的"李善兰恒等式",著有我国第一部精密科学意义上的弹导学著作《火器真诀》,而且在级数、对数、数论和微积分等数学领域都有独到的创造。他同时还翻译西方科学著作,十分贴切地创译了一大批科学名词,我们今天使用的很多数学名词,如代数、系数、指数、多项式、方程式、函数、微分、积分、级数、切线、法线、渐近线、抛物线、双曲线等,都是李善兰创造并首先使用的,他为介绍和传播西方近代科学知识、推动我国近代科学的发展作出了巨大贡献。

相关链接

京师同文馆

为培养外语翻译和洋务人才,由恭亲王奕䜣于同治元年(1862)奏请开办了京师同文馆,隶属总理衙门。同文馆以外国人为教习,专门培养外文译员。初期仅招收十三四岁以下的八旗官学学生,后兼收年岁较长的八旗子弟及汉族学生。课程开始时只设英文,后来增设法文、德文、俄文、日文。同治六年(1867)又添设算学馆,教授天文、算学。美国传教士丁韪良于同治二年到馆任教,同治八年由赫德提名为总教习,总管校务近30年。该馆附设印书处、翻译处,曾先后编译、出版自然科学及国际法、经济学书籍20余种。此外还设有化学实验室、博物馆、天文台等。光绪二十七年十二月(1902年1月),并入京师大学堂,改名京师译学馆,并于次年开学,仍为外国语言文字专门学校。

同文馆学生修业年限为8年,前几年偏重外语,后几年增加其他学科的学习。学生每月有月考,每季有季考,每年有岁考,每3年举行一次大考。考试优等的保升官阶,次等的留馆继续学习,劣等的开除出馆。学生待遇很好,不但公费,膳食、书籍、笔墨纸张等均由馆内供给,每月还发给薪水银10两,考试优等者另有奖赏。

京师同文馆是中国第一所官办近代学校,是中国教育近代化起步的标志。随后,外国传教士在广州、福建、上海等沿海地区纷纷开始设立学校,成为中国近代教育的示范。

电报进入中国

中国古代早就有"千里眼，顺风耳"的传说，然而这种理想在道光十七年（1837）真的实现了。在太平洋的另一端，一位名叫塞缪尔·莫尔斯的美国人发明了一种"使用简单的电路通断规则构成编码信号的远距离消息传递组合设备"，这个设备发出的第一条信息是"上帝创造了这个伟大的奇迹"。

从此，"电报"这个人类历史上第一个电子媒介，开始在世界各国迅速发展起来。不久，它也冲击到了大洋彼岸的"天朝上国"——处于晚清时期的古老中国。西方的传教士、钦差等带着"指针电报机"来到中国，但当时"风气未开，无人研求及此"；咸丰九年（1859），法国钦差许诺寄送电报机，寄到之时却被恭亲王"以为无用相却"。

当时的大清王朝对这个西洋的"奇技淫巧"毫无兴趣，更不准许铺设电报线路。当时的三口通商大臣崇厚就认为电报这玩意"于中国毫无益处，而贻害于无穷"。想想看，那会儿连修铁路都惹得怨声载道，遑论电报。最离谱儿的谣言甚至说那一根一根杆子戳在地上，专门吸地气和死人魂魄，然后顺着线给传到英吉利、法兰西之类的地方去，供洋人吸食。

电报真正进入中国人的视野是在第二次鸦片战争之后。那时，西方列强侵华频仍，外交、军事、谈判、通商等各种新的军政事务纷至沓来，且都万分紧急，古老驿传成了严重制约决策时效性的大问题。特别是在同治十三年（1874），日本发动了侵台战争，战前，清廷由于通讯工具落后，消息闭塞，仅从洋人那里风闻日本将攻打台湾。钦差大臣沈葆桢通过书信与李鸿章商讨调兵事宜，用了一个月才初步确定作战计划，等准备妥当，已经过了整整三个月，这样的传递速度，肯定贻误军机，注定了不利的战争局面。这使得以沈葆桢、李鸿章等为代表的洋务派，开始思考如何"师夷长技以制夷"的方式。

同治四年（1865），英国公司利富洋行终于成了吃螃蟹的第一人。利富公司驻上海的代表雷诺没有经过任何程序，便出资 1 万白银，进口了一批电报材料，找来两个德国技师，外加雇来的二十几个中国民夫，筹备开工。开工之前他既不向官府申请，也不请示英国领事，而是独自花了一个多月时间,沿着川沙厅(今上海浦东)小岬到黄浦江口金塘灯塔间偷偷摸摸建起了一条专用电报线路,长达21公里,光是电线杆就立了227根。那时候洋人嚣张,寻常百姓见了都绕着走;而官府的人呢?他们见这些工人有恃无恐地当道挖坑栽杆扯线,以为必有后台,也不敢上前询问。结果民不究,官不查,上海乃至全中国第一条电报线就这样诞生了。

在洋务派的推动下,光绪三年(1877),由台湾南部旗后港至鸡笼港(今高雄至基隆)的第一条自建电报线竣工;同年十一月,天津至上海的电线(津沪电报线)开始通报。而后,电报通信迅即在数省铺开,并成立了电报学堂。光绪十年(1884),在李鸿章的再次奏请下,电线终于由通州接到了京城,从此北京也通了电报。在随后的几次战争中,电报就发挥了其快速传递的优势。

中法战争后,上至朝廷,下至各方臣将,无不感叹电报的先进和快速。很快,电报、电线便纵横全国,不仅运用于战事,还逐步推广、普及,走入民用。至宣统三年(1911)底,共建成电报线路万余里,电报局房503所,基本建立起全国范围的电报网。

电报进入中国以后,为了传输汉字,清朝人发明了汉字电报编码。晚清思想家、实业家郑观应,总结前人经验,撰写了一部专著,叫《电报新编》,使汉字编码更完善、更系统,真正完成了汉字符号转变为电子信号的重大突破。

电报这种新传播媒介的引进和发展,使得晚清时期的社会发生了很多深远的变化。首先是在机要密件的传递路径上,原来是通过邸报和京报的方式来传递信息和意旨,现在可以瞬间直达京城。然后是在这些信息本身,原来从奏事资格、行文格式、遣词用字乃至纸张尺寸、字幅大小、每纸行数、每行字数,都有规可倚,所谓"体统尊而法制一";而改为电报后,由于时间的紧迫,这些格式和规则免去了大部分。从电报问世以来,就形成了独特的"电报体",以往那些文稿中常见的"仰见筹划"、"洞微烛远"、"感佩莫名"之类的陈词滥调备受冲击,代之而起的是"语质而事核,词约而理明"的简约文体。除此之外,电报作为一种新鲜事物,不仅影响了人们的行为方式,更影响了人们的思维习惯,它毫无疑问也是近代中国社会变迁的缩影。

天津电报学堂

天津电报学堂是中国近代第一所培养电报通讯人员的技术学校。光绪六年(1880)由李鸿章创办。聘请一些外籍教师专门培训报务员,主要学习电学与发报技术,学期1年,学成后分配从事报务工作。后又增设电学、磁学理论,丹麦人璞尔生为专业教师。光绪二十一年(1895),按英语与数学基础高低,将50名学员分成4班进行教学,学习年限分别定为4至5年。自开办以来,有毕业生300余人。光绪二十六年(1900)学堂停办。

1884年
电报线路由通州接到北京。

1905年
詹天佑任京张铁路总工程师,亲自勘测,选定路线,四年后完成了中国人自己设计并建造的第一条干线铁路。

詹天佑与京张铁路

詹天佑(1861—1919),字眷诚,祖籍安徽婺源(今属江西),出生于广东南海一个普通茶商家庭。同治十一年(1872),以幼童赴美留学。后来以优异成绩考入耶鲁大学土木工程系,专攻铁路工程。光绪七年(1881),毕业回国。

回国后,詹天佑曾任教于福州船政局、广东博学馆等,后转入中国铁路公司。光绪二十八年(1902),为了能让慈禧太后坐火车去西陵祭祖,清政府决定修建新易铁路(从今河北新城县高碑店至易县良各庄),詹天佑任总工程师。他独自担负起设计及全部技术工作,顺利完成了筑路任务。

光绪三十一年(1905),清政府决定修建京张铁路(从北京至张家口)。消息传出后,为争夺筑路权,英俄两国互不相让。最后清政府决定自办,并任命詹天佑为总工程师,负责京张铁路的设计施工任务。当时一些外国人极力挖苦,认为中国人根本办不到。詹天佑顶着压力,坚持不使用一个外国工程人员。

七月,京张铁路正式开工。詹天佑冒着冰雪风沙,亲自勘测和指导施工,设计出开凿隧道的不同方法。在八达岭、青龙桥一带,重峦叠嶂,陡壁悬岩,需要开四条隧道,其中最长的达1000多米。经过精确测量,詹天佑决定采取分段施工法:从山的南北两端同时对凿,并在山的中段开凿一口大井,在井中再向南北两端对凿。这样既保证了施工质量,又加快了工程进度。为了克服陡坡行车的困难,詹天佑创造性地运用"折返线"原理,在山多坡陡的青龙桥地段设计了一段"人"字形线路。

光绪三十五年(1909)八月,京张铁路全线通车,工期比原定时间缩短两年,工程费用也节省了28万两白银。京张铁路的建成,鼓舞了民族的自信心,推动了广大群众"收回路权"、自办铁路的爱国运动。

学术与思想

　　学术思想是一个时代精神面貌的集中反映。明清易代之际，很多学者在反思明朝灭亡原因的时候都愿意从学术入手，他们把矛头直指理学末流的空谈义理和枯坐拱手。为此，有人批判阳明心学，主张重振程朱理学；有人则连程朱理学一起批评，主张恢复孔孟古学的本来面目，颜元大概就是这样一位学者。但不论如何，务实黜虚、跳出程朱陆王之辨是当时的总体趋势，尤其是在野的"清初三大家"顾炎武、黄宗羲、王夫之颇能代表当时的追求。

　　学术从来都关乎意识形态。清廷定都北京后，虽然大江南北的战事进行得如火如荼，但这并没有妨碍统治者对文治的建设。程朱理学以其独特的政治学特色，自然成为首选，于是一批理学官僚在中央和地方成为社会秩序重建的忠实履行者。不幸的是，在专制皇权和文字狱的不断打击下，士人爱好议论、担当正道的风骨渐失，理学也完全被奴化。

　　与此同时，在民间追求复古学术风气的带动下，考据学逐渐蔚然成风，直到乾隆朝纂修《四库全书》之际，几乎失去思想活力的考订之学终成盛世主流。

　　沉寂之中并非没有清醒者，但戴震、汪中等人的主张一经提出，便遭到了很多卫道士的抨击。嘉道之际，考订之学的弊端终于到了无可忍受的地步，龚自珍喊出了"不拘一格降人才"的呐喊，魏源则在目睹鸦片战争后提出了"师夷长技以制夷"的倡议。

　　晚清的中国是个让人应接不暇的时代，从洋务、维新到君主立宪，再到民主自由思想的传播，在中学与西学不断冲突、调适的过程中，新的思想不断涌现，近代中国变革的步伐也不断加快。

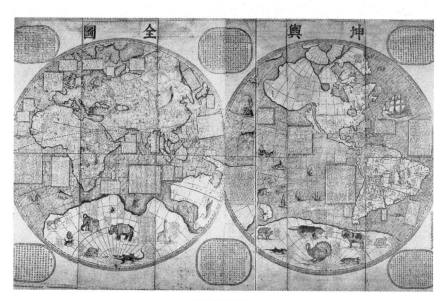

《坤舆全图》

　　南怀仁绘制，纵172厘米，横400厘米。南怀仁(1623—1688)，比利时天主教耶稣会教士，顺治十六年(1659)抵澳门，后赴京供职于钦天监，康熙十三年(1674)为康熙帝绘制此图。全图布局合理，恢宏大气，图文并茂，制作精致，设色鲜明。

顾炎武不忘母教

一个时代有一个时代的学术，而朝代的更替往往会对学术的发展产生一定的影响。明清易代，空谈义理的宋明理学备受批评，代之而起的是讲求实学的经世致用学风。清初顾炎武便是当时学风的倡导者。

顾炎武生母为何氏，但他却没在生母身边长大，早在襁褓中就被过继给堂叔顾同吉，并由嗣母王氏抚育。王氏是太学生王述之女，出自书香门第，不仅视炎武有如己出，更施之以言传身教。母亲白天纺织，晚上就教顾炎武读书，把一切希望都寄托在他身上。一天晚上，母亲还在织布，顾炎武竟然趴在桌子上睡着了，书也掉在了地上。母亲捡书的时候，顾炎武也醒了，他看见母亲不高兴，便不好意思地低下了头。母亲于是把乐羊子外出求学却中途而返、其妻断杼喻学的故事原原本本地讲给他听。顾炎武知道母亲讲这个故事的用意是希望自己在学习上不要放松，并能持之以恒，有所成就。此后他认真求学，心无旁骛。到 10 岁的时候，顾炎武已经读完了《孙子兵法》、《左传》、《战国策》等经典著作，而且在上面写了自己的想法。

顾母教其读书识字，特别注意选择具有爱国思想和民族气节内容的教材。每当夜幕降临、更深人静之际，操持家务劳累了一天的顾母，仍拖着疲惫的身躯秉烛夜读，悉心翻阅《史记》、《资治通鉴》等书，将其中精心选出的故事讲给儿子听。她经常给年幼的顾炎武讲各种爱国的故事：讲屈原怒沉汨罗江；讲文天祥为了坚持民族气节而宁死不屈。讲到志士名言，她再三重复，让孩子留下深刻的印象。

顺治二年（1645），清军南下，占领了杭、嘉、湖广大地区，不堪压迫的江南各地汉族人民纷纷揭竿而起，举行反清起义，顾

顾炎武像

1645 年
五月，江南各地抗清义军纷起，顾炎武和挚友归庄、吴其沆参加了金都御史王永祚为首的一支义军。

1650 年
因家产争夺，顾炎武遭人陷害，为避祸离开昆山，更名为蒋山佣。

炎武也毅然参加了义军。义军失败后,他又返回故乡参加昆山保卫战。七月,昆山、常熟陷落,顾炎武生母何氏被砍断右臂,两个叔伯兄弟均遭不幸。嗣母听到凶讯,悲痛欲绝,她不愿做异族统治下的顺民,便绝食殉国。弥留之际,她再三叮嘱顾炎武:"我虽妇人,身受国恩,与国俱亡,义也。汝无为异国臣子,无负世世国恩,无忘先祖遗训,则吾可以瞑于地下矣。"嗣母殉国而死,顾炎武万分悲痛。国破、家亡、母死的惨景在顾炎武心里留下了难以平复的创伤,母亲的临终嘱咐使他永世难忘。终其一生,他与清政府没有任何形式的合作,不但拒绝《明史》馆的邀请,更力辞博学鸿词科的招揽。

早在康熙十年(1671),熊赐履就想延请顾炎武参与纂修《明史》,顾炎武当面表示"果有此举,不为介推之逃,则为屈原之死矣"。当时熊赐履和在座的徐乾学闻此语,"两人皆愕然"。此后熊赐履绝不再提此事。后来任《明史》总裁的叶方蔼也有荐举之意,顾炎武致叶氏曰:"若必相逼,则以身殉之矣!"

康熙十七年(1678),清廷诏举博学鸿词科,此举立即在社会上引起强烈反响,不同的士绅阶层对此表现出迥异的态度。那些被荐的清朝现任、候选、休革官员,以及获得进士、举人、生员等功名的士绅,大多踊跃应试,以跻身翰苑为幸。鸿博之征,内外大臣皆欲以顾炎武名列荐牍,他就让在京的友人回话说:"刀绳俱在,无速我死!"

顾炎武不仅自己辞聘,甚至反对友人应征赴试。李因笃欲劝李颙应征,顾炎武闻听,立即寄书云"足下身蹑青云,当为保全故交之计;而必援之使同乎己,非败其晚节,则必夭其天年",并告诫曰"愿老弟自今以往,不复挂朽人于笔舌之间",以免其在当局前提及自己。获免征荐之后,顾炎武立即远走山、陕,从此再也不到京师。年近古稀的顾炎武,老而无子,仅与养子衍生为伴。即使是自己的亲外甥、时任清政府高官的徐乾学弟兄,他也很少走动。有一次,徐乾学坚邀舅舅到家中做客,他无奈地去了,但拒绝饮宴,以表示不食清禄之义。

顾炎武晚年背井离乡,茕茕一身,以游为隐,至死不回故乡。其外甥徐乾学兄弟多次写信,乞求母舅南归终老,而且给他找好了别墅,置办了田产,结果都被顾炎武回绝。顾炎武曾说:"士大夫之无耻是为国耻。"这是其一生行事的座右铭。

🏹 **相关链接**

清初经世致用之学

明末清初,经世致用之学大兴,形成了一股有影响的社会思潮,代表人物有顾炎武、黄宗羲、王夫之、李颙、颜元、李塨、王源等。

清初学者在总结明亡经验教训的基础上,深感明季学风的空疏不实,对国家、民族造成了极大的灾难,"书生徒讲义理,不揣时势,未有不误人国家者"。他们主张务当世之务,匡济时艰,反对脱离社会实际;勇于任事,不务空谈,"生存一日,当为民办事一日";致力于创新,绝不蹈袭古人;实事求是,注重调查研究。

他们的研究范围,几乎涉及社会问题的一切方面,包括政治、经济、军事、国家、民族、法律、边疆、地理、人情、风俗、自然科学等,"事关民生国命者,必穷源溯本,讨论其所以然"。

他们以社会问题为中心,在救世济时的思想指导下,提出了解决当前社会问题的各种方案:政治上,猛烈地批判封建专制制度,揭露君主专制的罪恶,并提出了一些带有初步民主启蒙因素的主张,如"公其是非于学校"、"庶民干政"。经济上,针对土地兼并,提出了各种解决土地问题的办法。这些办法都贯穿着"均田"的精神。他们提出的"均田"虽与农民起义提出的"均田"有根本不同,但表现出对农民问题的关心和同情。教育上,他们激烈地批判束缚思想的科举制和八股时文,注重学校教育,要求培养出真正有学问有实际能力的有用人才。哲学上,他们各有所宗,各有所创,呈现出思想活跃的局面。

颜元寻父

1681 年
李塨拜见颜元，决心
传颜元学术。

清初有位著名学者，他基于自己的生活经历，痛斥程朱理学，倡导实学；他直到 39 岁才知道自己姓颜而不姓朱，为了寻找自己的生父，远赴辽东，最终负骨而还。他就是颜李学派的创始人颜元。

颜元，祖籍直隶博野县（今河北博野）北杨村，父亲颜昶，因家境贫寒，幼时过继到蠡县刘村朱九祚家为养子，于是改姓朱。颜昶过继给朱家后，因常受歧视和虐待，愤懑抑郁至极，萌生了逃离这个家庭的念头。明崇祯十一年（1638）冬，皇太极率清兵入关，掠掳京畿地区，颜昶乘机随军逃往关外，自此音讯断绝。这一年，颜元才 4 岁。八年以后，生母王氏又改嫁，留下他孤身一人在朱家。

颜元的养祖父朱九祚有一妾，生子名晃，对颜元经常横挑鼻子竖挑眼。面对这些厚此薄彼的做法，颜元只以为晃是受到溺爱而已。出于忍让，他又尊朱翁之命与养祖母刘氏搬到另外一处居住，并把所有田产都让给了晃。

康熙七年（1668），养祖母刘氏病卒。因感祖母恩深，父亲又出走，不能归来殓葬，他哀痛至极，三日不食，朝夕祭奠，鼻血与泪俱下，葬后亦朝夕哭泣，生了大病。有一朱氏老翁见到此情景，十分怜悯他，就对他说："咳！人死就死了，你也别太伤心了。况且你祖母从未怀孕生子，怎么可能有你父亲？你父亲原本是乞养的异姓。"颜元听后简直不敢相信自己的耳朵，为进一步确证，就赶到已经改嫁的生母那里去证实，实情果然如此。刘氏死后，朱晃继续唆使朱九祚欺侮颜元，他只好移居到东村居住。康熙十二年（1673），朱九祚病死，颜元便返回博野县北杨村，归宗颜姓，时年 39 岁。

颜元像

颜元虽然家庭不幸，但却勤奋读书，

他归宗后，每天读书之余从事农田耕作。有一次客人来访，见他正在干农活，感到十分奇怪。颜元却说："君子处世，要能享受粗茶淡饭，享受自己的汗水和辛勤劳动。"这时，颜元及门弟子越来越多，学者李塨便是于康熙十八年开始来问学的。对于从游的弟子，颜元特别强调要学习"六艺"，每逢一、六日课数，三、八日习礼，四、九日歌诗、习乐，五、十日习射。他兢兢业业，以阐扬儒家学说中实用实行思想为己任。

有一年，颜元通过别人介绍，纳石氏女为侧室，没想到这个女子进家门后痴痴癫癫的，这才明白被媒人所欺。于是，让媒人将这位女子领回并讨回了自己的钱。没几天，媒人将该女再度转卖给他人。弟子李塨得知后，找到颜元当面数落他做得不对。颜元听后，悲泣地说："我错了，又将这位女子送还给虎口！"于是又将女子赎出，送归原籍。从此以后，他也断了传宗接代的想法，准备踏上寻父之路。

颜元长大成人后，一直就有东出寻父的打算，在32岁入京考试时见到从辽东来的人便上前打听，甚至委托他们回去后帮忙张贴寻父启事。但由于三藩之乱，辽东戒严，一直未能成行。康熙二十三年（1684），颜元只身前往关外，并誓言"不获不归"。

原来，颜元的父亲颜昶随清军出关后，到了沈阳，有位镶白旗董千总给了些本钱，他开了个糖店，先后娶过妻王氏及妾刘氏，刘氏生两女，名银孩、金孩。颜昶也曾想返里探亲，因入关被阻未能实现，于康熙十一年病故，葬于沈阳附近的韩英屯。

颜元到关外后沿途寻父，艰苦备尝，所到之处遍贴寻父启事；逢人则"求代寻"、"与之报帖，求其传布"，如有消息请"来报，重谢"。由于寻父时间较长，所需费用较多，为此他一路通过给人看病、占卜，才挺了过来。当他在沈阳张贴寻人报帖后，被银孩所知。兄妹相见，抱头痛哭。颜元祭奠父茔后，亲自驾车，历经一年的时间，捧着先父牌位和遗骨返回博野。

从关外归来后，颜元自叹："苍生休戚，圣道明晦，敢以天生之身，偷安自私乎！"于是在康熙三十年（1691），告别亲友，南游中州。行程2000余里，拜访河南诸儒。他结交各地士人，出示所著《存性》、《存学》、《唤迷途》等，宣传自己的思想，率直地抨击理学家空谈心性、以著述讲读为务、不问实学实习的倾向。

1684 年
颜元只身前往关外，寻找生身之父。

1695 年
刘献廷去世。刘献廷一生未仕，精通天文、地理、音韵、边塞等，主张经世致用，著有《广阳杂记》。

1696 年
颜元主持漳南书院。

通过此次南游,颜元愈发感到程朱之学为害的严重性。他认为科举制度使读书人没有真才实学和实际办事的能力,而且导致学校教育日渐荒废;主张静坐读书的理学教育最终导致学子身体变差,体质变弱;而且,宋明的书本教育损人神智气力,使人越读越惑,越读越愚。"读书愈多愈惑,审事机愈无识,办经济愈无力。"此后他便走上了一条与一般文人不同的道路,研习了许多实用知识,并且常同一些尚气节、励实行的学者交往。

颜元62岁时,肥乡郝公函三次礼聘,请他前往主持漳南书院。在教育中,他强调"学了就要去习"。这个"习",不单指温习书本,而是要实践,要行动,要说到做到。一次,颜元指导弟子们进行射箭比赛,颜元每次都能射中靶心,而学生多数成绩甚差。当学生们对颜元表示祝贺时,他心情沉重地说:"我教你们射箭的时间不短,你们仍然不如我,这是我教育的失败呀!"后来他改变教法,因人而异,逐个指点,充分发挥教的主导作用,同时加强了实践活动,很快提高了弟子们的射箭技术。当再次比赛射箭时,颜元对弟子们的优异表现感到满意。

从漳南书院返回博野后,颜元再也没有外出执教,而是一心一意地经营他的习斋。颜元晚年,声望日高。当时许多有一定影响、一定地位甚至已有一定成就的人,也拜在其门下求学,如王源等。这些高足的到来,不仅使习斋的声望益增,而且正是由于这些弟子的共同努力,才使得颜元实学思想的影响得以迅速扩大,终于形成了一个学派,确立了其在教育史、思想史和哲学史上的地位。

康熙四十三年(1704)九月初二日,颜元病故。他逝世前犹谓门人曰:"天下事尚可为,汝等当积学待用。"死后葬于博野北杨村,门人私谥为"文孝先生"。

 相关链接

清初理学

一般来讲,清初理学的发展趋势是批判阳明心学而转向程朱理学。

一方面,这是学术内部发展规律所致。当时顾炎武、王夫之等学者认为理学末流之所以空谈心性、浮华无用,是违背了孔孟儒学,流于禅学。而朱子学才能体现孔孟真精神。

由王返朱也就必然地向经典儒学回归,因为只有从经典儒学出发,才能更好地接近孔孟儒学精神。

另一方面,程朱理学的复兴也是与统治者的倡导分不开的。清统治者入关后建立全国的政治统治之初,就面临着如何确定意识形态的问题。当时,清统治者虽然面对儒学、佛教以及传教士所带来的西学等多种文化,但最终决定向儒学靠拢。

顺治元年(1644),清世祖入关一个月后,便把孔子六十五代孙允植袭封衍圣公,五经博士等官袭封如故。同时又明令恢复明朝科举取士的旧制。

康熙帝将"尊孔崇道"具体化为表彰程朱理学。康熙二十五年(1686),康熙帝亲书"学达性天"四字匾额,颁发给周敦颐、张载、程颐、邵雍、朱熹等理学大师的祠堂及白鹿洞、岳麓两所书院,并送去《日讲四书讲义》等书以示恩宠。康熙五十一年(1712),颁谕将朱熹从祀孔子庙的地位升格,由东庑先贤之列升至大成殿十哲之一。还委托理学名臣熊赐履、李光地主持纂修《朱子大全》,并亲自为之作序。康熙时期,程朱理学已被正式确立为官方哲学,经魏象枢、魏裔介、陆陇其、熊赐履等人的努力,到汤斌、李光地等人因传习理学而位至卿相,终于确立了理学在清初的统治地位。清初理学的发展对清初政治制度的建设和社会秩序的恢复稳定起了积极作用。

康熙帝学西学

1677 年
康熙帝令钦天监人员"学习新法"。

1712 年
康熙帝命梅毂成任蒙养斋汇编官,会同陈厚耀、何国宗、明安图、杨道声等编纂天文算法书。
英国人托马斯·纽科门制造了世界上第一台活塞蒸汽机。

清人关以后,摆在统治者面前的学术除了中国传统的儒学外,还有西洋传教士所带来的西学。儒学毫无疑问是清统治者建立"满汉一体"、加强全国统治的重要工具;同时他们也对西学表现出了前所未有的兴趣,康熙帝就是其中的典型。但由于客观环境所限,康熙帝对西学的兴趣没有转化为当时的学术风气。

促使康熙帝向西方传教士学习西学的直接原因,是以杨光先为首的本土派和以汤若望为首的西洋派在历法制订上的争讼。在这场争讼中,本土派先赢后输。康熙帝因朝中大臣对这场争论所涉科学问题"无一人知其法者",这才"愤而学焉",从此开始了他对科学知识的学习。传教士们用汉语或满语讲解主要天文仪器、数学仪器的用法,讲解几何学、静力学、天文学、化学、医学、解剖学、地理学、药理学,乃至拉丁文、西方乐理乐器、欧洲哲学、西洋绘画等。康熙帝认真听讲,反复练习,亲手绘图。其热爱科学的强烈感情与勤奋专注的学习热忱,使传教士们惊叹不已。

一位传教士在日记中写道:"他阅读了我们用鞑靼文写出的定律,令我们解释给他听。皇上在透彻理解之后,把我们所讲亲自动笔写了一遍,竟与我们的口授相符。"康熙帝喜爱数学,经常"与群臣论算数"。《御制三角形推算法》和《钦授积求勾股法》这两本数学专著,就是当时康熙帝与群臣谈论数学问题的记录,表现了他对数学的精深见解。今天我们解数学方程时,总会碰到"元"、"次"、"根(解)"等名词,这些名词的汉译都是康熙帝首创的。

康熙帝学习西方数学非常认真,也很刻苦。据当时向他传授数学知识的比利时传教士南怀仁记述:"每日破晓我就进宫,立即被引入康熙帝的内殿,并经常到午后三四点钟才告退。我单独与皇帝在一起,为他读书和讲解各种问题。"

康熙帝对科学的孜孜追求与勤奋专注,给南怀仁、白晋等西方传教士留下了深刻印象,他们在回忆录中写道:"康熙帝带着极大的兴趣学习西方科学,每天都要花几个小时和我们在一起,白天和晚上还要用更多的时间自学。他不喜欢好吃懒做,常常是起早贪黑。尽管我们谨慎地早早就来到宫中，但他还是经常在我们到达之前就准备好了。他急于向我们请教一些他已经做过的一些习题，或者是向我们提出一些新的问题。""这位皇帝的学习是异常仔细和用心的。无论是几何中的棘手问题还是我们拙劣的语言，都不能使他泄气。他听我们讲解时的耐心和注意力都是相当值得赞叹的。"

康熙五十二年（1713），康熙帝下旨，在畅春园蒙养斋立馆纂修《律历渊源》。他亲自主持了该书的编纂，要求编纂人员"每日进呈"，并"亲加改正"。《律历渊源》全书分天文历法、乐律和数学三个部分，分别对应《历象考成》、《律吕正义》及《数理精蕴》三部分。其中影响最大的是堪称数学百科全书的《数理精蕴》，它重点介绍了包括几何、代数、三角、对数、计算尺等在内的西方数学知识，同时还对中国数学知识体系中从未出现过的素数概念作了定义性说明。《律历渊源》的问世，既总结了中国传统科技，又促成了西方科技在中国的传播，对当时科技的发展起了很大作用。

此外，康熙帝还对西洋观测仪器和测量仪器非常感兴趣，他不仅常常在御花园使用这些仪器进行测量，还常常在自己出游的时候让内廷官员背负这些沉重的仪器跟随左右。六次南巡中，他沿途亲自用水平仪测量湖河水位、山地距离，用坚实可靠的资料，正确指导了治河工程，并将用数学计算河水流量的方法教给河臣。平定准噶尔之战时，他登高用望远镜观察地形，部署兵力。

康熙帝晚年，传教士们还向他介绍了解剖学方面的知识，并用铜版印刷解剖图及其说明文字，一起呈递给康熙帝。当时康熙帝由于身体不佳，希望了解肌体产生疾病的原因，传教士们便写成一些文章，谈药剂的作用。康熙帝又命他们制造药品，并且在皇宫里建造了一个小型"实验室"，其中安放了各种形状的炉灶和用于化学实验的器皿、用具等物品。药品制造出来后，康熙帝非常高兴，全部留作御用。

1713 年
康熙帝在蒙养斋设立"算学馆"，翻译西方历算著作，编写《律历渊源》等书籍。

1719 年
康熙帝命蒙养斋举人王阑生修《正音韵图》。

1769 年
英国人瓦特制造了工业蒸汽机。

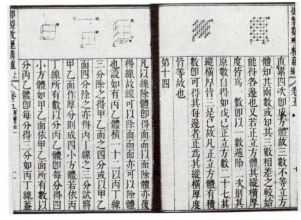

《御制数理精蕴》（康熙内府铜活字印本）

作为大权独揽的统治者,康熙帝热爱科学,却未能从制度上为科学的发展创造条件和保障。康熙帝去世后,雍正帝对西学没有兴趣,并且因为传教士与皇三子胤祉关系密切而严行禁教。到了乾隆帝,他更是只对西洋奇技、玩物感兴趣,对科学则置若罔闻。中西文化交流的一段大好时光就此结束。

相关链接

传教士与西学东渐

中国历史上大致经历了三次外来文明的大规模传入。第一次是汉代至唐代印度佛教的传入,第二次是蒙古西征带来的阿拉伯文化,第三次则是明末以来欧洲文明的传入,史称"西学东渐"。

就明清之际而言,利玛窦是最早的来华耶稣会士之一,他于明万历十年(1582)自澳门进入中国。为了让中国人适应天主教,利玛窦努力使自己融入中国社会,学会中文,还取号为"西泰",以结交儒士。通过多番努力,他成功地进入了中国官僚士绅的活动圈子。他的传教方式是学术传教,即先展示西方科学仪器,宣传西学,吸引好奇的儒士,以广博的知识和全新的见解让他们眼界大开,从而取得其好感和尊敬,然后进行传教。如利玛窦编制以中国居世界中央的"万国舆图"献上,让中国士大夫自尊心得到满足的同时,又使他们第一次认识了世界的五大洲,开阔了中国人的视野。利玛窦还向他们介绍了西方天文学,先后著有《圜容较义》、《天主实义》、《乾坤体义》等书,首次向中国传入了西方宇宙体系。利玛窦对西方数学知识的东传也起到了非常重要的作用。利玛窦与徐光启合作,将欧几里

利玛窦、汤若望、南怀仁像

得《几何原本》前 6 卷翻译成中文，又与李之藻合译了《同文算指》、《欧罗巴西镜录》等书，把西方算术知识介绍到中国。

清入关后，以汤若望为代表的部分耶稣会士转为清廷服务。汤若望被任命为钦天监掌印官。顺治帝死后，汤若望因历法之争郁郁而终。康熙帝主政后，重新启用传教士南怀仁掌管钦天监。康熙帝又热衷西学，传教士们轮流进宫讲学。此时亦有更多的士大夫热衷西学，比较著名的有王锡阐、梅文鼎等人，西学东渐之势达到鼎盛。然而，受欧洲中心主义思想影响的罗马教廷却不能容忍天主教的本土化，结果引起清廷对天主教的排斥，雍正时传教士们被驱逐，仅留下寥寥几个人在钦天监中服务。

明末清初这段时间，传教士们带来的西学渐渐对中国知识界产生了相当大的影响，但在中国历史悠久的文化传统和当时独特的社会环境下，这一丝光亮还不足以唤醒沉睡着的中国。直到道光二十年(1840)鸦片战争后，西学才伴随着大炮，以更迅速、更激烈的方式进入中国，两种文化再次激烈碰撞。

纪昀谪戍乌鲁木齐

1768 年

六月，两淮盐引案爆
发，纪昀因通风报信
而被发配乌鲁木齐。

1772 年

由狄德罗主持编纂
的法国《大百科全
书》完成，该书以科
学和民主为旗帜，熔
铸了 18 世纪中叶以
前欧洲取得的全部
文化成果，反映了新
兴资产阶级的思想
学说和理想追求。

　　进入乾嘉时期，西学传播虽然有所消歇，但传统学术却日渐兴盛，其标志无疑是《四库全书》的编纂。提起《四库全书》的编纂，就不能不想到纪昀（字晓岚）这位家喻户晓的才子。然而，在担任《四库全书》总纂官之前，刚刚被提拔为侍读学士的纪昀正准备在仕途上有一番作为的时候，一场飞来横祸降临在他的头上，最后被流放新疆。

　　这还要从两淮盐引案说起。乾隆三十三年（1768）春天，新任两淮盐政尤拔世到任后，听说以往盐商的弊政后，想以此为把柄，趁机捞一把，但居然索贿未成，于是恼怒之下向朝廷奏报两淮盐政存在诸多贪污腐败情形。在清代，盐业是政府垄断产业，盐商要想运销盐，必须从盐政那里取得许可证"盐引"。盐业官营是国家财政收入的重要来源，因此历代皇帝均非常重视，担任盐业管理的人也都是皇室的奴才。乾隆帝接到奏报后，立即派江苏巡抚彰宝与尤拔世协同调查。

　　不久，彰宝等人便回奏：自乾隆十年（1745）后，盐官与盐商勾结，私自收受银两共有 1090 余万两，均未归公；甚至查出前任盐政高恒任内收受盐商所缴银 13 万两之多。乾隆帝看了奏折后，立即要求查办前任盐政官员。

　　这件案子原本与纪昀并没有什么关系，但却由于前任两淮盐运使卢见曾的涉案让纪昀一不小心陷了进去。这到底是怎么回事呢？原来，这位卢见曾是纪昀的姻亲，他的孙子卢荫文娶了纪昀的二女儿为妻。当时纪昀得知乾隆帝要严厉查办前任盐官的消息后，他立即就想到了自己的姻亲卢家。对于亲家的家底，纪昀还是一清二楚的，如果朝廷突击查办，肯定逃脱不了。如果事先告知卢家，把财产转移，或许还能逃过一劫。但是现在情况紧急，怎么才能让卢家知道呢？如果处理不好，让皇帝知道自己通风报信，那后果也是不堪设想的。

　　据野史演绎，纪昀经过一番左思右想，终于想出一个自以为绝妙的办法来。他立即拿了一撮食盐、一撮茶叶，装进一个空信封里，用糨糊把口封上，里外没有写一个字，连夜打发人送往山东德州的卢家。卢见曾接到信后，先是莫名其妙，百思不得其解，后来将里面的东西全部倒在几案上,凝视良久,这才恍然大悟,终于明白了其中的用意:"盐案亏空查(茶)封!"于是,卢见曾立即将资财转移他处,等到查抄的人来时,已经是半月之后的事了。当乾隆帝得知查抄卢氏家产一无所获时,立即觉得这里面有问题,断定有人事先走漏了风声。他说:"我于六月二十五日下达密令查抄卢见曾家,在此之前没有向其他任何人下过命令,为何卢家居然提前将财产隐藏起来呢?肯定有人走漏了风声,必须将此人严厉查处!"经刘统勋调查,纪昀通风报信的事实终于暴露。乾隆帝训斥纪昀:"这次是你泄的密,有无此事?"纪昀俯首回答:"圣上明鉴,但臣并未写过一个通风报信的字。"乾隆帝好奇:"你没写一个字,那是怎么让卢见曾知道的呢?"纪昀就如实说了一遍。乾隆帝怒气稍消,将纪昀谪戍新疆乌鲁木齐。历史真相未必如此,但纪昀因泄密被定罪却是事实。

乾隆三十四年(1769)二月,历经千辛万苦的纪昀到达乌鲁木齐后,都统温福对他颇为敬重,经常嘘寒问暖。次年,乾隆帝因要编纂《四库全书》,便赦免纪昀回京。在这一路颠簸的途中,纪昀每天与狗相伴。其中,有一只名叫"四儿"的黑犬与他感情最深。"四儿"一路上看护行囊,如果不是主人来到跟前,就是仆人也不能动一下,否则它像人一样站起来瞪着你。有一天傍晚,纪昀路过名叫七达岭的地方,天色昏暗,车队一半在岭南,一半在岭北。黑犬"四儿"就像侍卫一样站在岭巅,左右护着两边车辆通过。后来,纪昀为此还写了两首诗,其中一首说:"空山明月忍饥行,冰雪崎岖百廿程。我已无官何所忍,可怜汝也太痴生。"

"四儿"随纪昀回到北京后,竟然被人毒死,令纪昀伤心不已。有人说:"仆人们讨厌它守夜太严厉,就借口强盗杀死了它。"为了纪念黑犬的忠心耿耿,纪昀将其埋葬,墓前立碑,题曰"义犬四儿之墓"。原本他还想雕刻四个石头像,象征自己的四个奴仆,跪在"四儿"的墓前,后来有人说:"让四个奴才在四儿身边,怕是狗也嫌弃他们。"于是作罢,只是在奴仆房楣上题写了"师犬堂"几个大字。这件事在当时人袁枚的《随园诗话》中有记载。纪昀为了一条狗而如此动情,如此不惜笔墨地加以描述,恐怕不只是出于对宠物的感情,从另外一方面来说,也是他自己为皇帝效忠的写照。

1773 年
乾隆帝下诏开办《四库全书》馆,经刘统勋举荐,纪昀出任总纂官。

1781 年
十二月初六日,第一部《四库全书》告成,纪昀撰《钦定四库全书告成恭进表》。

1793 年
纪昀又殚十年之力,编纂完成了《四库全书总目》。

1789—1798 年
纪昀著《阅微草堂笔记》24 卷。

纪昀生活的时代正值清朝盛世，几千年来的君主专制也发展到了顶点，皇帝不仅乾纲独断，一言九鼎，而且手握生杀予夺大权。乾隆帝喜欢附庸风雅，舞文弄墨，一贯以"稽古右文"自居。他一生喜欢与文人学士往来唱和，吟诗作文，而且多次下令编纂各种书籍。但为了维护皇帝的绝对权威，为了钳制臣民的思想，像纪昀这样的才子也只是陪他玩弄诗文、帮他编纂书籍的文学词臣，而绝不是帮他治国平天下的臣僚。据说有一次，当纪昀向乾隆帝提出经邦济国的建议时，乾隆帝顿时沉下脸，厉声斥责他："朕以汝文学尚优，故使领四库书，实不过以倡优蓄之，如何敢妄谈国事！"纪昀原本为奴仆所题的"师犬堂"，却成了他此时的写照。

 相关链接

《四库全书》的纂修

清代乾隆年间编纂的《四库全书》，是中国古代历史上一项最为浩大的文化工程。据《四库全书总目》统计，它著录书籍 3461 种，79309 卷；存目书籍 6793 种，93551 卷；合计 10254 种，172860 卷。不仅囊括了从先秦至清代乾隆以前中国历史上的主要典籍，而且涵盖了中国传统学术文化的各个学科门类和各个专门领域。在《四库全书》编纂过程中，纪昀作为总纂官之一，居功至伟。

纪昀自新疆回到北京后，便经刘统勋举荐，出任总纂官。纪昀不仅负责全书的编纂工作，斟酌制定全书凡例，而且直接审核各书，决定取舍。乾隆四十六年（1781）十二月初六日，第一部《四库全书》终于抄缮告成，贮藏宫中文渊阁。至乾隆四十九年（1784），第二、三、四部《四库全书》相继告成，先后送藏盛京（今沈阳）故宫文溯阁、京郊圆明园文源阁、热河（今承德）避暑山庄文津阁。其后，专为江浙士子阅览提供方便而下令续抄的三部《四库全书》亦于乾隆五十二年（1787）同时告成，送藏江苏扬州文汇阁、镇江文宗阁和浙江杭州文澜阁。

《四库全书》的纂修是康乾盛世的文化标志，在其影响下，以考据为特色的朴学大盛，"家家许郑，人人贾马"，无数士子埋头琐碎考订之学。所谓盛极而衰，在汉学独大的风气下，士子噤若寒蝉，逃避现实问题，思想一片沉寂。

戴震"以理杀人"的控诉

乾嘉学术以考据为风尚,学者沉浸于训诂考订,逃避现实问题,但这一时期也并非完全死寂,一位久负盛名的考据学宗师就发出了"以理杀人"的控诉,他就是戴震。

戴震生活在一个考据学兴盛的时代,但统治者规范社会道德的意识形态还是程朱理学。程朱理学继承了传统儒学的纲常伦理思想,形成一套严密完整的伦理思想体系,并把它当作天理的体现,为现存社会秩序的合理性及君权的合法性提供了有力的理论根据。"三纲五常"、"三从四德"、"饿死事小,失节事大"等封建伦理道德得到进一步宣扬;各地的"忠义牌坊"、"孝子坟"、"节妇祠"纷纷建立起来。

在理学意识形态的控制下,天理与人欲对立起来,天理为正,人欲为邪,人们做出的任何判断不是出于邪,就是出于正;不是出于欲,就是出于理。只要自己在主观上没有邪念、私欲,就能做出正确的判断,即所谓"不出于欲则出于理"。结果,嘴上讲的总与现实不符。封建理学逐渐成了一班获取功名富贵的士大夫的"敲门砖",他们一旦获得官位,"理学"就成了这班杀人不见血的道学家手里的凶器。

戴震自幼随父亲经商,东奔西走,能够了解一些市民阶层的想法和要求,体会到一般民众的痛苦。尤其是在他的后半生经历了各地农民起义斗争,亲自看到了"官逼民反"的社会现实,于是就把对统治者和理学的抨击写入了自己的著作中。但严酷的文字禁忌,迫使戴震不得不采取隐晦的方式,不能公开打出反儒的旗帜。他利用当时最为流行的考据学为武器,借着维护孔孟的旗号,撰写了《原善》、《孟子字义疏证》等著作,批判了"理学"吃人、杀人的本质。

他在《孟子字义疏证》一书中提出人的欲望本身就是"理"。而"欲"

1755 年
夏,戴震初识纪昀。

1758 年
戴震设馆于礼部尚书王安国家,教授王念孙读经。

1768 年
戴震撰《原善》3 卷。

1773 年
戴震因纪昀的推荐,为《四库全书》纂修官,在馆 5 年,以病卒。

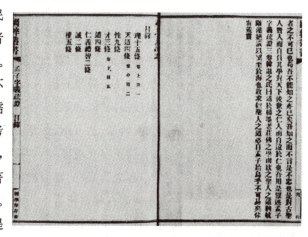

《孟子字义疏证》书影

指人所有的欲望,既包括了基于"血气之自然"的耳目口鼻之欲,也包括了基于"心知"的理义之欲。他认为,"欲"是人生存的基本条件,没有"欲",人类的生存活动也就无从展开。他说:南宋以来,那些理学家讲什么"存天理,灭人欲",但是人欲就是老百姓的"饥寒愁怨,饮食男女"的常情,所谓"理"也离不开这些东西,没有"人欲"就没有所谓的"理"。

戴震揭露了理学家宣扬"存天理,灭人欲"的真实目的就是为了压迫人民,诬蔑人民"犯上作乱"是"人欲横流",就是要人们放弃反抗的权利,去无条件地服从统治者的统治。戴震尖锐地指出:封建理学把"人欲"看成是"恶"的谬论,是杀人不见血的软刀子。他认为,劳动人民在统治阶级剥削压榨下,处于饥寒交迫之中,要求最起码的生存权利是无可非议的,绝不是所谓的"人欲横流"。

戴震满怀激情地说:尊贵者以理责罚卑贱者,年长者以理责罚年幼者,富贵者以理责罚贫贱者,即使错了,也被说成是对的。卑者、幼者、贫者以理力争,即使有理,也被认为是"大逆不道","犯上作乱"。戴震斥责封建统治者奉为至宝的"纲常礼教"的"理"与酷吏的"法"毫无区别。酷吏以"法"杀人,而理学的倡导者则以"理"杀人。人死于"法",还有人怜悯;而死于"理",又会有谁来怜悯呢?戴震家乡至今仍存留着很多贞节牌坊,正是这一幕幕悲剧的见证。因此,戴氏对理学"存理灭欲"说所作的批判具有重要的社会现实意义,它深刻揭示了理学的阶级性。正如鲁迅在《狂人日记》中所说:"古来时常吃人,我也还记得,可是不甚清楚。我翻开历史一查,这历史没有年代,歪歪斜斜的每页上都写着'仁义道德'几个字。我横竖睡不着,仔细看了半夜,才从字缝里看出字来,满本都写着两个字是'吃人'!"

戴震提出"以理杀人"后,虽也有赞同者,但批驳的人更多,如朱筠、纪昀、姚鼐、翁方纲、彭绍升、方东树等人都是一片批评之声。纪昀看到《孟子字义疏证》后,"攘臂而扔之",足见其愤怒之程度;标榜"论学以程朱为宗"的姚鼐批评戴震是"愚妄不自量"之人;道光年间的方东树则在戴震死后不久便著《汉学商兑》对其进行大肆漫骂,他认为《孟子字义疏证》一书一无是处,戴震"名为治经,实则乱经;名为卫道,实则叛道"。

戴震(1723—1777)

字慎修,又字东原,安徽休宁县人。小商人出身,常以教书为业,也做过商贩。他一生汲汲于科举考试,但屡遭败绩,直到40岁才考取举人,51岁被召为《四库全书》纂修官,后来得到乾隆皇帝的特别开恩,赐同进士出身。入馆5年,积劳成疾,以病卒,时年55岁。戴震生平没有别的嗜好,惟喜读书,博闻强记,对小学、经学、哲学、天文、数学、机械、历史、地理都有研究。

　　尽管戴震思想受到很多攻击、非难，但其思想光芒并未泯灭，而且很快在江南地区知识界中传播开来，成为清末民初批判封建礼教的思想基础。

 **相关链接**

乾嘉考据学

　　乾嘉考据学，又称乾嘉汉学或朴学，是对宋明理学的一种反拨。其治学方法，主张通过古字古音以明古训，明古训然后明经，讲究"实事求是"、"无证不信"，学风平实、严谨，反对义理空谈。其研究范围，以经学为中心，而涉及小学、音韵、史学、天算、地理、典章制度、金石、校勘、辑佚等。这一学风自清初顾炎武开其端，中经阎若璩、胡渭等人的发展，至惠栋、戴震、钱大昕而大张其说，到段玉裁、王念孙、王引之遂臻于极盛。

　　乾嘉考据学的形成是由多方面因素促成的。一方面是学术内在发展的规律，明朝灭亡后宋明理学高谈性理所造成的空疏学风，被认为具有"空疏误国"的危害而被清初思想家所批判。与此相适应，清初思想家提倡学以致用，崇尚实学，强调学术上的务实精神。他们认为，欲经世必先通经，欲通经必先考订经书的文字音义，把考证功夫结合在经世学术之中。其中最突出的是顾炎武。顾炎武治学讲治道、经术和博闻，主要方法就是考据。另一方面，清朝统治者在实行文化高压政策的同时，还采取怀柔手段，通过开设博学鸿词科和组织编纂大型文化学术丛书招揽知识分子。乾隆时期编纂《四库全书》、武英殿刻书、设三通馆等措施，对经典考证的学风进行大力倡导，加上康、雍以来较为安定繁荣的社会环境，乾嘉考据学终于蔚然成风。

　　毫无疑问，在乾嘉考据学的推动下，清儒对古籍经典的校订疏解取得了超迈前代的成就。但由于脱离社会现实，沉溺于故纸考订，也导致了学术思想性的薄弱，缺乏对社会现实的思考，以至于嘉道社会剧变之际，整个思想界缺乏应对的能力。

龚自珍"不拘一格降人才"的呐喊

1814 年
龚自珍著《明良论》，批评君权专制。

1819 年
龚自珍在北京与魏源一起师事今文经学家刘逢禄。

"九州生气恃风雷，万马齐喑究可哀。我劝天公重抖擞，不拘一格降人才。"这是嘉道时期著名学者龚自珍针对当时中国人才极度匮乏所发出的感叹，也是当时学术亟需变革的呼声。

龚自珍，字尔玉，号定庵，仁和（今浙江杭州）人。早年接受了严谨的训诂训练，但屡次应试都名落孙山。嘉庆二十四年（1819）应试于北京时，他遇到刘逢禄"问公羊家言"，明微言大义之学，豁然开朗，表示"从君烧尽虫鱼学"，决心摆脱考据汉学之拘迂，走向今文经学之路。

嘉道时期，由于长期以来文字狱的影响，大多士人只知考据，而不敢谈论政治。皇帝不但把所有的臣民当成奴才，而且大兴文字狱，用屠杀、流放等严厉残酷的手段来钳制士大夫知识分子的思想。冤狱笼罩之下，众多士大夫三缄其口，谁还敢提着脑袋"讥切时政"，谋求革新？龚自珍用了两句诗来描写时人的恐惧："避席畏闻文字狱，著书都为稻粱谋。"文人学士被文字狱吓破了胆，个个噤若寒蝉，避之唯恐不及；他们著书作文，不过是为了混口饭吃，何谈国计民生！

龚自珍生活的嘉庆、道光两朝，面临着前所未有的危机，外临列强入侵，鸦片流毒危及全国，内有人民起义，吏治腐败，社会矛盾急剧上升。这是一个需要清王朝振作革新的时代，但事实上统治者因循守旧，居官者愚昧无能，昏庸苟且。即使有才能的人，也屡遭压抑，不予重用。龚自珍说：在朝廷里"左无才相，右无才史，阃无才将，庠序无才士"，在社会上"陇无才士，廛无才工，衢无才商"；甚至到了"巷无才偷，市无才驵，薮泽无才盗，则非但黻君子也，抑小人甚黻"的可悲境地，发出了"一睨人材海

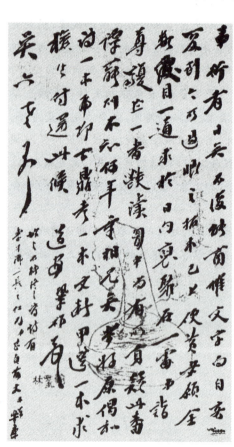

龚自珍手迹

内空"的感叹。在他看来,整个社会已处于"日之将夕,悲风骤至"的境况,"起视其世,乱亦竟不远矣",就是偶有人才出现,"则为不才督之缚之,以至于戮之"。

龚自珍曾著四篇《明良论》,对当时的用人制度进行抨击。他首先指出,皇帝视臣下如犬马、奴才,使大臣不知廉耻,只知朝夕长跪,只知追求车马、服饰,以言词取媚君上。而作为朝廷官员,无论是满官还是汉官,自进入仕途那天起就进入了论资排辈的行列中了。即便你是才能出众、品德良好的人,要想熬到一品官,最快也需要30年;但即使你庸碌无为,熬上30多年,最后也能混上高官。在这种制度下,"官愈久则气愈偷,望愈崇则谄愈固,地愈近则媚益工"。龚自珍入骨三分的针砭,令外祖父段玉裁看后又惊又喜,他欣慰地说:"犹见此才而死,吾不憾矣!"

龚自珍热切地盼望中国能出现一场大的社会变革,扫除一切污泥,打破一切桎梏,让社会上下呈现一派蓬勃生动的气象,让人才自由地成长起来,每个人都意气风发,自由地参与创造新的局面。对当时腐朽黑暗的封建专制和沉闷的思想界而言,龚自珍的响亮呐喊,简直就是惊世骇俗的狂言,它就像一声炸雷、一阵疾风,催人警醒。

道光九年(1829),38岁的龚自珍经过第六次会试,终于考中进士。他在殿试对策中仿效王安石"上仁宗皇帝言事书",撰《御试安边抚远疏》,议论新疆平定张格尔叛乱后的善后治理,从施政、用人、治水、治边等方面提出改革主张,洋洋洒洒千余言,直陈无隐,阅卷诸公皆大惊。主持殿试的大学士曹振镛是个有名的"多磕头、少说话"的三朝不倒翁,他"以楷法不中程,不列优等",将龚自珍置于三甲第十九名,不得入翰林,仍为内阁中书。龚自珍由于屡屡揭露时弊,触动时忌,因此不断遭到权贵的排挤和打击。道光十九年(1839)春,他触怒长官,决计辞官南归。道光二十一年(1841),暴卒于丹阳,年仅50岁。

社会要发展,国家要富强,其根本在于积极培养和大胆使用各种各样的人才。龚自珍在一个多世纪以前对于人才"不拘一格"的认识,不仅经受住了历史的检验,而且至今仍闪烁着真理的光芒。

1829年
龚自珍终于考中进士。

1838年
十一月,林则徐受命为钦差大臣到广东禁烟,龚自珍极表支持。

1839年
龚自珍撰《己亥杂诗》315首。
同年,张穆应顺天乡试无果,立志读书,倡导经世致用,著有《蒙古游牧记》等书。

晚清经世致用之学

乾嘉考据汉学后来的发展轨迹,越来越偏离了清初顾炎武等人的初衷,日益沉浸在文字音韵、训诂考订中,这些做学问的方法虽然富于理性的精神,但所关注的问题和讨论的对象往往局限于经解典籍中,现实问题很少涉及。在一定程度上,它和明末理学的毛病一样,也流于空疏和无用。到了乾隆朝末期和嘉庆朝,考据汉学的弊端日益凸显,再加上当时社会矛盾斗争日趋激烈,各种危机接二连三,因此考据汉学越来越受到一些有识之士的批评。

嘉庆、道光之际,一个新的学派开始兴起,这就是清今文经学。其代表人物有庄存与、刘逢禄、宋翔凤,以及龚自珍、魏源。主要研究对象虽仍是儒家经典,但主张通经致用,留心实务,议论政事,强调变革,形成了区别于汉学的新学风。与此同时,一批亲履边陲的士人,如徐松等人开始倡导边疆史地学,随后张穆、沈垚、何秋涛等人继续张扬这种风气,使这种经世学风蔚然成风。这种经世致用的主张、忧国伤时的精神,对晚清社会变革起了一定的作用。到了清末,由于西方列强的压迫,也由于西方文化和政治思想的渗透,康有为等所代表的知识分子们继续张扬"经世致用"的口号,从其学术主张和政治理想来看,则已与传统儒家有了极大差别。这时的"经世致用"实质上是试图在传统文化与西方文化的交融中寻找一条救国自强之路。

魏源"师夷长技以制夷"的提出

如果说龚自珍等人开启了晚清经世致用的学风,那么魏源则是倡导近代改革思想的第一人。

魏源,字默深,湖南宝庆人。自幼立志苦学,后游京师,与龚自珍等人师承刘逢禄,受《春秋》公羊学。鸦片战争爆发时,他正在两江总督裕谦的幕府中,亲自参加了抗英斗争。战争失败后,他极为悲愤。对战争失败的原因,魏源有独特的清醒认识,他不像一般官吏那样感到空虚和迷惘,深知战争失败的首要原因在于清帝国的闭塞,闭塞造成统治阶级和知识分子的昏庸无知,不晓天下大势,在大敌当前之际,不能知己知彼,克敌制胜。魏源在诗文中写道:"呜呼!岛夷通市二百载,茫茫昧昧竟安在?"葡萄牙人于 16 世纪初就到达广州,英国在成立东印度公司后也开始向东亚地区扩张,可清朝统治者还不知道这些欧洲国家在何方。清朝皇帝询问诸大臣:"为问海夷何自航?"大臣们众说纷纭,莫衷一是,有的说葱岭可通大西洋,或云廓尔喀、印度可窥乌斯藏,或云弥夷、佛夷、鄂夷(指美、法、俄三国)等,思效回纥之助唐。由此可见,这些满腹经纶、熟读儒家经典的士大夫是多么蒙昧无知。所以魏源十分沉痛地说:"儒者著书,唯知九州以内,至于塞外诸藩,则若疑若昧;荒外诸服,则若有若无……徒知侈张中华,未睹瀛寰之大。"

世界历史的发展进程发生了剧烈的变化,可中国的统治阶级依然生活在中古思想与生活的模式中,"以侈谈异域为戒",骄傲自大,做着天朝上邦的迷梦。针对这种情况,魏源决定写一本介绍外国史地知识的启蒙读物,将人们的注意力从国内引向国外,改变那种"足已自封,于外事不屑措意"的状况。

事有凑巧,机缘促使编著一部划时代著作的天职落到了魏源的肩上。道光二十一年(1841)七月,鸦片战争抵抗派的首要人物林则徐在路过镇江时与魏源见面,这是一次历史性的会见。林则徐将自己所译《四洲志》、《澳门月报》以及各家图说等文献,托付给魏源。这正合魏源之意,于是他在《四洲志》的基础上增加资料,开始编撰《海国图志》。道光二十二年(1842),编成 50 卷本《海国图志》;道光二十

1825 年

魏源受江苏布政使贺长龄之聘,辑《皇朝经世文编》120 卷。

1841 年

魏源入两江总督裕谦幕府,直接参与抗英战争,并在前线亲自审讯俘虏。

1842 年

魏源完成《圣武记》,叙述了清初到道光年间的军事历史及军事制度。

魏源依据林则徐所辑《四洲志》,参酌其他材料,编成《海国图志》50 卷,后经修订、增补,到咸丰二年(1852)成为百卷本。

六年(1846),增为 60 卷;咸丰二年(1852),再扩编为 100 卷。魏源不仅采用了大量明末清初的西人著述,而且还广泛地采用了诸如美国人高理文所撰《美理哥合省国志略》、葡萄牙人玛吉士所撰《地理备考》等外国人的新书,几乎收录了当时中国人所能了解到的一切海外知识。作为中国人自己编写的一部介绍世界各国的历史、地理、政治、经济、军事、文化、宗教等各方面情况的巨著,《海国图志》对中国人了解西方和向西方学习起了很大的作用。

除了让国人认识和了解世界,魏源编辑此书的另一目的是号召国人学习西法。魏源在《海国图志》60 卷本序言中说:"是书何以作?曰:为以夷攻夷而作,为以夷款夷而作,为师夷长技以制夷而作。"作为鸦片战争的目击者,魏源对于西方军事技术的优点当然有深刻的了解。当时的读书人信守儒家迂腐之论,把西方先进的工艺技术一概目之为"奇技淫巧"。魏源予以驳斥说:"有用之物,即奇技而非淫巧。今西洋器械借风力、水力、火力,夺造化,通神明,无非竭耳目心思之力。"西方的技艺既如此巧妙,是否可以仿而制之以为吾用?魏源的回答是肯定的。

他认为鸦片战争失败的主要原因,就是清帝国的武器还停留在中世纪水平,英国利用了工业革命的新成果,做到船坚炮利,故而取得了胜利。要抵制西方侵略,必须向西方学习。"师夷"是为了"制夷"。能否制夷,关键在是否善师四夷。"善师四夷者,能制四夷;不善师外夷者,外夷制之。"魏源还制订了"师夷"的具体办法和措施,如建议设造船厂、火器局,聘请西洋技师教习。不但建立官办军事工业,而且兴办民用工业。他还倡议"立译馆,翻西书",奖励科学发明,有能造西洋战舰、火轮舟,造飞炮火箭、火雷奇器者,为科甲出身,他认为这样做,便可以"尽得西洋之长技为中国之长技",逐步改变中国的落后面貌。魏源认为"中国智慧无所不有",如果"风气日开,智慧日出",中国是完全可以赶上西方的。

"师夷长技以制夷",看似普通的一句话,却给国人指明了对付西方列强的好办法。虽然这一思想只限于"夷技",只着眼于西方的先进技术,有着很大的局限性,但这毕竟迈出了学习西方的第一步。

"中体西用"与"西学中源"论

鸦片战争后,国人面对西方列强的严峻挑战,主张引进西学,利用西方科技,在这种情势下,"中学为体,西学为用"的思想产生了。其思想主旨是把中国传统文化的核心部分与西方的坚船利炮、生产技术一类的器物结合起来,以改革清王朝的现状。后来,这一思想成为洋务运动的指导思想。

与此相应,"西学中源"论也日渐流行。在洋务运动和戊戌维新时期,凡提倡西方科学技术者几乎无不道"西学中源"。从朝廷重臣到民间学者,如曾国藩、李鸿章、奕䜣、刘坤一、张之洞、薛福成、黄遵宪、王韬、冯桂芬、郑观应等,异口同声,无不道"西学原本中国"。他们试图借此消除人们对西学的敌视、强化学习西法的正当性,进而促成中学与西学的会通。

无论是"中体西用",还是"西学中源",都对当时学习西学提供了可能,但随着时间的推移,其性质也发生了变化。早期"中体西用"思想反映了当时士大夫面对西学的矛盾心理,一方面不敢背离儒学,一方面又承认天文历算、船炮器械为西方之长。但同时,"中体西用"主张对于学习、接受西学还是起了一定积极作用的。如果不如此,洋务派就难以开展各种活动。然而当革命兴起之际,再大谈"中学为体,西学为用",其重心就不再是学西学,而是不准革命、不准破坏"中体"这一目标了。同样,一些反对学习西方的顽固守旧者为维护"中学"的地位,也大肆发挥"西学中源"论,认为"西学"既然源出"中学",就不必舍近求远,学习西方。

严复翻译《天演论》

无论是"师夷长技以制夷"，还是"中体西用"思想，都是从器物乃至制度层面对西方的学习，仍带有相当的局限性，未能促成中国走向现代化。真正社会变革的到来，还需要民主、自由思想的培育。其中，为中国早期现代化启蒙思想作出重大贡献的代表人物之一就是严复。

严复 14 岁入福州船政学堂学习海军，19 岁毕业，先后在建威帆船及扬威军舰上实习。光绪元年(1875)，23 岁的严复赴英留学。在此期间，严复主要学习的是自然科学和军事科学。据郭嵩焘记载，光绪四年(1878)四月，他前往格林威治游览。在留学生寓所，严复拿出几种测量仪器给客人们看，又拿出两个薄铜圆片，以及松香片、兽皮毛，为客人们做了一个摩擦起电的实验。他告诉郭嵩焘，无论干电、湿电，都有阴阳之分；刚才实验中产生的则是阳电。据郭嵩焘记载，这一天严复讲解了许多自然科学知识，例如数学对数表、万有引力、西方人利用铁杠的热胀冷缩加固危墙、物质有三态、水的各种特性及其利用，等等。郭嵩焘听后十分赞赏。尽管学习以自然科学为主，但严复更倾慕于西方的政治、经济、文化各方面的成就，并开始接触亚当·斯密、边沁、穆勒、卢梭、孟德斯鸠、达尔文、赫胥黎、斯宾塞等人的著作，深受影响。这为他日后从事翻译西方思想文化名著奠定了基础。

光绪五年(1879)，严复 27 岁时卒业归国，任教于福州船政学堂。次年，调任天津北洋水师学堂总教习，达 20 年之久。

为寻求救亡强国的道路，严复开始大量而有系统地引进西学著述。西方的八大思想名著都由他先后译述。其中《天演论》是严复最著名的译作，对中国思想界的影响巨大。《天演论》是英国生物学家赫胥黎的一本论文集，原名直译是《进化论与伦理学》，在甲午战争失败的刺激下，严复以数月之力翻译了《天演论》，主要阐述生物是进化的，不是不变的，而变的原因是物竞天择。严复在译文之后都加以按语来阐明自己的观点，这些按语都有意结合中国急需救亡图存的现实问题而加以发挥。他把"物竞天择"的学说从生物引申到人类，并在《自序》中强调此与"强国保种之事"有关,直接面向甲午战争后民族危机严重的社会现实,因此引起全民族的震惊而产生了很大的反响。"物竞天择"几乎成为当时救亡图存的警示语,进而演化成"优胜劣败"、"适者生存"、"天演进化"等口传箴言。

严复的翻译西书活动,不仅传播了西方科学知识,更重要的是传播了西方的科学精神、民主原则和自由平等观念。在严复看来,科学精神和民主原则是实现国家富强的根本所在。

《天演论》正式出版时,青年鲁迅(周树人)正在南京的洋务学堂里读书。只因校长提倡读新书,他便去买了一部《天演论》。刚刚翻开扉页,就被书中内容所吸引:"哦!原来世界上竟还有一个赫胥黎坐在书房里那么想,而且想得那么新鲜?一口气读下去,'物竞'、'天择'也出来了,苏格拉第、柏拉图也出来了,斯多噶也出来了……"那时有位本家老辈反对阅读《天演论》,甚至强迫鲁迅抄阅顽固派许应骙参劾康有为的奏章,可是鲁迅却毫不在乎,"一有闲空,就照例地吃侉饼、花生米、辣椒,看《天演论》"。

光绪三十一年(1905),少年胡适在上海进了澄衷学堂,遇上一位"思想很新"的国文教员杨千里。"有一次,他教我们班上买吴汝纶删节的严复译本《天演论》来作读本,这是我第一次读《天演论》,高兴的很。他出的作文题目也很特别,有一次的题目是'物竞天择,适者生存,试申其义'……这种题目自然不是我们十几岁小孩子能发挥的,但读《天演论》,做'物竞天择'的文章,都可以代表那个时代的风气。"胡适的学名本来叫胡洪骍。有天早晨他请二哥代想一个表字,二哥建议用"适者生存"中的"适"字,后来他便用"胡适"作笔名,宣统二年(1910)开始就用"胡适"作名字。

1902 年
严复开始翻译孟德斯鸠的《法意》。

1904 年
刘师培著《中国民约精义》一书。

1912 年
严复任北京大学第一任校长。

 **相关链接**

晚清君主立宪思想

鸦片战争结束不久,作为近代中国第一批放眼看世界的先进人物,魏源、徐继畬、梁廷枏、姚莹等人在他们各自的著作中就以赞赏的态度介绍过西方的君主立宪和民主共和制度。

中法战争后,早期改良派如郑观应、郭嵩焘等人,在亲身目睹西方国家现实的基础上进一步认识到了西方文化、制度的先进和优越,提出了以西方的"君民共主"制度取代封建君主专制制度的政治主张。

甲午战争后,以康有为、梁启超和严复等为代表的资产阶级维新派在继承、总结和改造19世纪后半期以来的宪政思想的基础上,吸收了西方先进的政治思想,提出了"公羊三世说"、"三世六别说"和"天赋人权论"等理论,主张"兴民权"、"设议院",实行二元制君主立宪制。

光绪三十一年(1905)至三十四年(1908)是中国民族资本发展的一个高峰,民族资产阶级的成长和觉醒为立宪派的壮大和立宪团体的建立创造了物质条件,奠定了阶级基础。而中国国门的进一步敞开,新式教育和留学热潮的兴起,以西政为主要内容的西学的广泛传播,使中国出现了一个知识结构、思想主张、政治态度和价值观念与旧式士大夫不同的新的知识分子群体。

20世纪初,随着中国社会历史条件的发展与变化,新崛起的立宪派提出了与戊戌变法时期维新派不同的君主立宪主张,从而把晚清君主立宪思想由二元制君主立宪制推进到了最高形态——议会制君主立宪制。虽然这种变化是局部的、缓慢的,但对中国民主政治的发展来说却是十分重要的。

文学与艺术

　　文学艺术往往是一个时代的写照。与学术思想一样，明清之际在文学艺术领域同样展现了超越流俗的气质。金圣叹不仅高度评价小说，而且将《西厢记》、《水浒传》评为"才子书"，这两种书在一般士人眼里可是"诲淫"、"诲盗"之作。

　　由于是少数民族入主中原，因此明清易代在士人心中带来的震撼尤其强烈，不仅有文化上的焦虑，而且有"出世"与"入世"的犹豫不决，像钱谦益、吴伟业等人的诗文作品就几乎是他们心灵历程的完整记录。

　　清代文人屡遭文字之祸，这种情形在康、雍、乾三朝最为明显。孔尚任著《桃花扇》，本来是反思明亡，甚至对清廷还有点谄媚，但结果还是被罢官归去。方苞更是冤枉，仅仅为好友戴名世的文集写了一篇序言，就被牵连进去。清代士人的命运可谓如履薄冰，战战兢兢。然而更多的士子则是皓首穷经，蹉跎科场，蒲松龄在《聊斋志异》的鬼狐世界中实现着自己的科举梦想，吴敬梓则通过《儒林外史》讥讽科举制度。当然也有桀骜不驯者，袁枚就大胆招收女弟子，郑板桥则通过自己的书画作品追寻自己的"难得糊涂"。

　　有清一代是个大喜大悲的时代，从康乾盛世到天朝崩溃，瞬间变幻，令人欷歔不已。曾经世代为皇帝家奴的曹家一荣俱荣、一损俱损，曹雪芹通过《红楼梦》影射了清王朝的"一把辛酸泪"。晚清更是大厦将倾，政治昏暗，内忧外患，《官场现形记》、《老残游记》、《孽海花》这些作品几乎就是清末的另一种实录。

《怡红夜宴图》(局部)

纵87厘米,横233.5厘米。此图描绘了《红楼梦》第六十三回群芳为宝玉做寿的夜宴情景。室内12人围桌而坐,还有4人陆续由丫环搀扶进屋。桌上40个碟子,分5列摆放;桌正中有一象牙签筒,宝玉坐在炕上,身着大红棉纱小袄。画面表现了书中所写众人抽签游戏的场景。

金圣叹之死

有清一代,朝廷为稳固统治的需要,严厉控制江南知识分子,对于挑战统治权威的狂人更是决不手软。狂士金圣叹便是这一政策的牺牲品。

金圣叹生于明万历年间,幼年生活优裕,父母去世后家道中落。因为从小体弱多病,10 岁的时候才被家人送进私塾,读《大学》、《中庸》、《论语》、《孟子》等,但金圣叹对这些都不感兴趣,对于《西厢记》之类的闲书却如饥似渴,经常在私塾读书时偷看,看到精彩处,不思茶饭,不言不语。有一次还被塾师抓住,金圣叹如实相告,塾师倒不责怪,说道:"孺子真是世间读书种子。"

金圣叹蔑视权贵,对仕途不屑一顾,以贫寒之身,对朝廷的招揽无动于衷,这份傲骨真是难能可贵。他的舅父钱谦益本是礼部尚书,南明弘光时投靠了权臣马士英,清兵南下,他又变节屈膝,脱下长袍换马褂,变为清朝的礼部侍郎。据说有一次,钱氏做寿,金圣叹前往。席间,他挥毫泼墨写了副骇人的对联:"一个文官小花脸,三朝元老大奸臣。"

金圣叹又是一个狂生。他所批阅评点的六部"天下才子书":《离骚》、《庄子》、《史记》、杜诗、《水浒传》、《西厢记》,遍加批语,批论透辟,识见精到,盛行吴下。当时人们从正统的文学观念出发,鄙薄小说、戏曲,同时统治阶层和正统的道学家为了维护皇权专制和道德礼教,将描写"官逼民反"、农民起义的小说《水浒传》和讴歌自由爱情的戏曲《西厢记》分别斥之为"诲盗"、"诲淫"之作,甚至列入禁毁书目。金圣叹则反其道而行之,公然将《水浒传》、《西厢记》与

1608 年
金圣叹出生。

1617 年
《金瓶梅》刊行。

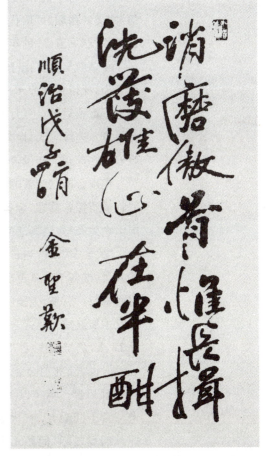

金圣叹评点《水浒》

《离骚》、《庄子》、《史记》、杜诗并列，作为人世间六大奇书，一律以"才子书"命名，并亲自评点《水浒传》、《西厢记》。

他评点《水浒传》时说："大君不要自己出头，要让普天下人出头。"同时，他公然明言"乱自上出"，官逼民反，把农民的铤而走险直接归罪于统治者的失政。金圣叹更对尸位素餐的官僚阶层进行了痛快淋漓的揭露："关节，则知通也；权要，则知跪也；催科，则知加耗也；对簿，则知罚赎也；民户殷富，则知彼连以逮之也；吏胥狡狯，则知心膂以托之也。"金圣叹认为官僚无异于盗贼，真可谓大胆！

他评价《西厢记》时说："有人来说《西厢记》是'淫书'。此人日后定堕拔舌地狱。""《西厢记》断断不是'淫书'，断断是'妙文'。"不仅如此，他甚至将小说、戏曲与儒家经典相提并论，认为《水浒》可与《论语》媲美，《西厢》可取代"四书"作童蒙课本。这在当时科举盛行、开口就说"四书五经"的年代中确是惊世骇俗之言。

金圣叹又是江南士子中的枭雄。顺治十八年（1661）二月，顺治帝驾崩，死讯传到苏州，大小官员设灵服丧。依照礼制，皇帝驾崩，全国上下都要哀悼。三月，哀诏传至苏州，江苏巡抚朱国治等于府衙设置灵堂。连续三天，地方军政要员及郡中士绅前往哭临。此外，地方政府还在苏州文庙设灵堂，供普通百姓祭悼。

但以金圣叹为首的几个秀才，因同情农民的遭遇，写了"揭帖"到哭临场所控告县官，金圣叹将矛头指向包庇部下的巡抚朱国治。朱国治大为震怒，当场逮捕了倪用宾等十余名秀才。

"哭庙案"爆发当日，金圣叹在混乱中侥幸逃脱，当晚他还召集有关人员，准备于次日再次率众哭庙，抗议官府的镇压暴行，后被人劝阻而未行。后来，金圣叹曾到他处躲避多日，直至四月二十七日，金圣叹才被逮捕。巡抚朱国治上奏朝廷，"必欲杀金等而后快"，金圣叹等18人以"抗粮谋反"罪处斩。

据说，临刑前金圣叹无所畏惧，身陷囹圄的他将狱卒叫来，说有要事相告。狱卒以为有什么秘密，金圣叹却指着饭菜说："花生米与豆干同嚼，大有火腿之滋味。得此一技传矣，死而无憾也！"押赴刑场之际，他见儿子在旁哭泣，便做了副对子："莲子心中苦，梨儿腹内酸。"又说："杀头，至痛也；籍没，至惨也；而圣叹无意得

1661 年

顺治帝驾崩，苏州设灵堂哭临三日，金圣叹等百余名秀才往孔庙哭庙，后向巡抚朱国治呈揭帖告发县令。四月，金圣叹被杀。

1644 年

法国戏剧家莫里哀创作《伪君子》，揭露当时法国贵族社会的伪善。

之,不亦异乎!"这些传闻未必确实,但形象地反映了金圣叹大义凛然的风骨。

 **相关链接**

探花一文不值

　　顺治十八年,清廷将上年奏销有未完钱粮的江南苏州、松江、常州、镇江四府并溧阳一县的官绅士子全部黜革,史称"奏销案"。在"奏销案"中,任翰林院编修的叶方蔼,因欠一厘钱被降调二级。于是,民间便有了"探花不值一文钱"的戏说。

　　清初绅衿欠粮是很普遍的现象,这给当时钱粮的征收增加了困难。为打压江南士绅,顺治十八年,清政府发出了训令:明朝废绅不许冒称乡绅,本朝出仕者方准称为乡绅。清政府从法令上对"乡绅"作了严格界定,反映了清统治者在统一全国的战争中,为了建立起稳固的政权,对与清朝不合作的明朝乡绅要彻底划清界线,取消他们的特权地位,以便建立起听命于清朝的统治阶级和特权阶层。在清政府严惩欠粮的威慑下,斯文扫地的清朝文人士子魂飞魄散,从而使明朝士绅的豪迈风气由此消失殆尽。文人士子们是老实了,但他们关注现实、批评现实的勇气也丧失了。

孔尚任被罢官

不但反清思想要被镇压,就算反思明亡、追忆故国,也要慎之又慎。康熙三十八年(1699),孔尚任所著《桃花扇》在京城走红,然而天有不测风云,他最终却因《桃花扇》而被罢官。

孔尚任是孔子的六十四代孙,他虽是孔圣人之后,但要想跻身仕途,依然须沿科举取士的阶梯拾级而上。和封建时代的多数读书人一样,孔尚任是热衷于功名的。他青年时多次科考都名落孙山,为此还纳粟捐了监生的科名,然并未达到目的,此时孔氏已经 34 岁。康熙二十一年(1682)至二十三年之间,孔尚任主持纂修《孔子世家谱》和《阙里志》,后又集邹鲁弟子 700 人,教习礼乐,在孔庙成功地举行了隆重的万人祭祀。后来,恰逢康熙帝南巡,拜谒孔庙。孔尚任为康熙帝讲经,获康熙帝赞许,认为其讲经胜过宫廷讲经的官员。这样孔氏才得以由一个乡村秀才破格提拔为国子监博士。

康熙二十四年(1685),孔氏进京就职,又受到一系列的恩赐。孔氏对康熙帝充满了感激之情,经常怀念"一日之间,三问臣年","真不世之遭逢"。康熙二十五年(1686),孔尚任奉命随同工部侍郎孙在丰一起去淮扬治理下河,疏浚黄河海口。陛辞时,"天语劝劳,卿相赞勉",一时间激起了他扶贫济世的壮志。

然而现实并没有给他施展抱负的机会,等他到了河署所在地扬州后,呈现在他眼前的却是治河官员无视灾民安危的纸醉金迷。官员间的明争暗斗,使下河工程杳无成期。进入官场日浅的孔尚任对这种尔虞我诈难以理解,也无法在这种情形中生存,而他施展抱负的满腔热情也逐渐消减,他从政的天真想法破碎了。

三年的治河,并没使孔尚任在政治上有任何的成就,而是成就了一位文学家。也就是在这段时间,孔尚任有足够的时间了解到当时南明的政治悲剧,抚今追昔,历史悲剧与现实教训的强烈对比,深化了他早年的兴亡之感,也加剧了他的政治感伤意识,这为《桃花扇》的创作奠定了深厚的思想基础。

孔尚任于康熙二十九年(1690)返京,后又长期淹塞于户部福建清吏司主事、户部广东司员外郎一类卑微小官,郁郁寡欢。然而他毕竟还是一个抱有宏才的文人,在这期间他开始了《桃花扇》的创作。先后三易其稿,于康熙三十八年(1699)定稿后上演,轰动朝野。据说,当年秋天,内廷侍卫四处索要《桃花扇》,可见《桃花扇》引起了皇帝的关注。可正当"王公荐绅,莫不传抄,时有洛阳纸贵之誉"时,孔尚任却被罢官了。

孔尚任并非不知文字之祸,他写《桃花扇》还是非常谨慎的。《桃花扇》在题材上没有什么不妥当的地方。统观一部《桃花扇》,总结南明灭亡原因而归之于四个字:权奸误国。出于功名的考虑,孔尚任愿意尽量为"圣朝"讳。孔尚任一再声称:其"朝政得失,文人聚散,皆确考时地,全无假借","借离合之情,写兴亡之感,实事实人,有凭有据"。在具体写作中,凡是与清政府有抵牾之处,他都进行了不同程度的遮掩和粉饰。孔尚任甚至在《桃花扇》里借张薇之口,颂扬清人"进关,杀退流贼,安了百姓,替明朝报了大仇"。

然而,《桃花扇》毕竟反映了南明王朝灭亡史,也在一定程度上寄托了孔尚任的民族意识和爱国思想。在全书引言中,他说:"场上歌舞,局外指点,知三百年之基业,堕于何人?败于何事?消于何年?歇于何地?不独令观者感慨涕零,亦可惩创人心,为末世之一救。"作为一部传奇历史剧,《桃花扇》借离合之情,寄兴亡之感,整部作品的基调是感伤,表现出了对汉民族失去江山的依恋。

再如《桃花扇》末出"余韵"里讽刺降清为吏的明朝魏国公之后徐青君是"开国元勋留狗尾,换朝逸老缩龟头";嘲弄清政府开国时征贤招逸是"访拿山林隐逸";讥笑改换官服的前朝臣子时说:"那些文人名士,都是识时务的俊杰,从三年前俱已出山了。"相反,盛赞说书艺人柳敬亭、唱曲的苏昆生这些末流之人拒不仕清的高风亮节作为反衬。

当他得知自己是因文字致祸而被

清彩绘本《桃花扇图》

罢官后,他始终把自己当成一个以屈原自况的忠心耿耿的"孤臣"、"逐客","《离骚》惹泪余身洁",他最大的愤慨是"歌骚问上天",叹息"真嫌芳草秽,未信美人妍"。由于心存幻想,孔氏被罢官后,滞留京城二年,希望能弄清真相、得康熙帝的重新任用,最后在朋友的劝说下,不得不回山东石门旧居隐居。

相关链接

洪昇与《长生殿》

清代剧作大师洪昇(1645—1704),字昉思,号稗畦,也是个终生落魄的人物。他出生于家道早已中落的穷人家,又与父母不大和睦;做了二十来年的太学生,却从未得到过晋用;好不容易写出了惊世之作《长生殿》,声名鹊起,却又因康熙二十八年(1689)在佟皇后丧期之内违背了"百日不作乐"的律条,与朋友们集体观演该剧而被劾下狱。"可怜一曲长生殿,断送功名到白头",题咏的就是这段公案。包括洪昇自己在内,当时被革去国子监学生籍者,总数几近50人。

受此重大打击之后,洪昇不得不离开了京城这个伤心之地,返回南方老家,郁闷地游荡在吴越山水之间。康熙四十三年(1704),江宁织造曹寅在烟柳繁华之地的南京城,汇集昆班名优,广邀社会各界,开长筵三昼夜,上演《长生殿》。作者洪昇也应邀赴此盛会,饮酒观戏,其意也甚得,其乐亦无穷。但是天下无不散之筵席,喜极而沉醉、醉后不愿复醒的洪昇,乐极生悲,在返回浙江老家的水路上,于乌镇失足落水而亡。

心有余悸的方苞

清代严厉的文化政策，不仅培育不出"狂士"，就算原本狂放的士人也会被削掉棱角，成为歌颂太平盛世的顺民。清代著名古文家、"桐城派"的代表人物方苞就经历了这样的命运。

方苞生于康熙七年（1668），此时距清入关已24年。方苞并非明朝遗老，他出生成长的时期，清政权的统治已经趋向稳定。苦心读书，有朝一日鲤鱼跳龙门，应是他一生的追求。可是，自幼才情横溢的方苞在考中举人后，先后于康熙三十九年（1700）、四十二年（1703）、四十五年（1706）三次赴京会试，都名落孙山。

由于家庭遗传和耳濡目染，方苞很小的时候便已展露文学才能。4岁时，父亲以"鸡声隔雾"命他对句，他脱口而出，以"龙气成云"相对。5岁时，父亲便口授经文章句，他过目即成诵。他22岁中秀才之后的第二年，随学使高某进京，进入国子监，声名鹊起。他的古文深受当时名彦宿儒的好评，被誉为"韩欧复出"、"北宋后无此作"。当时的许多文学、理学大家也很推崇他，李光地对他的提携和帮助就特别大。听着大家的频频赞许，方苞未免有些飘飘然，因此恃才傲物，颇有点目中无人。据载，当李光地以直隶巡抚入相时，方苞前往祝贺，问："自本朝以来以科举升到您现在位置的大概有多少人？"李光地屈指数了五十多人，方苞说："国朝才六十年，就已经得五十多人，可见这些人都不足重，愿先生您再等待新人吧。"口气如此狂妄，令在座的宾客瞠目结舌。

狂妄的方苞也遇到过对手，当时的理学名家李绂就瞧不上他。一次，方苞携带所做曾祖墓志铭给李绂看，李绂刚看了几行便掷还方苞。方苞很气愤，让他说出个道理来。李绂说："别的不用说，你这文章中'桐'的用法就不对，如今以'桐'为县名的有五个，除了桐城之外，还有桐乡、桐庐、桐柏、桐梓。你将桐城简称为'桐'根本就是错误，谁知道这就是指桐城呢？如此明显错误，还讲什么古文呢？"这话未免有些狡辩的嫌疑，但也把方苞说得哑口无言。

方苞不仅自视很高，而且交结的友人大都与他有着相同的旨趣。戴名世当时与他的关系就很好，可也正是这位性情之友彻底改变了

1711 年
《南山集》案发，方苞因给《南山集》作序，被株连下狱。

1713 年
经李光地极力营救，得康熙帝称赞"方苞学问天下莫不闻"。出狱后入南书房。

1736 年
方苞再入南书房。

1742 年
方苞告老还乡，从此在家闭门谢客著书。

1749 年
方苞病逝，年82岁。

他的命运。

说起来，戴名世的确算是一个正直的文士，他不愿"曳侯门之裾"，在青少年时期就日渐树立起"视治理天下为己任"的豪情壮志。在屡次科举失败后，游历京师，与徐贻孙、王源、方苞等人相聚，往往"极饮大醉，嘲谑骂讥"，引得不少达官贵人们侧目。戴名世与方苞等人的交游，是以针砭时弊、振兴古文为共同旨趣的。他们每每"酒酣论时事，吁嗟咄嘻，旁若无人"。戴名世的狂傲行为招来了不少公卿大夫们的仇视和攻击。机会终于来了，康熙五十年（1711），因其文集《南山集》中录有南明桂王时史事，并多用南明年号，被御史赵申乔参劾，以"大逆"罪下狱。而方苞也由于为戴氏《南山集》作序而被逮入狱。

一场横祸从天而降，这是一件对方苞一生影响最巨、震撼最深的大事。由此案又牵连出方孝标《滇黔纪闻》案，前后共百余人被逮下狱，一代名士戴名世被处决。方苞原也被判死刑，后经李光地营救才得以免死，编入汉军旗籍管制。

方苞出狱后所作《游潭柘记》中说："余生山水之乡，昔之日，谁为羁继者？乃自牵于俗，以桎梏其身心，而负此时物，悔岂可追耶？夫古之达人，岩居川观，陆沉而不悔者，彼诚有见于功在天壤，名施罔极，终不以易吾性命之情也。况敝精神于蹇浅，而蠚蠚以终世乎？余老矣，自顾数奇，岂敢复妄意于此？"作此文时方苞已 51 岁，年岁的增长，岁月的磨砺，《南山集》案的打击，方苞此时的性格已明显褪去了青少年时的锋芒毕露，而转为深沉痛楚。

方苞因祸得福，以白衣平民入南书房，后移蒙养斋，编校《御制乐律》、《算法》诸书，这是他原未想到的。但方苞的为官生涯并不轻松。首先是以"罪臣"入朝为官，但他只能是将功补过，戴着镣铐跳舞，无法摆脱沉重的精神负担。康熙帝一纸诏书使方苞由刑部狱而进南书房，这只是皇帝"宽宥免治"，并没有认定方苞无罪。方苞本人也明白自己的身份和处境，在供职蒙养斋时，与时任阁臣的李光地和以总宪兼院长的徐元梦过从甚密，李、徐认为方苞于政事颇有见解，欲荐方苞，方氏便推辞说："仆本罪臣，不死已为非望，公休矣！"

雍正三年（1725），方苞回籍葬亲后返京，雍正帝在养心殿召见方

方孝标《滇黔纪闻》案

方孝标（1617—?），本名玄成，避康熙讳，以字行，桐城人。他根据在滇、黔时所见所闻明末清初事，写了《滇黔纪闻》一书。戴名世《南山集》案发后，方孝标已经亡故，因戴名世所作《南山集》中多处引述《滇黔纪闻》一书，而且书中多次使用南明的"弘光"、"隆武"、"永历"等年号。戴名世因此坐案，自然方孝标也不能放过，最后也被开棺戮尸、挫骨扬灰，其子方登峄等人一律斩绝，族中女子，除了嫁人的外，都流放黑龙江宁古塔充做官奴。

苞,严肃地告诫方苞:"你受我宽贷,要感朕德,更不能忘记你免受大刑,置诸内廷是受恩于先帝,应倍思先帝遗德,绝不能有任何委屈情绪,应该表现出你的最大忠诚。"以严厉著称的雍正帝再一次"提醒"方苞"汝老当知此意"。雍正帝的一番话,使得年近六旬"跪御座旁"的方苞"喘喙"而"气不能任其声","有怀哽咽"而"不能置一辞"。如此"圣训",方苞怎能不惊恐战栗!

相关链接

桐城派

桐城派,即桐城文派,又称桐城古文派、桐城散文派,其主要代表人物戴名世、方苞、刘大櫆、姚鼐均系安徽桐城人,故名。方苞继承明代归有光"唐宋派"古文传统,提出"义法"主张。"义"指中心,即正统的基本观点;"法"指表达中心或基本观点的形式技巧,包括结构、条理、修辞等。此后,弟子刘大櫆为桐城文派承前启后的中坚人物。他补充发展了方苞"义法"论。姚鼐是桐城派的集大成者,乾隆三十八年(1773)入《四库全书》馆任纂修官,他强调"义理、考据、辞章,三者不可偏废",就是要以"辞章"为手段,以"考据"为凭借,来阐发儒家的"义理",使桐城派文论具有更完整的体系和周密的理论性。姚鼐之后,有"姚门四杰"(梅曾亮、管同、方东树、姚莹)、曾国藩及"曾门四弟子"(张裕钊、吴汝纶、薛福成、黎庶昌),以及林纾、姚永朴、姚永概等卓立文坛。

桐城派的文章在思想上多为"阐道翼教"而作,内容多是宣传儒家思想,尤其是程朱理学,语言则力求简明达意,条理清晰。桐城派的"载道"思想,适应了清朝统治者提倡程朱理学的需要;"义法"理论,也能为"制举之文"所利用,故得以长盛不衰。

一生落拓科场的蒲松龄

1679 年

《聊斋志异》初稿完成。

在清代,科举考试始终是普通士子改善生存条件和身份地位的重要途径。不过,科举考试虽然为他们提供了一条相对公平的出路,却是一条独木桥,并非坦途。不知有多少士子埋头八股,却每每困顿科场;在皓首穷经的苦读中,蹉跎岁月。饱尝个中滋味的蒲松龄却成就了传世名作《聊斋志异》。

蒲松龄生于山东淄川县,他 19 岁时即在县、府、道三试中连续夺魁,成为秀才。在时人眼里,蒲松龄接下来中个举人应该是很容易的。少年得志的蒲松龄也踌躇满志地走上了求仕之路,然而三年复三年的乡试,却成了他一生的梦魇。

30 多年下来,十几次乡试,屡试屡败,他在功名方面没有任何突破,"书中自有千钟粟"的热望终成画饼,残酷的现实将他摈斥于仕宦门外,"潦倒于荒山僻隘之乡"。

科举的失意郁结在蒲松龄的内心深处,体现在他的诗词、散文、小说、俚曲等诸多作品中,尤以诗词表现得最为直接。他时而义愤填膺地斥责老天的无情、不公:"天孙老矣,颠倒了天下几多杰士?蕊宫榜放,直教那抱玉卞和哭死!病鲤暴鳃,飞鸿铩羽,同吊寒江水。见时相对,将从何处说起?"

康熙九年(1670)秋,知县孙蕙因为蒲松龄是同乡友人,同时也同情其落拓不遇、生计困难,便聘其为幕宾。康熙十年(1671),蒲松龄不甘心为人做幕僚了此一生,便辞幕返回家乡,第二年再次参加乡试,可惜又铩羽而归。

蒲松龄在现实世界中的理想之花,一次又一次地凋零,于是他找到艺术的自由幻境,借助于小说中主人公的飞黄腾达去品味成功的喜悦。在《聊斋志异》虚拟的鬼狐花妖的迷幻

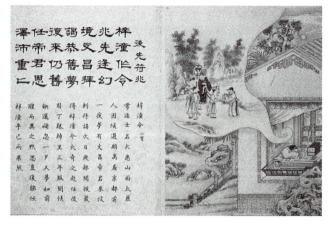

清人绘《聊斋图册》

世界里,他以赞许的态度一再肯定士子孜孜不倦地帷下苦读的精神。如褚生"攻苦讲求,略不暇息";郎玉柱"不治生产,积书盈屋,昼夜研读,无问寒暑"。在这些故事中寄托着作者对科举的迷恋,在含笑赞许的背后渗透着他的辛酸与感喟。蒲松龄不但写清贫文人的苦读,还让他笔下的落魄文人皆高中魁科,入官做相。《青梅》中寒士张生官拜侍郎;《封三娘》中穷秀才孟生位居翰林;《姊妹易嫁》的毛公更是一路高升做到宰相。不但如此,即使清贫文人本人未中,其后代也必定出类拔萃、出人头地。吴青庵秋闱被黜,弃世隐去,而其子梦仙"聪慧绝伦,十四岁以神童领乡荐,十五岁入翰林"。科举失意的蒲松龄,在小说中为那些和自己遭际相似的清贫书生们安排了令人艳羡的科场命运,以抵消社会对自己的不公正,从而使饱经沧桑的苦闷心灵得到慰藉与满足。这种情不自禁、自然流露的羡慕之情,反衬出他对自身境遇和现实的失望与不满,对科举的执着与迷恋。

有一次,大诗人王士禛来到山东,因偶然的机会读到了《聊斋志异》部分篇章,对蒲松龄极为赞誉,蒲松龄的心情也非常激动。蒲、王一生只有这一次相晤,却结下了文字之缘。随后,王士禛便来札索取《聊斋志异》,阅后作了评点,且题了一首为后世广为传诵的诗:"姑妄言之姑听之,豆棚瓜架雨如丝。料应厌作人间语,爱听秋坟鬼唱诗。"一首诗竟然让蒲松龄有绝路逢生之感。

康熙五十年(1711)初冬,蒲松龄赴青州参加例考,受知于山东学政黄叔琳,得了个岁贡生的称号。这一年蒲松龄已 72 岁。经历了一生的科场挣扎,最后总算得到了岁贡生的头衔,心理上多少得到了些许安慰。然而与当年"跃龙津"的远大抱负相比,这个岁贡生的头衔实在是太可怜了,甚至已不是安慰而是讽刺。他在《蒙朋赐贺》诗中自嘲:"落拓名场五十秋,不成一事雪盈头。腐儒也得宾朋贺,归对妻孥梦亦羞。"

康熙五十四年(1715),蒲松龄"倚窗危坐而溘然以逝",终年 76 岁。蒲松龄的一生困顿都误于科场黑暗,然而也正是科场屡困的遭遇,成就了蒲松龄"孤愤之书"《聊斋志异》的创作。

1719 年
英国现实主义小说的莫基人笛福发表了《鲁滨逊漂流记》。

1726 年
乔纳森·斯威夫特的讽刺小说《格列佛游记》在英国出版。

吴敬梓与《儒林外史》

如果说蒲松龄是通过鬼狐世界向往举业,那么吴敬梓的《儒林外史》就是直接用现实生活中的原型来讽刺科举制度。

《儒林外史》书影

吴敬梓(1701--1754),字敏轩,一字文木,安徽全椒人。他出生在一个累代科甲的家族中,从小受到良好教育,及至成年,随父亲到各处做官而有机会目睹了大量官场内幕。22岁时,父亲去世,家族内部为财产和权力展开了激烈的争斗。经历了这场变故,吴敬梓既无心做官,又对虚伪的人际关系深感厌恶,无意进取功名。

吴敬梓一生厌恶举业,用20年心血著《儒林外史》,这是我国文学史上一部杰出的现实主义的长篇讽刺小说。原本仅55回,现在通行的刻本是56回,其中最末一回乃后人伪作。全书由"范进中举"等多个故事组成,其主旨是针对以八股取士的科举制度,塑造了一群热衷科举、追求"功名富贵"的读书人形象,讽刺因热衷功名富贵而造成的极端虚伪、恶劣的社会风习。此作品语言准确、生动、洗练,人物形象栩栩如生,讽刺手法高超绝妙,艺术上达到了较高水平,鲁迅评价《儒林外史》的出现"乃始有足称讽刺之书"。

放眼世界,18世纪的欧洲文学相继出现了启蒙主义、浪漫主义和现实主义等文学思潮和文学运动,涌现出很多大诗人和作家。与中国相比,欧洲的文学运动更猛烈地冲击着中世纪的社会制度,推动着人性的解放。

招收女弟子的袁枚

在封建社会中，无数士子皓首穷经、困顿科场，尽管消磨人才，但这些还都是男性的特权，至于女性则完全处在"三从四德"的束缚中，地位更低。女子无才便是德，她们不必读书，不能参加科举，出仕做官更是没影的事。然而，乾隆时期的袁枚却大胆招收女弟子，让她们读书作诗，甚至为她们出诗文集，尽管这并没有突破当时对女性的限制，但毕竟为女性的解放带来了一丝亮光。

袁枚生性风流倜傥，生活多彩多姿，没有道貌岸然的习气，经常以诗文会友，宴饮唱和。除了短暂的仕宦生活外，他游山玩水，吟风弄月，品茗赏花，足迹遍及名山大川，所至之处，人莫不迎为上宾。他任情率真，对所识之人、事、物均有真实深挚之情感，留下许多诗文，见解独到。可以说，他是一位思想开放的人，作品处处表现真我，细观他的生活，不但不是放浪荒诞，反而深解生活情趣。

袁枚不仅提倡性灵，而且广收女弟子。在中国近代女学兴起之前，女子受教育的权利几乎是被剥夺的。在封建社会中，"唯女子与小人难养也"，特别是传统的"女子无才便是德"的观念更加压抑了女性的才华，埋没了无数兰心蕙质的女诗人。袁枚视女性为有个性有才华的独立个体，而不是没有思想的男性附属品。袁枚的女性意识张扬着诗人反传统、反道学的叛逆精神。

据《随园诗话》记述，袁枚自己曾经刻过一方印，用的是唐人韩君平《送王少府归杭州》诗中"钱塘苏小是乡亲"句。有一天，一位尚书路过南京，慕名向他索要诗集。袁枚答应了，并用这枚印在诗册上盖了章。结果，这位尚书看了之后，觉得有辱身份，大加斥责。起初，袁枚还给这位尚书一点面子，向他作揖道歉，没想到这位尚书竟然说个不停，袁枚便不再客气，反驳说："你虽官居一品，苏小小地位卑贱低下，但是恐怕百年之后，人们只知道苏小小，而不会记得你这位尚书大人。"

袁枚还曾经为奴婢赎身。有个叫金凤龄的自小便被卖到苏州做奴婢，袁枚得知后为她赎身。其时凤龄14岁，巧笑流盼，明眸闪慧。她的姐姐金姬劝袁枚纳为小妾，袁枚则说自己已是五十七八岁的人

1739 年
袁枚考中进士，授翰林院庶吉士。

1743—1745 年
袁枚任沭阳知县，不避权贵，颇有政绩。

1748 年
袁枚辞官养母，定居江宁（今南京），筑室小仓山隋氏废园，改名随园。从此不再出仕，并广收女弟子。

了，"不欲为枯杨之稊"，于是将凤龄嫁给一个姓隋的人。后来，因为正妻所虐，仅仅过了半年，凤龄便自缢身亡。得知消息后，袁枚悲痛万分，作诗曰："万悔犹何及，千牛挽不回。妒妻威似虎，魔母冷如雷"。作为一位诗坛大家，不仅为一个女婢赎身，更可贵的是在她不幸去世后掬一把同情之泪，并为之赋诗。袁枚为人之真，对人之爱，可略见一斑。

袁枚的祖父曾经帮助朋友沈秀才和杨大姑私奔，事发之后，太守厌恶杨大姑越礼，把她卖到军队去。袁枚记录了杨大姑所写的一首情诗，而且对她没有一字的污蔑和鄙夷，反借祖母之口说她纤腰美盼，吐属娴雅。他对私奔女子的同情，与那些卫道士的态度相比，显得如此宽容。他尊重人性，尊重感情，饱含着对人性深处自然欲望的理解。

1755—1762 年

法国著名思想家、文学家卢梭先后发表了《论不平等的起源》《爱弥尔》和《社会契约论》等。

1759 年

妹妹袁机卒，八年后袁枚撰《祭妹文》，哀婉真挚。

1797 年

袁枚卒，享年 82 岁。

自乾隆七年（1742）直至病故，袁枚一生广收女弟子，前后有四五十人。如汪玉轸，她本是商人汪蓉亭之女，10 岁时父亡，靠十指为活，后嫁无业游民陈昌言。陈长年外出不归，汪玉轸独力抚养五儿，备尝艰辛，却仍坚持作诗，甚是难能可贵。还有袁机，她是袁枚的三妹，由父亲做主嫁给江苏如皋高八之子，此人乃无赖，百般折磨袁机，还不许她作诗，后袁机由父亲接回杭州。

随园女弟子尽管人数众多，各人出身、教养、经历、才气等不尽相同，创作风格亦各有特色，但因为都受袁枚性灵说与性灵诗的影响，故异中有同，所作多具有性灵诗的特征，正所谓"随园弟子半天下，提笔人人讲性情"。

袁枚广收女弟子，不仅是文坛佳话，更是对封建传统的反叛，是对人性的尊重。甚至连法国《大百科全书》也称赞他是"清代最富有独创精神的人物之一"，说"他在精神上保持独立，反对正统的伦理道德，坚持为艺术而艺术，捍卫妇女从事文学的权利"。

然而，袁枚的这种做法在当时却招来了很多批评，尤其是在广招女弟子这件事上尤其显得离经叛道，屡遭卫道士们口诛笔伐。与之同为"乾隆三大家"的赵翼曾嘲讽他："借风雅以售其贪婪，假骫咏以恣其饕餮"，"引诱良家子女，娥眉都拜门生"。其中攻击最严厉的是著名学者章学诚。他说袁枚"以风流自命，蛊惑士女"，"造言饰事，陷误少年",“败坏风俗人心,名教罪人,不诛为幸"。在章学诚眼里,袁枚就是个"无耻妄人"、"不学之徒"、"倾邪小人"。

乾嘉时期是一个思想沉寂的时代,但章学诚并不是一般的训诂考据学者,他有自己独树一帜的史学思想,著有《文史通义》,甚至可以说是乾嘉时期一个颇有思想的人。他对袁枚的抨击,是出于卫道的本能,既表现出他对袁枚的不了解,又反映了乾嘉时期那凤毛麟角的新鲜思想并没有共识,更没有形成反传统、倡导人性解放的思想潮流,这无疑是乾嘉时期的悲哀。

 **相关链接**

清代女诗人

在清代,由于望族和书香门第的社会风尚和家庭氛围,促进了清代女诗人的成长,先后涌现了3000多位诗人,其诗文集"超轶前代,数逾三千",形成了中国女性诗歌史上最繁盛的时期。

清前期女诗人除了柳如是,还有徐灿等人。徐灿,字湘苹,江苏吴县人,是明朝光禄丞徐子懋的次女,海宁人陈之遴的继室,有《拙政园诗余》留世。她能诗工词,常与柴静仪、朱柔则、林以宁、钱云仪相唱和,结蕉园诗社,称"蕉园五子"。方维仪,字仲贤,安徽桐城人,著有《清芬阁集》,又辑历代妇女作品为《宫闺诗史》。其绘画师法宋代李公麟,尤擅长绘释道人物,特别是白描《观音大士图》形神兼备,许多人争相收藏。纪映淮,字冒绿,小字阿男,上元人,纪映锺女弟,嫁莒州杜李,著有《真冷堂词》。

清中后期有陈端生等人。陈端生,字云贞,浙江钱塘人,嫁淮南范秋塘,著有《绘影阁诗集》、弹词小说《再生缘》等。顾春,满洲镶蓝旗人,本为西林觉罗氏,后改姓顾,名春,道号太清。顾春是乾隆帝玄孙、贝勒奕绘的侧室,著有词集《东海渔歌》。席佩兰,名蕊珠,号佩兰等,江苏常熟人,内阁中书席宝箴孙女,常熟孙原湘妻,是袁枚女弟子中诗才最著者,著有《长真阁集》、《傍杏楼调琴草》等。吴藻,字苹香,自号玉岑子,浙江杭州人,是清代女性文坛上颇具影响的词曲作家,著有《花帘词》、《香南雪北词》、《香南雪北庐诗》、杂剧《乔影》等。

清代女诗人绝大多数系闺秀名媛,出身于望族、仕宦之家或书香门第,自幼就受到文化的熏陶,或者是有良好的母教,或与姊妹、姑嫂形成一个朝夕切磋的小群体,或受家中父兄、丈夫的指导。总之,家庭中良好的文化环境和浓重的学术氛围,为清代女诗人的成长提供了有利的条件。

难得糊涂的郑板桥

1723 年
郑板桥弃馆至扬州卖画为生。此后十年在扬州游历、读书，结交了金农、黄慎等画友。

1736 年
郑板桥考中二甲第八十八名进士。

在袁枚之外，乾嘉时期另一位性情率真的文人是郑板桥（1693—1765，名燮，字克柔）。

据说，郑板桥在山东任上前往莱州游览，途中遇一儒雅老翁，家中有一块方桌般大小的砚台，老人请郑板桥题字。郑板桥即兴题写了"难得糊涂"四个字，在下面注写："聪明难，糊涂难，由聪明而转入糊涂更难。放一着，退一步，当下心安，非图后来福报也。"后面盖上"康熙秀才、雍正举人、乾隆进士"方印。原来，郑板桥于康熙年间考中秀才；雍正十年（1732）秋，赴南京参加乡试，中举人；乾隆元年（1736），考中进士。郑板桥原本也想走一条科举做官的正途，以实现其"立功天地，字养生民"的志向，但是他生性旷达，孤高倔强，狂放不羁，"挺然直是陶元亮，五斗何能折我腰"。他不谙也不屑于官场的肮脏和污浊的升迁之道，为官十二载后去官离任，"乌纱掷去不为官，囊橐萧萧两袖寒"。

郑板桥做官时经常不坐在衙门里办公，而喜欢去乡下巡视，"几回大府来相问，陇上闲眠看耦耕"。由于经常跟老百姓打交道，他了解民生疾苦，同情百姓的遭遇，总是极力为他们办好事。乾隆十一年（1746）、十二年，山东潍县等地连年灾荒，发生"人相食"的惨剧。郑板桥目睹此状，不顾当时官府的规定，毅然决定开仓借粮给穷人。一些官吏怕担风险，或极力阻止，或劝他先向上司禀报。郑板桥愤而斥之："此何时？俟辗转申报，民无孑遗矣！有谴我任之。"这一善举救了许多老百姓的命。秋后仍无收成，郑板桥当众烧掉借条，以慰民心。在老百姓与富绅发生纠纷时，郑板桥也总是站在百姓一边，因此而得罪了当

郑板桥《兰竹图》

地的富绅,被迫去职。临走时,他只用三匹毛驴就搬了家。一匹自己骑,一匹让人骑着领路,一匹驮书籍、行李。临行前,百姓遮道挽留,家家画像以祀,并自发于潍城海岛寺为郑板桥建立了生祠。郑板桥在潍县署中曾画竹题诗,诗曰:"衙斋卧听萧萧竹,疑是民间疾苦声。些小吾曹州县吏,一枝一叶总关情。"这就是郑板桥做官的座右铭。

郑板桥对农民充满着深厚的感情,他说:"我想天地间第一等人,只有农夫,而士为四民之末。"这种思想在古代社会尤为可贵,因为当时的士人"一捧书本,便想中举、中进士、做官,如何攫取金钱、造大房屋,置多田产。起手便错走了路头,后来越做越坏,总没个好结果"。郑板桥看不起那些一心只想做官、致富发财的人,反而非常欣赏农民,他说:"愚兄平生最重农夫,新招佃地人,必须待之以礼。彼称我为主人,我称彼为客户,主客原是对待之义,我何贵而彼何贱乎?"

郑板桥一生画竹,咏竹,爱竹成癖。竹子虚心有节,挺拔凌云,顶风傲雪,随寓而安,历来被中国古代文人墨士视为怡神清雅之物。人们称之为"君子",赋予其理想人格,常借竹来寄托自己清高、傲世、坚贞、有节、虚心等多种高洁的精神品格。郑板桥画如其人,竹也就成了他性情的化身。

字如其人,郑板桥的书法也是一绝,他在书法上独创了一种集真、草、隶、篆于一体的六分半书体,人称"乱石铺街体"。书中真隶行书相参,布局上字形大小不一,书体有架势,有笔力,金石味浓,朴茂劲拔、奇秀雅逸。这种创格和变体,一改当时书法界"滑熟"、"媚俗"的风气。

在60岁生日时,郑板桥自题一副寿联,上联是:"常如作客,何问康宁。但使囊有余钱,瓮有余酿,釜有余粮,取数页赏心旧纸,放浪吟哦。兴要阔,皮要顽,五官灵动胜千官,活到六旬犹少";下联是:"定欲成仙,空生烦恼。只令耳无俗声,眼无俗物,胸无俗事,将几枝随意新花,纵横穿插。睡得迟,起得早,一日清闲似两日,算来百岁已多"。此联活泼诙谐,天趣盎然,恰似其人品之写照。

1742 年
郑板桥任范县县令。

1746 年
郑板桥自范县调署潍县。去潍之时,百姓遮道挽留。

1765 年
郑板桥卒,享年 73 岁。

 **相关链接**

扬州八怪

扬州八怪是清代中期活动于扬州地区一批风格相近的书画家总称,或称扬州画派。

据李玉棻《瓯钵罗室书画过目考》，"八怪"为罗聘、李方膺、李鳝、金农、黄慎、高翔、汪士慎和郑燮。后来也有人将高凤翰、闵贞、边寿民等列入，说法很不统一。

扬州画派一方面继承了文人画的传统，把梅、兰、竹、菊、松、石作为主要描写对象，以此来表现画家清高、孤傲、绝俗的气质；另一方面他们还运用象征、比拟、隐喻等手法，通过题写诗文，赋予作品以深刻的社会内容和独特的思想表现形式。如李方膺的《风竹图》用不畏狂风的劲竹象征倔强不屈的人品；黄慎的《群乞图》、罗聘的《卖牛歌图》表现了他们对现实社会的细致观察，直接或间接地表现出对社会的不满。

扬州八怪在绘画的风格上，主要继承了前人绘画中的水墨写意画的技巧，并进一步发挥了水墨特长，以高度简括的手法塑造物象，不拘泥于枝枝叶叶的形似。在笔墨上，他们不受约束，纵横驰骋，直抒胸臆。由于他们的作品和当时流行的含蓄典雅的花鸟画风相违背，所以常受到评论家猛烈批评，被称之为"怪"。

《红楼梦》中辛酸泪

　　"满纸荒唐言，一把辛酸泪。都云作者痴，谁解其中味?"这是曹雪芹创作《红楼梦》主旨的表白。《红楼梦》是文学创作，却也是清王朝命运的缩影。

　　曹雪芹，祖籍河北丰润，迁东北辽阳，汉军正白旗包衣。自其高祖曹玺起三代任江宁织造。由于雪芹之高祖母曾当过康熙皇帝的奶妈，被康熙帝称为"吾家老人"。其祖曹寅为康熙帝幼时伴读，因此曹家累受皇恩，家世显贵。康熙帝六次南巡，一次半途而返，一次因故未去江宁，其余四次皆驻曹家。雍正五年(1727)，雪芹父曹頫以事获罪，家产抄没，遂衰落。雪芹性傲岸孤高，不谐于俗，中年后居于北京西郊，生活困苦。他用生命的最后十年时间，写成了巨著《红楼梦》。

　　《红楼梦》写的是贾家的衰败史，实际上就是曹雪芹的家族史。《红楼梦》第五回，警幻仙姑说："今日原欲往荣府去接绛珠，适从宁府经过，偶遇宁荣二公之灵，嘱吾云：'吾家自国朝定鼎以来，功名奕世，富贵流传，已历百年，奈运终数尽，不可挽回。'"《红楼梦》第十三回，王熙凤梦中听秦可卿说："常言'月满则亏，水满则溢'，又道是'登高必跌重'。如今我们家赫赫扬扬，已将百载，一日倘或乐极悲生，若应了那句'树倒猢狲散'的俗语，岂不虚称了一世的诗书旧族了！"

　　曹家的历史是从曹雪芹的高祖曹振彦开始的。振彦之父世选大约在明万历年间被满洲军队俘掠为奴，不久就跟了多尔衮，属于"从龙入关"的包衣。从振彦开始，便正式踏上仕途；然后传到曹玺、曹尔正、曹寅、曹荃、曹宜、曹颙、曹頫，一直身居要职。由曹振彦到曹雪芹零落之时，正是五代人。这个家族功名奕世，富贵流传，也是"百年"左右的时间。

　　《红楼梦》第十六回，凤姐笑道："说起当年太祖皇帝仿舜巡的故事，比一部书还热闹，我偏没造化赶上。"赵嬷嬷道："嗳哟哟，那可是千载希逢的！那时候我才记事儿，咱们贾府正在姑苏扬州一带监造海舫，修理海塘，只预备接驾一次，把银子都花的淌海水似的！"康熙帝六次南巡，后四次都由曹寅、李煦承办接驾大典，康熙帝先后驻跸于江宁织造署和苏州织造署。曹寅、李煦两家为此而落下巨额亏空，

1663—1727 年

自康熙时期曹雪芹的曾祖父曹玺开始，至雍正五年曹頫被革职抄家，曹家祖孙三代任江宁织造达60多年。

1741 年

曹雪芹改写《风月宝鉴》为《石头记》。

1764 年

曹雪芹病逝，年49岁。据载，曹雪芹"身胖，头广而色黑"，性格傲岸，愤世嫉俗，豪放不羁，嗜酒，才气纵横，善谈吐。

1791 年

在高鹗续写后40回后，苏州人程伟元以活字版首次刊行120回《红楼梦》，世称"程甲本"。次年，他大量改动前80回文字情节，再次印行(世称"程乙本")。

为后来的抄家败落埋下了祸根。《红楼梦》借用省亲的排场，来写当年南巡的豪华靡费，挥金如土，连"贾妃在轿内看此园内外如此豪华，因默默叹息奢华过费"。临别时还嘱咐："倘明岁天恩仍许归省，万不可如此奢华靡费了！"这些文字，虽然是小说，实际上也是史笔。

《大观园图》

　　王熙凤说："那时我爷爷单管各国进贡朝贺的事，凡有的外国人来，都是我们家养活。粤、闽、滇、浙所有的洋船货物都是我们家的。"原来康熙二十三年（1684），李煦曾任宁波府知府，这是向外商开放的口岸，当然会与外国商人接触。康熙二十四年（1685），开放海禁，设置粤海关、闽海关、浙海关、江海关四处机构。李煦之父李士桢于康熙二十一年（1682）任广东巡抚，此时正在广东巡抚任上，当时的对外通商口岸以广州为第一，外国货物大都经粤海关入，所以李士桢、李煦父子两人与外商接触较多。上引王熙凤的这段话，实际就是以李家父子的事实为素材的。后来贾府被抄，也是历史的反映。雍正帝一上台就从李煦开刀，以亏空国帑的罪名，将其流放到东北极边，不久冻饿而死。而曹家也在雍正五年（1727）底、雍正六年（1728）初抄家败落，罪名也是亏空国帑。曹雪芹把这句话写进书里，无异是在讲述自己家庭的伤心史。

　　《红楼梦》更是康乾盛世时期封建社会走向衰败的艺术写照。在曹雪芹笔下的贾府仆人焦大，就是封建社会一个功臣的形象。他在历史上曾为主子建立过不朽的功勋，"从小儿跟着太爷们出过三四回兵,从死人堆里把太爷背了出来,得了命。自己挨着饿却偷了东西来给主子吃;两日没得水,得了半碗水,给主子吃,他自己喝马溺"。后来,看到贾府的破败,他就破口大骂:"你们这些畜生,每日偷狗戏鸡,爬灰的爬灰,养小叔子的养小叔子。"这正是第十三回凤姐梦中听秦可卿说:"应了那句'树倒猢狲散'的俗语。"

《红楼梦》是文学作品,是艺术创作,但其中处处都是现实的倒影,正如石头笑答空空道人:"我师何太痴耶!若云无朝代可考,今我师竟假借汉唐等年纪添缀,又有何难?但我想,历来野史,皆蹈一辙,莫如我不借此套者,反倒新奇别致,不过只取其事体情理罢了,又何必拘拘于朝代年纪哉!"

 **相关链接**

高鹗与《红楼梦》

《红楼梦》共120回,其中前80回为曹雪芹所著,至于后40回的作者则意见不一,有曹雪芹、高鹗、高鹗与程伟元合著等多种说法,但一般都相信它出自高鹗之手。清代著名诗人、高鹗(别号兰墅)的妻舅张问陶在其《赠高兰墅同年》一诗的自注中明确说:"传奇《红楼梦》八十回以后俱兰墅所补。"高鹗本人也写过一首题为《重订〈红楼梦〉小说既竣题》的诗。在程伟元《红楼梦序》、高鹗《红楼梦序》以及程、高合写的《红楼梦引言》中,也记述了高鹗的工作:"细加厘剔,截长补短,抄成全部。"在没有新证据的情况下,可以确定后40回为高鹗所补。

高鹗是奉天府(今辽宁)铁岭人。高鹗自幼不受儒学禁锢,少年放荡,常和"酒伴"们闲逛,乃至"趁蝶随蜂,浪赢两袖香留"。成年后浸身科场,但几次赶考,都是金榜无名。他30岁左右离京到外地做私塾先生。乾隆五十三年(1788)回京考试中举,乾隆六十年(1795)成进士,历官内阁中书、内阁侍读。嘉庆六年(1801)为顺天乡试同考官。嘉庆十四年(1809),由侍读选江南道监察御史。嘉庆十八年,升刑科给事中。高鹗做官以"操守谨、政事勤、才具长"见称。晚年家贫官冷,两袖清风。

讽刺小说家李宝嘉

1896 年
初夏，李宝嘉进《指南报》社。

1897 年
李宝嘉创办《游戏报》。

晚清官场腐败，社会黑暗，一位署名"南亭"的作者写了一部 60 回的《官场现形记》在报纸上连载，一时间引起轰动。有人赞誉作者是"铁面无私的包青天"，有的比拟成"救世的手术师"，有的还夸赞是"锐眼的上帝"。这位"南亭"就是李宝嘉。

李宝嘉，字伯元，以字行，笔名"南亭亭长"和"游戏主人"等，同治六年（1867）出生于江苏常州一个书香门第，死于光绪三十二年（1906），仅活了 40 岁。

早年，李伯元在伯父李翼青的支持下，只身闯到上海滩，在法租界的一家商行找了一个"庶务"的差使。通过与社会广泛接触，加之在维新思潮的推动下，李伯元意识到，要唤起民众意识，促使全国上下觉悟到中国将被瓜分之祸，报刊是一种"发聩振聋、行之有效"的绝佳利器。光绪二十二年（1896）初夏，李伯元进《指南报》社当了一名编辑。这份差事主要是为了"糊口"，不得不受制于人，并不能表达自己的主见和思想，因此他并不满足，于是翌年六月，他干脆独立创办了《游戏报》。

《游戏报》并非游戏，李伯元"醉翁之意不在酒"，他在创刊词中严正声明："岂真好为游戏哉？盖有不得已之深意存焉者也。"其真正目的是批判社会现实。《游戏报》问世后，颇受读者的欢迎，很快由几千份上升到几万份，一度出现洛阳纸贵、供不应求、报贩加价出售的现象。为了进一步揭露和讽刺官场的黑暗，他独辟蹊径，另办了一份《世界繁华报》，后来又主编《绣像小说》半月刊。

正是在这期间，他创作并连载了《官场现形记》。从光绪二十七年（1901）开始创作，历时 5 年，完成 5 编 60 回，由三

李宝嘉

十几个官场故事组成。故事分别发生在 11 个省，包括了大半个中国，涉及的大小官吏更达百人以上，上自军机大臣、太监总管，下至府、州、县官以及佐杂小吏，无不应有尽有。所有这些官吏，虽然职有大小，位有尊卑，却毫无例外地逃不出一个字的主宰，那就是"钱"。"千里为官只为财"，这是他们的口头禅，也是他们的座右铭。"十年寒窗苦"，最终目的是为了做官；一旦大印到手，便使出浑身解数，拼命敲骨吸髓，搜刮民脂民膏；然后或暗中行贿，或公开买官，以求升迁。如此周而复始，官越做越大，钱越捞越多。

譬如，书中绿营管带冒得官为升官，竟把自己的亲生女儿当作礼品，送给上司羊统领当小妾。候补知县瞿耐庵为了得"优缺"，让自己五十多岁的老太婆，拜了一个制台府里二十来岁的丫头为干娘。尹子崇使用偷梁换柱之计，竟将安徽的全部矿产私自卖给了洋人。胡统领为了邀功，更把无辜百姓当"强盗"任意屠杀。朝廷派陶子尧办"洋务"，买机器，却成了层层剥夺、中饱私囊的好机会，2 万两银子报成 4 万两，吃喝嫖赌都从中报销，最后机器没买成，银子打了水漂。军门张守财死后，其拜把兄弟刁迈彭用尽伎俩，把张家几百万银子一点点全骗光了，活活把张太太气死了。诸如此类，不胜枚举。

李宝嘉甚至把他的笔锋直指清朝最高统治者慈禧太后。这个晚清的实际统治者"老佛爷"公开承认："通天底下一十八省，那里来的清官？但是御史不说，我也装做糊涂罢了；就是御史参过，派了大臣查过，办掉几个人，还不是这么一件事？前者已去，后者又来，真正能够惩一儆百吗？"因此她虽然有时也装模作样派遣钦差"查办"，而真正的意图却在于："某人当差谨慎，在里头苦了这多少年，如今派了他去，也好让他捞回两个。"钦差奉了"捞回两个"的"懿旨"，自然满载而归。至于所"查办"的公事，则不是"事出有因，查无实据"，便是"官小的晦气"，随便"坏掉一两个州、县佐杂了事"。朝廷上下卖官盛行，慈禧太后既带头公开卖官，又暗中受贿，比如贾大少爷的一次"孝敬"就达 10 万两。她有两道臭名昭著的"懿旨"：一个叫做"宁赠友邦，不予家奴"，一个叫做"量中华之物力，结与国之欢心"。通过这些描写，《官场现形记》对晚清的封建统治集团进行了无情的鞭挞。

1901 年
李宝嘉将《游戏报》转让，另办《世界繁华报》。开始创作《官场现形记》。

1903 年
李宝嘉应商务印书馆之聘，担任《绣像小说》主编，该刊经常刊载吴趼人等人的作品，曾连载刘鹗的小说《老残游记》，也连载李宝嘉自己的创作。

　　李宝嘉办报刊，兼主编和经理两任于一身，除繁重的编撰工作外，还要写作。由于辛劳过度，不幸于光绪三十二年（1906）三月猝然病逝。章太炎总结他的一生，亲题墓志铭曰："一代爱国才子，千秋流芳人间。"除了《官场现形记》，李宝嘉还著有《庚子国变弹词》、《海天鸿雪记》、《李连英》、《繁华梦》、《活地狱》、《中国现在记》、《文明小史》等十余种，堪称讽刺文学之父。

 **相关链接**

清末四大讽刺小说

　　清末曾先后涌现出四大讽刺小说，除《官场现形记》外，还有《老残游记》、《二十年目睹之怪现状》和《孽海花》。

　　《老残游记》为刘鹗所著，全书共 20 回，光绪二十九年（1903）部分发表于《绣像小说》半月刊上，后重载于《天津日日新闻》，原署鸿都百炼生著。小说以一位走方郎中老残的游历为主线，描写了晚清各种社会现象，尤其是对于所谓"清官"进行了无情的揭露。在刘鹗笔下，这些"清官"其实是一些"急于要做大官"而不惜杀民邀功、用人血染红顶子的刽子手。

　　《二十年目睹之怪现状》为吴趼人所著，是一部带有自传性质的小说。它最初连载于光绪二十九年至三十一年（1905）《新小说》杂志上，光绪三十二年（1906）起由上海广智书局出版单行本。全书以主人公"九死一生"的经历为主要线索，从他为父亲奔丧开始，到经商失败结束，揭露了清朝末年的黑暗社会现实。书中自我介绍说："只因我出来应世的二十年中，回头想来，所遇见的只有三种东西：第一种是虫蛇鼠蚁，第二种是豺狼虎豹，第三种是魑魅魍魉。"

　　《孽海花》为曾朴所著。光绪二十九年，金松岑应东京的江苏留日学生办的《江苏》杂志之约，写了《孽海花》前 6 回；光绪三十年（1904），曾朴在对前 6 回进行修改后，经过三个月的努力，完成 20 回；光绪三十三年（1907），曾朴又续写了 5 回；到了 1927 年，曾朴又对《孽海花》进行了修改，并又续写 10 回；前后共计 35 回。全书以状元郎金雯青与名妓傅彩云的婚姻生活故事为主线，将晚清 30 年间重大历史事件及其相关的趣闻轶事，串联剪裁，熔铸成篇，反映了晚清政治、文化的演变历程。

生活与风俗

社会生活与风俗习惯是政治社会生态的真实反映。

清人关后，为征服汉人所采取的一个重要举措就是剃发易服，这既是一个原则性的政治立场，又是一个影响了 200 多年的生活习惯。在满族文化的强制影响下，对襟马褂乃至旗袍都成了当时中国人的象征。清朝皇帝担心自己被汉化，也时刻提醒旗人要保持"国语骑射"的特长，但这些都挡不住满汉文化交融的进程。在生活风俗的很多方面，满汉文化互相影响，互相吸收，这是大势所趋。

饮食与服饰一样，它不单是个人的喜好，而且往往蕴含着性情旨趣。董小宛罢酒嗜茶寄托了她对冒襄的一片深情厚意；李渔的《闲情偶寄》则是他追求率真自然、不入流俗的一贯表现。伯夷、叔齐不食周粟而亡，吃往往也会成为政治问题，千叟宴就曾经是康熙、乾隆二帝的政治仪式。

晚清政治社会加速演变，不管统治者在政治层面上如何抗拒，西风东渐的影响都很快在社会生活上大行其道：铁路开始修建，电报电话开始引进，人们说着洋泾浜外语，吃着番菜馆的西洋大餐，慈禧太后甚至办起了动物园。

改变生活习惯，就是改造政治、改造社会，革命派号召戒烟戒赌、放足剪辫，新时代的生活终于拉开了大幕。

清人绘《新正逛厂甸》

　　农历新年正月,厂甸是京师最繁华的地区之一,在今北京和平门外琉璃厂,街长二里多,廛市林立,游人如织。史称其"每于新正元旦至十六日,百货云集,灯屏琉璃,万盏棚悬,玉轴牙签,千门联络,图书充栋,宝玩填街。更有秦楼楚馆遍笙歌,宝马香车游士女"。传统木版年画《新正逛厂甸》反映了这一节日景象。

剃发易服

　　说起剃发蓄辫，这原只是满洲人的民族习俗，而在此之前，汉人是不剃发蓄辫的。自古以来，汉族非常重视发式衣冠。《孝经》有云："身体发肤，受之父母，不敢毁伤，孝之始也。"汉人成年之后不剃发，男女都将头发绾成发髻盘于头顶。而满人是马背上的民族，也许是由于骑马的缘故，很早就有了结辫的习惯。满、汉民族服饰也不同。古代汉人的服饰是以交领、右衽、宽袖、无扣等为主要特色。满族服饰的主要特点则是立领、对襟、窄袖、盘扣等。这些本是寻常的民族习俗的差别，但在明清鼎革之际却成为表示臣服不可或缺的象征。头发的去留，不再是个人喜好，也不再是伦理问题，而是上升为严重的政治问题。

　　建立后金政权后，努尔哈赤即开始以剃发作为汉人降服满洲的标志。万历四十六年（1618），后金袭取抚顺，"被掳军丁八百余人，又尽髡为夷"。皇太极继位后，继续推行剃发政策。当时受汉化影响很深的满洲学者达海曾建议满洲人改服汉人衣冠。皇太极对此大加申斥，强调满洲的衣冠制度是满人的根本。崇祯九年（1636），皇太极明令："凡汉人官民男女，穿戴要全照满洲式样，男人不许穿大领大袖，女人不许梳头缠足。"由是可知，清朝入关前即已把剃发等满族习俗作为一种制度固定下来，目的就是为了不受汉人风化的熏染，以保持满族政权的特点。崇祯十五年（1642）松锦之战中，明将洪承畴被俘，祖大寿出降，后金汉官祖可法、张存仁曾建议："宜令祖大寿、洪承畴等剃发，以坚其心。"在满洲统治者看来，只要汉人肯剃发，除去本民族的传统衣冠，就会断绝其归明之路，效忠清王朝。

1618 年
后金推行剃发政策。

1644 年
清军入关时曾颁发"剃发令"，后因引起汉人的不满和反抗，暂时停止此令。

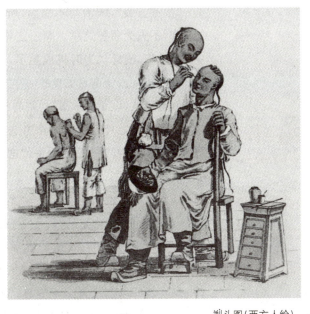

剃头图（西方人绘）

清初满族统治者入关之初，为了尽快建立起稳固的统治，缓解民族矛盾，以取得人口众多的汉人的认可，曾暂缓过推行剃发易服政策，采取了听其自便的手段来笼络人心。因此，明朝降臣一度沿袭明代的衣冠，于朝会之时，满汉两班各着满汉服装而分立于殿阶之下。

顺治初年，山东进士孙之獬为讨好清廷，率先剃掉长发，穿上满人官服上朝。但在朝堂之上，满班官员认为孙某是汉人，应归入汉人之班；而汉班官员则认为孙某既改成满人装束，应该站到满班官员里去。双方相持不下，孙之獬进退维谷。于是，他羞愤上疏，称大清"万事鼎新，而衣冠束发之制独存汉旧，此乃陛下屈从汉人，非汉人服从陛下也"。本来，摄政王多尔衮还没有下定决心，经过孙之獬这么一说，立即向全国发布"剃发令"。其后果可想而知，"剃发令"立即遭到了各地人民的强烈反对，有的地区甚至揭竿而起，如山东就爆发了谢迁领导的起义，起义军甚至杀了孙之獬全家。眼看各地反抗不断，迫于形势，在短短一两个月后，清廷又下达了避免激化矛盾的谕旨，允许天下臣民照旧束发，悉从其便。剃发政策再次暂缓执行。

所有这些都是权宜之计，清廷并非要放弃这一政策，只是苦于"兵务方殷"，统治尚不稳固，所以让故明降臣仍沿袭明朝的衣冠服饰，不失为明智之举。顺治二年（1645）五月，清军先后摧毁大顺、弘光政权，清廷认为时机成熟了，于是第二次发布剃发令。六月，多尔衮刚接到占领南京的捷报，就立即命多铎"各处文武军民尽令剃发，倘有不从，以军法从事"。剃与不剃，已经变成了生和死的抉择，且必须在令到之日起十天内作出选择。为此，不惜以死相要挟，口号是："留头不留发，留发不留头。"这对汉人来说，当然无法接受，一缕青丝，不仅受之父母，而且成了忠于明朝的象征，这是千万不能剃掉的。汉人奋起反抗，口号是："宁为束发鬼，不作剃头人！"

清军占领南京后，剃发令依次到达苏州、常熟、太仓、昆山、嘉定等地，人心大哗，汉人纷纷挺身进行武装斗争，清廷随之进行了残酷的镇压。六月十四日，清军攻破常熟。八月十七日，清军复来，见不剃发者即杀。八月二十五日，清兵北巡常熟以北之福山塘，迫令剃发，"沿塘树木，人头悬累累，皆全发乡民也"。而当六月十三日剃发

1645 年

六月，清廷再次发布剃发令，引起江南人民反抗。

1898 年

康有为提出断发、易服、改元的主张。

20 世纪初

全国各地掀起剪辫运动。

令到达太仓时,清将诡称召集当地缙绅举行会议,等大家来到后,突然下令剃发,众人才知受骗,皆掩面痛哭,被强行剃发。更有甚者,嘉定城因剃发令而被屠杀三次,史称"嘉定三屠"。

清统治者强制推行剃发易服政策的目的在于打击、摧垮广大汉族人民的民族精神,以保持满族不被汉族同化,从而确立和巩固满族的统治地位。意大利传教士马丁诺·马蒂尼在《鞑靼战纪》中写道:"清初他们表现得非常凶残。建国后的最初几年,整批整批的百姓遭到屠杀。强迫留辫子引起了骚乱,结果都被镇压在血泊之中。"经过一场场血雨腥风之后,汉族民众的悲壮反抗渐趋沉寂。有一首描写剃发蓄辫的对联就说:"暮暮朝朝,洗洗刷刷剃剃;停停歇歇,光光挖挖敲敲。"

200 多年后,当历史进入 19 世纪中期,中国人开始学习西方时,人们对于这条垂在脑后晃来晃去的辫子依然非常看重。一代英雄、曾在虎门焚毁鸦片的林则徐在澳门看到洋服时,曾鄙夷地说:"真夷俗也!"由此可见,清代剃发政策已经深入人心。当然,剃发也并非针对所有人,对于边疆民族则免于剃发,收到了稳定边疆、安抚诸少数民族的作用,又不影响剃发政策在内地的实施。

 相关链接

剪辫子

自鸦片战争以后,随着中西交流的深入,一些中国人开始意识到蓄辫是一种陋俗。但是,谁也不敢率先剪掉辫子。

光绪二十四年(1898)夏,主张维新的康有为大胆地向光绪皇帝提出断发、易服、改元的主张,成为中国第一个正式向皇帝奏请断发剪辫的人。光绪二十九年(1903),《湖北学生界》发表"剪辫易服说"一文,申述剪辫有利于"强兵强种"之由。光绪三十年(1904),《大公报》又发表一篇文章,提出中国出洋留学生应该"改装去辫",以便与西人来往。尽管提出者小心翼翼,把剪辫的范围限制在出洋留学生之内,但此种议论在当时仍然有"易服改元,革命排满"之嫌,没有更多的人敢于去冒这个风险。

以"排满革命"自任的资产阶级革命派在鼓动反清、宣传革命之际,将剪辫作为支持革命最有力的召唤。早在光绪二十一年(1895),孙中山、陈少白等人就在清廷鞭长莫及的日本剃发易服,以明革命之志。在光绪二十九年(1903)爆发的"拒俄运动"中,留日的青年学

强行剪辫图

生纷纷剪掉辫子，以示与清廷决裂。风气越演越烈，以致去日本留学者均以剪掉辫子为荣。留学生归国后，又把剪辫的新风气带回了国内。光绪二十九年时，江南一带，青年学生剪辫者已不乏其人。特别是清末新政各项措施陆续出台后，蓄辫与一些新规矩的矛盾越来越大。光绪三十一年（1905），新编陆军实行改服制，不少官兵穿上新式军服后为便于戴军帽遂将发辫剪去一束；同时，最早实行警察制度的天津，警察也已"剪去发辫三分之一"。

宣统三年（1911）八月，武昌起义爆发，各省纷纷响应，革命浪潮汹涌澎湃，独立各省把标志汉人臣服于清廷的辫子作为革命目标，剪除辫子已经成为去旧图新的标志。一时间，剪辫的浪潮便如风起云涌，浩浩荡荡，迅速席卷大江南北。南京临时政府成立以后，通令全国剪辫。

对襟马褂

清代统治者不仅严厉推行剃发政策，其民族服饰也对后来产生了深远影响。晚清小说《二十年目睹之怪现状》中写道："里面走出一个客来，生得粗眉大目，身上穿了一件灰色大布的长衫，罩上一件天青羽毛的对襟马褂。"这马褂是何等服装呢？

马褂是一种短上衣，因其款式便于骑马而得名，亦称"短褂"或"马墩子"，是清代最有特色的服饰之一，具有显著的游牧民族特点。赵翼《陔馀丛考》载："凡扈从及出使，皆服短褂，缺襟及战裙。短褂亦曰马褂，马上所服也。"马褂由行褂演变而来。行褂是皇帝、官兵出行时穿着的制服。行服本是帝后臣僚巡幸打猎时穿着的服装，由行冠、行袍、行裳、行褂和行带等组成。其中行褂即为马褂。

清初，穿马褂仅限于八旗士兵，至康熙时期满族男子穿用马褂的习俗逐渐盛行，青年喜着马褂以示勇武；在雍正以后传至民间，并逐渐普及开来，成为满汉官宦、士庶都可穿着的一种服装。

马褂款式为高领对襟，四面开裰，长及腰部，袖子稍短，袍袖露出三四寸，可将袍袖卷于褂袖上面，即所谓大、小袖。清朝满族诗人缪润绂描述说："卷袖长衫称体裁，巧将时样斗妆台。谁知低护莲船处，争及罗裙一击来。"清代马褂样式丰富，从门襟形式上分，有对襟、大襟、琵琶襟和一字襟等多种类型。对襟马褂也被称为得胜褂。据说，乾隆年间军机大臣傅恒远征金川得胜而归，因喜爱马褂的便捷，所以经常穿，故把他所穿的这种样式为对襟的马褂称为得胜褂。

袖子长而窄的对襟马褂俗称"卧龙袋"，是河工效力人员的常用行装，普通穿着者多为年老体弱者。据《清稗类钞》载：康熙年间，有一位将军出征，他母亲亲手给他缝了一

18 世纪初

康熙、雍正之际，马褂逐渐在民间流传，成为士庶都可穿着的一种服装。

乾隆侍卫像。骑在马上的侍卫穿的即是马褂

件对襟马褂。孝子感念母亲恩情，常常马褂不离身。康熙皇帝知道后，赏赐了这位将军，并给马褂赐名"阿娘装"。

清代写实小说《儿女英雄传》中多次描写破落之人穿着卧龙袋，如："邓九公皮袄也不曾穿，只穿着件套衣裳的大夹袄，披着件皮卧龙袋，敞着怀。"又有："只见他光着个脑袋，靸拉着双山底儿青缎子山东皂鞋，穿一件旧月白短夹袄儿，敞着腰儿，套着件羽缎夹卧龙袋，从脖钮儿起一直到大襟没一个扣着的。"

衣身部分似巴图鲁坎肩，两袖与衣身异色的马褂称鹰膀褂。《清稗类钞》载："京师盛行巴图鲁坎肩儿。……其加两袖者曰鹰膀，则宜于乘马，步行者不能着也。"《红楼梦》第四十九回中，贾宝玉罩着一件"海龙皮小小鹰膀褂"。"巴图鲁"为满语，意即勇士。巴图鲁坎肩最初为武士穿着，通常制成胸背两片，无袖，长不过腰，于前胸横开一襟，上钉纽扣七粒，左右两腋各钉纽扣三粒，合为十三粒，故俗称"十三太保"。

大襟马褂作为便服，在清代最为常见。其门襟自领口经胸前至右腋下，再由右腋顺直向下，一般四周有异色镶沿。有《竹枝词》为证："时兴马褂大镶沿，女子衣襟男子穿。两袖迎风时摆动，令人惭愧令人怜。"

此外，琵琶襟马褂的下摆处缺短，似怀抱半个琵琶，故名。琵琶襟马褂也称缺襟马褂。

从厚薄看，马褂有单、夹、绵、皮四种制式，即单层马褂、有夹里的马褂、绵马褂和裘皮马褂。依据季节和天气状况，选择不同的制式，《官场现形记》第三十二回写道："其时是四月天气，因为气节早，已经很热，拿出来的衣服是春纱长衫、单纱马褂。当天晚上忽下了两点雨，清晨起来，微微觉得有点凉飕飕的，他又叫管家替他拿夹纱袍子、夹纱马褂。……胡二捣乱在公馆里前院后院、前厅后厅跑了十几趟，一来心上烦躁，二来天气毕竟热，跑得他头上出汗，夹纱袍子、夹纱马褂穿不住了，于是又穿了件熟罗长衫、单纱马褂，里面又穿了件夹纱背心。"

此外，清代女子也穿马褂，女子马褂以对襟和琵琶襟居多。

令人可喜的是，满族的马褂、坎肩并没有因为时光的流逝而离我们远去，这两种服饰都融入现代的服装中了，仍然深受人们的喜爱。

坎肩

坎肩，在清代也是一种常见服饰。《醒世姻缘传》第十四回："只见珍哥猱着头，上穿一件油绿绫机小夹袄，一件酱色潞绸小绵坎肩，下面岔着绿绸夹裤，一双天青纻丝女靴。"《红楼梦》第四十回："有雨过天青的，我做一个帐子挂上。剩的配上里子，做些个夹坎肩儿给丫头们穿。"

坎肩也称为半臂、半背等，又称马甲、背心。它无领无袖，既实用又有装饰，所以男女老少皆宜。坎肩的样式极多，有对襟圆直翘、对襟圆翘、捻襟、琵琶襟、一字襟以及巴图鲁坎肩等。坎肩有单、夹、棉和皮之分，满族的猎人更喜欢穿毛朝外的皮坎肩，以鹿皮为贵。巴图鲁坎肩是清朝京师八旗

坎肩

中最为时尚的一种款式。其样式是"一字襟"上装有排扣，两边腋下也有纽扣。这种巴图鲁坎肩穿着十分便利，外形显得格外洒脱、勇武。

坎肩并不是满族独有的传统服装，当时汉族的坎肩样式比较简单，后来满族人对坎肩进行了改造，把滚边和绣花装饰在坎肩上，逐渐成为当时人们非常喜爱的服装款式。

旗 袍

16 世纪中期

旗袍已经成为满族流行的民族服装。

17 世纪中叶

清统一中国后,也统一全国服饰,男人穿长袍马褂,女人穿旗袍。

18 世纪

随着满汉文化的融合,旗袍不仅被汉族妇女吸收,而且不断进行革新。

清代另一影响较大的服饰是旗袍,满语为"衣介",是昔日满族最为普及、最具特色的服饰,无论男女老少,也不论是生产还是马上作战都能穿。满族袍服为了适应其生活方式与气候特点,其形制与汉族那种褒衣博带的宽衫大袍有所不同,早期偏瘦长,袖口亦小,两面或四面开衩,腰间束带。旗袍的穿着范围也不只限于妇女。但满族男子所穿的旗袍,其样式和结构都比较简单,圆领、大襟、窄袖、四面开衩、带扣袢;满族妇女所穿旗袍则从样式到做工都十分讲究。

旗袍的款式完全是依照满族特有的生活方式所决定的,利于进山采集和马上作战,最突出的特点是"左衽",就是左大襟,而中原民族妇女穿的大襟衣服均为右大襟。左大襟的好处是当你骑马或是行走时遇到危险能够做出迅速反应,因为一般情况下,前襟里藏有防身的暗器和随身带的干粮等物品,顺手就能从前襟中掏出以便防身。另外,旗袍的束腰和马蹄袖,也有利于在野外活动时保暖。这与中原汉族的裙袍款式截然不同,汉族的裙袍腰和袖都以宽松为主,长袖里可以放钱物,而妇女的"水袖"纯粹是装饰。在东北广袤的白山黑水间,由于纬度低,冬季漫长而寒冷,袖口宽了会灌进风,腰不扎紧了也不利于保暖和在山林间行动,所以满族的旗袍为束腰和马蹄袖。

早期的满族女旗袍,特别是满族的贵族阶层妇女们所穿的旗袍相当讲究。尤其是在旗袍的装饰上下足了功夫,比如要在衣襟、领口和袖边镶嵌上花边图案,故有女旗袍"十八镶"之说,从而使旗袍穿上时婀娜多姿、绚丽多彩。清入关后,由于脱离了游牧生活,旗袍也逐渐有所变化。

早期妇女袍服的样式为:圆领、右衽、掩襟、右大襟带扣袢、两腋部位收

满族旗袍

缩、下摆宽大、两面或四面开衩、窄袖、袖端呈马蹄状，称"马蹄袖"或"箭袖"。至清中叶除圆领外又出现了狭窄的立领，袍袖也比清初宽大，下摆一般多垂至地面。马蹄袖主要功能也发生了变化，由防寒变成了"掸袖"。到清末，袍身更为宽敞，外形以直线为主，下摆多盖住脚面，领子则在清末出现"元宝领"。领高足以遮住腮，甚至碰到耳朵，袍身上多绣以各色花纹，领、袖、襟、裾都有多重宽阔的滚边。至咸丰、同治年间，镶滚达到高峰时期，有的甚至整件衣服全以花边镶滚，以至几乎难以辨识本来的衣料。旗女袍服的装饰之繁琐，已至登峰造极的境地。

　　宣统三年(1911)辛亥革命风暴骤起，清王朝统治被推翻，同时也解除了服制上等级森严的种种桎梏。由于满族统治政权的消亡，此时穿着旗袍者甚少。西式、中式装扮熙熙攘攘、纷繁并处。旧式的旗女长袍即被摒弃，新式旗袍开始酿成。

　　民国时期，旗袍经过变化，又重新流行起来。由最初的保守样式逐渐吸收外来影响，如袖口缩小并变短露出手臂，下摆缩短并且两侧开衩露出小腿，局部运用蕾丝或半透明织物。最重要的是吸收了西式裁剪法后，加上胸省、腰省，使用装袖，采用垫肩，使其更合体。至20年代中期，新式旗袍已初步定形，并由其发源地上海迅速向外传播，最终在全国各地广泛流行开来。1929年4月，国民政府制定"服装条例"，规定女子服饰有两款：一为短上衣、单裙；一为长身旗袍。从此旗袍成为"国服"。

　　新中国成立后，男式旗袍正式退出了历史舞台，而女式旗袍在保留了原有风格基础上又有所改进，更加注重体现妇女的体形美。伴随着时光的流逝，妇女的旗袍愈来愈透出迷人的风采，由于

改进后的旗袍

19 世纪末

维新变法时期，康有为提出了改革服饰的主张。

20 世纪初

辛亥革命时期，西式服装逐渐影响中国。

它结构简单,穿着方便,又可以衬托出女性轻盈的体态,所以常常出现在各种庄重的仪式上,成了礼仪小姐的首选服饰。如今,旗袍已成为最能体现东方女性美的文化符号,许多国外的女子也喜欢穿上这种独具东方神韵的服饰。

相关链接

服饰变革

衣冠之治在传统中国社会中有深厚的历史积累和社会基础,断发易服又是清王朝最忌讳的事,在19世纪末提倡"易西服",无异是名教罪人。当年最早赴美留学的幼童中途被迫撤回,穿西服便是一大罪状。驻英公使郭嵩焘因为披过一件洋外衣,也曾遭到弹劾。维新变法时期,康有为大胆提出了改革服饰的主张,他在《请断发易服改元折》中认为女子裹足,不能劳动;辫发长垂,不利于机器生产;宽衣博带,长裙雅步,不便于万国竞争的时代,非易其衣服不能易人心、行新政。在北洋水师学堂任教的宋恕也认为"变法,必自易西服始"。他们都以"与万国同风"为参照,要求放足、断发、易服,把改变衣冠作为学习西方文明的一项重要内容。

中山装

为推动社会变革,孙中山提出了着装的原则:"适于卫生,便于动作,宜于经济,壮于观瞻。"这一主张无疑打破了封建社会衣冠之治的等级之别,淡化了意识形态,提倡人人拥有自由着装的权利。辛亥革命后,当时的男子服饰主要有长衫、马褂,青年人穿西装和"学生装","中山装"则成为民国时期最时髦的服装。中式衫袄和中式抿裆裤则是劳动人民的主要服饰。"中山装"的出现是这一时期服饰变化的标志。孙中山认为革命党人穿什么式样的服装是个大问题,他依据中服和西服式样进行了改革。最初的式样有背缝,在后背中腰处有腰带,前门襟有9颗扣子,上下口袋袋褶外露。孙中山带头穿这种服装,人们为纪念他,就称这款服装为"中山装"。

董小宛罢酒嗜茶

中国人不仅重视衣冠，而且重视饮食，饮食关乎人之口味偏好、生存，但在特殊的背景下，它也能折射出人之性情志向，甚至礼义廉耻。江南才女董小宛原本善饮酒，明朝灭亡后，嫁给"明末四公子"之一冒襄，而这位冒公子从不喝酒，为与冒襄同甘共苦，她戒酒饮茶，度过了清淡宛然的余生。

冒襄（1611—1694），字辟疆，号巢民，江南如皋人。少负俊才，有时誉，与陈贞慧、侯方域、方以智并称为"明末四公子"。但冒襄作为历史人物更为后人耳熟能详的，是他与当时秦淮名妓董小宛的爱情故事。董小宛（1624—1651），本名董白，明末"秦淮八艳"之一，聪明灵秀，神姿艳发。崇祯十二年（1639），小宛结识冒襄，明亡后，随其隐居于如皋水绘园，与冒襄同甘共苦、颠沛流离至去世。小宛死后，冒襄悲痛欲绝，著洋洋万言之《影梅庵忆语》，追忆二人共同生活的缱绻深情，感叹"余一生清福，九年占尽，九年折尽矣"。

歌宴绮席，周旋酬酢，歌妓大都善饮酒。董小宛也不例外，但由于冒襄不会喝酒，量不胜蕉叶，于是董小宛自嫁给冒襄后，便戒酒，只喝茶。每当明月清风下，董小宛精选上等的界片香茶，吹火涤器，冒襄在一旁吟诗诵词，他们一起烧火烹汤，一起看茶汤鼎沸，欣赏精美的茶器，真是花前月下、诗意盎然。

嫁鸡随鸡，嫁狗随狗。董小宛为冒襄的付出还不止于此。为了冒襄的口味，董小宛又练就了一手厨艺。董小宛口味清淡，冒襄在《影梅庵忆语》中列举了他们一日三餐的主要食物："姬性淡泊，于肥甘一无嗜好，每饭，以山介茶一小壶温淘，佐以水菜、香豉数茎粒，便足一餐。余饮食最少，而嗜香甜及海错风黛之味，又不甚自食，每喜与宾客共赏之。姬知余意，竭其美洁，出佐盘盂，种种不可悉记，随手数则，可睹一斑也。"据此，小宛"口轻"，不喜肥美

1639 年

董小宛结识复社名士冒襄。

1651 年

董小宛死后，冒襄开始创作《影梅庵忆语》。

董小宛画像

甘甜的食物，一小壶茶煮米饭，再佐以一两碟水菜香豉，便是一餐。冒襄虽然饭量不大，但喜欢吃甜食、海鲜、熏制和腊制的食品；出于爱热闹的性格，他又不喜欢独自吃饭，喜欢开饭局，常常要和宾客共享。小宛知道冒襄的这些喜好后，特地为他制作美味，而且花样繁多。

例如，她精心制作花露，采撷新鲜花蕊，将花汁渗溶到香露中。这样制出的花露入口奇香，世上少有。《影梅庵忆语》这样记述："酿饴为露，和以盐梅。凡有色香花蕊，皆于初放时采渍之。经年香味、颜色不变，红鲜如摘，而花汁融液露中，入口喷鼻，奇香异艳，非复恒有。最娇者，为秋海棠露。海棠无香，此独露凝香发，又俗名断肠草，以为不食，而味美独冠诸花。次则梅英、野蔷薇、玫瑰、丹桂、甘菊之属。至橙黄、橘红、佛手、香橼，去白缕丝，色味更胜。酒后出数十种，五色浮动白瓷中，解醒消渴，金茎仙掌，难与争衡也。"酒后用白瓷杯盛出几十种花露，不要说用口品尝，单那五色浮动、奇香四溢，就足以消渴提神，美食与美器相得益彰。

董小宛制作的豆类食品也极其精细。《影梅庵忆语》中详细记载了她制作豆豉和腐乳的详细过程："制豉，取色取气先于取味，豆黄九晒九洗为度，果瓣皆剥去衣膜，种种细料，瓜杏姜桂，以及酿豉之汁，极精洁以和之。豉熟擎出，粒粒可数，而香气酣色殊味，迥与常别。红乳腐烘蒸各五六次，内肉既酥，然后剥其肤，益之以味，数日成者，绝胜建宁三年之蓄。"

董小宛的烹饪材料以蔬菜、野菜、香花、豆类为主，即使是肉食也烹制得清淡可口，"火肉久者无油，有松柏之味，风鱼久者如火肉，有麂鹿之味"，熏肉中除却了肉味，代之以清香爽口之松柏味；风干的鱼肉经巧手制作，味道与珍贵的麋鹿肉几近相同。

在董小宛的烹饪活动中处处显现出情趣与韵味、恬静与温情。《影梅庵忆语》中记载小宛烹制的菜品："醉蛤如桃花，醉鲟骨如白玉，油鲳如鲟鱼，虾松如龙须，烘兔酥雉如饼饵，可以笼而食之。菌脯如鸡粽，腐汤如牛乳。"晚明名士钱谦益赞美董氏之佳肴为"诗菜"，"珍肴品味千碗诀，巧夺天工万钟情"。其实，小宛的菜谱就是"诗诀"。"雨韭盘烹蛤，霜葵釜割鳝。生憎黄鳖贱，溺后白虾鲜"，诗句中就说明了烹调中要注意选料考究，"烹蛤"要选雨后的韭菜，"釜鳝"须摘霜打的葵叶,黄鳝以小暑前打捞的为佳,白虾要选清明后的才鲜美。董小宛用精致典雅的美食品味着人生,也以此经营着她和冒襄的爱情。

 **相关链接**

北京的茶馆

北京是清朝的政治中心,茶馆集中,品级俱全。凡茶馆中皆"列长案,茶叶与水之资须分计之。有提壶以往者,可自备茶叶,出钱买水而已"。至于茶馆的光顾者,以旗人居多,而达官贵人以其身份高贵、权势显赫,故不涉足于此。平日,茶馆中"汉人少涉足,八旗人士虽官至三四品,亦侧身其间,并提鸟笼,曳长裾,就广座,作茗憩,与圉人走卒杂坐谈话,不以为忤也。然亦绝无权要中人之踪迹"。

在清代北京,茶馆也往往是戏园。包世臣《都剧赋序》记载,嘉庆年间北京的戏园即有"其开座卖剧者名茶园"的说法。久而久之,茶园、戏园合二为一,所以旧时戏园往往又称茶园。后世的"戏园"、"戏馆"之名即出自"茶园"、"茶馆"。京剧大师梅兰芳就说:"最早的戏馆统称茶园,是朋友聚会喝茶谈话的地方,看戏不过是附带性质。""当年的戏馆不卖门票,只收茶钱,听戏的刚进馆子,'看座的'就忙着过来招呼了,先替他找好座儿,再顺手给他铺上一个蓝布垫子,很快地沏来一壶香片茶,最后才递给他一张也不过两个火柴盒这么大的薄黄纸条,这就是那时的戏单。"

讲究率真的美食家李渔

1610 年

李渔生于江苏如皋，初名仙侣，后改名渔，字谪凡，号笠翁。在明代中过秀才，入清后无意仕进。

　　倡导自然、天性、率真，这是不少明清之际士人在学术文化思想上的主张，这一追求也同样反映在饮食上。明末清初的李渔不仅是位文学家，也是一位美食家，不仅讲究吃，而且要吃出一个人的率真性情。

　　李渔的美食思想集中反映在其《闲情偶寄》的《饮馔部》中。《饮馔部》分三节：蔬食、谷食、肉食，其内容不仅涉及食材，而且重视制作方法，往往有独到见解。李渔讲究食材自然天成。在《饮馔部》一开头，李渔将竹笋列为天下第一，"肥羊嫩猪，何足比肩"，似乎天底下最值得品尝的就是竹笋，在竹笋面前，肥羊嫩猪也算不了什么。接着，他又说蕈（蘑菇）也是天下至美之物，其汁之鲜味无穷，"吾为饮食之道，脍不如肉，肉不如蔬，亦以其渐近自然也"。

　　蔬菜是人们日常生活的必需品，与身体的健康有着密切的关系，它是人体所需维生素、矿物质的主要来源。蔬菜中的胡萝卜素、维生素、钙、磷、铁的含量普遍较高，多吃蔬菜，对人体生理功能的改善有着重要的作用，是山珍海味等其他食品所无法替代的。在当时的科学条件下，李渔不可能通晓蔬菜中含有大量的维生素等知识，但他却能语出惊人，认为"蔬菜天地所生，食近自然"，人可以从中摄入天地之气，以为养生。李渔对饮食"自然"的推崇与现代人追求"绿色食品"的想法不谋而合。

　　在食物的烹调方法上，李渔同样强调自然。李渔认为"世界好物利在孤行"，意思是在对食物进行烧制时要保持它的本色、本味，而最有效的办法是把上好的食物单独烹制，而且最好是不加配料、少加调料，以保存其自身原有风味。如笋的吃法，"素宜白水，荤用肥猪"，"茹斋者食笋，若以他物伴之，香油和之，则陈味夺鲜，而笋之真趣没矣"。李渔还把这个见

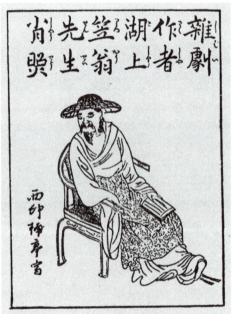

李渔像

解写成歌谣送人："此物烹炮美在专,忌将他物相纠缠。世人不识孤行好,非在鱼边即肉边。鱼肉虽佳笋味夺,不如生嚼留芳鲜。"他非常看重口味清鲜脆嫩,保持主料的本色和真味。五味清淡,可使人神爽气清,少病。味之于五脏各有所宜,不加节制必损内脏,酸多伤脾,咸多伤心,苦多伤肺,辛多伤肝,甘多伤肾。

当时社会上存在许多不良饮食习惯,对于吃更是奇招百出,不惜残害生灵。李渔在《闲情偶寄》中记载:"昔有一人,善制鹅掌。每豢养肥鹅将杀,先熬沸油一盂,投以鹅足,鹅痛欲绝,则纵之池中,任其跳跃,已而复擒复纵,炮瀹如初,若是者数四,则其为掌也丰美甘甜,厚可经寸,是食中异品也。"猴脑的吃法更残忍,在食客围坐的大圆桌中间留个洞套住猴头,用铁榔头活生生地敲开猴子的脑壳,生啖脑浆,猴子在人们大快朵颐中慢慢死去。炙甲鱼如同炮烙刑,把甲鱼头套在炙烤器的上端,让甲鱼身在锅里烟熏火燎,甲鱼受不住灼热的熬煎,张嘴喘息,厨师趁机灌进油盐酱醋,让佐料浸透全身。

李渔对这种残忍的吃法表露出极大的痛恨之情:"物不幸而为人所畜,食人之食,死人之事。偿之以死亦足矣,奈何未死之先,又加若是之惨刑乎!二掌虽美,入口即消,其受痛楚之时,则有百倍于此者。以生物多时之痛楚,易我片刻之甘甜,忍人不为,况稍具婆心者乎!地狱之设,正为此人,其死后炮烙之刑,必有过于此者。"反对虐待生灵是李渔针对当时饮食中的不良习气而提出的。李渔不仅是个了不起的美食家,而且是一个非常人道的美食家。

他强烈反对生吞猴脑、活吃幼鼠之类的吃法,痛斥之为非人道的"虐生"劣行,甚至气愤地说他们死后不但要下地狱,而且还将受炮烙之刑。他还认为野兽居于深山,并非主动侵犯人,是人设置陷阱置之于死地,人应该惜禽更应该惜兽。这种"痛吾痛以及畜之痛"的体恤情怀,实在是充满了对世间生灵的高度尊重。但他绝不是像佛教徒那样,一律反对杀生,他所反对的,只是那些为追求自己一嘴之贪,而专干一些伤天害理、动不动就射杀一些飞禽走兽的饕餮之徒。以吃鱼为例,他说:"故渔人之取鱼虾,与樵人之伐草木,皆取所当取,伐所不得不伐者也。"按现代生物学观点来看,捕食鱼虾满足了人类的口腹之欲,却也有助于种群的平衡,正如剪枝伐木,是为了伐其不得不

1666—1667 年
李渔著《闲情偶寄》一书。

1680 年
李渔病卒。

伐者,使草木长得更茂盛。

李渔的美食从不追求极致,相反很强调自我满足。他认为苦与乐都是相比较而言的,当自身处于贫困状态时,只能和比自己更穷困的人去比,以取得某种精神安慰,心情就能舒畅起来。反之,若处处与富豪权贵相比,只能越比越泄气,越比越忧愤恼怒,无异于给自己套上了精神枷锁。李渔列举了这样一个实例:有位富豪旅游在外,暂居于驿站旅店,时值夏秋季节,因床帐内蚊子叮咬而苦不堪言。另有一位亭长露宿在外,根本没有蚊帐,他不时起来奔跑并哼着小曲驱赶蚊虫取乐。富豪很不理解,便问亭长,我在帐内睡觉仅有几个蚊子就弄得我烦躁不安,你无帐而眠却能以驱赶蚊虫取乐,这究竟是什么原因?亭长回答说,回忆前些年我被诬陷坐牢,手足均被械系,那时的蚊子比今天还多,而我全身动弹不得,只能任其叮咬,那才真叫受苦呢!今天我能自由自在地驱赶蚊虫,又哪有不乐之理呢?那位富豪听了以后,便一切烦恼"不觉爽然自失"。李渔因而很有感慨地总结说:"想至退步(即退一步着想),则乐境自生。"

 **相关链接**

袁枚《随园食单》

清代还有一位爱吃也懂得吃的著名学者,他就是前面已经提到的袁枚。

袁枚曾经写过一本《随园食单》。全书分为须知单、戒单、海鲜单、江鲜单、特牲单、杂牲单、羽族单、水族有鳞单、水族无鳞单、杂素单、小菜单、点心单、饭粥单和菜酒单14个部分。在"须知单"中提出了20条操作要求,如配制菜肴的佐料、洗刷、调剂、配搭、独用(如螃蟹、羊肉腥膻之类)、火候、洁净等。如"洁净"就说:"切葱之刀不可以切笋;捣椒(花椒)之臼不可以捣粉。闻菜有抹布之气者,由其布之不洁也;闻菜有砧板之气者,由其板之不净也。"火候方面,谈到武(急)火、文火、先武火而后用文火等,还提醒人们"屡开锅盖则多沫而少香;火息再烧则走油而味失"。在"戒条"下,告诫人们下厨时外加油、同锅熟("一锅熟")、耳餐(听说的)、目食(眼观而未品尝)以及苟且(制作马虎)等14种做法,都是不可取的。难能可贵的是,其中绝大部分都是我们日常生活中所必须具有的常识"操作规程",具有明显的科学性、实用性。

此外,袁枚还用大量的篇幅详细地记述了我国从14世纪至18世纪中流行的326种南北菜肴饭点,也介绍了当时的美酒名茶,从选料到品尝都有所叙及。

千叟宴

在古代社会,饮食还往往寓意着政治考量。最能体现这一特点的莫过于千叟宴。有清一代,千叟宴仅在康乾时期举行过,与其他各种宫廷筵宴相比,千叟宴是场面最盛、规模最大、准备最久、耗费最巨的宫廷大宴。这恐怕也是康乾盛世的一种表现吧。

每次千叟宴盛典,都是在特定的历史条件下举行的。康熙五十二年(1713),适值皇帝六旬大庆,此刻的康熙皇帝为自己"孜孜图治"、亲政年久而欣慰,很想搞一次庆祝盛典,热闹热闹。各地农民有感于君王的"恩泽",一些耆老为庆贺皇帝生日,新春伊始,便纷纷进京,自发前来祝寿。有来自京畿顺天府几十里、数百里外的,也有从外省上千里之外赶来的。面对这种情形,皇帝心里非常高兴,可作为大清王朝的"圣明"帝王,他想:这么多老人前来祝寿,是决不能让他们空手而归的。于是在皇帝生日"万寿节"(三月十九日)前一日发布谕旨,决定在畅春园宴赏众叟,而后送归乡里。三月二十五日,参加宴会的耆老共有1800余人。接着,又于三月二十七日宴赏了八旗满洲、蒙古、汉军大臣等年龄在65岁以上的老人,也有千余人。

进入乾隆朝,国家更加殷实富足,好大喜功的乾隆皇帝更望"国家景运昌期"、"举世咸登仁寿"。乾隆四十九年(1784),卷帙浩繁的《四库全书》告竣,已过七旬的乾隆皇帝又添五世玄孙,正所谓好事连连,喜上加喜,于是乾隆帝发布谕旨,定于乾隆五十年(1785)正月在乾清宫举行千叟宴盛典,共有3000人入宴。乾隆六十年(1795),各省收成平均达到九成,十月又降大雪盈尺,年逾八旬的乾隆皇帝再次在宁寿宫、皇极殿举行千叟宴盛典。

千叟宴的场面如何呢?按照封建社会严格的等级制度,千叟宴席分一等桌和次等桌两级设摆,餐具、膳品也有明显的差别。一等桌摆在殿内和廊下两旁,王公和一二品大臣以及外国使臣在一等桌入宴;次等桌摆在丹陛以下,三品至九品官员、蒙古台吉、顶戴、领催、兵民等在次等桌入宴。

1713 年
康熙帝六旬大寿,举行了第一次千叟宴。

1722 年
康熙帝御位 60 年,这年正月新春,又召群臣耆老千余人,赐宴乾清宫前。席上,康熙帝赋《千叟宴诗》。千叟宴由此得名。

1785 年
此时各地乱事基本结束,《四库全书》告竣,乾隆帝在乾清宫举行千叟宴。

1795 年
乾隆帝在位已 60 年,在退居太上皇之前,在宁寿宫及皇极殿,举行了千叟宴。

《唐土名胜图会·乾清宫千叟宴》

800 张膳桌由外膳房总理大人率员设摆之后,随即引导预宴各官、外国使臣以及众叟先入席恭候。在殿内和廊下入席的王公大臣等,则于殿外左右阶下按翼序立。此时宫殿内外,鸦雀无声,专等皇帝驾到了。

顷刻,中和韶乐高奏,鼓乐齐鸣。在悠扬的乐曲声中,皇帝步出暖轿,升入宝座,乐止。然后赞礼官高声宣读行礼项目,奏丹陛大乐。此时管宴大臣二人,引着殿外左右两边阶下序立的内外大臣、蒙古王公等,由两旁走至丹陛正中。接着鸿胪寺赞礼官赞行三跪九叩礼,于是,伴随着乐声,群臣耆老一起向皇帝叩拜,赞礼官赞兴后起立,乐声亦止。随后,管宴大臣引着王公大臣等步入殿内,预宴众叟群臣于座次再行一叩礼后入座。接着皇帝赐酒,群叟又要下跪还礼。此后又是一连串的叩谢礼仪,总之还没吃饭,就已经数次下跪叩头。

由于千叟宴规模庞大,宴前需要大量的物质准备。不说别的,乾隆六十年(1795)的千叟宴,仅铁锅一项,就预备 2 尺和 2 尺 3 寸口径板沿锅、生铁锅共 160 口。为端送膳品,推运行灶,共用役夫 156 名。为搭盖蓝布凉棚,仅坠风用的青白石鼓就用了 224 个。宴席上的耗费更是很可观。以乾隆五十年(1785)的千叟宴为例,共耗用主副食品如下:白面 750.2 斤,白糖 36.2 斤,澄沙 30.5 斤,香油 10.2 斤,鸡蛋 100 斤,甜酱 10 斤,白盐 5 斤,绿豆粉 3.2 斤,江米 4.2 斗,山药 25 斤,核桃仁 6.2 斤,晒干枣 10.2 斤,香茸 5 两,猪肉 1700 斤,菜鸭 850 只,菜鸡 850 只,肘子 1700 个。为举办这次千叟宴,内务府荤局和点心局烧用:柴 3848 斤,炭 412 斤,煤 300 斤。

随着国势衰退,嘉庆以后诸帝,由于财力匮乏,再也办不起规模盛大的千叟宴了。

清宫筵宴

清宫中每年都有名目繁多的各种筵宴,而皇帝请客吃饭,是其实施政治统治的一种常用手段。从性质上看主要分为公宴和家宴。

公宴多为庆典性的,往往是君臣共进饮膳,或招待外藩首领。每遇国家大典和重要节日,都要举行大型宴会。如皇帝、太后的生日举行"万寿宴"、"千秋宴",皇帝继位要举行登基"庆典宴",外藩来朝要举行"外藩宴",打了胜仗要举行"凯旋宴",每当钦定书籍编纂完成要举行"修书宴",皇帝经筵礼成后要举行"经筵宴",临雍礼成后要在礼部举行"临雍宴",殿试之后要举行"恩荣宴",等等。

家宴是皇帝与皇室成员共同进膳,通常依节令安排。

清宫中各种形式的宫廷筵宴,包括奏什么乐、上什么舞等都要事先设计好。筵席规格各有严格的规定,如满席办多少、汉席办多少、酒菜茶果品种多少等。清宫大型公宴,一般在皇帝上朝办公的三大殿等地方举办。届时,设御宴于皇帝宝座前,王公大臣、文武百官、外国使臣,都要穿朝服。宴会一般由皇帝亲自主持。宴席过程中,要举行如皇帝的入座、敬酒、进馔、颁赏及群臣的转宴、谢恩等仪式。同时,还有庞大的乐队依时奏不同的宫廷音乐,吃饭时,还有各种乐舞、百戏表演。清宫筵宴中规模最大的就是千叟宴,最多时达5000多人,场面十分壮观。

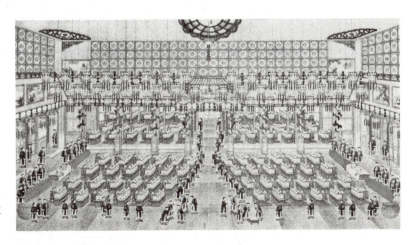

《光绪大婚图》中皇后家宴会场景

番菜馆

到了晚清，随着中西交流的频繁，西洋风味也开始走入中国。

西餐刚到中国时，曾被称为"番菜"、"西菜"等不同的名称。要准确地说出西餐是何时进入中国的，已经很难了。据说，元代马可·波罗就曾在中国传授过西菜制法。明末清初来华的耶稣会士曾零零碎碎地带来过一些西方的食俗，如汤若望曾在北京的寓所制作"西洋饼"，以招待中国官员。利类思、安文思、南怀仁所编成的《西方要纪》，也曾简要地介绍过西方的烹饪方法、食具和饮食方式。囿于当时的条件，那些传教士也不可能烹出真正的法式大餐、意式大餐。他们只能入乡随俗，以中餐为主；或是在可能的条件下，稍做改良，以适合自己的口味。因此，他们对西餐在中国的传播作用甚微。

中国人比较正式地接触西餐是在18世纪。乾隆五十八年(1793)，与马嘎尔尼使团谈判的王武官和乔文官就在"狮子"号上与马氏一起用过西餐，据说"这两名官员十分灵巧地学用刀叉进餐。他们很喜欢喝英国酒：刺柏子酒、朗姆酒、樱桃白兰地酒"。道光四年(1824)，昆明赵文恪记述他游览广州时曾经"登夷馆楼阁，设席大餐"。

嘉庆二十四年(1819)麦都思所著《地理便童略传》刊行，其中第46条介绍了英国的西餐："在彼国男女不别，共在一处，其食同桌，食时不用筷子，乃用刀叉，自相割食，不许大家共食一盘，乃各人有小碗，所食肉、菜、面头等物，又饮一样酒，名吡橄，其味苦辣，是谷麦所做，少饮则身体壮健，多饮则会醉也。"

美国人亨特在《旧中国杂记》中记录了道光十一年(1831)一位罗姓商人的儿子在给朋友的信中，以一种嘲讽的口气描述了"番鬼"的饮宴场景："他们坐在餐桌旁，吞食着一种流质，按他们的番话叫做苏披(soup，汤)。接着大嚼鱼肉，这些鱼肉是生吃的，生得几乎跟活鱼一样。然后，桌子的各个角都放着一盘盘烧得半生不熟的肉；这些肉都泡在浓汁里，要用一把剑一样形状的用具把肉一片片切下来，放在客人面前。我目睹了这一情景，才证实以前常听人说的是对的：这些'番鬼'的脾气凶残是因为他们吃这些粗鄙原始的食物。"这段话颇能反映当时普通中国人对西餐的观感。

中西餐饮食俗在许多方面都存在着明显的差异,包括食品的原料、烹调方法与进食规矩等。起初,中国人对于西餐奇奇怪怪的味道颇为反感。同文馆的学生张德彝于同治五年(1866)出使欧洲时,在英国的轮船上每日吃西餐,开始不适应,"盖英国饮馔,与中国迥异,味非素嗜,食难下咽","牛羊肉皆切大块,熟者黑而焦,生者腥而硬;鸡鸭不煮而烤,鱼虾味辣且酸",故造成的肠胃反应是"一嗅即吐",后来干脆"一闻(吃饭)铃声,便大吐不止"。

然而在美味的引诱下,"番菜"逐渐进入了中国,上海、广州等地成为西餐最早发展起来的城市。尤其是光绪二十六年(1900)八国联军入侵之后,因为联军官兵的需要,一些大大小小的西餐馆应运而生,如北京饭店和六国饭店等。

随着西风东渐,慈禧太后和溥仪也曾在宫内设西餐厨房。太后、皇上如此,大大小小的清朝官员也纷纷捏起刀叉,学吃"番菜"了。戴着花翎、穿着朝服、拖着辫子的老爷们在六国饭店大吃西餐的情景竟成了北京一道亮丽的风景线。

晚清由于社会风气的商业化和盲目崇洋,许多人都以赶时髦的心态吃西餐。无论是高档的西餐馆,还是简陋的番菜馆,都使西餐在近代中国一度成为流行的时尚。如在北京,有些官绅宦室甚至一改传统的饮食习俗,"器必洋式,食必西餐","向日请客,大都同丰堂、会贤堂,皆中式菜馆。今则必六国饭店、德昌饭店、长安饭店,皆西式大餐矣","昔日喝酒,公推柳泉居之黄酒,今则非三星白兰地、啤酒不用矣"。

其实在清末,即使富裕阶层吃西餐也是偶尔为之,因此常闹笑话。《二十年目睹之怪现状》第五十五回描述军门大人在大餐房"支给着腿,在那里抠脚丫"而让外国人侧目。据说,李仪祉到中国公学访问同乡严敬斋和张奚若,他们三人一起去上海一家番菜馆。三人占了一个桌子,

六国饭店

仆役送上菜单，严敬斋一看，牛扒、猪扒，一概不懂，说是什么扒末？怎样吃法？看见蛋炒饭，问清是什么东西，说：好！来个蛋炒饭罢！仆役果然送上一盘蛋炒饭，带一个铜质羹匙。严敬斋大怒，说：三个人，一个匙，怎么吃？混账！仆役果然又添了两个匙，于是三个人同吃一盘蛋炒饭。

餐饮不仅仅是人们一种满足食欲、维持生存的自然行为，同时也是一种意识、观念、文化礼仪和交流方式，它深刻地影响着人们生活方式的变迁。近代西餐引入，与之同时输入的还有西餐礼仪，这是中国人了解西方人日常生活与行为方式的重要环节，成为近代中国人了解西方文化的重要组成部分。

 **相关链接**

西餐食品在晚清的传播

西方食品是通过两种途径进入中国的，一是设在租界以及各通商口岸的西餐馆；二是日常百姓生活中消费的糖果烟酒等。就传入的时间来看，前者时间较早，但接触的人少，影响面不大；后者虽然时间晚些，但对普通百姓饮食结构的影响颇大。

西餐传入的品种比较广泛，传来的时间先后不一。19世纪50—60年代，上海一些外国洋行就开始生产销售汽水、冰激凌和啤酒等，但当时能够消费的人是少数。19世纪末20世纪初，葡萄酒、汽水、冰激凌、糖果、罐头等西式饮食便在一些城市流行了。光绪二十八年（1902）的《大公报》就说："北京街市向届夏令有酸梅汤、冰水之摊，今年则均带汽水数瓶，值亦不昂，较之冰水有益于人多矣。"尽管汽水和酸梅汤相比，并不具有更高的营养价值，但由于是舶来品，自然受关注的程度更高一些。

输入中国的西式酒类也很多，如葡萄酒、香槟酒、啤酒、雪利酒、威士忌酒等先后来到中国。起初，它们的叫法也是五花八门，如啤酒叫做"必耳酒"、"比尔酒"，白兰地译成"卜蓝地"，香槟酒译成"商班酒"等。当时一顿昂贵的西餐并不是普通人所能承受的，然而所费无几的汽水、糖果、罐头等大众饮食却在清末走进了千家万户。

京师万牲园

如果要问中国最早的动物园,恐怕要数北京动物园了,它的前身是建于清末的"万牲园",原本是京师农事试验场的一部分。它诞生于风雨飘摇之时,几经磨难,与国家命运紧密相连,堪称是近代中国社会变迁的一面镜子。

晚清,清王朝的统治已岌岌可危,但统治阶级仍幻想通过改良来挽救自己的颓势。光绪三十二年(1906),出使归来的考察大臣戴鸿慈、端方等连上三道奏折,一奏军政,二奏教育,第三就提到了修建包括万牲园在内的公共设施。碰巧,德国汉堡动物园当时借机到中国展览和举办动物表演。他们先后在上海、天津、北京展览了象、斑马、羚羊、非洲狮、虎、豹、熊、非洲鹦鹉、美洲鸵鸟等野生动物,还进行了动物表演,一时引起轰动,国人称其为"海京伯马戏团"。马戏团在京演出时,消息传入宫中,慈禧皇太后十分喜爱洋人的新玩意儿,但碍于宫廷制度,既不便微服前往观看,也不能将其请入宫内。为了取悦于皇太后,内侍官员想了个两全其美的办法,即在颐和园北宫门广场安排展览、表演,慈禧太后于是在北宫门城楼上看了一场。慈禧太后头一回见到这么多奇异动物,兴奋异常,当即口谕:"我们也要办一个万牲园。"得到老佛爷旨意,端方等人立即开始操办。

光绪三十三年(1907),端方从国外定购的动物共59笼运抵天津塘沽。这些动物大多从德国进口,为了养好这些动物,清政府还从德国汉堡动物园聘请了两个技师,传授饲养方法。据资料记载,第一批搬进"万牲园"的动物有印度母象一只、白鹿一对、黑鹿一对、虎纹马(即斑马)一对、美洲大鹿一对、美洲大野牛一对,此外还有分别来自非洲、美洲、澳洲的狮子、老虎、猴子、鸵鸟、天鹅、鹦鹉等。

为充实万牲园里的动物,农工商部和各地督抚又陆续买了不少珍禽异兽送到园内。据档案记载,光绪三十三年十二月二十六日,浙江布政使喻兆蕃送来

1906 年
清政府在西直门外乐善园官地兴办农事试验场,京师万牲园就是农事试验场附设的动物园。

1907 年
从国外定购的 59 笼动物运抵京师万牲园。七月,正式对外接待游客。

京师农事试验场正门

山鸡、水鸭、水獭、野猪。光绪三十四年（1908）三月二十三日广东省农工商局派知县曾昭声送了琼州鹦鹉一对、琼州猴子一只、崖州飞蛇两对、海鹤一对；四月二十四日，福建农工商局送画眉两只、白鹦鹉一只、白燕四对、香雀一对、鹿一只、猴一只、松鼠一只。后来又有官员陆续进贡。

慈禧太后从皇宫往颐和园过夏消暑时，必前往万牲园，虽然年事已高，但是兴致不减，每次都要绕着园子走上一圈。据载，头次见到狮子的慈禧太后还特奇怪地问左右："画师画的狮子不是全身有毛的么？"真是百闻不如一见。看到老虎后，慈禧太后又问道："这虎很是瘦弱，莫非月粮不足？"她还交代总管说："要是把老虎饿死了，要看守的人偿命。"再走两步，慈禧太后又看到一匹身上布满条纹的马，名叫"纹马"，其实就是斑马，她很好奇："这马煞是奇异。我一时失记，不知从哪里采来？"总管惶惶不能回答。慈禧太后生气地说："你们都与牛马相类，怪不得不懂动物。"

1929 年
京师万牲园改称天然博物院。

光绪三十三年七月，万牲园正式对外接待游客，次日《大公报》就刊登了详细的《万牲园游览规则》。时间为早 8 点到下午 6 点，门票初定为 20 枚铜圆，儿童、仆役减半。这项措施体现了设立农事试验场的初衷："本场为开通风气，改良农事起见，特于场内附设博览园，以便公众游览，得考察试验之成绩，发起农事之观念，并于博览园附设动物园、博物馆。"

但是，这时的清政府，在男女大防的问题上还保留着传统的认识。在这个中国第一座西式动物园里，出现了一条特殊的游览规则：男女不同游。万牲园规定，每星期的一、三、五、日对男性开放，二、四、六对女性开放，可见男女之防壁垒森严。不过，这个限制在施行不久后即被废除。

万牲园开园之日已是清王朝败落之时，不过，它的建立开了风气之先，此后全国各地掀起了建动物园的热潮，袁世凯就曾从京师运孔雀至天津。然而，由于国内形势每况愈下，其后数十年战乱频仍，民不聊生，万牲园也很少有人问津。

慈禧去世以后，特别是宣统元年（1909）后，万牲园内的各类动物已经是无人管理，原有的动物逐渐濒临死亡。1928 年这里改成了北平农事试验场,1929 年 10 月又改称天然博物院。新中国成立以后,万牲园终于归还于人民,建立了北京动物园。

 **相关链接**

农事试验场

　　清末,商部创设后,重视农业改良,创办农事试验场就是其中的一项主要措施。光绪二十九年(1903),山东济南拨官地 180 余亩,率先创立山东农事试验场。光绪三十二年(1906),福建在省城划地 50 亩创办福建农事试验场。同年四月,奉天农事试验场建立。当年,农工商部京师农事试验场场地也最终确定,清廷准商部奏,拨西直门外乐善园官地,兴办农事试验场。农工商部试验场内分设八科:农林科、蚕桑科、肥料科、动物科、博物科、庶物科、会计科、书记科。

　　农工商部京师农事试验场创设后,就着手通过各个途径搜集优良品种,引进外国的优良种子及生产技术来开展试验研究。一方面,通过各省督抚及地方官来搜集国内物产良种。另一方面,通过各种途径从外国采集优良品种。此外,农工商部还请外国华侨商会帮忙采集、收购当地的优良物产品种。

　　宣统元年(1909),农工商部再次通饬各省仿照京师设立农事试验场,在农工商部京师农事试验场的垂范下,全国各省、府、州、县都加快了农事试验场的创建工作,至宣统三年(1911),全国主要省份的县级农事试验场基本上都建立起来了,仅四川省就建有 74 处之多。

　　农事试验场在开启民智、启迪风气,引进、推广近代农业科学技术等方面取得了一定的成绩。

人力车

1874 年
人力车从日本传入
上海租界,最初称它
为"东洋车"。同年
颁布《治理东洋小车
章程》。

1879 年
上海工部局要求所
有车主限期将大型
人力车改装为小型
人力车。

人力车夫拉车飞奔,一直是近代中国城市标志性的图景,而它最早出现在清朝末期。人力车,俗称黄包车,同治九年(1870)在日本问世,四年后由法国人米拉传入上海租界,上海人最初称它为"东洋车",后因租界内人力车的车身漆成黄色而得此俗称。

引进之初酷似双轮马车,车厢在两只高大木轮中间,车厢外的两侧设有护挡灰尘、水点、泥浆的设备。木轮外绕线圈,行车时辘辘作响,震动强烈。可坐两人,但乘坐不舒服。后来输入了小型人力车。大型人力车行动不灵便,影响道路畅通。光绪五年(1879),租界当局禁止两个成年人同坐一车,于是大型人力车便绝迹了。后又改为橡皮充气胎。1914 年,出现钢丝轮橡皮充气胎,从而正式进入了人力车时代。

人力车与轿子、马车相比,较轻便、灵活、迅速,而且运价低,颇受一般居民和过往商旅的青睐,乘坐者非常多。从租界始,迅速广泛使用于上海市区,成为上海的一道风景。人力车的引进迅速改变了上海的交通状况,为市民的出行带来了莫大的便利。光绪十六年(1890)的《申报》中就写道:"即出门,一里二里之地,往往坐东洋车。若在他处虽十里八里不过安步当车尔。"更为重要的是,人力车自始至终都是一种为城市各阶层服务的大众化交通工具。对此,有上海的人力车夫曾言道:"乘坐人力车者,尽属普通人士。"

人力车多了,相应的管理规则也要有。同治十三年(1874),上海工部局和公董局共同制定并颁布了《治理东洋小车章程》,其中第九条规定:每车给以执照,其照上书明车号,遇有查问执照者,车夫务须呈览。光绪八年(1882),工部局规定拉人营业时须穿号衣,上面印有车号;并进行定期验车,不完整不清洁的车子不给牌照。

此外,对人力车还制定了一系列的行车条例:车辆靠左行驶,尽量靠近墙边或人行道;从日落一小时后至日出一小时前须点亮车灯;进入停车处挨次排列候雇,任凭雇车者选择乘坐;空车不得在马路上逗留或闲荡。

对人力车违章处罚也有一套相应的措施。最初巡捕发现拉车者违章后,将人车一并送会审公廨。经过审判,或判车主罚款或判车主关押若干日,情节严重者枷号示众;后改为巡捕直接处理,吊销车照或罚款。

人力车不仅是中下层市民方便而又实惠的出门选择,当时上海都市的一些上层人物如洋行大班、公司经理、官僚买办、富商大贾,出入各种娱乐场所时也大都乘坐人力车。甚至一些青楼妓女、闺阁小姐及知识界名士也是人力车的常客。因而形成了大量独特的乘车风俗,包括包车、坐车、讨价还价等等。为行路方便,富裕人家往往包租一辆人力车专门为自己或家人服务。这种车一般设备齐全,装饰比较考究;也有几户合租者。由于行车道路的多样性和复杂性,一些洋行大班或富商巨贾乘坐时,不直接告诉车夫走哪条路,而是用手杖敲击车背表示行车方向。如果敲的是左车背,示意向左转;敲的是右车背则示意向右转。到达后,乘车人便用脚一蹬踏板,车夫便将车子停下。

人力车夫付出大量的劳力,但扣除租车费用之后,收入甚少。著名小说家老舍所著的《骆驼祥子》中,便描写了北京人力车夫的生活。人力车虽然算不上交通工具现代化过程中的主角,但它却以自己独特的方式在近代中国留下了深深的烙印,曾一度被称为"黄潮"。甚至现在,提起老上海,人们的脑海里就不由自主地浮现出人力车的身影。

 **相关链接**

轿子

在近代交通工具出现以前,轿子是传统社会的重要交通工具。二人抬的称"二人小轿",四人抬的称"四人小轿",八人以上抬的则称大轿。在封建社会的等级制度下,轿子和其他事物一样,在使用上也有着严格的等级规定,违规使用则要受罚。《清史稿》中就记载:"汉官三品以上、京堂舆顶用银,盖帏用皂。在京舆夫四人,出京八人。四品以下文职,舆夫二人,舆顶用锡。直省督、抚,舆夫八人。司道以下,教职以上,舆夫四人。杂职乘马。……庶民车,黑油,齐头,平顶,皂幔。轿同车制。其用云头者禁止。"官员需按级别使用,其他人也不得逾制。

慈禧太后与铁路

相对于人力车,更现代化的交通方式——铁路在近代中国的发展可没有这么顺利。不仅普通老百姓视铁路为奇技淫巧、洪水猛兽,就连慈禧太后也认为修铁路会破坏风水龙脉。

早在同治四年(1865),一个名叫杜兰德的英国人在北京宣武门外沿着护城河铺设了一条 500 米长的铁路,但马上就被清朝当局强令拆除了。这还算不上真正的铁路。11 年后的光绪二年(1876),英国怡和洋行以修建"马路"之名擅自在上海修筑了一条 10 多公里的吴淞铁路。然而,火车仅运行了一个多月,就轧死了一名过路行人,引发当地民众不满,群起而攻之,阻止火车开行。英国人不甘"损失",在当年十月与中方议定,由清政府用 28.5 万两白银买下这条铁路。清政府买下后可不是为了运营,而是全线拆除!

随着洋务运动的开展,为了解决煤炭运输问题,开平矿务局开始谋划修筑自唐山至胥各庄的唐胥铁路,此事得到一些洋务派大臣的支持。但是,以慈禧太后为代表的顽固派对这些喷火冒烟的"洋家伙"充满了畏惧,朝廷时而同意,时而禁止。光绪七年(1881),铁路终于修通。由于害怕火车轰鸣会震动铁路沿线的皇陵,于是清廷明文规定,不准在铁路上使用蒸汽机,以免大声呼叫,于是便出现了运输工人用驴、马拉着煤车在铁道上滑行的世界奇景。不久之后,胥各庄铁路修理厂的技术人员自己动手设计,利用废弃锅炉大胆进行改造,试制出中国第一台蒸汽机。为堵住顽固派之嘴,工人们在机车头上刻了一条龙,称之为"龙号"机车。这台蒸汽机的引力仅有 100 多吨,体形也不大,全长只有 5.73 米,每小时只能行驶 5 公里,并不比驴车、马车快多少。

慈禧太后并不完全是个只会闭关锁国、抗拒近现代科技的封建老顽固,玩西洋的照相机,点电灯,乘火轮,这些都是她很喜欢干的事情。可在修铁路这件事上,由于顽固派的反对,她也一直持怀疑的态度。

为了说服慈禧太后,当时力主修建铁路的李鸿章想出了一个主意。光绪十三年(1887),李鸿章奉命进京护卫太后、皇上祭陵,多次陛见，连日商讨海军建设问题，在谈到开工不久的颐和园修建工程时，李鸿章报告说：有洋商诚意报效朝廷，自愿出资在颐和园内修建一条"游玩铁路火车"，供太后乘坐。慈禧太后一听，稍有犹豫之后就表示同意，心想：既然是游玩用的火车，何不见识见识？李鸿章于是趁热打铁，当年就把一套美国产的铁路模型连同一位技师送进宫里，让机车拉着车辆在小铁路上飞跑起来。真所谓耳听为虚，眼见为实，一套高级玩具的成功表演，竟改变了铁路火车在慈禧太后脑海中似洪水猛兽般可怕的形象。慈禧太后赞叹之余，下令把铁路模型留在了宫里。

见慈禧太后如此欢心，李鸿章又动起了脑筋。他借西苑三海拓建之机，专门从法国进口了一批特制的列车设备，以进贡的名义献给慈禧太后。这批设备包括1台火车头和6节乘客车厢，其中有1节上等豪华车厢、2节上等普通车厢、2节中等车厢、1节行李车厢，装饰极为精美。当这批装饰华美的特制列车设备摆在慈禧太后面前时，老佛爷又是一阵兴奋。只是光有火车不行，还要有铁路。光绪十四年(1888)起，全长3华里的皇家专用铁路——西苑铁路修成。恰好慈禧太后这时移居西苑中海仪鸾殿，西苑铁路适时地派上了用场，她每天都要坐小火车观赏风景，往返于仪鸾殿和北海镜清斋之间，好不快活。

关于慈禧太后乘火车的情形，还有很多稀奇古怪的传说。比如，有人说慈禧太后容不得司机坐在自己的前头，因此不许使用机车牵引，而是让太监们推车。其实火车头也是可以在后面推着列车前进的，所以这理由未必充分。另一种说法也许要真实些：慈禧太后迷信，怕火车的轰鸣震动会破坏皇城风水，每次出行都是由人力拉车，好在那小火车不算太重，四个太监便可拉动一节车厢。几十个人用绳子拽着列车缓缓行进，两旁还有许多执旗的太监随行护卫，倒也威风。只是那漂亮精致的火车头不能点火、更不能鸣笛，纯粹成了摆设。

以上这些未必真实，但足以反映铁路在当时中国的境遇，然而历史的车轮无人能够阻挡，随着社会的发展，火车这个现代交通工具终于呼啸着行驶在古老的中国大地上了。从某种意义上讲，晚清铁路的意义已经远远超出了交通的范畴，它是晚清中国人改变观念的一个标志，是中国走向近现代社会的一个里程碑。

 **相关链接**

李鸿章与晚清铁路

在晚清对外关系中，李鸿章在许多方面扮演了很不光彩的角色，但不容置疑的是，他对铁路的认识推动了晚清铁路的发展，他是中国铁路兴建的发轫者之一。

在同治四年（1865）以前，李鸿章对于铁路为何物尚属茫然，同治六年（1867）后才有所转变。而转变的关键，是日本侵华意图的日益显露。同治十三年十一月（1874年12月），李鸿章在《筹议海防折》中正式提出了修建铁路的建议。他说："中国南北洋滨海七省自须联为一气，方能呼应联通。惟地段过长，事体繁重，一人精力断难兼顾"，倘使"有内地火车铁路，屯兵于旁，闻警驰援，可以一日千数百里，则统帅当不致于误事"。由于当时顽固派的阻挠，朝廷对于是否修铁路没有表态，李鸿章见朝廷如此，只好阳奉阴违，在唐山的煤矿区修了一条9.7公里长的铁路。为了避免反对者的非议，李鸿章特意声明这是条"马路"。

从光绪六年至十三年（1880—1887），洋务派与顽固派之间因为兴修铁路的问题发生了两次大争论，在争论中李鸿章大力主张要修铁路。正是在李鸿章的推动下，从光绪七年（1881）至光绪二十年（1894）的13年间，共修建铁路300多公里。在那个风气未开的时代，这短短的几条铁路尽管与中国的国土面积极不相称，然而凡事创始艰难，李鸿章能够排除各种阻力，将千百年来的驿道驿马开始改为铁路火车，其筚路蓝缕之功还是值得肯定的。

甲午战败后，李鸿章成为众矢之的，名誉声望一落千丈，但他修建铁路之志并未少堕，就在光绪二十一年（1895）中日战争的烽烟甫靖之际，他即奏请修建津芦铁路。

光绪二十一年，清政府在上海设立中国铁路总公司，以盛宣怀为督办铁路大臣，着手规划全国铁路建设事宜。盛宣怀是李一手培植起来的办理洋务的心腹要员，遇有重大问题辄向李函电请益，所以，甲午战后铁路的兴修，是在李鸿章密切关注下进行的。

不 缠 足 运 动

缠足自唐宋形成习俗以后,便成为汉族妇女日常生活的重要组成部分。清人关以后曾一度禁止缠足,但不久就有大臣以立法太苛刻而停止。此后,妇女缠足之风继续盛行。

同治九年(1870),在中国行医传教的英国人德贞医生就主张朝廷应当像康熙三年一样禁止缠足,"明降谕示,宣之中外",因为缠足导致女子"在室多病",甚至影响婚后生子。同年,林寿保更利用满汉意识,暗示缠足有不"从上"之意。他说:满洲八旗之女,未尝缠足,各省驻兵家眷,"显示仪形二百余年,而汉人执迷,不知观感"。由于缠足造成"国瘠民贫",他希望朝廷下令让汉人女子效仿旗人装扮,10岁以下的女子不得再缠足。

甲午战争之前,中国知识分子对传教士主张朝廷强力禁止缠足的呼吁并无多少应和,只有个别与西人来往密切者偶有呼应。光绪六年(1880),与西人交往颇密的郑观应即指出,缠足妇女"生子女则每形孱弱"。他希望官方以十年为期,严厉禁止;已裹者不论,未裹者不得再裹,"如有隐背科条,究其父母"。

甲午战争以后,在民族危机的影响下,知识分子主张朝廷重申禁令者逐渐增多。尤其是缠足影响国家富强的说法对甲午战争后深受民族危机刺激的中国士人产生了不小的影响,时人纷起呼应。光绪二十一年(1895),陈黻宸说:"女足不弛,中国必不强,人才必不盛,白种必不可胜,升平必不可至。"

光绪二十三年(1897)后,维新士人开始有系统地成立不缠足组织,劝戒缠足,他们在《时务报》、《湘报》、《知新报》等中国人自己创办的新式报刊上大量刊

1664 年
康熙帝禁止满族女子裹足。

满汉女子(不缠足者为满族女子)

载反缠足言论。维新运动创始人之一的康有为曾写了一篇《戒缠足会檄》，号召家乡人放弃缠足陋习，并坚决不让自己的女儿缠足。辛亥革命前后出版的一些报刊也登载了不少宣传放足的文章，赞扬"西洋天足好不爽快"，宣称"盖放足者，独立之起点，强种之根源"。当时许多地方还传唱一首《放脚乐》歌："放脚乐，乐如何？请君听我放脚歌……"有些地方官员还给放足者发放徽章，以资鼓励。

1897 年
维新士人开始陆续成立不缠足组织，劝戒缠足。

1902 年
清廷颁布劝戒缠足的谕令。

光绪二十三年（1897），一位署名"硬骨闲人"者投书《时务报》，指出缠足一事"大关乎时局"，希望上海不缠足会诸公能请总督、巡抚奏请降旨，重申禁令。第二年八月，康有为呈请皇上下诏严禁裹足，他提出的具体做法是："其已裹者，一律宽解。若有违抗，其夫若子有官不得受封，无官者其夫亦科罚镪。其十二岁以下幼女，若有裹足者，重罚其父母。"

然而，在反对缠足的同时，仍然还有很多人认为缠足的危害并没有多么严重，以缠足为闺中秒琐之事，不登大雅之堂，为正人君子所不屑言。光绪二十三年金匮华就说，不缠足固然好，然而"无关于风化之得失，而所重乎变法者不在是也"。叶德辉就反对缠足影响国家富强的时髦言论，他说："中国欲图自强，断非振兴制造不可。若舍此不顾，非独易服色不能强，即不缠足，亦岂能强？"他们的理由中最重要的一条即是认为缠足乃闺阃中琐琐细事，大敌当前，还有比这更重要的事要做。

光绪二十七年十二月（1902 年 2 月），朝廷终于颁布劝戒缠足的上谕："汉人妇女，率多缠足，由来已久，有伤造物之和。嗣后缙绅之家，务当婉切劝导，使之家喻户晓，以期渐除积习。断不准官吏胥役藉词禁令，扰累民间。"即便如此，仍然有不少官吏视缠足为"不急之务"、"琐细之事"而并不积极遵从。除此之外，社会自身的阻力也不小。光绪二十八年（1902）十月，一位读书人欲为女儿放足，但终因遭家庭其他成员反对而失败。他投书报纸说，不缠足在"自己家里竟先办不到"，因此"还是由在上的办，可以能行。办法第一要严，赏罚不稍宽假"。全文主要针对官员立言，建议地方官"要是真心做事，就当遵着上谕的意思，把绅士聚齐了，立一个切实的章程，一面劝导，一面强迫，必可以办成了"。他强调"戒缠足亦为新政之一"，自是官员"当办的事"，且"奉旨革除弊俗，可以有大功"；若能使"妇女们的苦楚从此绝去，也可以积大德"。

《大公报》自光绪二十八年（1902）创刊以来，就在报上刊登大量劝戒缠足的白话文章，阐述缠足的各种弊害，包括缠足对国家种族的影响。这些言论引起一些以此为末务的士人的不满。光绪三十年（1904）有人给《大公报》写匿名信，说"贵报屡次著论劝戒妇女缠足，劝贵馆诸君不必多管闲事"。若有精神，不如"多给国家办理刻下艰局"。信后画了两幅西洋女人的细腰与印度人缠头的图像，说"这都是各国风俗"。《大公报》回应说，缠足"固然是风俗"，但却是不好的风俗，"再说妇女缠足不缠足，本不是什么大事。可是有一节最容易办的小事，尚且都不办，还指望着办什么大事，那是更不成的了"。

社会陋习积重难返，直到民国时期，有些妇女在封建礼教的毒害下，口头上赞成放足，暗地里却偷偷缠足。然而，风气既开，放足仍是大势所趋。

相关链接

为妇女解放奔走的秋瑾

秋瑾，原名秋闺瑾，字璇卿，后来又以鉴湖女侠、竞雄等为号。光绪元年（1875）出生于浙江山阴的一个官宦家庭，自幼工诗词，善骑射，性豪爽。光绪二十二年（1896），奉父母之命嫁与湖南富商之子王廷钧，因不满封建家庭的压迫，不甘于"米盐琐屑终其身"，她毅然离开"铜臭纨绔"的丈夫。光绪三十年（1904），她东渡日本留学。回国后，积极从事革命活动，大力宣传妇女解放。为此，她创办了《中国女报》，在发刊词中说明办报就是为了"中国前途"，"奔走呼号于我同胞诸姊妹"。此后，她连续发表了《敬告姊妹们》、《看护学教程》、《勉女权》等文章。

通过这些通俗易懂的文章，她控诉了封建制度对广大妇女的残酷压迫与束缚，愤怒驳斥了封建统

秋瑾

治者鼓吹压迫妇女的种种谬论,热情洋溢地号召妇女们行动起来,为自身的自由、解放,为男女平权进行斗争。她在《敬告姊妹们》一文中说:"唉!二万万的男子,是入了文明新世界,我的二万万女同胞,还依然黑暗沉沦在十八层地狱,一层也不想爬上来。足儿缠得小小的,头儿梳得光光的;花儿、朵儿,扎的、镶的,戴着;绸儿、缎儿,滚的、盘的,穿着;粉儿白白,脂儿红红的搽抹着。一生只晓得依傍男子,穿的、吃的全靠着男子。身儿是柔柔顺顺的媚着,气虚儿是闷闷的受着,泪珠是常常的滴着,生活是巴巴结结的做着:一世的囚徒,半生的牛马。试问诸位姊妹,为人一世,曾受着些自由自在的幸福未曾呢?"光绪三十三年(1907),她因起义失败被捕,惨遭杀害,时年 33 岁。秋瑾短暂的生命历程,不仅在中国近代史上留下了光辉的业绩,也成为妇女解放运动的一面不朽旗帜。

学 校 体 育 的 兴 起

中国传统的教育以儒学为主体,在重道轻器、重礼轻争、尚文轻武的语境里,近代以来兴起的体育活动在古代中国的教育中是不可想象的。"万般皆下品,惟有读书高",形象地概括了在传统的中国教育中儒生的意识,儒生的"野蛮表现"被众人所不齿,运动自然也就成为"下品"。同治十三年(1874)秋,英国海军军官寿尔曾到福建船政学堂访问,他对当时中国学生的评价是:"一点精神或雄心也没有,在某种程度上有些巾帼气味。这自然是抚育的方式所造成的。下完课,他们只是各处走走发呆,或是做他们的功课,从来不运动,而且不懂得娱乐。"学堂的外籍教师承认:"让清国学生做体育比进行学术教育还远远为难。"同样,京师同文馆的学生也不愿习体育,认为有失尊严,他们只能慢慢地踱方步。

甲午战争后,增强国人体质逐渐受到重视。有识之士决心以实际行动改变民族形象以求强国健种,因而尤其重视体育运动。

康有为推崇德国的学校体育,认为儿童阶段应把体育锻炼放在首位。梁启超也非常强调学校的体育教育,认为学校教育的目的是培养"新民","尚武"是新国民的特征之一。他为8—12岁儿童拟出的功课表中,把每天上下午的学习时间和内容分为12段。规定每天下午上课前"习体操,略依幼儿学操身之法,或一月或二月尽一课,由老师指导,操毕,听其玩耍不禁"。梁启超还写了一本《中国之武士道》,将尚武精神作为培养全面发展的"新民"的重要途径。

谭嗣同认为只有"喜动",社会才会"崛兴",故"西人喜动而霸五洲,驯至文士亦尚体操,妇女亦侈游历,此其崛兴为何如矣"。他抨击"言静者,惰归之暮气,鬼道也",提出了静、惰心导致中国灭亡的思想。他本人也是一位体育活动爱好者,并说自己"弱娴技击,身手尚便,长寻弧矢,尤乐驰骋"。他曾同一些人组织"延年会",在所拟章程中规定"每日六点半钟起,学习体操一次"。

严复根据进化论原理,积极主张运动强身。他说:"今夫人身,逸则弱,劳则强者,固常理出。"同时严复翻译斯宾塞《德育、智育、体育》一书中的《劝学论》,成为第一个在我国传播西方资产阶级德、智、体

1895 年后

甲午战争后,增强国人体质逐渐受到重视。

19 世纪末

维新时期,康有为、梁启超、谭嗣同等人倡导开展体育。

1904 年

清政府颁布了《奏定学堂章程》,第一次对各级学堂的体育课作了规定。同时,各地体育会相继成立。

三育并重教育思想的学者。尽管维新运动不久就全面失败，有关学校体育的主张在当时收效甚微，但他们强调体育在学校教育中的地位和作用，提出德、智、体三者并重，提倡锻炼体魄和尚武精神，是对传统封建教育思想空前猛烈的冲击。

资产阶级改良派以"救亡图存"为目的，以进化论为武器，提倡近代体育，这种思想最终促成了清末新政中对体育的重视。光绪三十年(1904)，清政府颁布了《奏定学堂章程》，即癸卯学制。其中包括初等小学堂、高等小学堂、中学堂、高等学堂、大学堂等各级各类学校的章程。在这些章程中，对体育课的目的、内容及学时都做了规定，并且注意了学生的年龄特点。

高等学堂、大学堂及各种专门学堂，也设有体操课，如京师大学堂于光绪三十一年(1905)召开过全校运动会。有人这样回忆当时京师大学堂上早操的情形："每人冬夏各给一套操衣。着操衣时脱去长袍马褂，作军队装束，自然感觉新奇。所以那时候对于兵式体操，很感兴趣。每天破晓，操场上就听见'向左转'、'向右看齐'各种口号。虽朔风凛冽，大部分学生倒也并不偷懒。"与此同时，体育运动也开始在一些教会学校开展起来。

光绪三十二年(1906)，北京通州协和书院足球队与英国在北京的驻军足球队举行了一次足球赛。当比赛激烈进行时，一位清廷大官正好乘八抬大轿路过赛场。他见到中国人敢于和洋人比赛，深为不安，并以奴才的心理推测中国人必然失败。为讨好洋人，第二天他派人送了一个白磁九龙杯至英国公使馆，说是赠与昨天足球赛的胜利者，英人一时啼笑皆非。原来这场足球赛，协和队以 2:0 战胜了英兵队，英国公使馆只好将白磁九龙杯送到协和书院。

相关链接

体育会

体育会是清末民间一种进步的体育社会组织。它的出现深受日本的影响。甲午战争以后，一批留日学生进日本大森体育会学习体育操练。黄兴曾专程赴大森体育会，加强和健全这一措施，聘日本教习，广招中国留日学生进会进行体育和军事操练。这些经受日本近代教育和体育熏陶的学生回国以后，仿效日本模式，在各地办起体育会。如光绪二十九年(1903)浙江嘉兴竞争体育会,光绪三十一年(1905)绍兴体育会、上海商团体育会,光绪三十二年(1906)杭州体育会、苏州商务体育会,光绪三十三年(1907)广东梅县松口体育会,光绪三十四年(1908)重庆体育会以及宣统二年(1910)的精武体育会等。它们的宗旨均以"发挥爱国主义"、"强国强民"、"提倡尚武精神"等为主旨,是当时国人对"东亚病夫"之辱的回应。

洋泾浜英语

17 世纪

明末清初之际，在澳门一带形成了最早的洋泾浜外语——"广东葡语"。

19 世纪中后期

中英混合语即"洋泾浜英语"在上海等地逐渐形成。

在晚清上海租界，为了更易于记诵英语词句，人们编了一些中英文夹杂的顺口溜，其中最有名的要数下面这段沪语和粤语混合汉字注音的顺口溜：

来是"康姆"（come）去是"谷"（go），

廿四铜钿"吞的福"（twenty－four）。

是叫"也司"（yes）勿叫"诺"（no），

如此如此"沙咸沙"（so and so）。

真蕲实货"佛立谷"（very good），

鞋叫"靴"（shoe），洋行买办"江摆渡"（comprador）。

小火轮叫"司汀巴"（steam boat），"翘梯翘梯"（chow tea）请吃茶，

"雪堂雪堂"（sit down）请侬坐，烘洋山芋"扑铁秃"（potato）。

东洋车子"力克靴"（rickshaw），打屁股叫"班蒲曲"（bamboo chop），

混账王八"蛋风炉"（damn fool），"麦克麦克"（mark）钞票多。

"毕的生司"（petty cents）当票多，红头阿三（I say）"开波度"（keep door）；

爹要"发茶"（father）娘"卖茶"（mother），丈人阿伯"发音落"（father－in－law）

这就是洋泾浜英语。在晚清中外交流的过程中，一些活跃在通商口岸、商埠城市不懂中文的外国人与不懂英文的中国人，出于做生意、进行交流的需要，自创了这种中英混合式英语。

早期洋泾浜外语发源于广州，即"广东葡语"，但它后来大量流行却是在上海。当时的上海有"大英学堂"、"英华书馆"、"英文书塾"、"英语班"、"英话英字馆"等各种培训机构。这些学校大多是在华的外国人所办，针对的学生群体也各有不同，有高价收取富商子弟的贵族班，也有针对贫民子弟的英语夜校。以英华书馆为例，就分为日班和夜班，学费 3 元到 5 元不等，课程不但有英文，还有算学和司账等财会知识，由于教学质量好，经常出现招生爆满的情况。在上海的书

肆中，《英话注解》《英字入门》《华英文字合璧》《华英通用要语》、《无师自通英语录》《英字指南》等英语教材比比皆是。以《无师自通英语录》为例，作者是将常用的英语句子收录其中，每个句子下面用汉语的谐音进行标注，这本书一共收录了 900 个句子，堪称最早的"英语 900 句"。

洋泾浜英语既不符合英语习惯，也不符合汉语习惯。例如同治年间用上海话标注的字母表：

A 灰、B 弥、C 西、D 哩、E 伊、F 阿夫、G 臬、H 阿池、I 爱、J 遮、K 格、L 阿耳、M 阿吾、N 温、O 阿、P 必、Q 鸠、R 阿、S 阿时、T 低、U 呦、V 威、W 那不留、X 阿慈、Y 歪、Z 直。

不难发现大多数字母读音都注得严重走音，有的注音让人有匪夷所思之感。与今天一样，当人们面对一门外国语言时，最初的反应就是用母语把外国语言的读音标注下来，以便诵读和记忆。而近代汉语尚无拼音系统，只得借助于传统的"假借法"，即用汉字来描述和拼读英语的读音。

有些洋泾浜词汇迅速渗入当地方言，很快融入了百姓的日常用语中。例如，上海近代俗语中便充斥了类似于杀老夫（shroff，跑街）、瘪三（empty cents）、累得死（ladies，女士）、黑漆板凳（husband）、怀爱夫（wife）、大拉斯（dollars）、水门汀（cement）、司冒儿（small，小费）、生司（cents）等源自洋泾浜英语的外来语。

不仅中国人要学洋泾浜英语，外国人也要熟悉，否则外国人也难以与中国人进行交流。例如，英国传教士傅兰雅在给家人的信中就说："生活在

上海的洋泾浜英语教材

这么多中国人当中,我也养成了一些可笑的习惯。我讲的英语变得不伦不类。哪天回到苏格兰,你听起来一定会大觉滑稽。人们会把我当成一个可笑的老怪物。"

今天,除了少数洋泾浜英语词汇,如弥撒、伦敦等,其余大部分的洋泾浜英语都已经成为历史的记忆,不规则的语法形式也最终被人们淘汰。但洋泾浜式的语言交流形式,却从来没有停止过,像今天流行的可口可乐(cacocalo)、香波(shampoo)、依妹儿(E-mail)、巴士(bus)等音译词,几乎都留下了洋泾浜英语的影子。

 相关链接

广东葡语

相比于洋泾浜英语,更早的洋泾浜外语是中葡混合语"广东葡语"。葡萄牙人是近代最早到东方从事殖民活动的西方人,他们也是第一批来华的西方人,因而葡萄牙语是最早与东方语言接触的西洋语。葡萄牙人到澳门时发现自己无法与当地人沟通,而渴望在与葡人和其他西方人交往中寻求生计的当地人也感到交流困难,双方都迫切需要一种方便的语言交流工具。于是,在那些与葡人相周旋、负责传译语言、媒介交易的中国通事和包揽对葡贸易的揽头中间,逐渐形成中葡贸易的商业专用语——广东葡语。

广东葡语对后来形成的洋泾浜外语也产生了影响。例如,英语中的 mandarin(官员)来源于葡语 mandar(命令)一词;compradore(买办)来源于葡语 compra(买)一词;joss(菩萨)来源于葡语 Deos(宙斯)。19 世纪初至鸦片战争前后,随着英、美取代葡萄牙成为中国主要对外贸易对象,中英混合语即"洋泾浜英语"逐渐形成,"广东葡语"则逐渐失去其重要地位。但无论哪种洋泾浜外语,都反映了近代中西文化的交流以及晚清社会的变迁。